D1724216

001tr Foto. hf

## REISE KNOW-HOW im Internet

Aktuelle Reisetipps und Neuigkeiten
Ergänzungen nach Redaktionsschluss
Büchershop und Sonderangebote

**www.reise-know-how.de**
**info@reise-know-how.de**

Wir freuen uns über Anregung und Kritik.

Weitere KulturSchock-Titel:

Afghanistan, Ägypten, Argentinien, Australien, Brasilien, China/Taiwan,
Cuba, Ecuador, Finnland, Frankreich, Indien, Iran, Irland/Nordirland,
Japan, Jemen, Kambodscha, Kaukasus, Kleine Golfstaaten/Oman,
Laos, Marokko, Mexiko, Pakistan, Peru, Polen, Rumänien, Russland,
Spanien, Thailand, Thailands Bergvölker und Seenomaden, Türkei,
Ukraine, Ungarn, USA, Vietnam, Vorderer Orient

KulturSchock – Familienmanagement im Ausland
KulturSchock – Leben in fremden Kulturen

Harald A. Friedl
KulturSchock Tuareg

*„Die Wüste erzählt sich nicht, sie lässt sich nur leben. (…)*
*Jenen, die sie nicht gelebt haben, erscheint sie als großer leerer Raum,*
*während sie für uns unendlich lebendig ist.*
*Um zu überleben, versteht der Tuareg (…),*
*sich an die Wüste anzupassen, sie zu verstehen, ihr zu lauschen.*
*Denn die Wüste wird immer stärker sein als der Mensch.*
*Darum bedarf es für ein Leben in ihr der Einfachheit und der Courage. "*
*Mano Dayak,* einer der bedeutendsten und
populärsten „Botschafter" der Tuareg

08-tr Foto: hf

# Impressum

Harald A. Friedl
**KulturSchock Tuareg**

erschienen im
REISE KNOW-HOW Verlag Peter Rump GmbH
Osnabrücker Str. 79
33649 Bielefeld

© Peter Rump
**1. Auflage 2008**
Alle Rechte vorbehalten.


**Gestaltung**
   Umschlag: Günter Pawlak (Layout), Klaus Werner (Realisierung)
   Inhalt: Günter Pawlak (Layout), Anna Medvedev (Realisierung)
   Karten: Anna Medvedev
   Abbildungen: Harald A. Friedl (hf), Christiane Friedl (cf)


**Lektorat:** Dhaara P. Volkmann

**Druck und Bindung:** Fuldaer Verlagsanstalt GmbH & Co. KG

**ISBN 978-3-8317-1608-1**
Printed in Germany

Dieses Buch ist erhältlich in jeder Buchhandlung Deutschlands,
der Schweiz, Österreichs, Belgiens und der Niederlande.
Bitte informieren Sie Ihren Buchhändler
über folgende Bezugsadressen:

**Deutschland**
   Prolit GmbH, PF 9, D-35461 Fernwald (Annerod)
   sowie alle Barsortimente
**Schweiz**
   AVA-buch 2000, Postfach, CH-8910 Affoltern
**Österreich**
   Mohr Morawa Buchvertrieb GmbH,
   Sulzengasse 2, A-1230 Wien
**Niederlande, Belgien**
   Willems Adventure,
   www.willemsadventure.nl

Wer im Buchhandel trotzdem kein Glück hat,
bekommt unsere Bücher auch über
unseren **Büchershop im Internet:**
**www.reise-know-how.de**

*Wir freuen uns über Kritik, Kommentare
und Verbesserungsvorschläge.*

*Alle Informationen in diesem Buch sind vom
Autor mit größter Sorgfalt gesammelt
und vom Lektorat des Verlages gewissenhaft
bearbeitet und überprüft worden.*

*Da inhaltliche und sachliche Fehler nicht aus-
geschlossen werden können, erklärt der Verlag,
dass alle Angaben im Sinne der Produkthaftung
ohne Garantie erfolgen und dass Verlag wie
Autor keinerlei Verantwortung und Haftung
für inhaltliche und sachliche Fehler
übernehmen.*

*Der Verlag sucht Autoren für weitere
KulturSchock-Bände.*

Harald A. Friedl

# KulturSchock
# Tuareg

**Widmung**
Für meine Frau *Christiane*, die mich die Liebe lehrte,
für meinen Freund *Houché*, der mich die Wüste lehrte,
für meine Gefährten in Timia, die mich die Fremde lehrten,
für meinen Mentor *Günther W. Palm*, der mich zu schreiben lehrte,
und für meinen Lehrer *Wolfgang Mantl*, der mich die Neugier lehrte.

# Inhalt

# Vorwort

Bis zu meinem 21. Lebensjahr hatte ich noch nie von den Tuareg gehört und die Wüste war für mich bedeutungslos. Dann aber suchte ich nach einem außergewöhnlichen Ziel für eine Initiationsreise und stieß auf die Sahara als eine unendlich scheinende Urlandschaft fast vor unserer Haustür. Ausgestattet mit wenig Geld, geringen Sprachkenntnissen, kaum Reiseerfahrung, aber voller Enthusiasmus trampte ich schließlich über staubige Schlaglochpisten durch eine monotone Landschaft Richtung Tamanrasset. In der schwarzen Schlucht von Arak, wo im 19. Jahrhundert eine französische Expedition von Tuareg niedergemetzelt worden war, tauchten plötzlich wie aus dem Nichts fünf Kamelreiter auf: Gehüllt in blaue, wehende Gewänder, die Gesichter hinter Schleiern verborgen, trabten die Männer auf ihren weißen Tieren über die Piste und verschwanden im flirrenden Dunst der Wüste. In diesem Aufzug und an diesem lebensfeindlichen Ort konnten dies nur Tuareg gewesen sein, die legendären „Ritter der Wüste". Meine erste Begegnung mit ihnen erschien mir mehr als Traum denn als Realität, mehr als Vision denn als Erfahrung ...

Seit damals ließ mich das faszinierende Thema Tuareg nicht mehr los. Ich unternahm zahlreiche Reisen allein oder als Reiseleiter in verschiedene Regionen der Sahara und begann, mich dieser mit Legenden überladenen Gesellschaft auch wissenschaftlich anzunähern. Seit 1999 verbrachte ich insgesamt über ein Jahr bei Tuareg-Volksgruppen, bei denen ich die Auswirkungen des Tourismus erforschte. Dabei erkannte ich, wie sehr sich die Lebenswirklichkeit dieser Menschen von unserem klischeehaften Bild von den „blauen Wüstenrittern" unterschied.

Tuareg überleben – wie alle Menschen – aufgrund ihrer besonderen historisch gewachsenen Gegebenheiten in ihrer jeweilig besonderen Weise, die aus unserer Sicht exotisch erscheinen mag. Doch die klimatischen, wirtschaftlichen und politischen Lebensbedingungen in der Zentralsahara haben sich seit der „Einwanderung" der Tuareg in dieses Gebiet vor etwa 1300 Jahren ständig gewandelt und im 20. Jahrhundert waren diese Veränderungen besonders grundlegend. Zwangsläufig wird die Welt der Tuareg immer vielfältiger, sodass man heute genau genommen von „dem" Tuareg und von „der" Tuareg-Gesellschaft so wenig sprechen kann wie von „dem" Europäer. Ethnologen nutzen darum bevorzugt den Begriff „Tuareg-Gesellschaften", doch der einfacheren Lesbarkeit halber spreche ich hier auch weiterhin von „den Tuareg".

Um die komplexe Welt besser verstehen zu können, empfinden wir das Bedürfnis nach einfachen Erklärungen. Dazu soll der vorliegende Kultur-Schock-Band mit einem Überblick über die heutigen Tuareg-Gesellschaf-

## Exkurse zwischendurch

ten vor dem Hintergrund ihrer Geschichte sowie ihrer aktuellen Probleme und Bedürfnisse einen Beitrag leisten. Wo der Text ins Detail geht, bezieht er sich zumeist auf die Region Niger, wo mehr als die Hälfte der gesamten Tuareg-Bevölkerung lebt und wo ich die meisten persönlichen Erfahrungen mit Tuareg sammeln durfte. Dabei äußerten alle Tuareg, denen ich begegnete, ihren Wunsch, Anteil an der Welt außerhalb ihres Lebensraumes zu nehmen und sich mit Reisenden aus Europa auszutauschen. Genau dazu will ich den Leser mit diesem Buch ermutigen.

Harald A. Friedl

# GEOGRAFIE UND KLIMA – DIE LEBENSWELT DER TUAREG

Die Tuareg leben in Gebirgszonen der zentralen Sahara und in den weiten Ebenen der westlichen Sahelzone. Geografisch lässt sich ihr Lebensraum als ein Dreieck beschreiben, begrenzt durch die Städte Ghadamês im Nordosten, Timbuktu im Westen und Zinder im Süden. Dieses Gebiet umfasst eine Fläche von zwei Millionen Quadratkilometern, aufgeteilt auf die Saharastaaten Algerien und Libyen, die Sahelstaaten Niger, Mali und Burkina Faso.

Dieser Lebensraum ist geprägt von großer Trockenheit, intensiver Sonneneinstrahlung und starken Temperaturschwankungen. Um unter derartigen Bedingungen überleben zu können, braucht man viel Raum, um die spärlichen Naturressourcen dauerhaft nutzen zu können. Darum ziehen die Tuareg mit ihren Ziegen und Kamelen von einer kargen Weide zur nächsten, damit sich das abgeweidete Land bis zu ihrer Rückkehr wieder erholen kann.

Die wasserlosen Dünen von Arakao, Aïr

# Sahara

Mit 12 Mio. km$^2$ ist die Sahara die **größte zusammenhängende Wüste der Erde.** 90 % ihrer Fläche sind ohne jeglichen Bewuchs, weil Niederschläge äußerst selten sind. Der Grund dafür ist ein dauerhaftes tropisches Hochdruckgebiet, in dem ständig kalte, trockene Luft in Bodennähe nach Süden hin angesaugt wird. Nur im Sommer, zwischen Juli und September, wenn das subtropische Hochdruckgebiet nach Norden wandert, können feuchtere Luftmassen bis zu den Gebirgsmassiven der Sahara gelangen und dort als mächtige Wolkenbrüche niedergehen. Diese Niederschläge nähren die Grundwasservorräte und lassen die für die Nomaden so wichtigen Weiden sprießen.

Dauerhaft überleben kann man somit nur in den saharischen **Gebirgsregionen.** Manche dieser Gebirge entstanden durch Vulkanismus vor etwa 150–60 Mio. Jahren. Das Aïr-Massiv, das im Norden des Staates Niger eine Fläche von rund 80.000 km$^2$ bedeckt, erhebt sich bis auf 2000 Meter. Die meisten dieser Höhen sind gigantische Magmablasen, die langsam an die Oberfläche trieben und dort erkalteten. Die schönsten und höchsten Vulkane der Zentralsahara, die alle längst erloschen sind, findet man im Hoggar-Gebirge, in dessen Zentrum zahlreiche Basaltsäulen wie Orgelpfeifen bis 3000 Meter in den Himmel ragen.

Die flächenmäßig größten „Berggebiete" der Sahara sind genau genommen die Reste einstiger Meeresablagerungen, die durch Erosion allmählich in ein Gewirr aus Canyons und Felsnadeln verwandelt wurden. Sie umgeben das Zentralgebirge des Hoggar wie einen Kranz. Zu ihnen gehören das Adrar n'Ifoghas im Südwesten des Hoggar, das Tassili-n-Ajjer in Nordosten und das Akakus-Massiv im äußersten Osten des Tuareg-Lebensraumes.

Zwischen den Erhebungen dieser Massive liegen **ausgedehnte Täler,** sogenannte *kori* (Tamaschek, Sprache der Tuareg), in denen sich das seltene Regenwasser sammelt und den Grundwasserspiegel nährt. Von den Bergflanken beschattet und geschützt vor dem trockenen Wind können hier Weiden, Bäume und Gräser gedeihen, die das Überleben der Tiere und Menschen ermöglichen. Hier gab es schon vor vielen Tausend Jahren verschiedene **Tierarten,** die den damaligen Bewohnern als Jagdbeute dienten. Die zahlreichen Felsbilder von Giraffenherden und Nashörnern illustrieren eine Zeit, als die Wüste noch ein regenreiches Paradies war. Inzwischen sind viele Spezies wegen der fortschreitenden Trockenheit und aufgrund der Jagd längst ausgestorben. Der größte Artenreichtum in der Sahara ist heute im 77.000 km$^2$ großen Aïr-Ténéré-Bioreservat zu finden, wo 35 Säugetierarten leben, darunter Antilopen und Wüstengeparde.

Auch zahlreiche Echsen und Kriechtiere sowie an die 160 Vogelarten existieren hier.

Wegen der enormen Trockenheit und der extremen Temperaturschwankungen gedeihen in der Sahara nur besonders widerstandsfähige **Pflanzenarten.** Von den insgesamt 1400 Sorten existieren die meisten in den Berggebieten, während die weiten Ebenen – außer nach einem seltenen Regenfall – oft ohne jeden Bewuchs sind. Hier gedeihen lediglich sogenannte annuelle Pflanzen, z. B. einjährige Gräser, deren Samen jahrelang im trockenen Boden keimfähig bleiben, bis sie nach einem ausreichenden Niederschlag binnen weniger Stunden keimen, blühen und reifen. Dann sind sie für die Nomaden wertvolle Weidepflanzen. Wildgrassamen und Kräuter stellen für die Tuareg eine wichtige Nahrungsergänzung dar. Lebenswichtige Pflanzen sind auch die Tamarisken- und Akazienbäume, die Brennmaterial liefern. In den Oasen ist die Dattelpalme die bedeutendste Kulturpflanze.

**Feste Wüstensiedlungen** sind aufgrund ihrer Märkte für die Tuareg-Nomaden wichtig. Dort können sie ihr Vieh gegen Lebensmittel, Stoffe und andere Produkte eintauschen, die sie selbst nicht herstellen können. Solche Märkte wie In Salah im Norden des Hoggar oder Ghadamês in Nordwestlibyen, waren zentrale Etappen des Trans-Sahara-Handels. Im Sahel, am südlichen „Ufer" der Sahara, spielten für lange Zeit Timbuktu, Agadez und Zinder eine führende Rolle als Karawanenendpunkte. Viele bedeutende Städte und Siedlungen in den Tuareg-Regionen waren einst kleine, unbedeutende Oasen, in denen Sklaven Gartenbau betrieben. Tamanrasset im Hoggar war ursprünglich überhaupt nur ein saisonales Nomadenlager. Daneben gibt es traditionsreiche, wichtige Siedlungen, in deren Umfeld wichtige Bodenschätze abgebaut werden. Dazu zählen die Saline von Taoudenni, im Norden von Timbuktu gelegen, sowie die Salzoasen Fachi und Bilma in der Ténéré. Funde von Uran, Öl, Erdgas und Kohle waren in jüngerer Zeit die Triebkräfte für die Entstehung neuer Siedlungen in der algerischen Sahara und am Rande des Aïr.

## Die Hölle der Tuareg ...

In den endlosen, flachen **Ebenen der offenen Wüste** findet der Wind keinen Angriffspunkt mehr, weshalb er ungehalten jede noch verbliebene Feuchtigkeit aus dem Boden saugt. Hier ist *ténéré,* die Tuareg-Bezeichnung für „Land da draußen", im Sinne von „jenseits des Weidelandes". Hier kann kein Vieh mehr existieren und darum auch kein Nomade leben. Hier ist die einsame Un-Welt der bösen Geister, die Menschen in den Wahnsinn treiben. *Ténéré* ist für die Tuareg der Inbegriff von Leid und

Schmerz, Durst und Hunger, Hitze und Kälte – ein Synonym für eine Hölle! Kein Nomade würde freiwillig die Wüste durchqueren. Eben weil sich die Tuareg entweder auf Weiden oder in den Städten bewegen, kennen viele dieses Ödland nur vom Hörensagen. Manche städtische Tuareg neigen dazu, die Wüste wie die Europäer romantisch zu verklären und betrachten sie gar als „Segen Gottes", weil sie als Touristenattraktion dient.

Unsere Empfindungen gegenüber der **Natur** sind einem Hirten fremd. Im Tamaschek, der Sprache der Tuareg, existiert kein Begriff, der unserem Wort „Natur" entspricht. Kahle Vulkankegel, die wir als eindrucksvoll empfinden, lassen den Hirten unberührt. Dass Touristen sich die Mühe machen, auf einen Berg zu steigen, erscheint Nomaden völlig unsinnig, es sei denn, sie müssten eine Ziege suchen. Dünen sind für die Kamelführer nur unwegsame, bedrohliche Hindernisse. „Natur" bedeutet für die Tuareg Mühsal und Beschwerden, weil sie im unwegsamen Gelände Gefahr laufen, über Hindernisse zu stolpern und von Dornen verletzt zu werden. Auch **Hitze und Kälte** machen den Tuareg zu schaffen. Im Winter sinkt die Temperatur bis unter den Gefrierpunkt und im Frühling, zur Zeit der Sandstürme, ist der Sand überall, im Mund, im Essen, in der Kleidung. Als „schön" nehmen die Viehhirten Weiden wahr, die für Europäer wie kahle Felder verdorrter Büschel wirken, die aus dem Staubmeer ragen.

Entsprechend stellen sich für die Tuareg-Hirten auch die **Jahreszeiten** dar. Am schönsten ist die Regenzeit im Sommer (Juli bis September), wenn Wolkenbrüche die Gräser sprießen lassen. Zwar liegen die Temperaturen tagsüber um die 35–40 °C bei erhöhter Luftfeuchtigkeit, aber dicke Wolken werfen kühlenden Schatten. Nachts ist es angenehme 20 °C warm. Ende September folgt die heiße Trockenzeit mit Tagestemperaturen bis zu 40 °C am Tag und 5–10 °C nachts. Im Dezember bricht die kalte Trockenzeit an mit angenehmen Tagestemperaturen um die 25–30 °C und nächtlichen Temperaturen um den Gefrierpunkt. Im März folgt dann die heiße Trockenzeit mit Durchschnittstemperaturen um die 45 °C am Tag und 15–25 °C in der Nacht. Besonders unangenehm sind die ständigen, trockenen Winde, die große Mengen Staub mit sich tragen und das Land „einnebeln". In dieser Zeit leiden die Hirten häufig an Augenentzündungen.

Auch für **wilde Tiere** können sich die Tuareg wenig begeistern. Schlangen und Skorpione werden als Bedrohung empfunden und beim ersten Anblick getötet, Gazellen und Mufflons bestenfalls gejagt. Hyänen und Schakale rauben das Jungvieh und die Ausrottung der Löwen erleichterte den Tuareg die Kamelzucht.

## … als Paradies der Europäer

Für Europäer ist die Wüste abseits des Tuareg-Lebensraumes die eigentliche Attraktion. Es ist der unbegrenzte, endlos wirkende Raum, der sich als gigantische **Projektionsfläche für Abenteuer- und Selbstverwirklichungsträume** eignet. Wüste steht für all das, was wir in unserer mit Reizen übersättigten Welt nicht haben: die Stille, die Leere, das Nichts. Unser Interesse an dieser Landschaft ist Ausdruck unseres Bedürfnisses nach Spiritualität, Klarheit und Einfachheit. Darum ist die Wüste der wesentliche Antriebsgrund für Saharareisen.

Tuareg spielen vordergründig nur eine Rolle als „Aufputz", um die Wüstenfans als gastfreundliche, **verlässliche Führer** durch die anmutige Gegenwelt zu begleiten. Ironischerweise werden dabei die Tuareg, obwohl sie selbst der Wüste so gar nichts abgewinnen können, als „mentale Coaches" betrachtet, die uns Europäern den Respekt für die Größe und „Erhabenheit" der Wüste vermitteln sollen. Dabei denken viele unweigerlich an golden wogende Dünenmeere, über die sie der sanft versinkenden Sonne entgegenschreiten. Tatsächlich ist die Sahara nur zu 10 % von Dünen bedeckt. Die größten Gebiete der Sahara sind trostlose, flache Schuttflächen.

Salzkarawane der Aïr-Tuareg in der Ténéré

Eine **extreme Wüstenregion** in der Zentralsahara ist die **Ténéré,** die sich auf 300.000 km² zwischen dem Aïr-Massiv im Westen, dem Tassili n'Ajjer und dem Akakus im Norden, dem Djado-Plateau im Osten und dem Tschadsee im Südosten ausdehnt. Bis vor einigen Tausend Jahren vom Tschadsee bedeckt, finden sich an den Rändern der Ténéré Reste von prähistorischen Siedlungen. Im Zentrum dieses Wüstengebietes liegt die Salzoase Fachi wie eine einsame Insel im Ozean. Auf der 200 km langen Strecke zwischen Fachi und dem Aïr existiert nur ein einziger Brunnen. Entlang des östlichen Randes der Ténéré verläuft der Oasengürtel des Kawar, wo bis zum 19. Jahrhundert die wichtigste Trans-Sahara-Route für den Sklavenhandel verlief. Heute werden auf dieser Strecke alljährlich Tausende Wirtschaftsflüchtlinge auf überladenen Lastwagen nach Libyen geschmuggelt. Von dort hoffen sie, sich irgendwie ins Paradies Europa durchschlagen zu können. Manche von ihnen verschwinden allerdings zuvor in der Wüste ...

Noch größer und öder als die Ténéré ist die **Tanezrouft,** die „Strecke des Durstes". An ihrem nördlichen Rand liegt die algerische Saharastadt Reggane. 1500 km weiter im Süden, nach einer endlosen Öde aus Schotter, Staub und Schutt, liegt Gao am Niger. Hier beginnt der Sahel ...

# Sahel

*Sahel* bedeutet auf Arabisch „Ufer". Es ist die Übergangszone zwischen der extrem trockenen, weil niederschlagslosen Sahara und der „wechselfeuchten" Savanne, wo nur während der Regenzeit im Sommer die mehr oder weniger regelmäßigen tropischen Sommerregen fallen. In diesem 200–300 km breiten Streifen liegen die Staaten Mali, Burkina Faso und Niger.

Die meiste Zeit des Jahres weht der Harmattan aus dem Nordosten und trägt gewaltige Mengen Saharasand in den Sahel. Nur während der Sommerzeit bringt der Monsun aus dem Südwesten den ersehnten Regen aus den Tropen, der umso spärlicher fällt, je weiter man nach Norden gelangt. In Zinder fallen während der Sommerzeit rund 500 mm Regen pro Quadratmeter. Dies bedeutet, dass sich eine Messsäule im Laufe eines Jahres 500 mm hoch mit Regenwasser füllen würde. In Agadez fallen nur noch 100 mm pro m². Im Vergleich dazu fallen in Deutschland im Jahresdurchschnitt ca. 780 mm Regen pro m². Beim Niederschlag kommt es nicht nur

auf die Jahresmenge an, sondern auch auf die Dauer der Regenfälle und deren Verteilung. So sind in Gao und Agadez nur im Juli und August die Sommerregen ergiebig genug, während der Regen außerhalb dieser Zeit bei Tagestemperaturen von 30–45 °C gleich wieder am trockenen, heißen Boden verdampft.

Nach der Regenzeit ergrünt das Land, das kurz zuvor kahl und grau war. Es ist schwül, aber bewölkt und darum angenehm schattig. Für die Nomaden ist dies die schönste Zeit im Jahr, in der man sich zu Hochzeiten trifft und das Leben in vollen Zügen genießt.

## Geologie

Der Sahel ist – wie die größten Teile Westafrikas und der Sahara – eine weite, **endlose Ebene** mit flachen Tälern und einigen großen Becken wie das Binnendelta des Niger zwischen Timbuktu und Gao oder das Tschadsee-Bassin im Osten. Dazwischen liegen Schwellen, die vor 600 Mio. Jahren durch Hebungen des afrikanischen Grundgebirgssockels entstanden sind. Auf einer solchen Schwelle ruhen gemeinsam das Ifoghas-Massiv (Nordostmali) und die Hoggar-Berge (Südalgerien). Im Nordniger ist das Aïr Ausdruck einer solchen Hebung.

Die markanteste Erscheinung des Sahel ist **der Niger,** den die Tuareg *ghir n-igheren,* Fluss der Flüsse, nennen. Er entspringt im tropischen Regenwaldgebiet der Guinea-Schwelle, unweit der Grenze zu Sierra Leone, von wo er rund 1000 km nach Nordosten in ein breites Binnendelta fließt. Seinen nördlichsten Punkt erreicht er bei Timbuktu, von wo er über 500 km in östlicher Richtung durch die Südsahara fließt, bis er sich kurz vor Gao nach Südosten wendet. Hier mündet das Wadi-System des Tilemsi, wahrscheinlich der Ur-Niger, in den Fluss. Bei La Tapoa, 150 km hinter der Hauptstadt der Republik Niger (Niamey) durchstößt der Strom in Form eines „W" die Atakor-Schwelle. Hier liegt der „Parc du W", ein zum UNESCO-Welterbe zählendes, grenzübergreifendes Naturschutzgebiet mit einem reichen, tropischen Wildbestand. Hinter dieser Schwelle nimmt der Niger das 1200 km lange Wadi-System des Azaouagh auf. Es entwässert die Ifoghas-, Hoggar- und Aïr-Berge und durchzieht die wichtigsten Weidegebiete (die Azaouagh-Ebenen) der Sahel-Tuareg. Dann strömt der Niger in südöstlicher Richtung, bis er sich in Nigeria nach insgesamt 4160 km als Delta in den Golf von Guinea ergießt.

## Fauna und Flora

Je weiter man nach Süden gelangt, desto dichter ist das Land besiedelt. Ist es für die meisten **Wildtiere** im Norden zu trocken, so finden sie im Süden neben den Menschen immer weniger Lebensraum. In Naturpark von Tillabery, unweit von Niamey, leben die letzten freien Giraffen. Im Niger

tummeln sich noch einige wenige Nilpferde und Krokodile, dafür aber reichlich Fische, wie der als Speisefisch beliebte „Capitain". Einige der großen Savannentiere wie Löwen, Büffel und Elefanten finden ihre Zuflucht im dichten Gestrüpp des „Parc du W".

Die Savanne ist weitflächig von Gräsern und Dornbüschen bedeckt. Diese **Dornbuschsavanne** ist der eigentliche Lebensraum der südlichen Tuareg-Nomaden, wobei sie in Nord-Südrichtung von Weide zu Weide dem Regen hinterherziehen. Gelegentlich findet man verschiedene Akazienarten. Entlang der Wadis (Wadi = meist wasserloses Flusstal) gedeiht die Dumpalme, die ein wichtiger Lieferant von Fasern für Flechtwaren ist. Immer häufiger findet sich der Calotropis-procera-Strauch, ein giftiges Wolfsmilchgewächs mit hübschen lilafarbenen Blüten. Diese resistente Pflanze ist ein typisches Zeichen für die Ausdehnung der Sahara. Eine charakteristische Grasart des Sahel ist das Cramcram-Gras (Cenchrus biflorus), dessen Samen mit Widerhaken versehen sind und darum bei Spaziergängen abseits der Wege an der Kleidung hängen bleiben. **Wirtschaftlich wichtige Pflanzen** für die Tuareg sind das Afesso-Gras, das Flechtfasern liefert, und diverse Wildgetreidesorten, die während der Dürrezeiten als Hirse-Ersatz dienen.

# Die Auswirkungen des Klimawandels

Der durch zivilisationsbedingte $CO_2$- und Methanemissionen verursachte **Klimawandel** macht sich auch in der Sahara immer deutlicher bemerkbar. Messungen im Niger zeigen einen Rückgang der Niederschläge während der letzten 50 Jahre um bis zu 40 %. Gleichzeitig verändert sich die Fauna und Flora: In vielen Tälern, die vor einigen Jahren noch dicht mit Akazien bewachsen waren, findet man heute fast nur noch Euphorbien. Das sind hochgradig anpassungsfähige, strauchartige Wolfsmilchgewächse. Sie werden von den Tuareg als letzte Lebewesen einer zur Wüste verdammten Region betrachtet. Vor 150 Jahren beschrieb *Heinrich Barth* den Aïr noch als eine paradiesische, tropisch-lebensvolle Landschaft mit „einem großen Reichtum an Pflanzenwuchs". Seit damals hat sich das Aussehen der Sahelzone nachhaltig verändert. Allein in den vergangenen 50 Jahren dehnte sich die Sahara auf ihrer gesamten Südseite um rund 200 Kilometer nach Süden aus.

Der Straußenbestand im Sahel ist von unkontrollierter Jagd bedroht

Das deutlichste Indiz für den Klimawandel sind jedoch die zunehmenden extremen Wetterlagen. **Dürren** als Folge der ausbleibenden Regenzeit suchten den Sahel früher nur alle zwanzig bis dreißig Jahre heim. Mittlerweile wird die Region alle zehn Jahre durch große Trockenheit belastet, verbunden mit massiven Ernteausfällen und Hungersnot für weite Teile der Bevölkerung. In den Jahren 2001 und 2002 war in manchen Tälern des Aïr **seit zwei Jahren kein Tropfen Wasser** gefallen. Die Brunnen trockneten aus und die Weiden verdorrten, worauf viele Nomaden in den Süden des Aïr zogen. Dadurch kam es dort bald zu Überweidungen und das Vieh verhungerte. Doch auch die Menschen litten Hunger, da die Hirsepreise wegen der mageren Ernten im Süden in die Höhe schossen.

Mit jeder Dürre wächst die Belastung der mageren Böden, verstärkt durch die Ausdehnung der Agrarwirtschaft, durch Überweidung und die Abholzung der begrenzten Baumbestände. Ist aber die Vegetationsdecke einmal verletzt, wird sie umso empfindlicher für schwere Regenfälle, Wind und pralle Sonne. Am Ende des Erosionsprozesses bleibt der nackte, fruchtlose Fels zurück, in dem kein Samenkorn mehr keimen kann. Alljährlich gehen viele Hundert Quadratkilometer Weidefläche im Lebensraum der Tuareg an die Wüste verloren. Durch diesen Teufelskreis stehen den Herden weniger intakte Weiden zur Verfügung, die dadurch noch stärker überweidet werden und deren Bewuchs sich kaum regenerieren kann. Dadurch überleben eher die ungenießbaren Gräser, während die nahrhafteren Arten mittelfristig aussterben. In Dürrezeiten wird dieser Prozess abermals beschleunigt, weil dann die Hirtinnen Baumzweige an die Tiere verfüttern. Dadurch werden die ohnehin dürregeschädigten Akazienbäume zusätzlich beeinträchtigt, was deren Absterben beschleunigt. Die Wurzeln eines abgestorbenen Baums können den Boden nicht mehr halten, wodurch die fruchtbare Krume von Wind und Regen fortgespült wird.

Die **Belastung der Baumbestände** ist generell ein enormes Problem, denn der überwiegende Teil der Bevölkerung kocht mit Feuerholz. Eine Person benötigt rund einen Kubikmeter Holz pro Jahr. Mit wachsender Bevölkerung wächst auch der Holzbedarf. Den größten „Holzhunger" haben die Großstädte. Für deren Holzversorgung dringen Rodungstruppen mit Lastwagen bis tief ins Aïr ein. Der Raubbau hat katastrophale Folgen für das Ökosystem: Die Wälder verschwinden und die Ausbreitung der Wüste wird erneut beschleunigt.

Gibt es endlich einmal Regen, dann führten in jüngster Zeit übermäßige Niederschläge immer häufiger zu **Flutkatastrophen** mit zahlreichen Todesopfern. Überlebt die Ernte selbst diese Bedrohung, dann gibt es noch Buschbrände, Pflanzenkrankheiten oder **Heuschreckenplagen.** Im Jahr 2004 wurde der gesamte Sahel von gigantischen Heuschreckenschwärmen heimgesucht. Selbst am Ostrand des Aïr war der spärlich bewachsene Sand mit Abertausenden Heuschrecken übersät.

Durch die Dürren gingen große Viehbestände verloren, die Herden konnten sich bis heute nicht erholen. Darum gibt es **zu wenige Ziegen und Kamele** für die nachwachsende Hirtenjugend der Tuareg. So sind viele junge Tuareg gezwungen, alternative Einnahmequellen zu suchen.

In der heißen Trockenzeit liegt staubiger Dunst über den Weiden des Sahel

# DIE GESCHICHTE DER TUAREG

Bis heute gibt es keine eindeutige Klärung der Frage, woher die Tuareg ursprünglich kommen, obwohl dieses Thema lange Zeit intensiv beforscht wurde. In der Folge entstanden sehr seltsame, geradezu **abenteuerliche Theorien** über die Herkunft der Tuareg, die ihrerseits viel zur Romantisierung und Idealisierung dieser Volksgruppe beigetragen haben.

## Zur Herkunft der Tuareg

Der bekannte Sahara-Forscher *Henri Lhote* (1903–1991) bezeichnete die **Ägypter als Vorfahren** der Tuareg. Den „Beweis" dafür lieferten Felsmalereien des Tassili-Plateaus, die *Lhote* gezielt manipuliert hatte, um seine Theorie untermauern zu können. Nachgewiesen sind jedoch nur gewisse Handelsverbindungen zwischen Ägyptern und berberischen Gruppen.

Festung der Stadt Ghat, Blick von Koukemen

## Die Urahnin Tin Hinan

*Nach einer Legende nobler* **Hoggar-Tuareg** *gilt die mythische Königin Tin Hinan als ihre Urahnin. Von dieser „vornehmen" Frau wird erzählt, sie sei gemeinsam mit ihrer jüngeren Schwester oder Dienerin Takama „vor langer Zeit" aus dem Norden ins Hoggar-Gebirge geritten. Hier soll Tin Hinan den Stamm der „noblen" kel ahaggar „gegründet" haben, indem sie drei Töchter gebar: Tinert („Antilope"), die heute als Urahnin des „noblen" Stammes der inemba kel emerri gilt, Tahenkot („Gazelle"), die als Urahnin der „noblen" kel ghela angesehen wird, und Tamérouelt („Häsin"), von der die „noblen" iboglân abzustammen behaupten. Die Dienerin Takama soll zwei Töchter geboren haben, denen Tin Hinan die Palmengärten der Region als Geschenk überlassen haben soll. Diese beiden gelten als die Urahninnen der Vasallenstämme der „noblen"* **kel ahaggar,** *etwa der dag rali.*

*Diese Legende, die der Missionar und Tuareg-Forscher Charles de Foucauld (1858–1916) überlieferte, dient den „noblen" Tuareg-Stämmen als* **Legitimation ihrer Vorherrschaft** *und ihres Anspruchs auf Tributzahlungen gegenüber den Vasallenstämmen, den „Nachkommen Takamas". (Zu den sozialen Schichten der Tuareg siehe das Kap. „Gesellschaft und Politik".) So wurde von manchen Ehefrauen der „amenokal" (wörtl.: „Führer der Trommlergruppe", was so viel wie „oberste Autorität" bedeutet) behauptet, sie seien direkt mit Tin Hinan verwandt.*

*Zur Deutung solcher Tuareg-Überlieferungen muss man sich stets die politische* **Funktion des Mythos** *vor Augen führen. So stößt man gegenwärtig im Hoggar auf eine Version des Tin-Hinan-Mythos, wonach Tin Hinan als eine Art Urmutter der „noblen" Tuareg und auch der Franzosen (!) bezeichnet wird. Tuareg-Forscher vermuten, dass diese Sichtweise von französischen Offizieren in der Absicht verbreitet wurde, engere Bande zwischen ihnen und den Tuareg zu stiften.*

*Stoff für Spekulationen um die „Richtigkeit" des Tin-Hinan-Mythos lieferten 1926 und 1933 die reichen* **Grabungsfunde** *in Abalessa, 80 km westlich von Tamanrasset. Hier lag ein mit massiven Goldreifen geschmücktes Frauenskelett auf einem Prunkbett aus Holz und Leder. Unter den Grabbeigaben befanden sich römische Artefakte und Münzen aus der Zeit Konstantins des Großen (4. Jh. n. Chr.), was auf die bedeutende soziale Stellung der Verstorbenen deutete, sowie Produkte aus Regionen südlich der Sahara.*

*„Tin Hinan" bedeutet so viel wie „jene, die von weit her kommt". In den verschiedenen mündlichen Überlieferungen wird die Urahnin als eine „schöne, große Frau mit einem makellosen Gesicht, einem hellen Teint …"*

beschrieben. Demnach konnte sie nicht der lokalen negroiden Urbevölkerung, den Isebeten, angehört haben, sondern dürfte von den südmarokkanischen Berbern abstammen. Damals wurde von Kaiser Konstantin in Nordafrika das Christentum als Staatsreligion eingeführt. Das lässt die Vermutung zu, dass manche berberischen Nomadenstämme aus politischen oder religiösen Gründen nach Süden ausgewandert waren. Zu dieser Zeit war die Sahara noch viel feuchter als heute. Seit dem 2. Jh. n. Chr. war das Kamel in Nordafrika verbreitet. Insofern erscheint die Reise zweier Frauen auf dem Kamel durch eine Steppenregion mit ausreichenden Weiden für ihr Vieh vorstellbar. Im Hoggar dürften sie dann die Brunnen und Oasen früherer Bewohner vorgefunden haben. Darüber, mit wem sich die beiden Damen fortpflanzten, gibt es jedoch keine Überlieferungen. Hier spiegelt sich die Tuareg-Tradition wieder, wonach für die Herkunft die weibliche Linie zählt und nicht wie in Europa die männliche. Vielleicht war Tin Hinan der erste „amenokal" der Region, wie die reichen Grabbeigaben von Abalessa vermuten lassen. Sie sind auch ein Indiz dafür, dass das Volk der Tin Hinan über die nötigen Strukturen verfügte, um Handelsbeziehungen aufzubauen. Wahrscheinlich war dieses Gebiet damals eine bedeutende Karawanenstation auf dem Weg vom Mittelmeer durch die Sahara nach Westafrika.

Felsgravuren von Tuareg-Vorfahren und Tifinagh-Schriftzeichen

Auch **Wikinger, Vandalen und sogar Kreuzfahrer** hielten als Vorfahren der Tuareg her. Als Argument wurde darauf verwiesen, dass bei manchen Tuareg-Stämmen blondes Haar und blaue Augen vorkämen. Immerhin hatten die Vandalen im 5. Jahrhundert u. Z. unter König *Geiserich* im Raum des heutigen Tunesien für rund hundert Jahre ein Germanenreich errichtet.

Eine im Frankreich des 19. Jahrhunderts beliebte Hypothese war die Annahme gemeinsamer genetischer Wurzeln von **Tuareg und Franzosen.**

Für **Jemen oder Palästina** als Herkunftsgebiet der Tuareg plädierten arabische Historiker. Dafür sprechen auch manche Mythen, die heute noch im Aïr erzählt werden.

## Die Garamanten

Heute werden die Garamanten als **historische Vorfahren** der nördlichen Stämme, *kel ahaggar* und *kel ajjer,* angenommen. Deren Reich bestand vor rund 2500 Jahren im Hochland von Fezzan, dem heutigen Zentrallibyen. Diese Stämme wurden während der arabischen Invasion aus dem Mittelmeerraum nach Süden verdrängt. Doch besteht bis heute Unklarheit darüber, wer die Garamanten genau waren. Möglicherweise gehörten sie zu einer negroiden, den Bornuvölkern verwandten Rasse, von der schon der griechische Geograf und Historiker *Herodot* im fünften vorchristlichen

Jahrhundert berichtete, sie hätten auf Streitwagen schwarze Menschen gejagt. Hinweise darauf liefert die sogenannte „Straße der Garamanten", wie *Henri Lhote* die rund 200 Felszeichnungen von Kriegern auf Streitwagen bezeichnete, die über die zentrale Sahara bis hin zum Sahel verstreut zu finden sind. Wahrscheinlich gab es rege Austauschbeziehungen zwischen den Garamanten im Norden und der sesshaften Bevölkerung im Süden, aber Genaues ist darüber nicht bekannt.

In historischen Aufzeichnungen wird über die Garamanten berichtet, sie hätten karthagische Küstenstädte geplündert, seien dann **Handelspartner der Karthager** und schließlich sogar Söldner im karthagischen Heer geworden. Im Jahr 218 v. u. Z. hätten sie unter Hannibal die Alpen überquert und die Römer bei Cannae besiegt. Nach dem Dritten Punischen Krieg gewann Rom die Oberhoheit in Nordafrika. Im Jahr 19 v. u. Z. wurde Garama, die Hauptsiedlung der Garamanten, erobert und die Bevölkerung ins südliche Hinterland vertrieben. Danach dürften die Garamanten immer noch gewisse Handelsbeziehungen zu den Römern gepflegt haben. Dafür sprechen römische Münzen, die im Grab der *Tin Hinan* in Abalessa bei Tamanrasset gefunden wurden.

## Berber: imazighen und imajeghen

Die Tuareg werden heute weitläufig als **Angehörige der Berber** bezeichnet. Dieser Sammelbegriff für die Urbevölkerung Nordafrikas bezeichnete ursprünglich lediglich all jene Menschen, die außerhalb des griechischen und später des römischen Kulturkreises standen. Die einzige vergleichbare Gemeinsamkeit dieser vorarabischen Bevölkerungsgruppen ist deren Sprache, das Berberische bzw. *imazigh*. Darum nennt man die Berber auch **imazighen** und deren Untergruppe, die „noblen", also militärisch und politisch dominierenden Tuareg-Gruppierungen, **imajeghen**. (Vgl. dazu das Kap. „Gesellschaft und Politik".) Doch auch diese Stämme sind ein Resultat zahlreicher Trennungen und Vereinigungen verschiedener Gruppen. Daher ist es heute so schwierig, von „den Tuareg" zu sprechen.

So ist die Frage danach, welche verschiedenen Strömungen die Tuareg in sich vereinigt haben, viel wichtiger und leichter zu beantworten, als die Frage nach deren Herkunft. Heute ist davon auszugehen, dass die Tuareg **mit der berberischen Urbevölkerung verwandt** sind, ob sie nun Garamanten, Berber oder gar Atlanten genannt wird. Diese Bevölkerungsgrup-

Rinderfelsgravur einer negroiden Kultur vor den Tuareg (5000–3000 v. Chr.)

pe hatte wirtschaftliche und militärische Kontakte mit dem Orient und dem Sahel. Auch fanden in der Antike und im Mittelalter Wanderbewegungen zwischen dem Norden und dem Süden der Sahara in beide Richtungen statt. All diese Umstände haben die heutige Volksgruppe der Tuareg mitgeprägt.

# Die Arabisierung Nordafrikas und ihre Folgen

Etwa ab dem 7. Jahrhundert fielen die Araber in mehreren Wellen in Nordafrika ein. Diese kriegerischen Beduinen waren zwar schlecht gerüstet, verfügten aber durch ihre neue Religion, den Islam, über ein enormes Sendungsbewusstsein. So konnten sie rasch ein Großreich in diesem Gebiet errichten. Die Überfälle der Araber führten unter der berberischen Bevölkerung zu wiederholten Abwanderungsbewegungen nach Süden. Dort wurden die Ureinwohner entweder unterworfen und als Vasallen oder Sklaven in die Gesellschaft integriert oder sie wurden ihrerseits vertrieben, was zu weiteren Bevölkerungsverschiebungen führte.

## Die Tuareg im Sahel

Eine dieser Gruppen, die in den Süden abwanderten, waren die **Sanhadscha-Berber.** Sie unterwarfen im 11. Jahrhundert Marokko, gründeten die mächtige Dynastie der Almoraviden, eroberten das „Goldland" Ghana und kontrollierten den Gold-, Salz- und Sklavenhandel zwischen Westafrika und Marokko. Schließlich ging aus den Sanhadscha-Berbern auch die wichtige **Tuareg-Gruppierung der kel iforas** hervor, die sich in den südöstlichen Ausläufern des Hoggar-Massivs, dem Adrar n'Iforas, ansiedelten.

Im 11. Jahrhundert erschütterte ein weiterer Einfall arabischer Truppen die gesamte Region und verursachte erneut Auswanderungsbewegungen der ansässigen Berber-Gruppen. Die Almoraviden wurden vertrieben und **ein neues Reich, Mali, entstand,** dessen Handelsbeziehungen sich weiter nach Osten verlagerten. Die wichtigsten Karawanenrouten verliefen nun von Tunis und Tripolis über Ghadamês nach Timbuktu und Gao. In dieser Zeit wurde Timbuktu zu einem führenden Zentrum der Wissenschaft und des Islam.

Gegen Ende des 15. Jahrhunderts ging Mali durch häufige Angriffe der Tuareg und durch den **Aufstieg der Songhai** zugrunde. In deren neuem Reich mit der Hauptstadt Gao erlebte die Region eine kulturelle und wirtschaftliche Blütezeit, u. a. wurde die berühmte Universität von Timbuktu gegründet. Die Macht der Songhai war so groß, dass sogar die Tuareg nördlich von Timbuktu tributpflichtig wurden und ihre Überfälle auf Karawanen unterließen. Neben den *kel ifoghas* wurden auch die *kel aïr* im nordöstlichen Sahel unterworfen.

Die **Region des Aïr-Massivs** war ab dem 10. Jahrhundert in mehreren Wellen von Tuareg-Stämmen besiedelt worden. Sie verdrängten die negroide Urbevölkerung, die Goberawa, nach Süden oder integrierten sie in ihre eigenen Gesellschaften. Später einwandernde Tuareg verdrängten ihrerseits die schon früher angesiedelten Tuareg-Gruppen nach Süden. Anfang des 15. Jahrhunderts gründeten die dominanten Tuareg-Stämme, die *kel ewey* und die *kel gress,* das **Sultanat von Aïr** mit dem Sitz in Agadez. Durch die Ansiedlung arabischer Kaufleute wurde die Stadt rasch zum Kreuzungspunkt der Karawanen aus den Sahara-Oasen im Norden, dem Königreich von Songhai am westlichen Nigerfluss, aus dem Gebiet der Hausa im Süden und dem Reich von Bornu am Tschadsee. Damals galt **Agadez** als eine der größten und schönsten Städte Westafrikas, denn sie musste jährlich einen Tribut von 150.000 Dukaten an die Songhai in Gao abliefern.

### Assode – die alte Hauptstadt der „kel aïr"

*Die Vorfahren der frühen Einwanderer haben im Aïr-Massiv eine bedeutende archäologische Stätte hinterlassen, die Ruinenstadt Assode. Diese einstige „Hauptstadt" des Aïr ist heute ein ca. 70 Hektar großes Areal mit zahlreichen Ruinen ehemaliger Granitsteinhäuser. Es ist die älteste Siedlung im Aïr mit festen Häusern. Wie Radiocarbon-Messungen vermuten lassen, dürfte sie um das Jahr 1420 gegründet worden sein. In ihrer Blütezeit haben in Assode vermutlich etwa 10.000 Menschen gelebt. Zu Zeiten des Forschers Heinrich Barth, Mitte des 19. Jahrhunderts, war die Stadt längst im Niedergang begriffen, berichtete er doch über den „ansehnlichen Umfang seiner Ruinen – angeblich von tausend Häusern, alle aus Stein und Lehm gebaut, während nur noch etwa achtzig bewohnt" waren. Als der Brite Francis Rennell Rodd im Jahr 1926 die Ruinen passierte, waren sie bereits völlig verlassen. Die Gründe für den Niedergang waren vermutlich Wassermangel, Raubzüge umliegender Tuareg-Stämme und die Verlagerung der Karawanenrouten nach Agadez. Neuerdings wird Assode wieder von „chasses-touristes" („Touristenjägern") frequentiert, die hier Tuareg-Kunsthandwerk verkaufen. (Siehe auch Kap. „Unterwegs in der Wüste".)*

Angelockt vom Reichtum der Songhais eroberte Ende des 16. Jahrhunderts ein mächtiges marokkanisches Söldnerheer Timbuktu und Gao. Mit dem **Untergang des Songhai-Reiches** wurde aber auch die Quelle des Wohlstands, der funktionierende Handel, ruiniert. Seitdem ging es mit dem geistigen Zentrum Timbuktu steil bergab. In der Region Agadez stritten diverse Tuareg-Gruppen in zahlreichen Kriegen um die Vorherrschaft über die Stadt, was zu ihrem raschen Niedergang führte. Letztlich konnten sich die *kel ewey* als dominierender Stamm im Aïr durchsetzen, während die *kel gress* nach Süden auswanderten.

Im Verlauf des 19. Jahrhunderts führten wiederholte **Überfälle von Arabern** zu massiven Unruhen, beispielsweise raubten sie im Jahr 1849 fast 50.000 Kamele. Verhielten sich die Araber friedlich, dann stellten die Tubus eine große Bedrohung für die **Aïr-Tuareg** dar. Die ständige Gefahr von Übergriffen legte sich in diesem Gebiet erst mit der Etablierung der französischen Kolonialmacht im 20. Jahrhundert.

## Die Tuareg des Nordens

In den Hoggar, das zentrale Tuareg-Gebiet in der Sahara, wanderten ab dem 7. Jahrhundert unter dem Druck der Araber die sogenannten „Targa" ein. Das waren Kamel haltende Tuareg aus dem Fezzan im Südwesten Libyens. Hier im Hoggar nahmen sie dann den Namen der Region, Ahaggar, an. Die eingeborenen Ziegen haltenden Berbergruppen, die Isbeten, wurden von den dominanten **kel ahaggar** als Vasallen wirtschaftlich integriert und nunmehr als *kel ulli,* „Ziegenleute", bezeichnet.

Die zweite dominante Gruppe im Hoggar war die der **kel ajjer.** Bis zur Mitte des 17. Jahrhunderts bildeten sie gemeinsam mit den *kel ahaggar* eine **Konföderation** unter der Führung adlig-religiöser Machthaber. Das von ihnen beherrschte Gebiet reichte von Ghat in Südlibyen bis in den Südwesten des Hoggar, an der Grenze des heutigen Mali. Um 1660 führten Konflikte zwischen adligen Gruppen zum Zerfall der Konföderation. Die *kel ajjer* wichen nach Osten aus, während die *kel ahaggar* unter der Führung der *kel rela,* einer noblen Untergruppe der *kel ahaggar,* im Westen die Oberhand behielten. Weitere verlustreiche Kriege reduzierten den Stamm der *kel ajjer* fast bis zur völligen Bedeutungslosigkeit.

Ein kel ajjer auf dem Weg zu seinem Lager im Akakus

## Das türkische Zwischenspiel

Das osmanische Reich spielte schon seit dem 16. Jh. eine dominante Rolle im südlichen Mittelmeerraum. Einfluss auf die Tuareg-Region gewannen die Osmanen jedoch erst ab dem 17. Jahrhundert mit ihrem Engagement in Libyen. Ihren Herrschaftsanspruch stellten die Osmanen durch stellvertretende *beys*, hochrangige Beamte, sicher, die weitgehend eigenständig regieren. Die wirtschaftliche Grundlage der *beys* in Algir, Tunis und Tripolis war die Piraterie. Seit dem 15. Jahrhundert kaperten die als „Korsaren" bekannten Piraten systematisch europäische Handelsschiffe im Mittelmeer und im Atlantik und versklavten die Besatzung. Politisch und militärisch unterstützt wurden sie seit 1529 vom türkischen Sultan. Die Macht der Korsaren wurde erst gebrochen, nachdem diese gemeinsam mit den Osmanen in der Seeschlacht von Navarino (Griechenland) vernichtend von den Flotten Frankreichs, Englands und Russlands geschlagen wurden. Im Jahr 1930 versetzte der französische Kaiser *Charles X.* den Korsaren von Algier den „Todesstoß", indem er die Stadt besetzen und damit Frankreich erstmals als Kolonialmacht in Afrika in Erscheinung treten ließ. Mit dem weiteren Vordringen Frankreichs in die Sahara sahen sich nunmehr auch die Osmanen genötigt, aktiven Einfluss auf „ihre" Sahara zu nehmen, indem sie den Fezzan besetzten. Ihr militärischer Einfluss beschränkte sich jedoch auf die Oasen, während die Welt außerhalb der Wüsteninseln von Tuareg kontrolliert wurde.

Das Vordringen Frankreichs und der Osmanen von der Küste ins saharische Hinterland verursachte Spannungen zwischen den Kolonialmächten und den Tuareg, da alle Gruppen Einfluss auf den lukrativen **Trans-Sahara-Handel** nehmen wollten. Durch häufige Überfälle auf Karawanen und besonders auf europäische Reisende wurde der Handel erst recht geschädigt, worauf sich die großen Handelsströme nach Westen verlagerten. Die Präsenz der Osmanen in der Sahara endete im Jahr 1911 mit der Niederlage im italienisch-türkischen Krieg.

# Die Ära der französischen Kolonialisierung

Früheste Berichte über Reisen aus Europa in die Sahara und nach Schwarzafrika stammen bereits aus der Antike. Im Jahr 1626 gründeten Franzosen am Unterlauf des Senegal eine Handelskolonie und unternahmen erste Expeditionen ins Hinterland. Mit dem Einsetzen der Aufklärung in Europa wurde der wissenschaftliche Forscherdrang zu einem wichtigen Motiv für Expeditionen nach Afrika. Die damals größten Fragen der Geografen drehten sich um den Verlauf des Niger und um die Existenz der sagenhaften Goldstadt Timbuktu. Entsprechend waren die Reisenden im späten 18. und frühen 19. Jh. weniger Forscher als vielmehr Abenteurer. Ab der Mitte des 19. Jh. begaben sich bereits Wissenschaftler im modernen Sinn in die Zentralsahara, Persönlichkeiten wie der Deutsche *Heinrich Barth* (große Nord- und Westafrika-Reise 1849–1855) oder der Franzose *Henri Duveyrier* (erste Forschungsaufenthalte bei den Tuareg des Nordens 1857–1862). Diese Forscher konnten schon auf einen gelegentlichen Nachschub durch die französische Kolonialmacht in Nordafrika und im Senegal zählen. Die Tuareg-Nomaden leisteten bis in das 20. Jahrhundert hinein Widerstand gegen französische Okkupationsversuche. Die Berichte über die Erforschung, Eroberung und Unterwerfung der Tuareg waren damals die einzigen Informationsquellen über die Wüstennomaden. Doch erzählten sie mehr über die französischen Eroberer selbst als über die Tuareg, die somit für lange Zeit ein Mythos blieben.

## Die Unterwerfung der Tuareg

Gegen Ende des 19. Jahrhunderts setzte der damalige Oberbefehlshaber über die französischen Sahara-Tuppen, *Henri Laperrine,* eine Vision in die Tat um, indem er Kamel berittene Spezialtruppen, die „Meharisten", aufbaute. Bis zu diesem Zeitpunkt hatte die militärische Strategie der Koloni-almacht darin bestanden, einsame Festungen gegen die umliegenden Be-duinen zu verteidigen. Mit den neuen Truppen, die noch dazu mit ara-bisch-berberischen Chaamba-Nomaden besetzt waren, gelang Frankreich endlich die lang ersehnte **Eroberung der Hoggar-Region.** Der erste Streich war im Jahr 1899 die Eroberung von In Salah, dem wichtigsten Ver-sorgungsort der Tuareg im Norden.

## Die Eroberung Westafrikas

Daraufhin wurde eine „wissenschaftliche Expedition" unter dem Sahara-erfahrenen Offizier *Foureau* und dem Wissenschaftler *Lamy* ausgerüstet, um die Tuareg-Gebiete demonstrativ zu durchqueren und den Machtan-spruch Frankreichs zu untermauern. Der Expedition gehörten etwa 300 Soldaten an, 1000 Kamele und zwei Kanonen. Ohne jede militärische Konfrontation mit den *kel ahaggar* erreichte der Zug schließlich **Agadez,** wo die Franzosen unter Androhung von Gewalt die Ehrerbietung des Sul-tans erzwangen.

Zeitgleich war eine senegalesische Truppe Richtung Tschadsee aufge-brochen, die sich jedoch den Weg **vom Senegal bis zum Niger** mit bluti-gem Terror gebahnt hatte. Dieses Blutbad hatte die gesamte Region ge-schwächt, wodurch Frankreich seine Vormachtstellung im Sahel relativ leicht ausbauen konnte. Timbuktu wurde 1899 als nördlichster Außenpos-ten ausgebaut. Kurz darauf wurden die östlich der Stadt lebenden *kel ulli-midden* besiegt. Ein Jahr später, 1900, besetzten die Franzosen Tahoua südwestlich von Agadez und unterwarfen die dortigen Kel-dinnik-Tuareg. Fast zeitgleich wurde ein Militärposten in Zinder errichtet und die im Sü-den beheimateten Tuareg der Imuzzurag in einer blutigen Schlacht ge-schlagen. Ohne sich zu unterwerfen, zogen die imuzzurag in Massen nach Süden.

Im Gegensatz dazu hatten die *kel ewey* aus dem **Aïr** freiwillig mit den Franzosen kooperiert, weil sie sich die Erhaltung des Salzkarawanenhan-dels nach Süden erhofften. Ihre Region, das Aïr, wurde erst im August 1903 formell erobert. De facto blieben die Aïr-Tuareg aber bis zur Errich-tung eines Militärpostens in Agadez völlig unabhängig und konnten ihre Raubüberfälle wie gewohnt durchführen.

## Die Bastion der Zentralsahara fällt

Trotz der erfolgreichen Foureau-Lamy-Expedition galten die *kel ahaggar* immer noch als die uneingeschränkten Herrscher in der Sahara. 1902 schickte *Laperrine* zur Provokation der *kel ahaggar* ein schwer bewaffne-tes Inspektionscorps ins Hoggar-Massiv, wo die Truppe auch tatsächlich

**Mousa ag Amastan (1867–1920) – der große Stratege**

*Die in Europa wohl bekannteste historische Gestalt der Tuareg war Mousa ag Amastan, der „amenokal"* **(oberste Führer) der „kel ahaggar".** *In der französischen Literatur wurde er zum vorbildlichen Krieger heroisiert, der Frankreich bis zu seinem Tod loyal verbunden blieb. Außergewöhnlich an Mousa war sein strategisches Denken, denn die traditionell geprägten Tuareg pflegten die Gunst der Stunde für einen Überfall zu nutzen, anstatt langfristig politisch zu planen. Daher ist ihre Geschichte von Zerwürfnissen, Zersplitterungen und vernichtenden Kriegen gekennzeichnet.*

*Mousa hingegen bevorzugte es,* **strategische Bündnisse** *einzugehen. Nach der Schlacht von Tit konnte er sich als neuer „amenokal" der „kel ahaggar" durchsetzen, worauf er unweigerlich die Franzosen um Frieden bat. Als Gegenleistung wurde Mousa als Chef der Hoggar-Tuareg anerkannt und erhielt freien Zugang zu den Handelsmärkten im Norden. Mousa zeigte sich als geschickter Diplomat, der einerseits Loyalität gegenüber Frankreich bewies, andererseits aber versuchte, sich und seinem Volk alle Möglichkeiten offen zu halten. Im Jahr 1910 wurde Mousa zu einer Reise nach Frankreich eingeladen, während der ihm der Orden der Ehrenlegion überreicht wurde.*

*Mousa war der letzte Herrscher der Wüste. Nach seinem Tod im Jahr 1920 übernahm das französische Militär die Verwaltung über Mousas „Sahara-Reich".*

am 7. Mai in Tit nördlich von Tamanrasset angegriffen wurde. Aufgrund ihrer überlegenen Waffengewalt gewannen die Franzosen souverän. Dies war die erste verlorene Schlacht der *kel ahaggar,* die bislang als unbesiegbar gegolten hatten. Damit war die **Eroberung der Tuareg-Gebiete** im Wesentlichen abgeschlossen.

## Die Rebellionen von 1915 und 1916 gegen Frankreich

In den Jahren 1911–1913 herrschte in der Sahelzone eine längere Dürreperiode mit nachfolgender Hungersnot. In der Folge regte sich unter der Bevölkerung zunehmend **Widerstand gegen die Besatzer.** Besonders die Tuareg wünschten sich die alten Machtverhältnisse zurück, besonders aber ihre früheren Einkommensquellen wie Raubzüge, Tribute von abhängigen Stämmen und den Sklavenhandel. Als der 1. Weltkrieg ausbrach, beschlagnahmte die Kolonialmacht in ihren Sahelkolonien vermehrt Vieh und Sklaven, wodurch die Antipathie aller großen Ethnien gegenüber Frankreich stieg. Gleichzeitig heizte die islamische Brüderschaft der Se-

## Charles de Foucauld (1858–1916) – Forscher und Eremit im Hoggar

*Die schillerndste europäische Persönlichkeit in der Tuareg-Region war sicherlich Charles de Foucauld. Der Spross eines alten Adelsgeschlechts war ein schlechter Berufsoffizier, der sich allein durch Liebesaffären und einen ausschweifenden Lebensstil einen Namen machte. Erst nach seiner Entlassung aus der Armee entdeckte er den Pfad des Heldentums, indem er als 25-Jähriger als Jude verkleidet das damals in Europa unbekannte Hinterland Marokkos erforschte. Foucaulds Forscherdrang wurde jedoch von religiösem Fanatismus überflügelt. Er schloss sich dem strengen Trappistenorden an, lebte als Klosterknecht im Heiligen Land und ließ sich im Jahr 1900 als **Priester** in die abgelegene Oase Beni-Abbes versetzen. General Henri Laperrine begeisterte den Priester für den eben erst befriedeten Hoggar, wo er die Tuareg christianisieren könnte. Tatsächlich sollte Foucauld als französischer Außenposten die „kel ahaggar" kontrollieren.*

*Im Tamanrasset gewann Foucauld rasch die enge Freundschaft des „amenokal" Mousa ag Amastan und widmete sich eingehenden Tuareg-Studien. Er verfasste das bis heute bedeutendste **Tamaschek-Französisch-Wörterbuch** und eine Sammlung von sechstausend Geschichten, Legenden und Gedichten der Tuareg. Er gründete die strenge Bruderschaft der „Kleine Brüder Jesu", für die sich jedoch zu seinen Lebzeiten kein Kandidat fand. Der „weiße marabout" („Heilige") starb am 1. Dezember 1916 im Alter von 58 Jahren an der Kugel des fanatischen Senussi-Anhängers eines gegnerischen Tuareg-Stammes.*

*Für seine spirituellen Leistungen wurde Foucauld im Jahr 2005 in Rom in Anwesenheit vieler Tuareg selig gesprochen. Seine Forschung gilt heute noch als **wichtige Quelle über die Tuareg,** wenn er auch ein leidenschaftlicher Fürsprecher der Überlegenheit der französischen Zivilisation und des Katholizismus war. Sein Interesse galt stets der Kontrolle und „Zivilisierung" der Tuareg. In dieser Hinsicht war er ein Kind seiner Zeit.*

nussi mit ihrem Aufruf zum Heiligen Krieg die Stimmung an. Bald erfasste eine **Revolte** das ganze Land, die sich jedoch weder gleichzeitig noch koordiniert entfaltete. Im Westen bei den *kel ullimidden* leitete der charismatische *amenokal Firhun Ag-el-Insar* den Aufstand, während die *kel aïr* unter *Kaosen* gegen die Franzosen in Djanet und Agadez kämpften.

*Kaosen ag Wantiggida* gehörte einem der südlichsten Tuareg-Stämme an. Er war schon vor der Unterwerfung durch die Franzosen in den Fezzan emigriert, wo er als Vertrauter des regionalen Senussi-Führers zum Gouverneur des Fezzan aufstieg. Als der **Heilige Krieg gegen die Kolonialmächte** im Oktober 1914 vom obersten Senussi ausgerufen wurde, erwies sich *Kaosen* rasch als wichtigste militärische und charismatische Führerpersönlichkeit. Als die italienischen Kolonialtruppen wegen der Kämpfe des 1. Weltkriegs den Fezzan verlassen mussten, eroberten die Senussi Ghat und das dort zurückgelassene schwere Kriegsmaterial. Derart bewaffnet vertrieben sie die Franzosen aus Djanet, durchquerten die Sahara und griffen im Dezember 1916 Agadez an. Unterstützung erhielten sie von *Tegama,* dem Sultan von Agadez. Die wenigen französischen Militärs wurden rasch überwältigt und gehängt.

*Kaosen* gelang es zwar, eine gewisse Anhängerschaft aus den Stämmen des Aïr zu bilden, doch die meisten Tuareg-Gruppierungen verweigerten ihm die Gefolgschaft. Vor allem die sesshaften Ethnien bevorzugten eher noch die Herrschaft einer Kolonialmacht als die der Tuareg, die mit Raubzügen und Sklaverei verbunden wäre. Letztendlich **scheiterte dieser Rebellionsversuch,** nachdem die französische Militärverwaltung Truppen aus verschiedenen Regionen zusammenziehen und *Kaosen* aus Agadez vertreiben ließ. Der entscheidende Schlag wurde ihm von den *kel ahaggar* unter *amenokal Mousa ag Amastan* im Aïr versetzt.

Die Rebellion war für fast alle Tuareg-Stämme von vernichtender Wirkung. Einige Stämme, wie die *ullimidden kel dinnik,* waren fast gänzlich ausgelöscht, in Agadez viele Tausend Menschen getötet worden. Der Aïr wurde von den Franzosen mit Feuer und Schwert befriedet, die Oasen niedergebrannt, die Bevölkerung evakuiert und in Lagern außerhalb der Berge angesiedelt.

Tausende Aïr-Tuareg waren nach Nordnigeria geflüchtet. Wegen des Verlusts an Kamelen und Ziegen war die gesamte Region wirtschaftlich ausgeblutet. Gut überstanden hatten die Revolte nur die *kel ahaggar,* weil sie sowohl die französischen Truppen unterstützt als auch *die kel aïr* und *Kaosens* Lager geplündert hatten. Die schwerwiegendsten Auswirkungen waren jedoch politischer und verwaltungstechnischer Art. Zahlreiche Militärposten wurden eingerichtet, um eine strenge militärische Verwaltung zur Erhaltung der Sicherheit durchzusetzen.

## Die Ära der Kolonialzeit bis 1960

Der wichtigste offizielle „Grund" der bürgerlichen französischen Regierungen für die Errichtung einer Kolonie waren **Zoll- und Steuereinnahmen**. Tatsächlich hatten sich die pragmatischen bürgerlichen Regierungen Frankreichs aus Kostengründen gegen jegliches koloniales Engagement ausgesprochen. So wurde Paris vom aristokratisch dominierten Militär mit der Eroberung von Kolonien gleichsam „zwangsbeglückt". Das Motiv der Adligen war deren weitgehender Verlust an politischem Einfluss im bürgerlichen Frankreich des mittleren 19. Jahrhunderts. In militärischen Erfolgen in Afrika sahen sie ihre letzte Chance, Prestige und Einfluss in Frankreich zurückzugewinnen. Überspitzt formuliert war die französische Kolonisation lediglich eine Art Kriegsspiel frustrierter Blaublütiger aus Sehnsucht nach Anerkennung daheim. Frankreich kostete dies ein Vermögen an Steuergeldern, die sich nun endlich durch Einnahmen aus den Kolonien

rentieren sollten. Darum waren das Eintreiben von Steuern und das Beschlagnahmen von Gütern für staatliche Dienste wesentliche Maßnahmen der kolonialen Militärbehörden.

Über viele Jahre hinweg erfolgte der hauptsächliche Kontakt zwischen Nomaden und Militärverwaltung durch die Einziehung der Steuern, die anfangs in Form von Vieh und später in Form von Geld geleistet werden musste. Dadurch waren die Nomaden plötzlich gezwungen, ihr Vieh auf den Märkten zu verkaufen, anstatt es – wie bisher – gegen lebensnotwendige Güter zu tauschen. Wer seine Steuern nicht zahlte, wanderte ins Gefängnis. Auf diese Weise trug das Steuersystem zur Integration der Nomaden in das moderne Wirtschaftssystem bei, indem es sie vom Tauschsystem zur Geldwirtschaft führte.

Für die Militärbehörden war diese Aufgabe angesichts der verstreut lebenden Nomaden sehr beschwerlich. Zur Lösung des Problems wurden Teile der **Bevölkerung kurzerhand umgesiedelt,** in künstliche „Gruppen" und „Dörfer" eingeteilt und sesshaft gemacht. Diesen willkürlichen Ansammlungen gehörten nun Personen unterschiedlichster Herkunft ohne jede traditionelle Beziehung zueinander an. Angeführt wurden sie von einer Art Bezirkshauptmann bzw. einem Dorfchef. Um diese neuen Oberhäupter zur Komplizenschaft mit dem französischen Militär zu bewegen, wurde ihnen als Lockmittel das „Recht" zur Eintreibung von Steuern übertragen, von denen sie einen Teil als Einkommen für sich behalten konnten. Für die meisten Dorfchefs war dies nunmehr die einzige Verdienstmöglichkeit, denn ihre traditionellen Einnahmequellen aus Wegezoll für Karawanen, Tributzahlungen der vormals abhängigen Stämme und Raubüberfällen hatten sie mit der Kolonialherrschaft verloren. Die Angehörigen der **Tuareg-Kriegerkaste,** die den Aufstand gegen Frankreich überlebt hatten und nicht als Chefs eingesetzt wurden, standen daher vor dem wirtschaftlichen Ruin. Als Ausweg wählten viele den Eintritt in die französische Armee.

Doch auch für „einfache" Nomaden war die Wirtschaftspolitik der Kolonialherren existenzbedrohend, denn **die neuen Verwaltungsgrenzen** behinderten den Zugang zu ihren traditionellen Weideflächen und Märkten. Als Ausgleich dazu förderten die Behörden den Karawanenhandel, indem sie die Karawanen militärisch eskortierten. Davon profitierten besonders die Aïr-Tuareg, deren **Salzkarawanen** nunmehr vor den häufigen Überfällen der Tubus geschützt waren. Gleichzeitig florierte in den südlichen Feuchtsavannen die traditionelle Rinderzucht der Hausa und Fulbe unter den Frieden sichernden Bedingungen des Kolonialismus besonders gut. Und weil Rinder aufgrund der hohen Temperaturen stark schwitzen und darum viel Salz lecken müssen, führte dies zu einer gesteigerten Nachfrage nach dem Viehsalz aus der Sahara. (Vgl. das Kap. „Wirtschaft im Wandel".) Die Zahl der Kamele, die für die Salzkarawane benötigt wurden, stieg bis zum Ende der Kolonialzeit auf fast 30.000, so viele wie nie zuvor. Andere traditionelle Karawanen, etwa jene zwischen dem Aïr und Ghat im Fezzan, verloren zu Beginn des 20. Jahrhunderts an Bedeutung.

Zusammenfassend lässt sich feststellen, dass die Befriedung der Region durch Frankreich die **Lebensumstände der Tuareg grundlegend verändert** hat, wodurch sich ihr gesamtes wirtschaftliches, politisches und gesellschaftliches System anpassen musste. Profitiert haben von diesen Veränderungen die sesshaften Ackerbauern (wie die Hausa und Djerma) und jene Tuareg-Stämme, die nicht von Überfällen lebten und darum unter den Kriegen und *rezzus* (= berittene Raubüberfälle) der dominanten Stämme gelitten hatten.

## Der Rettungsversuch für die „französische Sahara"

Nach dem 2. Weltkrieg wurde die Forderung der Kolonialbevölkerung nach Selbstbestimmung so stark, dass Frankreich 1946 die Bewohner seiner Kolonien vom „eingeborenen Einwohner" zum „Bürger" aufwertete. Schrittweise wurden **begrenzte politische Mitspracherechte** übertragen. Die Menschen durften erstmals wählen und eigene Regierungsorgane zur Selbstverwaltung schaffen.

In dem Verhältnis zwischen den Behörden und den Tuareg aber, die auch weiterhin außerhalb der Städte als Nomaden lebten, änderte sich wenig. Erst als sich Anfang der 1950er-Jahre die **Unabhängigkeit** der Kolonien abzeichnete, versuchten die Franzosen „ihre" saharischen Regionen zu „retten". Das betraf den gesamten Süden Algeriens, 90 % des späteren nigerischen Staatsgebiets und 60 % des heutigen Mali. Dieses 4,3 Mio. km² große Gebiet sollte in das politische Konstrukt der **Organisation Commune des Régions Sahariennes** (OCRS, „Gemeinsame Organisation der saharischen Regionen") umgeformt werden. Offiziell sollte in diesem Sektor die Entwicklung der Tuareg gefördert werden. Zahlreiche Tuareg-Clans unterstützten diese Idee, da sie sich nicht unter ihre einstigen schwarzen Sklaven unterwerfen wollten. Inoffiziell ging es Frankreich um die Sicherung der dortigen Bodenschätze und um geeigneten Raum für Atombombentests.

Nach massivem Widerstand Malis und Algeriens wurde das Projekt im Jahre 1962 aufgegeben. Damit zog Frankreich zugleich einen Schlussstrich unter den langen, verlustreichen und brutal geführten Unabhängigkeitskrieg in Algerien.

# Das Zeitalter der Nationalstaaten

## Algerien

Im unabhängigen Algerien setzte sich bald die einstige Widerstandsbewegung als Staatspartei **Front de Libération Nationale** (FLN, „Nationale Freiheitsfront") durch und herrschte bis 1988 über das Land. Diese militärisch gestützte Diktatur, gepaart mit einer Politik der sozialistischen Planwirtschaft, führte zwar zur Modernisierung und Industrialisierung des Landes, aber auch zu Korruption, Arbeitslosigkeit, Wohnungsnot und fortschreitender Verarmung. Unter dem Druck dieser Probleme gewährte die FLN Ende der 1980er-Jahre Parteienpluralismus, Anerkennung der Menschenrechte und die Liberalisierung der Wirtschaft.

Für die Tuareg in der Zentralsahara bewirkte die wachstums- und prestigeorientierte Politik der Planwirtschaft eine weitere **Veränderung der Lebensumstände.** Algerien investierte zur militärischen und wirtschaftlichen Erschließung des Südens viel Geld in den Straßenbau. In der Folge wurden die Karawanen durch LKWs als Gütertransportmittel ersetzt. Gleichzeitig versuchte man, die „zurückgebliebenen" Tuareg in die moderne, sozialistische Gesellschaft zu integrieren. Dazu wurden die Kinder der Nomaden in arabischen Schulen zwangsunterrichtet und die Eltern erst mithilfe von Agrarprojekten zur Sesshaftigkeit und dann mit verlockenderen Lohnangeboten zur Arbeit in den südalgerischen Gas- und Ölfeldern bewogen. Weil der Tauschhandel aufgegeben und die Viehzucht unrentabel geworden war, mussten die Nomaden zur Sicherung ihres Lebensunterhaltes auf Lohnarbeit umsatteln.

Einen **Aufschwung** erlebte die traditionelle Nomadenwirtschaft erst wieder seit den 1980er-Jahren, als mit dem beginnenden Tourismus die Nachfrage nach Kamelen für touristische Exkursionen enorm anstieg. Dieser Aufschwung wurde jedoch durch den Ausbruch des algerischen Bürgerkriegs und die Tuareg-Rebellion im Niger und in Mali (1990–1997) unterbrochen. (Siehe Exkurs „Die Rebellion der *ischomar*".)

Mittlerweile hat Algerien einen Weg in Richtung Normalisierung der Beziehungen zu den Tuareg eingeschlagen. Im Jahr 2005 wurden den Nomaden erstmals gewisse **Minderheitenrechte** zugestanden, so darf in den Schulen nun auch Tamaschek neben dem Arabischen unterrichtet werden.

## Libyen

Die *kel ajjer* der Region Ghat besaßen ihre traditionellen Weidegebiete in den westlich gelegenen Gebirgsregionen um Djanet. Infolge der Ausdehnung des französischen Einflussgebiets und der dadurch entstandenen Grenze zwischen Algerisch-Frankreich und Libysch-Italien verloren die *kel ajjer* den Zugang zu ihren Weiden. Da zugleich auch der Trans-Sahara-Handel, ihre wichtigste Geldeinnahmequelle, an Bedeutung verlor, waren die libyschen Tuareg in der ersten Hälfte des 20. Jh. dem wirtschaftlichen

Ein kel ahaggar beim „Shoppen" in Tamanrasset

Niedergang nahe. Das änderte sich auch nach der Unabhängigkeit Libyens im Jahr 1951 nicht. Damals war Libyen eins der ärmsten Länder der Welt und wurde von einem Enkel des Gründers der Senussi-Brüderschaft, *Idris I.,* als König beherrscht. Die **Entdeckung reicher Erdölvorkommen** führte zu Wohlstand und seinen Nebenerscheinungen wie Korruption und sozialen Spannungen. Die internationalen Ölgesellschaften waren nun die eigentlichen Regenten des Landes. Dieses System wurde im Jahr 1969 vom Militär unter **Oberst Muammar al Gaddafi** gestürzt und durch eine Republik unter *Gaddafis* „Aufsicht" ersetzt.

Das neue Regime nutzte den Ölreichtum zur Modernisierung und Arabisierung Libyens, indem **weitreichende Sozialprogramme** umgesetzt wurden. Für die Tuareg in Ghat und Ghadamês wurden beispielsweise moderne Wohnsiedlungen außerhalb der alten Stadtkerne errichtet und den Kindern der Schulbesuch ermöglicht. Diese Chancen zum Aufstieg wurden gern angenommen, die Integration in den neuen Staat war für die Tuareg äußerst attraktiv. Abgesehen von der überdurchschnittlichen sozialen Versorgung galten sie hier als vollwertige Bürger, die auch höchste politische und militärische Ämter besetzen konnten. Darum herrscht unter den libyschen Tuareg ein ausgeprägtes Nationalgefühl, verfolgte *Gaddafi* doch sogar offiziell eine äußerst wohlwollende Tuareg-Politik.

So unterstützte *Gaddafi* 1976 einen Putschversuch von Tuareg gegen die nigrische Militärregierung durch Waffenlieferungen. Auch hatte er die Tuareg dazu aufgerufen, als vollwertige libysche Staatsbürger in seiner islamischen Legion zu dienen, was zahlreiche junge Nomaden befolgten und bald im Libanon und im Tschad kämpften. *Gaddafis* militärische und terroristische Unternehmungen brachten ihn jedoch bald in Konflikt mit den USA und der UNO, die Anfang der 1990er-Jahre **Sanktionen gegen Libyen** verhängte. Dadurch geriet die libysche Wirtschaft unter Druck, worauf sich *Gaddafi* seine militärischen Abenteuer nicht mehr leisten konnte. Weil aber unbeschäftigte Söldner eine Gefahr für Libyen selbst darstellen konnten (eine Befürchtung, die sich nachfolgend mit dem Ausbruch der Rebellion in Niger und Mali als zutreffend erwies), schickte *Gaddafi* die Tuareg-Kämpfer wieder nach Hause. Gleichzeitig erlaubte er eine schrittweise Liberalisierung und Privatisierung der nationalen Wirtschaft. Dies ermöglichte auch die **Öffnung Libyens** für den Tourismus und führte letztlich zur Wandlung *Gaddafis* vom Terroristen zum „Frie-

Gaddafi-Plakat mit Hinweis auf den „Man-Made-River"

densengel". Seit die UN-Sanktionen im Jahr 1999 ausgesetzt wurden, geht es mit Libyens Wirtschaft und besonders mit dem Tuareg-Tourismus steil bergauf. Mittlerweile engagiert sich *Gaddafi* als Vermittler bei Geiselnahmen und als EU-Bündnispartner in Sachen Migrationspolitik, denn Libyen ist für viele Schwarzafrikaner das Sprungbrett nach Europa. Für Tuareg aus dem Niger, insbesondere aus dem Aïr-Massiv, ist Libyen eine wichtige Gastarbeiter-Destination, hier finden sie als Schmiede, Händler und Schmuggler ihr Auskommen.

## Die neuen Sahelstaaten in Westafrika

### Mali

Mali erlangte seine **Unabhängigkeit im Jahr 1960** mit *Modibo Keita* als Staatspräsident. Als die *kel ifoghas* im Nordosten Malis gegen die neue Zentralgewalt rebellierten, schlug das malinesische Militär den Aufstand brutal nieder. Kurz darauf wurden politische Parteien verboten, Oppositionelle verhaftet und die Wirtschaft zentral gesteuert. Die dadurch ausgelösten wirtschaftlichen Schwierigkeiten führten 1967 zu landesweiten Unruhen. *Keita* wurde durch General *Moussa Traoré* gestürzt, der in Kidal, mitten im Gebiet der Ifoghas-Tuareg, ein Deportationslager errichten ließ und die gesamte Region zum Sperrgebiet erklärte. Dadurch verschlechterten sich die **Lebensbedingungen der kel ifoghas** grundlegend. Von ihren Weiderouten waren sie abgeschnitten, die verbliebenen Böden wurden übernutzt und von der Geldwirtschaft blieben sie als Viehzüchter ausgeschlossen, weil ihnen der Zugang zu den Märkten wie Gao und Timbuktu verwehrt war. Zwei **Dürreperioden** zwischen 1974 und 1983 stürzten die Nomaden endgültig in den Ruin, da die internationalen Hilfslieferungen in Bamako, der Hauptstadt Malis, versickerten. Zehntausende Tuareg flüchteten vor dem Hunger in algerische Auffanglager, viele junge Männer suchten auf algerischen Ölfeldern oder in *Gaddafis* Armee Arbeit.

Doch auch der landwirtschaftlich geprägte Staat selbst wurde durch die Auswirkungen der Dürrezeiten ruiniert. Unter dem Druck westlicher Geberstaaten wurde das Land im Jahr 1991 demokratisiert und der Historiker *Ipha Oumar Konaré* zum Präsidenten gewählt. Das Sperrgebiet um Kidal wurde aufgehoben und die Hungerflüchtlinge sowie die *ischomar* konnten aus dem Exil zurückkehren (siehe Exkurs). Seither wurden in Mali **weitreichende politische und ökonomische Reformen** umgesetzt. Im Jahr 2002 wurde der pensionierte General *Amadou Toumani Touré* zum Präsidenten gewählt. Als im Jahr 2006 eine neuerliche Tuareg-Rebellion aufflackerte, gelang ihm eine rasche und einvernehmliche Lösung, verbunden mit gezielten Förderungsmaßnahmen der Region Adrar n'Ifoghas. Mali gilt heute als eines der politisch und sozial stabilsten Länder Afrikas.

## Niger

Im Jahr 1960 wählte die neue, unabhängige nigrische Nationalversammlung den frankreichtreuen Lehrer **Diori Hamani zum Präsidenten.** Rasch setzte er ein Einparteiensystem durch und organisierte das Land nach dem zentralistischen Vorbild Frankreichs in „Departements", zentralistisch verwaltete „Bundesländer". Die Regierungen an der Spitze dieser neuen Departements wurden direkt vom Präsidenten der Republik ernannt und waren diesem auch verantwortlich. Die Bevölkerung war nur in Gestalt regionaler, gewählter Beratungsgremien ohne Einflussmöglichkeiten „beteiligt". Hinter dieser Strategie der maximalen zentralstaatlichen Kontrolle stand das Ziel der nationalen Einheit, denn die Einnahmen aus der Förderung beträchtlicher Uranvorkommen im Norden von **Agadez** stellten schon bald die wesentliche Quelle der Staatseinnahmen dar. Die Unabhängigkeit von Agadez hätte somit den wirtschaftlichen Zusammenbruch des übrigen Staates Niger bedeutet. Während also die Region Agadez den gesamten Niger „finanzierte", blieb sie selbst das am wenigsten

Kel-aïr-Tuareg halten eine Schullandkarte der Republik Niger

entwickelte Gebiet des Landes. Die Kontrolle der Uranminen durch die nigrische Zentralregierung war auch im Interesse der französischen Atompolitik, weshalb mehrere Putschversuche gegen *Diori Hamani* mithilfe französischer Truppen abgewehrt wurden.

Wie in den meisten Sahelländern rekrutierte sich auch im Niger die politische Elite vorwiegend aus Lehrern und Händlern, die meist aus den südlichen Regionen stammten. Die nigrischen Tuareg hingegen waren im Vertrauen auf ihre nomadische Tradition der Überzeugung, dass eine westliche Schulbildung für ihr Fortkommen eher hinderlich sei. Dieser Eindruck erklärt sich aus ihrer Erfahrung während der Kolonialzeit, als ihre nomadische Viehwirtschaft durch die Franzosen zum Teil gezielt gefördert wurde. Darum hatten sie häufiger die Kinder ihrer Sklaven als ihre eigenen Kinder in die staatlichen Schulen geschickt – mit der Folge, dass es hier nach dem Ende der Kolonialzeit **kaum gut ausgebildete Tuareg-Persönlichkeiten** gab, die in die Politik hätten gehen können. Als dann Mitte der 1970er-Jahre eine verheerende Dürre den Sahel traf, verloren die Nomaden den Großteil ihres Viehbestandes und damit ihre Lebensgrundlage. Das Regime *Diori* bereicherte sich jedoch an den eingehenden Hilfslieferungen, anstatt die hungernde Bevölkerung zu unterstützen. Daraufhin stürzte das Militär im April 1974 unter Colonel *Seyni Kountché* das Regime.

*Kountché* verwandelte den Niger in das **Preußen Afrikas,** indem er die Korruption bekämpfte, einen straff organisierten Einheitsstaat aufbaute

und dank des Uranbooms die sesshafte Bevölkerung sozial spürbar bes-
serstellen konnte. Dagegen wurden die Bedürfnisse der Tuareg-Nomaden
außer Acht gelassen, wodurch das Verhältnis zwischen der Militärverwaltung und den Tuareg angespannt blieb.

 Als zu Beginn der 1980er-Jahre mit der wachsenden öffentlichen Kritik
an Atomkraftwerken in Europa der Uranpreis sank und eine neuerliche
Dürre das Land heimsuchte, geriet das Regime wirtschaftlich und damit
auch hinsichtlich seiner politischen Anerkennung unter Druck. Daraufhin
wurden erste Schritte zur politischen Öffnung unternommen, worauf
1983 sogar ein Tuareg, *Hamid Algabid,* zum Premierminister ernannt wurde. Eine neuerliche Dürre 1985 verschärfte die wirtschaftlichen Probleme
der Tuareg-Nomaden, wie auch des gesamten Landes, was das Kount-

### Ischomar – wurzellose Wüstenkämpfer

*Viele Tuareg hatten in den 1980er-Jahren durch die lang anhaltende
Dürre ihre Viehherden, ihre Familien und damit ihre gesamte* **Lebensgrundlage verloren.** *Sie waren „ischomar". Der Begriff ist vom französischen Wort „chômeur" (Arbeitsloser) abgeleitet und bedeutet sinngemäß „Ausgestoßene ohne Identität".*

 *Auf der Flucht vor ihrem Elend, aber auch vor den Diktatoren Kount-
ché (Niger) und Traoré (Mali), die wenig für Nomaden übrig hatten, fanden junge Tuareg in Libyen Asyl als Soldaten in Gaddafis Islamischer
Legion. Einerlei, ob Mali- oder Niger-Tuareg, diese Männer ohne Vergangenheit und Zukunft fanden plötzlich als Bürger und Angehörige der
„Arabischen Nation" Libyen Anerkennung und Karrierechancen in der
Militärakademie von Tripolis.* **Gaddafis Garde- und Eliteregimenter**
*waren gespickt mit Tuareg, die einstmals Ziegen gehütet hatten und nun
versiert mit der Kalaschnikow umzugehen verstanden. In Libanon- und
Tschad-Einsätzen bewährten sie sich als perfekte Kampfmaschinen mit
dem gemeinsamen Traum, ihr Stammesland von den schwarzen Diktatoren zu befreien.*

 *1987 endete der Tschadkrieg, im gleichen Jahr starb Nigers Dikator
Seyni Kountché, steckte Mousa Traoré in Mali tief in politischen und
wirtschaftlichen Schwierigkeiten und Libyens Geldquellen versiegten infolge des UN-Embargos. Für den Kriegsherrn Gaddafi war dies der güns-
tigste Augenblick, um seine hochexplosiven Kriegshelden wieder loszu-
werden und nach Mali und Niger zurückzuschicken, wo sie schon bald
Revolten anzettelten.*

ché-Regime zunehmend unter Druck setzte. Diese politische Schwächung nutzten führende Tuareg, wahrscheinlich mit Unterstützung Libyens, zu einem letztlich erfolglosen Putschversuch. Das nigrische Regime reagierte mit verschärfter militärischer Kontrolle gegenüber *allen* Tuareg-Nomaden. Damit wurden jedoch gerade jene Tuareg-Gruppen bestraft, die mit dem Putsch nichts zu tun hatten, aber wirtschaftlich ohnedies ruiniert waren und somit dringend Hilfe benötigt hätten. So flüchteten viele Tausend Nomaden vor militärischen Schikanen und vor dem Hunger nach Algerien.

## Die Rebellion der ischomar (1990–1997)

Ende der 1980er-Jahre schob Algerien 18.000 Dürreflüchtlinge nach Mali und Niger ab und auch Libyen schickte die Ischomar-Söldner in ihre Heimat zurück. Doch entgegen den Versprechen der Regierungen Malis und Nigers, die Rückkehrer beim Wiederaufbau ihrer nomadischen Lebensweise zu unterstützen, fanden sich die Menschen in Elendslagern wieder. Denn die beiden Sahelstaaten litten an einer katastrophalen Wirtschaftskrise und hatten andere Sorgen, als sich um die Tuareg zu kümmern.

### Die Entwicklung im Niger

Während die nigrische Regierung in Niamey unter dem Druck der Öffentlichkeit **radikale Demokratisierungsmaßnahmen** (Mehrparteiensystem, verfassungsgebende Konferenz) einleitete, waren die verantwortlichen Behörden mit der Verwaltung der hastig errichteten Auffanglager für die Heimkehrer überfordert. Die Spannungen zwischen Behördenmitarbeitern und Lagerinsassen eskalierten im Mai 1990 in Tchin-Tabaraden, einem Lager mit 18.000 Menschen 200 km südöstlich von Agadez. Zahllose

Ischomar patrouillieren in „ihrer" Ténéré

## Mano Dayak – der Charismatiker

*Die beeindruckendste Tuareg-Persönlichkeit seit Mousa ag Amastan war Mano Dayak, mit vollem Namen Mano ag Dayak. Geboren um 1950 im Tal von Tidene im Aïr, nördlich von Agadez, hütete er als Kind die Ziegen, wurde aber auch - wie er in seiner Autobiografie „Geboren mit Sand in den Augen" beschreibt - von der Poesie seiner Mutter und der Weisheit seines Vaters geprägt. Erst mit zehn Jahren besuchte er die französische **Nomadenschule,** wo er fleißig lernte. Sein Drang, die moderne Welt kennenzulernen, führte ihn schließlich bis in die USA und nach Paris, wo er die Anthropologie der Berberkultur studierte. Hier knüpfte er jenes Netzwerk zu Künstlern, Journalisten und Politikern, das für seine spätere Karriere so bedeutsam wurde.*

*Zurückgekehrt nach Agadez gründete er eine **Reiseagentur** und kurbelte den Saharatourismus an, indem er mit Charme und brillanten Kontakten nach Europa Agadez als neues In-Ziel der Pariser Hautevolee etablierte. Dass das Medienspektakel der Rallye Dakar seit dem Jahr 1984 regelmäßig zwei Tage lang Station in Agadez machte, war ebenfalls Mano Dayaks Verdienst. Dabei war er stets bemüht, die Tuareg-Bevölkerung ökonomisch zu fördern, ohne dabei ihre Kultur zu verfremden.*

*Der Erfolg seines Engagements endete 1990 mit dem Ausbruch der Rebellion. Nachdem Mano anfangs vergeblich versucht hatte, den Konflikt zwischen Regierung und Rebellen durch Verhandlungen zu schlichten, wurde er später zum charismatischen **Führer einer großen Rebellenfront.** Dabei nutze er seine Popularität in Europa, um mittels einer groß angelegten Medienkampagne finanzielle und militärische Unterstützung für die „Tuareg-Sache" zu mobilisieren. Letztlich vermochte er sich gegenüber den zahllosen zerstrittenen Rebellenfronten nicht durchzusetzen, was daran gelegen haben mag, dass er selbst nie als Söldner in Libyen gedient hatte. Sein unermüdliches Bemühen um eine friedliche Lösung des Konflikts kostete ihn am 15. Dezember 1995 das Leben, als sein Flugzeug auf dem Weg zu Friedensverhandlungen im Aïr zerschellte.*

*Als Hommage an Mano ag Dayak wurde ein neues „Tuareg-Kreuz" (typischer Tuareg-Schmuck) geschaffen. Auch der Flughafen Agadez trägt den Namen des großen „kel tamaschek" („die Leute, die Tamaschek sprechen", Eigenbezeichnung der Tuareg), dem die Region so viel zu verdanken hat.*

Menschen wurden von Militärs verhaftet, verletzt und exekutiert. Als die Regierung keine Schritte zur Entspannung der Situation unternahm, gründeten rund 600 *ischomar* unter *Rhissa ag Boula* eine Rebellenfront und attackierten in Guerillamanier LKW-Transporte, Märkte, Sicherheitsposten und auch Touristengruppen. Als Basis diente den Rebellen Mont Tingalene, eine uneinnehmbare Vulkanfestung im Norden des Aïr. Unterstützung erhielten sie von der Tuareg-Bevölkerung und durch europäische „Freunde der Tuareg". Dazu hatte der charismatische Tourismusunternehmer und Tuareg *Mano Dayak* in Frankreich eine Medienkampagne gestartet und in übertriebener Weise vor einem „Völkermord an den Kurden Afrikas" gewarnt. (Siehe Exkurs „Mano Dayak – der Charismatiker".) Seine Botschaft beschrieb eine gesellschaftlich und politisch systematisch ausgegrenzte Tuareg-Gesellschaft.

Die Rebellen spalteten sich bald in mehrere Fronten auf, die gegensätzliche Interessen vertraten. Die Extremisten forderten von der Regierung zwei Drittel des nigrischen Staatsgebiets, ein Viertel des nationalen Budgets, die komplette Selbstverwaltung innerhalb des geforderten Gebiets und den Ausschluss anderer Ethnien vom regionalen Wahlrecht. Solche Forderungen konnte keine nationale Regierung akzeptieren. Hinzu kam eine **schwere Regierungskrise** in Niamey, da sich die jungen Parteien einen lähmenden Machtkampf lieferten. Weil auch Präsident und Premierminister unterschiedlichen Parteien angehörten, blockierten sie einander und paralysierten die Politik des Landes. Die Verhandlungen zwischen Regierung und unterschiedlichen Rebellengruppen gingen zwar weiter und führten am 24. April 1995 in Niamey zur Unterzeichnung eines Friedensvertrags, doch hielten sich weder die Regierung noch die abgespalteten Fronten an die Vereinbarungen.

Während dieser politischen und wirtschaftlichen Lähmungsphase stürzte Colonel *Ibrahim Maïnassara Baré* im Januar 1996 die Regierung, setzte eine neue Zivilregierung ein, ließ per Referendum die Verfassung reformieren und führte erfolgreiche Verhandlungen mit den wichtigsten Rebellengruppen. Nach mehreren Anläufen vereinbarten die wichtigsten politischen und militärischen Repräsentanten der Tuareg im Jahr 1997 schließlich einen **Friedenspakt,** nachdem die Oberhäupter der unter Hunger und Verarmung leidenden Bevölkerung Druck ausgeübt hatten. Die dringendsten Anliegen – Selbstverwaltung, Integration der Ex-Rebellen in die Armee und die Rückkehr der Flüchtlinge in ihre Stammesgebiete – wurden zumindest in kleinen Schritten umgesetzt. *Rhissa ag Boula,* der wichtigste Repräsentant der Rebellion, wurde zum Tourismusminister ernannt.

Das große Hindernis für nachhaltige Lösungen blieb weiterhin der Geldmangel, denn **der Niger war bankrott** und die Geberländer hatten – bis

auf Frankreich – nach dem Putsch die Hilfszahlungen eingestellt. Auf nationaler Ebene entlarvte sich *Baré,* anfangs noch als „Retter der Nation" gefeiert, als Diktator. Er ließ Wahlen manipulieren, Journalisten verhaften, Politiker foltern und Demonstrationen blutig niederschlagen. Als sich die Situation 1999 immer mehr zuspitzte, fiel auch *Baré* einem Anschlag zum Opfer. Anscheinend hatten die etablierten Parteien inzwischen ihre Lektion gelernt, denn endlich gelang eine **stabile Demokratisierung.** Auch die großen Geberländer nahmen ihre Zahlungen wieder auf und setzten Hilfsprojekte in Gang, wodurch der Niger zumindest halbwegs handlungsfähig wurde. In den Tuareg-Regionen wurden die zahllosen Flüchtlinge wieder eingegliedert und Pisten, Brunnen sowie die wichtigsten öffentlichen Gebäude wurden wiedererrichtet. Das Leben konnte sich allmählich normalisieren.

## Die Entwicklung in Mali

Nach dem Drama von Tchin-Tarabaden im Mai 1990 war der Funke der Rebellion auf Mali übergesprungen. Im Bergland der Ifoghas kämpften die *ischomar* erfolgreich gegen *Traorés* Panzer, sodass die Regierung sehr bald einen **nationalen Friedenspakt** mit weitreichenden Zugeständnissen vereinbarte. Die Rebellion hatte den Diktator *Traoré* in Bamako so sehr geschwächt, dass er gestürzt wurde und faire Wahlen durchgeführt werden konnten. Nun hatte Mali zwar Demokratie, jedoch weiterhin kein Geld, um die Versprechungen an die Rebellen umzusetzen. Der zerrütteten Tuareg-Region im Nordosten fehlte jegliche Entwicklungsperspektive, sodass sich neuerliche Überfälle häuften und die Kämpfe der zerstrittenen Rebellengruppen schon bald wieder aufflammten.

Als die Armeeoffensive gegen die Rebellen wieder zu scheitern drohte, reagierte die Regierung mit einer neuen Taktik: Sie stellte die **Rebellion als Rassenkonflikt** dar, nach dem Motto „anarchische weiße Sklaventreiber gegen die moderne Gesellschaft der schwarzen Mehrheit." In der Folge gründeten solche schwarze Bauern des Nordens, die sich als Sesshafte von den Tuareg bedroht fühlten und deren Interessen im Gegensatz zu jenen der Nomaden standen, die Miliz „Ghanda Koi". Diese ging brutal gegen Angehörige der Tuareg-Bevölkerung vor und tötete an die 1200 Menschen, darunter Nomaden, Kinder und Intellektuelle. In Timbuktu wurden die Tuareg praktisch ausgerottet. Im Gegenzug massakrierten auch die Rebellen unschuldige Zivilisten der schwarzen sesshaften Bevölkerung. Trotz dieser schwierigen Situation einigten sich die Streitparteien im März 1996 in Timbuktu auf ein gemeinsames Vorgehen, worauf die Kampfverbände aufgelöst, ihre Waffen feierlich verbrannt und 1500 Tuareg-Kämpfer den regulären Streitkräften eingegliedert wurden.

Die wichtigsten Probleme Malis blieben jedoch auch weiterhin ungelöst: **Arbeits- und Perspektivlosigkeit.** Bescheidene Lichtblicke gewährten einige kleine, regionale Entwicklungshilfeprojekte im Umkreis der Wochenmärkte, wodurch die örtliche Wirtschaft wieder Fuß fassen und das Vertrauen zwischen den vormals verfeindeten Gruppen zu wachsen beginnen konnte. Für die unbeschäftigten Ex-Rebellen hingegen wurden Überfälle und Schmuggel zur wesentlichen Einnahmequelle. (Details dazu im Exkurs „Vorsicht, Schmuggler".)

Die Mischung aus Armut, Missstimmung und der Verbreitung von Handfeuerwaffen führte im Mai 2006 zu einem **erneuten Ausbruch der Rebellion.** Immerhin reagierte die Regierung in Bamako darauf mit Verständnis für die Probleme der *kel ifoghas*. Es wurde ein neuer Friedensvertrag unterzeichnet und einmal mehr wurden den Tuareg Autonomie, Entwicklungsförderung, Sicherheit und andere wichtige Punkte versprochen. Angesichts der kritischen finanziellen Lage Malis scheint es wohl nur eine Frage der Zeit bis zum Ausbruch der nächsten Revolte.

Gebet am Marmorgrab von Mano Dayak in Tidene

016r Foto: hf

## Saharatourismus – eine Chance für den Frieden

Die Tourismusentwicklung in der Zentralsahara ist unmittelbar mit der jüngeren Geschichte der Tuareg verknüpft, denn stets dienten sie den anfangs noch spärlichen Besuchern als **ortskundige Führer.** Doch erst in den 1980er-Jahren entfaltete sich ein regelrechter Tourismusboom, wodurch zahlreiche Nomaden als Köche, Fahrer und Kamelführer Arbeit fanden.

In **Agadez** ist diese Entwicklung wesentlich mit dem Engagement von *Mano Dayak* verbunden, wodurch der Tourismus zur drittwichtigsten Devisenquelle des Niger wurde, nach dem Uran- und Viehexport. In Agadez herrschte sogar ein gewisser Wohlstand, von dem ein Großteil der Bevölkerung profitierte. Denn *Mano Dayak* war stets darauf bedacht, die Einnahmen aus dem Tourismus möglichst gerecht auf die Allgemeinheit umzuverteilen. Mit dem Ausbruch der Rebellion im Jahr 1990 brach die Tourismusbranche im Niger zusammen und verlagerte sich weitgehend nach Libyen.

Nach dem Ende der Rebellion bot sich der **Tourismus als großes Friedensprojekt** an. Zahlreiche Ex-Rebellen gründeten mit ihren erbeuteten Kleinwagen kleine Reiseagenturen, was rasch zu einer von Egoismus und Konfliktbereitschaft geprägten Konkurrenz um die wenigen Touristen führte. Manche Agenturbetreiber überfielen sogar die Reisegruppen ihrer Rivalen, um sich einen Wettbewerbsvorteil zu verschaffen. Eine Verbesserung brachte erst die Gründung eines schlagkräftigen Tourismussyndikats, das eine **koordinierte Fremdenverkehrsentwicklung** verfolgte. Agadez erhielt endlich ein Touristeninformationszentrum, das Tourismuspersonal wurde umfassend geschult, ein jährlich stattfindendes „Festival de l'Aïr" wurde etabliert, das Viersternehotel „La Paix" errichtet und der Flughafen renoviert, jeweils mit libyscher Finanzhilfe. Endlich wurde Agadez wieder regelmäßig von Paris aus angeflogen und schon bald erreichten die Touristenzahlen neue Rekorde.

Diese Erfolgsgeschichte endete abrupt im Jahr 2003. Erst erschütterten die **Entführungen von Sahara-Touristen** in Algerien die gesamte Region, im Jahr darauf überfielen dieselben Entführer drei Reisegruppen im nördlichen Aïr. Fast zeitgleich wurde der Tourismusminister *Rhissa ag Boula* unter Mordverdacht verhaftet, woraufhin Ex-Rebellen ihren Unmut in Überfällen ausdrückten. Die Situation spitzte sich bis zu einem erneuten Ausbruch der **Rebellion im Jahr 2007** zu. Derzeit finden wieder Kämpfe zwischen Tuareg-Rebellen und Regierungstruppen im Aïr statt, wodurch alle wirtschaftlichen Erfolge der vergangenen Jahre wieder zerstört werden und der Tourismus völlig brach liegt.

Ganz anders verlief die **Entwicklung im Süden Algeriens,** wo sich der Tourismus bis zum Ende der 1980er-Jahre zu einem wichtigen wirtschaftlichen Standbein entwickelt hatte. Hier wurden eher die negativen Auswirkungen der jährlich bis zu 15.000 Besucher zu einem Problem. Die schönsten Natur- und Kulturstätten wurden von Müllhaufen und stinkenden Latrinen verunstaltet, Felsgravuren irreparabel geschädigt und viele prähistorische Artefakte wurden als Souvenirs eingesammelt und illegal exportiert. Die Initiativen zur **Förderung eines ökologischen Saharatourismus** wurden durch den Ausbruch des algerischen Bürgerkriegs und der Tuareg-Rebellion unterbrochen und erst zehn Jahre später wieder aufgegriffen, als eine Neuauflage dieser Horrorentwicklung drohte. Mittlerweile wurden verschiedene Maßnahmen, wie die verpflichtende Mitnahme eines einheimischen Wüstenführers erlassen, um die Zerstörung der touristischen Attraktionen und damit der Grundlage des algerischen Sahara-Tourismus in den Griff zu bekommen. All diese Sorgen verblassten jedoch im Jahr 2003 neben der bereits oben genannten **Entführung von mehreren Reisegruppen,** eines bis dahin einmaligen Vorkommnisses in der Geschichte des Sahara-Tourismus.

Von all diesen Krisen profitierte **Libyen als neue, sichere Sahara-Destination,** die erst seit den 1990er-Jahren für westliche Touristen zugänglich wurde. Hier war die Begleitung durch Führer von Anfang an verpflichtend, freier Individualtourismus blieb dagegen die Ausnahme. Von besonderer Bedeutung ist die rasch wachsende Besucherzahl in Libyen für *ischomar* und Schmiede aus dem Aïr. Mit dem steigenden Bedarf an französisch- und deutschsprachigen Führern und Köchen im arabischsprachigen Libyen finden qualifizierte *ischomar* gutbezahlte Jobs. Gleichzeitig wird immer mehr Tuareg-Schmuck nachgefragt, der lediglich von Aïr-Schmieden hergestellt wird, die infolge des neuerlichen Ausbruchs der Rebellion im Niger ihre Lebensgrundlage verloren hatten. Darum zieht es gegenwärtig sowohl Touristen wie auch Kel-aïr-Tuareg nach Libyen ...

Touristengruppe auf dem Gipfel der „Dünenlust"

# MYTHOS „BLAUER RITTER"

Allein von dem Wort „Tuareg" geht eine ungeheure Faszination aus. Dies beweisen die zahlreichen Werbe-Ideen, die mit Begriffen und Bildern aus dem Tuareg-Umfeld arbeiten. Man denke nur an das das luxuriöse Allrad-Fahrzeug „VW Touareg", hier sollen bestimmte Qualitäten suggeriert werden, die angeblich den Sahara-Nomaden anhaften. Auch touristische Regionen, wie die tunesische Sahara oder das Tafilalet in Marokko, versuchen vom Tuareg-Image in Europa zu profitieren, indem sie sich mit Bildern von „blauen Männern" oder expliziter Berufung auf die Tuareg präsentieren. Diese Menschen haben die romantischen Klischeevorstellungen der Touristen erkannt und bieten ihnen das, was sie sehen wollen: in blaue *gandoras* gehüllte edle Wüstenritter. Tatsächlich existiert kein ethnischer Bezug zwischen Marokkanern oder Tunesiern und den *imajeghen,* außer ihrer gemeinsamen Berber-Herkunft. Diese Instrumentalisierung eines Begriffs ist kaum verwunderlich, denn wenige Völker sind so mystifiziert und glorifiziert worden wie die Tuareg.

Verbreitete Vorstellung von „echten Tuareg": hoch auf dem weißen Kamel

# Der Name „Tuareg"

Die Tuareg selbst nennen sich entweder **kel tagelmust** (die Leute mit dem Schleier) oder **kel tamaschek** (die Leute, die Tamaschek sprechen). Der Begriff „Tuareg" ist somit eine Fremdbezeichnung, dessen Mythos sich zum Teil aus seiner Bedeutung und Herkunft erklärt. Nach einer verbreiteten Meinung leitet sich „Tuareg" vom arabischen Wort *terek* ab, was „(von Gott) verlassen" bedeutet: Weil die Tuareg nach Ansicht der Araber keine „richtigen" Muslime seien, wären sie von Gott in die Wüste verbannt worden. Möglicherweise kommt der Begriff aber auch von *targa*, dem alten Berbernamen für das Hochland von Fezzan im Südwesten Libyens. Hier hatte der Stamm der Houara, wahrscheinlich Nachfahren der oben genannten Garamanten, gelebt, dessen Name sich später zu „Ahaggar" wandelte. Als diese Volksgruppe in die Zentralsahara emigrierte und die dort lebenden Berberstämme unterwarf, wurde das dortige Bergmassiv – Hoggar oder Ahaggar – nach ihr benannt. In der Folge bezeichnete der Name „Tuareg" einerseits jene „adligen", weil militärisch dominanten Tuareg, die der Region Targa entstammten, und andererseits all jene Menschen, die in der von diesen „Adligen" nunmehr beherrschten Region lebten. (Vgl. Exkurs „Imajeghen – adlige ‚Ritter' der Wüste?")

# Historische Entwicklung des Mythos

Unsere heutigen Vorstellungen von den Tuareg sind das Ergebnis der **fantastischen Berichte der ersten Sahara-Reisenden,** die mehr Erdichtetes als Wahres über diese Nomaden überlieferten. Bis ins frühe 19. Jahrhundert war von den Tuareg kaum mehr bekannt als ein mysteriöser Name von Bewohnern im Herzen Afrikas, über das in Europa nur Legenden und Schauermärchen kursierten. Der Grund dafür lag darin, dass die Sahara für Europäer praktisch unzugänglich war, weil die angrenzenden Regionen von Völkern wie den Arabern besiedelt waren, bei denen Europäer nicht sehr willkommen waren. Dadurch lebten die „mysteriösen" Tuareg gleichsam abgeschirmt von einem „ethnischen Schutzwall" in der für Europäer damals unerreichbaren Welt der Zentralsahara.

Die frühen Berichte des islamischen Historikers und Politikers *Ibn Chaldoun* (1332–1406) überlieferten ein eher positives Bild der Tuareg, wogegen der französische Abenteurer *René Caillié* (1799–1838) nach seiner lebensgefährlichen Timbuktu-Reise im Jahr 1828 die dortigen „Touaricks" als „kriegerisch und grausam" beschrieb.

Im 19. Jahrhundert galten die Tuareg einerseits als Personifikation des Seltsamen, deren Gesellschaft, Sitten und Lebensform in keine bisherige Kategorie, außer jener des moralisch Schlechten, zu passen schienen. Das Image von den **Piraten der Wüste** beherrschte den Ton in der Presse. Andererseits faszinierten die Tuareg europäische Romantiker wie *Henry Duveyrier,* der sie nach seinem ersten längeren Aufenthalt bei den Hoggar-Tuareg (1859–1861) als ritterliche und **freiheitsliebende Aristokraten** schilderte, denen Lüge und Diebstahl unbekannt seien.

Die eigentliche Romantisierung der Tuareg begann nach dem 1. Weltkrieg mit der **Verbreitung von Abenteuerromanen,** in denen die europäischen Abenteurer als Eroberer der Sahara im Vordergrund standen, während die Tuareg die Gegenrolle des edlen, treuen Eingeborenen spielten. Unter diese Literaturgattung fällt etwa *Pierre Benoits* Roman „Atlantide" (Paris 1919), in dem die Tuareg als letzte Zeugen und Hüter einer verschwundenen Zivilisation geschildert werden. In diesem ideologisch verbrämten Zugang spiegelt sich die verbreitete Sichtweise der früheren Tuareg-Forscher wider, in der Regel aristokratische Offiziere, die in den domi-

Typisches Sehnsuchts-Bild: Tuareg in den Dünen

## Das „Ende der (Tuareg-)Welt"

Seit den 1960er-Jahren wurde immer häufiger das „Ende der Tuareg-Kultur" angekündigt. Mit dieser Befürchtung war die unter Europäern verbreitete Vorstellung verknüpft, dass die „wahren" Tuareg **schlecht an die moderne Welt angepasst** und darum von den politischen Mächten der jungen unabhängigen Staaten Niger, Mali und Algerien bedroht seien. Als in den 1970er- und 1980er-Jahren ausgeprägte Dürren die Sahelnomaden massiv schädigten, sahen viele französische Beobachter darin gleichsam den „Beweis" für den zwangsläufigen Untergang der „alten Welt der Tuareg".

Hinter dieser Überzeugung standen die große Sympathie und sogar auch eine gewisse Identifikation der Franzosen mit den Tuareg. Vor allem stand dahinter die schmerzliche Erfahrung des Verlusts ihrer Kolonien - und damit „ihrer" Sahara, die für die Identität Frankreichs als „Grande Nation" grundlegend gewesen war. Die Rede vom „Ende der Tuareg-Kultur" war somit nichts anderes als die **Projektion** des eigenen, gedemütigten Selbstverständnisses auf die verlorene Sahara und eine idealisierte Tuareg-Bevölkerung.

Zudem mussten die Franzosen am Ende der Kolonialära ihr Versäumnis erkennen, „ihre" Tuareg rechtzeitig in die allgemeine Entwicklung der Kolonialregionen eingebunden zu haben. Stattdessen hatten die französischen Kolonialbeamten aus selbstgefälliger Nostalgie und **rassistisch geprägter Wüstenromantik** „ihre noblen Tuareg-Nomaden" in deren

nanten Tuareg-Gruppen ihresgleichen zu erkennen meinten: „weiße", militärisch qualifizierte „Adlige", die auf verlorenem Posten für die überkommenen Werte einer alten, besseren Welt kämpften.

In den Augen der französischen Forscher lag die **Besonderheit der Tuareg** im Unterschied zu Arabern und Schwarzafrikanern in ihrer helleren Hautfarbe. Darüber hinaus galten die Tuareg als die saharischen Nomaden schlechthin, insbesondere die noblen *imajeghen* der Hoggar-Tuareg, die mit Schwert, Schild und Gesichtsschleier an einen mittelalterlichen Ritter erinnerten. Die **Idealisierung** der aristokratischen hellhäutigen Tuareg dauerte in dieser Extremform etwa bis zum Ende der Kolonialzeit, hält aber in seinen Grundzügen bis heute an.

*Überzeugung bestärkt, etwas Besonderes zu sein und auch zu bleiben. (So wurde etwa „geduldet", dass „noble" Tuareg die Kinder ihrer Sklaven in die Kolonialschulen schickten anstatt ihre eigenen.) Tatsächlich hatten sich sowohl die „noblen" Tuareg selbst - dies waren in den Augen der Europäer lediglich die „echten, weißen, freien Nomaden" - als auch die französischen Militärs adliger Abstammung stets als „hervorragend" im Vergleich zur „einfachen" sesshaften Bevölkerung betrachtet. (Vgl. dazu Kap. „Traditionelle Werte und Identität".) In diesem Selbstverständnis wurzelte die tiefe Überzeugung der Franzosen, nur nomadisierende Tuareg seien unabhängig, nobel und darum echt. Dagegen wurden sesshafte Tuareg, die häufig auch negroid waren, als „falsche" Tuareg verachtet: Sie standen für Franzosen gleichsam für den sozialen Niedergang und den Verlust der ursprünglichen kulturellen Unverfälschtheit.*

*Tatsächlich hatten sich die französischen Forscher und Militärs lange Zeit ein Idealbild „ihrer" Tuareg zusammengezimmert, das ihrem eigenen idealisierten Selbstverständnis entsprach. Das Engagement gegen den „Untergang der Tuareg-Kultur" war somit nichts anderes als der Kampf gegen die Veränderung der eigenen Welt ... In diesem Tenor beschreibt Alberto Vázquez-Figueroa in seinem Bestseller-Roman „Tuareg" den Titelhelden, der als einsamer „Sohn des Windes" unbeirrbar die Überlieferung seines Volkes gegen die Bedrohungen der modernen Zivilisation verteidigt.*

## Tuareg als Opfer und Helden der Rebellion

Schon bisher erwies sich der Begriff „Tuareg" als vieldeutige Spiegelung unterschiedlichster Sehnsüchte und Rollenbilder, die wenig mit der Lebensrealität der *kel tamaschek* zu tun hatten und haben. Mit dem Ausbruch der Rebellion zu Beginn der 1990er-Jahre wurde das Tuareg-Image um zwei weitere, miteinander verflochtene Facetten bereichert: das Bild von den Tuareg als **Opfer systematischer staatlicher Unterdrückung** und als **Helden eines Unabhängigkeitskampfes.** Beide Vorstellungen wurden zum Teil gezielt im Rahmen von Medienkampagnen verbreitet, die wesentlich vom populären Aïr-Tuareg *Mano Dayak* getragen wurde. So wurden etwa Ausstellungen mit stereotypen Fotos der „edlen, würdevollen, weißen Wüstenritter" organisiert und mit dem Hinweis verknüpft, dieses „außergewöhnliche" Volk werde von seinen jetzigen schwarzen Beherrschern unterdrückt, ausgebeutet und sogar massakriert, weshalb es unterzugehen drohe. Als „Beweis" für diese „Tatsachen" dienten die tragischen Ereignisse in Tchin-Tabaraden, die in den Medienberichten zu einem regelrechten **Genozid an den Tuareg** aufgebauscht wurden. *Mano Dayak,* die antreibende Kraft hinter dieser Kampagne, lieferte zum Teil erfundene Details in seinem eigens veröffentlichten Buch über die „Tuareg-Tragödie".

Diese erfolgreiche Medienaktion weckte in Europa **Verständnis und moralische Unterstützung** für die Rebellen. Außerdem trug sie dazu bei, dass die Hilfsmaßnahmen für die Tuareg von zahlreichen emotionalisierten Anhängern großzügig unterstützt wurden. Der Kampf der Nomaden wurde als ein gerechtfertigtes Mittel zur „Selbstverteidigung" und zur Wiederherstellung ihrer „verlorenen Würde" betrachtet, als ein ritterliches Ringen der wiedergekehrten „Herren der Wüste" mit ihren schwarzen Unterdrückern.

Gegenüber der Regierung beanspruchten die Rebellen offiziell zwei Drittel des nigrischen Staatsgebiets sowie die Errichtung eines Apartheidstaates, in dem nur „Angehörige der Tuareg-Ethnie" das aktive und passive Wahlrecht hätten. Um diesen Anspruch der ausschließlichen Tuareg-Hoheit zu untermauern, stellten die Rebellen kurzerhand die Behauptung auf, in diesem Gebiet hätte vor der Kolonialisierung eine „Tuareg-Nation" bestanden. Die Wahrheit sah freilich anders aus, denn so etwas wie eine „Tuareg-Nation" hatte es zu keiner Zeit in der Geschichte gegeben. Moderne Begriffe wie „Staat" oder „Nation", „Heimat" oder „Vaterland", aber auch „Stamm" oder „Ethnie" entsprangen ursprünglich der westlichen Kultur und fanden erst während der Kolonialzeit Eingang in die wenige ge-

bildeten Schichten der Tuareg-Gesellschaft. Vor allem aber war die von den Rebellen geforderte Region schon vor der Ankunft der Nomaden von unterschiedlichen Volksgruppen bewohnt gewesen und auch die Tuareg selbst waren **niemals eine einheitliche Nation** oder eine geschlossene Gesellschaft. Historische Fakten spielten aber für die Rebellen keine Rolle, denn ihnen ging es ausschließlich um die Durchsetzung ihrer Eigeninteressen. Die verdrehte historische Darstellung diente ihnen nur als ideologische Waffe.

In Europa war die Propaganda von der untergehenden Tuareg-Kultur auf so fruchtbaren Boden gefallen, weil die romantischen Sahara- und Tuareg-Fans schon vor langer Zeit den Traum von „ihrer" Sahara mit „ihren" Wüstenrittern hatten begraben müssen. Mit der Rebellion der *ischomar* schien diese untergehende, ruhmreiche Welt endlich eine Renaissance zu erleben. Hinter dieser kritiklosen Hoffnung verbarg sich die Sehnsucht zivilisationsmüder Bürger nach einer einfachen, schwarz-weiß gezeichneten Welt von guten, selbstbestimmten Helden im Kampf gegen die finsteren Handlanger eines korrupten Staates. Der hohe Preis für diese Vorstellungen war, dass sich die Rebellion zu einem **interethnischen Konflikt mit zahlreichen Toten** auf allen Seiten verschärfte. Bezahlen mussten letztlich jene, die mit diesen romantischen Vorstellungen am wenigsten gemein hatten: die breite Tuareg-Bevölkerung.

# WERTVORSTELLUNGEN UND RELIGION

Traditionell lebende Tuareg-Nomaden führen ein Dasein unter extremen klimatischen und wirtschaftlichen Bedingungen. Die alltägliche Konfrontation der Kamelhirten und Ziegenhirtinnen mit Herausforderungen wie Einsamkeit, Trockenheit, extrem karger Landschaft und anderen schier überwältigenden Kräften der Natur prägte Selbstverständnis und Sitten der Tuareg. Dabei haben diese Wüstenbewohner eine Kultur geistiger Wertvorstellungen entwickelt, von denen viele an die **Hofsitten mittelalterlicher Ritter** erinnern. Werte wie Scham und Zurückhaltung, Respekt und Wahrhaftigkeit spielen bei den Tuareg auch heute noch eine überragende Rolle, die weit über die Bedeutung beispielsweise des Islam im täglichen Leben hinausgeht. In diesem alten nomadischen Wertekodex wurzeln auch sehr viele zentrale Elemente des äußeren Erscheinungsbildes und der **Umgangsformen** der Tuareg, wie beispielsweise der Gesichtsschleier *(tagelmust)* der Männer. Darum werden in diesem Kapitel die

Moderne Tuareg schätzen „Toyotas", Sonnenbrillen und Tuareg-Blues

„nomadischen" Werte vor jenen des **Islam** behandelt, der erst relativ spät Anklang bei den Tuareg fand und erst gegenwärtig an spürbarer Bedeutung gewinnt. Dabei wurde und wird der Islam von den Tuareg-Nomaden stets auf eigene Weise interpretiert und gelebt. So spielen etwa **animistische Überzeugungen** auch heute noch eine große Rolle im täglichen Leben der Tuareg.

## Traditionelle Werte und Identität

Fragen nach Tradition und Identität, wie wir sie zumeist verstehen, sind für Tuareg nicht einfach zu beantworten. Das liegt an ihrer Art zu lernen und zu denken, die sehr von unserer westlichen Lern- und Erziehungsweise abweicht. Während wir Europäer im Kindesalter lernen, Werte und Gegebenheiten auf ihre Berechtigung und Sinnhaftigkeit zu hinterfragen, lernen Tuareg-Nomaden in erster Linie durch Zusehen und Imitieren. Die Welt wird dabei in all ihren Ausformungen als Wille Gottes hingenommen, ohne etwas in Frage zu stellen. Die Herausforderung für einen jungen Menschen wird darin gesehen, sich **optimal an die lebensfeindliche Umwelt anzupassen.** Die Alten und Erwachsenen beweisen durch ihr Überleben, dass sie sich bislang erfolgreich an die Natur angepasst haben. Darum wird ihre Erfahrung als richtig anerkannt und nicht weiter hinterfragt. So sind die Tuareg gleichsam das, was sie erfolgreich tun, um gegen die Unbilden einer kargen und bedrohlichen Natur zu bestehen: Hirtennomaden oder Gärtner, Schmiede oder *marabouts* (Heilige, Angehörige der religiösen Schicht).

Von ähnlich großer Bedeutung wie die optimale Anpassung an ihre karge Lebenswelt ist der moralische Wert *asshak,* der **Würde, Stolz und die Beherrschung von zentralen Verhaltensregeln** zusammenfasst. (Näheres zu *asshak* s. u.)

Für das Selbstverständnis älterer, nomadisch geprägter Tuareg spielen auch die **Religion und das kulturelle Erbe der Ahnen** eine große Rolle. Darunter werden Erinnerungen, Überlieferungen, historische Erzählungen und althergebrachte Bräuche, aber auch Sprache und Kleidung verstanden. Unter jüngeren Tuareg ist die Rebellion der 1990er-Jahre von prägender Bedeutung für ihr Selbstverständnis. Damals wurden zahlreiche Elemente des „wahren Tuareg" wiederbelebt oder auch neu erfunden. So erlebte etwa der *tagelmust* eine Renaissance als prägendes Identitätsmerkmal. Diese Elemente fanden ihren Niederschlag auch in modernen Tuareg-Liedern, die von den „Helden des Freiheitskampfes" berichten.

# Amajegh – ein „echter Tuareg" sein oder nicht sein

Was einen „richtigen" Tuareg ausmacht, wird von den Tuareg selbst keineswegs einhellig beantwortet, sondern hängt sehr von Beruf, Alter und Herkunft des jeweiligen Befragten ab. Abgesehen davon ist die **Fremdbezeichnung „Tuareg"** vielen Nomaden unbekannt. Für viele traditionell geprägte Tuareg gilt eine Person als „ihresgleichen", wenn sie Tamaschek spricht und den *tagelmust* bzw. als Frau den *aleschu* trägt, unabhängig davon, woher diese Person ursprünglich stammt (darauf komme ich noch zu sprechen). Allerdings leben heute nicht mehr viele Tuareg traditionell als Nomaden, weshalb „Tuareg-Sein" auch unabhängig von Sprache und Kleidung gegeben sein kann.

Die relativ kleine Gruppe der Nachkommen einstiger „nobler" Tuareg-Gruppen der *kel ahaggar* nennt sich selbst *imuhagh,* was ursprünglich nichts weiter als eine Zugehörigkeitsbezeichnung war. Weil aber die *imuhagh* militärisch und politisch dominierten, standen sie gesellschaftlich über der unterlegenen Nomadengruppe der *imghad* („Vasallen") und erst recht über den von schwarzen Bauern abstammenden *iklan* (Sklaven). Aus dieser Position betrachteten sie ihre Lebensweise zwangsläufig auch als die „edelste" und „wertvollste". Im Gegensatz dazu wurden den *enaden* (Handwerker, bzw. „Schmiede") aufgrund ihrer „schmutzigen" Arbeit die „edlen" Werte, *asshak,* eines „wahren" Tuareg generell abgesprochen. (Vgl. das Kap. „Gesellschaftliche Strukturen".)

Während der Kolonialzeit betrachteten die französischen Offiziere nur die Angehörigen der kollaborierenden Kriegerstämme der *kel ahaggar* als „echte Tuareg". Darum setzten sie kurzerhand den Namen *imuhagh* mit der Bedeutung „Angehörige der gesellschaftlichen Schicht der Freien" im Sinne von „Adelsschicht" gleich. Dem stand jedoch der Umstand entgegen, dass es auch in fast allen anderen Tuareg-Konföderationen wie den *kel ajjer* oder den *kel aïr* dominante Kriegerstämme gab, deren Angehörige *imajeghen* (Sing.: *amajegh*) genannt wurden. (Siehe das Kap. „Gesellschaft und Politik".) **Amajegh** war somit der unter den meisten Tuareg verbreitete Begriff für ein **Mitglied der „noblen, angesehenen" Schicht.**

Auch heute noch spielt der Ausdruck *„amajegh"* eine zentrale Rolle für das Selbstverständnis der Tuareg, wenn auch mit veränderter Bedeutung.

Heute gibt es nur noch wenige „reine" Nachkommen der einstigen sozialen Oberschicht der *imajeghen.* Diese haben außerdem ihre Lebensweise und soziale Stellung in ähnlicher Weise verloren wie die Adligen in vielen Ländern Europas. Darum wird „Tuareg-Sein" bzw. die Qualität eines *amajegh* heute in unterschiedlicher Weise definiert. Die im Folgenden beschriebene, jeweilige Aufwertung der eigenen gesellschaftlichen Position

und Lebensweise ist, wie bei anderen Volksgruppen auch, immer verknüpft mit einer gleichzeitigen Abwertung anderer gesellschaftlicher Bezugsgruppen, Lebensweisen und Kulturen.

- Eine **Minderheit von „freien, weißen und würdevollen"** Nomaden
  sieht sich allein als die „wahren" *imajeghen,* die sich (nach ihrer eigenen
  Sicht) von anderen „uneigentlichen" Tuareg-Gruppen durch eben diese
  Eigenschaften abhebt.
- Die überwiegende Zahl der Tuareg-Bevölkerung, ob sesshaft oder nomadisch, beurteilt sich heute im Vergleich zu ihren jeweiligen kulturellen Nachbarn weitläufig als *imajeghen.* So werden etwa die **Fulbe-Nomaden** als „Wilde" betrachtet, obwohl sie in ähnlicher Weise wie Tuareg-Nomaden leben und vergleichbare Kleidung und Ausrüstungsge-
  genstände verwenden. Begründet wird diese Geringschätzung mit der
  angeblichen „islamfeindlichen, matriarchalen Tradition" der Fulbe, obwohl sich solche Ansätze auch bei den Tuareg finden. *Amajegh* bzw.
  „Tuareg-Sein" bedeutet hier demnach „keiner von denen da draußen"
  zu sein.
- Gegenüber schwarzen **Hausa-Bauern** und -Händlern grenzen sich viele
  Angehörige der Tuareg, darunter auch Tuareg-Handwerker, die *enaden,*
  durch den Gesichtsschleier, ihre Sprache Tamaschek, den Grundwert
  *asshak* und die Vorstellung ab, einer „weißen Rasse" anzugehören. Da-

bei spielt auch keine Rolle, dass zahlreiche „Tuareg" in den Städten des Sahel oft nur noch Hausa sprechen und dass viele der als vollwertige Tuareg-Angehörige geltenden Menschen von ehemaligen Hausa-Sklaven abstammen.

- Solche Abgrenzungsmechanismen gibt es auch **zwischen benachbarten Tuareg-Gruppen.** So bezeichnen etwa die *kel ewey* in den Aïr-Bergen sich selbst als *imajeghen,* alle anderen umliegenden Tuareg-Gruppen hingegen abwertend als *imghad* („Vasallen"), obwohl sie alle Tamaschek sprechen und als unabhängige Nomaden leben. Begründet wird diese Herabwürdigung ihrer Nachbarn mit deren angeblicher mangelhafter Befolgung der religiösen Gesetze und der traditionellen Werte.

Hierbei wird deutlich, dass es mindestens so viele Vorstellungen von einem „echten" Tuareg gibt wie Menschen, die mit Tuareg-Angehörigen aktiv oder passiv zu tun haben.

Ob eine Person als Tuareg angesehen wird, hängt somit von der Anerkennung durch die jeweilige Tuareg-Bezugsgruppe ab. So wurden früher Sklaven arabischer oder schwarzafrikanischer Herkunft von Tuareg-Gruppen gleichsam „absorbiert", sobald sie Sprache, Sitten und Lebensweise der Tuareg angenommen hatten. Sie galten dann zumindest als Angehörige der *kel tamaschek* bzw., wenn sie den Schleier trugen, als *kel tagelmust.* Zeichnete sich ein solcher dunkelhäutiger „Immigrant" durch besondere Weisheit, durch Reichtum und Großzügigkeit aus, so konnte ihm die respektierte Stellung eines *marabouts,* eines „Heiligen", zuerkannt werden. Dadurch wurde er in den Augen seiner neuen Bezugsgruppe zum *amajegh.* Somit **könnte grundsätzlich jeder Mensch amajegh sein,** wenn er sich entsprechend seiner Tuareg-Bezugsgruppe verhielte, weil darin letztlich nichts anderes zum Ausdruck käme als die Anerkennung: „Du bist nun einer von uns".

Daraus folgt aber auch, dass die „Tuareg-Eigenschaft" – *amajegh* – auch verloren gehen kann. Jene Tuareg, die vor vielen Jahrzehnten in den von Hausa dominierten Süden abgewandert waren, haben mittlerweile Kleidung, Glauben, Sitten und Sprache der Hausa weitgehend angenommen. Darum werden sie von Tuareg des Nordens häufig bereits als Hausa betrachtet.

Doch auch diese Identitätsvorstellung wird zunehmend brüchig, da heute immer mehr Tuareg in die großen Städte West- und Nordafrikas

---

Enaden (Schmiede, bzw. Handwerker) schlagen
auf Festen das tam-tam (Trommel)

und sogar nach Europa ziehen. Ist denn ein Tuareg, der fließend Deutsch spricht, die österreichische Staatsbürgerschaft angenommen hat und gern mit Freunden auf ein Bier geht, kein Tuareg mehr? Das hängt letztlich immer vom jeweiligen Betrachter und damit von der jeweiligen Bezugsgruppe ab.

## Asshak – das Edle und Gute

Der wohl wichtigste Schlüssel zum Verständnis der spirituellen Tuareg-Welt ist *asshak*. Dieser Begriff umschreibt ein Ensemble von Werten, die Aspekte wie Würde, Ansehen, Selbstbewusstsein und Manieren umfassen, also das „Gute" beim Tuareg schlechthin. Als wichtigste Verhaltensnorm gilt dabei *tekarakit*, übersetzt etwa „Scham" oder **Zurückhaltung.** So gilt es beispielsweise als ungehörig, einem Gesprächspartner direkt in die Augen zu blicken, weil dies als bedrohlich empfunden wird. Darum schaut man während einer Unterhaltung entweder zu Boden oder lässt den Blick schweifen.

Der **Schleier der Männer** *(tagelmust)* verdeutlicht den Aspekt der Zurückhaltung am besten. In der Öffentlichkeit Mund und Nase unbedeckt zu lassen, gilt für einen Mann ab einem gewissen Alter als unschicklich. Wenn ein junger Mann etwa mit 16 Jahren von seinem Vater einen eigenen, neuen Schleier geschenkt bekommt, erhält er damit auch seinen **Erwachsenenstatus.** Von nun an gehört der junge Mann zur Wertegemeinschaft der *kel tagelmust*. Bei einer jungen Frau entspricht dies dem ersten Anlegen eines Kopftuchs. Ab diesem Zeitpunkt gelten bestimmte **Vermeidungsregeln,** die unmittelbar mit *asshak* verknüpft sind. So darf ein Vater in Gegenwart von Fremden nicht mehr mit seiner erwachsenen Tochter sprechen, ein Mann nicht vor seiner Schwiegermutter essen oder den Schleier ablegen. Eine verehrte Frau darf vor der Hochzeit nur bei Nacht, also völlig diskret, besucht werden, weil voreheliche Sexualität – im Gegensatz zu anderen islamischen Gesellschaften – geduldet wird, solange die Diskretion gewahrt bleibt, frei nach dem Grundsatz: „Was ich nicht weiß, macht mich nicht heiß!" (Zum relativ freizügigen Verhältnis zwischen Männern und Frauen siehe das Kap. „Familie und Geschlechterverhältnisse".) Diese Regeln bezwecken die Aufrechterhaltung einer gewissen Gesellschaftsordnung unter Bedingungen von Nomaden, bei denen die Kontrolle von allein lebenden Hirten und Hirtinnen kaum möglich ist. Darum wird im Einzugsgebiet einer Bezugsgruppe – im Dorf oder im Lager der Eltern – umso strenger die Einhaltung der „Manieren" erwartet. Dann nämlich dienen die Vermeidungsregeln der Vermeidung familiärer Konflikte.

Eine Sonderstellung nimmt die „Scherzbeziehung" *(tabubasa)* zwischen Kreuzcousinen und -cousins ein, also von Paaren, das sind ein Mann und die Tochter seines mütterlichen Onkels oder seiner väterlichen Tante. Nur in dieser besonderen Verwandtschaftsbeziehung dürfen sich Mann und Frau bis zu einer Heirat gegenseitig in der Öffentlichkeit verspotten, wobei alle Freiheiten erlaubt sind. Diese Ausnahme dient der Entlastung der eher strengen Gesellschaftsordnung. (Näheres dazu im Kapitel „Ehe".)

*Asshak* kommt auch in der strikten Ablehnung von Lüge und Diebstahl sowie von Gier, Neid und protzerischem Reichtum zur Geltung. Es umfasst somit Schlüsselwerte zur Aufrechterhaltung einer Nomadengesellschaft. Hirten weiden ihre Tiere über riesige Gebiete verstreut, darum können sie ihr Hab und Gut nicht ständig kontrollieren. Sie müssen darauf vertrauen können, dass niemand Kamele oder Gegenstände aus dem unbewachten Lager des Nachbarn stiehlt. Protzerei ist verpönt, um Begehrlichkeiten und dem eventuell daraus folgenden Diebstahl mit allen weiteren Konflikten vorzubeugen. Gier nach immer mehr ist nicht vereinbar mit der Nomadenwirtschaft in der Wüste, die auf Dauerhaftigkeit und Risikominderung anstatt auf Wachstum gerichtet ist.

Infolge sich wandelnder Lebensverhältnisse gerät *asshak* zunehmend unter Druck. Sesshafte Tuareg bedürfen eher neuer Verhaltenstechniken wie unternehmerisches Denken, Handelsgeschick und Diplomatie statt Zurückhaltung, Risikominderung und Aufrichtigkeit – oder Flexibilität und Anpassungsfähigkeit statt Traditionsbewusstsein und Unabhängigkeitsstreben. Hinter diesen neuen Fähigkeiten stehen neue Werte wie Risikofreude, Offenheit, Gewinnstreben und Kompromissbereitschaft. Damit geraten jedoch traditionsgeprägte Tuareg in Gewissenskonflikte. Mussten *imajeghen* bis in die Kolonialzeit ihrer Bevölkerung im Fall einer Hungersnot beistehen, indem sie Nachbarstämme oder Siedlungen nach klaren Regeln überfielen *(rezzu)*, so müssen Tuareg heute bei mächtigen Politikern diplomatisch um Hilfe bitten, was aus Asshak-Sicht als erniedrigend gilt. Darum würde ein *amajagh* im Notfall, um nicht das Gesicht zu verlieren, eine benötigte Sache wie Geld nicht erbitten, sondern einfordern, um es dann kommentarlos einzustecken. **Gesten des Dankes** sind unter den stolzen Nomaden unüblich. Das hat mit dem harten Leben zu tun, das die Hirten führen. Auf den Weiden herrscht häufig Nahrungsknappheit, Durst und Einsamkeit. Dem kann nur mit der nötigen Selbstbeherrschung begegnet werden, indem nicht über Hunger gejammert und um Nahrung gebettelt, sondern Stolz bewiesen wird.

Mittlerweile eröffnen sich den Tuareg zunehmend andere Perspektiven, wie z. B. die Arbeit als Gärtner, die oftmals dem Hirtendasein vorgezogen wird. Denn ein Gärtner kann das ganze Jahr über bei seiner Familie leben, den häuslichen Komfort genießen und wird regelmäßig von seiner Ehefrau mit Essen versorgt, anstatt in der Wildnis selbst kochen und allein essen zu müssen. Solche angenehmen Bedingungen lassen neue Regeln und Werte für den zwischenmenschlichen Umgang entstehen. Denn wer nicht ständig der Wildnis ausgesetzt ist, braucht nicht mehr so hart und selbstdiszipliniert sein wie ein Hirte.

Die Anpassung der Werte an die neuen Lebensbedingungen verläuft unter den ehemaligen Nomaden nur sehr langsam. Dies gilt besonders für den **Umgang mit Touristen,** bei dem *asshak* ein großes Hindernis darstellen kann. Erfolgreicher sind hier Kinder oder Handwerker. Kinder tragen noch keinen Gesichtsschleier und brauchen noch keine so starke Zurückhaltung zu üben. Tuareg-Handwerkern *(enaden,* obwohl die Handwerker Spezialisten in der Bearbeitung der unterschiedlichen Materialien **Metall, Holz und Leder** sind, werden sie schlicht „Schmiede" genannt.) wiederum wird aufgrund ihres „unreinen" Berufs *asshak* generell abgesprochen. (Vgl. das Kap. „Gesellschaftliche Strukturen".) Doch gerade weil von ihnen erwartet wird, dass sie schwindeln, handeln und sich mit Fremden arrangieren, erfüllen sie innerhalb der Tuareg-Gesellschaft eine wichtige Rolle als Vermittler. Nach außen, in Gegenwart von Europäern, tragen *enaden* ebenfalls den *tagelmust* und sprechen gern von *asshak,* um als „echter Tuareg" wahrgenommen zu werden und ihren Schmuck erfolgreicher verkaufen zu können. Für jüngere Tuareg, die in Städten oder im Tourismus arbeiten und die darum neuen Anforderungen genügen müssen, spielt *asshak* eine zunehmend geringere Rolle. Es wird durch Werte wie Erfolg, Konsum und Bildung verdrängt.

## Die kel timia im Interview:
## Alte Werte im Licht neuer Probleme?

Die Welt der Tuareg unterliegt heute einem raschen und grundlegenden Wandel, weshalb auch die verschiedenen sozialen Gruppen innerhalb der Tuareg-Gesellschaften immer unterschiedlicher werden. Zwangsläufig verändern sich in der Folge auch individuelle Wertempfindungen. Das zeigt sich deutlich am Beispiel der *kel ewey* der Region Timia im Herzen des Aïr (Niger), 220 unwegsame Kilometer von Agadez entfernt. Hier interviewte ich in den Jahren 1999 und 2000 über 40 Personen, deren „Hauptwohnsitz" sich im Bergdorf Timia oder im umliegenden Weidege-

biet befand. Sie repräsentieren wichtige soziale Gruppen der heutigen Tuareg-Gesellschaft: Hirtinnen, Karawanenführer, Gartenbauern, Handwerker, Händler, Schüler und Studentinnen, Lehrer, Geistliche, Politiker, Reiseführer, Musiker etc. Meine Fragen drehten sich um das jeweilige Wertempfinden dieser Menschen.

- **Soziale Sicherheit – das Wichtigste im Leben?**
Für ältere *kel timia* steht die Sicherheit und Versorgung ihrer Familie im Mittelpunkt. Sobald sie verheiratet sind und Kinder haben, wird die **Verantwortung für die Familie** zu ihrem zentralen Lebenszweck. Ähnlich wichtig ist ihnen auch „Gesundheit und ein langes Leben", denn Krankheit würde sie zur Last für andere machen und sie könnten ihren Lebenssinn nicht mehr erfüllen. Für jüngere, insbesondere auch für weibliche *kel timia* steht **Wohlstand als zentrales Lebensziel** im Vordergrund. *Mariema,* eine 17-jährige Hirtin, meinte etwa, ihr größter Wunsch wäre, einen „reichen, netten, intellektuellen Ehemann und drei Kinder" zu bekommen. Frauen und Jugendliche haben nur geringe Chancen, aus eigener Kraft reich zu werden. Auch Hirtinnen und Karawaniers wünschen sich an erster Stelle „viel Geld", denn auch sie leben unter extrem schwierigen wirtschaftlichen Bedingungen. Auch für jene, die schon ein recht gutes Einkommen haben, bleibt Wohlstand wichtig. *Mohammed,* ein 34-jähriger Gärtner, will viel Geld verdienen, um seine

Herde aufbauen, einen guten Garten kaufen und die Bildung der Familie finanzieren zu können. Er würde seine Kinder zur Schule schicken, damit sie einmal ihre Eltern ernähren können. Früher brauchte man eine große Ziegen- und Kamelherde, um die Familie gut ernähren zu können. Darum empfinden ältere *kel timia* auch heute noch eine hinreichend große Herde als äußerst wichtig, während für jüngere Tuareg ein hohes Geldeinkommen als Maßstab für wirtschaftlichen Erfolg und soziale Sicherheit an Bedeutung gewinnt. Sie wünschen sich darum einen **Arbeitsplatz.** Die Jugendarbeitslosigkeit ist bei den Tuareg ein noch viel größeres Problem als in Europa.

- **„Erst kommt das Fressen, dann kommt die Moral" ...?**
Für die Menschen steht die nachhaltige **Sicherung ihrer wirtschaftlichen Basis** und damit der materiellen Grundlage ihres Überlebens an vorderster Stelle der Bedürfnisse. Dabei fällt auf, dass Tuareg-Frauen häufiger die Befriedigung materieller Bedürfnisse als Lebensziel nennen als männliche Tuareg. Das ist auch nicht weiter verwunderlich, denn die Frauen sind für die Versorgung der Kinder zuständig. Wer hungrige Mäuler stopfen muss, hat andere Sorgen als die Sehnsucht nach einem „langen Leben in Würde", wie Männer häufig ihr Lebensziel formulieren. Die Männer aber verbringen mitunter viele Monate fern von der Familie, sei es als Arbeitsemigranten oder als Karawaniers. Auf sich allein gestellt können sie Zeiten der Armut leichter würdevoll hinnehmen als kinderreiche Mütter.

Für **traditionelle ideelle Werte** sprechen sich besonders jene jungen *kel timia* aus, die im fernen Agadez in der Tourismusbranche gutes Geld verdienen. Ihre materielle Basis ist weitgehend gesichert, weil sie aber ständig von ihren Familien getrennt leben und stattdessen häufigen Umgang mit Europäern pflegen müssen, empfinden sie ihre kulturellen Wurzeln als gefährdet. Für die *chasses-touristes,* die jungen „Touristenjäger" von Timia, wiederum geht es nur darum, möglichst schnell möglichst viel Geld zu verdienen, während sie die traditionellen Werte (noch) nicht bekümmern. Schließlich sind sie ständig von dieser „alten" Welt der Traditionen umgeben. In einer ganz anderen Situation lebt *Rissa,* ein 20-jähriger Karawanier. Weit entfernt von den Verlockungen der modernen Welt empfindet er es als das Wichtigste „nobel, gut und ehrlich zu sein". **Schmiede** sind diejenige gesellschaftliche Gruppe, denen *asshak* traditionellerweise abgesprochen wird, weil sie der Geisterwelt

Für ein gutes Geschäft nehmen Schmuckhändler
auch „halbnackte" Kundinnen in Kauf

und der Magie nahe stehen. Sie werden als Schwindler und Ehrlose angesehen. Doch gerade sie empfinden mittlerweile *asshak* und religiöse Werte als etwas besonders Erstrebenswertes. In der modernen Welt wollen sie als Ehrenmänner anerkannt werden, die verlässliche Produktqualität an Touristen liefern und dafür einen entsprechenden Preis bezahlt bekommen. Würden die Touristen einen Schmied – entsprechend seiner traditionellen Rolle – als Schwindler wahrnehmen, so wäre das äußerst geschäftsschädigend.

- **Das gute Leben …**

Die Präferenzen der meisten *kel timia* drücken das starke Bedürfnis nach materieller Besserstellung und somit nach zusätzlichen Einnahmequellen aus. Je mehr Einblick man in die tatsächliche wirtschaftliche Lage jenseits der scheinbaren Idylle des „romantischen Bergdorfes" erhält, desto verständlicher wird dieser nüchterne **Wunsch nach einem guten Leben.** Ideelle Vorlieben können sich diejenigen erlauben, die wirtschaftlich abgesichert sind. Politiker etwa müssen über den Alltagssorgen stehen und den Überblick behalten. Darum wünschte sich der Dorfchef *Mokhamed ag Gabda,* der eine bescheidene Rente für seine Amtsführung erhält, „Friede und Entwicklung, sodass jeder anständig leben kann".

Werte sind stets **Ausdruck der jeweiligen Lebenssituation.** Hier muss man streng zwischen der Bezeichnung eines Werts und der hinter dieser Bezeichnung stehenden Bedeutung unterscheiden. Für den jungen Tuareg, der als Karawanenführer *(madugu)* die Verantwortung für eine Wüstenkarawane trägt, hat *asshak* eine völlig andere Bedeutung (da mit anderen Lebenserfahrungen verknüpft), als für einen *chasse-touriste,* der an der Dorfpiste auf Touristen wartet.

Letztendlich können wir niemals mit Gewissheit erfahren, was ein Tuareg „wirklich" mit *asshak* oder einem anderen Wert meint. Daran würde auch nichts ändern, wenn wir als Touristen ein paar Tage oder Wochen in einem Hirtenlager zubringen oder eine Salzkarawane durch die Ténéré begleiten würden. Würden wir uns in der Hitze der Wüstensonne auch ein wenig als *kel tamaschek* fühlen und den Hauch von *asshak* spüren, es bliebe abermals unsere **eigene, höchstpersönliche Erfahrung** vor dem Hintergrund unserer mitgebrachten Kultur.

Aber wir können zuhören und respektieren, für welchen Weg in die Welt sich ein Tuareg heute auch entscheiden mag und in welcher Weise er *asshak* und das „gute Leben" auslegen mag. Er muss es vertreten und wir dürfen vielleicht als Gast beiwohnen.

# Spiritualität, Magie und Islam

## Magie, die Mutter der Religion

Magie ist eine Art Vorläuferin der „etablierten" Religionen, die ihren Angehörigen einheitliche Standards und Regeln zur erlangung des Seelenheils vorgeben. Magie hingegen ist weitgehend **unabhängig von einer zentralen Instanz,** denn sie beruht in erster Linie auf der Kompetenz, Kraft und Ausstrahlung jeweils einer bestimmten Person, die den Lauf der Welt durch die Beschwörung höherer Mächte zu beeinflussen versucht. Magische Vorstellungen herrschen in der Regel dort vor, wo sich einheitliche Glaubenssätze nur schlecht verbreiten können – wie unter den verstreut lebenden Tuareg-Nomaden der Fall ist.

Ihre religiösen „Experten", die *marabouts* und andere Korangelehrte, leben zumeist außerhalb der nomadischen Weidegebiete in den Siedlungen und Städten. Die Nomaden sind somit gezwungen, eigene Rezepte zur Deutung und Beeinflussung ihrer Welt zu entwickeln, weshalb magische Vorstellungen unter den Tuareg heute noch sehr verbreitet und **im alltäglichen Leben tief verwurzelt** sind. Dahinter verbirgt sich uraltes, vorislamisches „Wissen", das sich teilweise auch im Koran selbst wiederfindet.

Dazu zählt etwa der Geisterglaube, wie in dem entsprechenden Kapitel nachzulesen ist.

## Die Islamisierung der Tuareg

Tuareg-Nomaden leben in der Regel eine eigene Ausformung des Islam. Das hängt mit ihren Lebensbedingungen, aber auch mit der Geschichte ihrer Islamisierung zusammen, die im Jahr 642 mit der **Invasion der Araber** ihren Anfang genommen hatte. Die Tuareg hingen zu dieser Zeit magisch-kultischen Vorstellungen an und wichen vor den Eindringlingen nach Süden zurück, worauf sie von den Arabern als „Die von Gott Verstoßenen" (arab. *terek*) bezeichnet wurden. Dennoch reicht der früheste nachweisbare islamische Einfluss auf die Tuareg bis ins 7. Jahrhundert zurück. Damals dürften berberische *marabouts* in den Hoggar vorgedrungen sein und als heilige Männer unter den *kel ahaggar* Anklang gefunden haben.

Im 10. und 11. Jahrhundert setzte sich der Islam sowohl in Nordafrika als auch südlich der Sahara allgemein durch. Aus dieser Zeit stammen auch die ersten Moscheen im Aïr-Massiv. Wiederum waren es **einzelne religiöse Persönlichkeiten,** die sich gegenüber den Tuareg als mit magischen Kräften ausgestattete Nachkommen des Propheten *Mohammed* ausgaben. Sie verfügten angeblich über *baraka,* die Gabe, Heil und Segen zu spenden und Böses abzuwenden. Das passte gut in das magische Denken der Tuareg-Nomaden und verschaffte den islamischen Missionaren Autorität und Einfluss.

Im 16. Jahrhundert förderte das Königreich Songhai die **stärkere Durchsetzung des Islam.** Damals wurden große Moscheen und Ausbildungsstätten errichtet. In Timbuktu gab es 180 Koranschulen und eine Universität, die von 20.000 Studenten besucht wurde. Sie war die bedeutendste Hochschule westlich von Ägypten. Während dieser Zeit passten viele Tuareg-Gruppierungen ihre sozialen Strukturen und ihr Rechtssystem den islamischen Vorgaben an. Dabei spielten **Muslimbrüderschaften** eine besondere Rolle, weil sie etwas vermitteln konnten, was den Tuareg zumeist fehlte: Gemeinsamkeit und Loyalität. Gleichzeitig jedoch führte die ablehnende Haltung der Muslimbrüderschaften gegenüber dem Gemisch aus Magie und Islam, wie es unter nomadischen Tuareg üblich war, auch wieder zu Gegenbewegungen. In diesem ständigen Hin und Her zeigte sich nicht nur der Unterschied zwischen den verstreut lebenden, eigenwilligen Tuareg-Nomaden und den sesshaften, religiösen Stadt-Tuareg, sondern auch das Grundprinzip des Weltbilds der Tuareg überhaupt: das ewige Ringen um Gleichgewicht!

# Das Weltbild vom steten Ringen um Balance

Nomade zu sein bedeutet, vielerlei Risiken ausgeliefert zu sein: einerseits die übermächtige Natur mit Hitze, Wüste, ausbleibenden Regenzeiten, gefolgt von Dürren, oder mit sintflutartigen Niederschlägen – andererseits feindliche Menschen, die den eigenen Stamm bedrohen. Die viel beschworene **Freiheit der Nomaden** ist eine wichtige Voraussetzung, um in diesem schwierigen Lebensraum überhaupt überleben zu können. Nur in völliger Unabhängigkeit können sie den Gefahren ausweichen und sich den ständig wechselnden Bedingungen ihrer Umwelt anpassen. Dieser Anpassungsdruck bringt zwangsläufig eine **Sehnsucht nach Stabilität** und Dauerhaftigkeit mit sich, die oftmals in einem höheren, letzten Sinn gesucht wird.

Dieser „letzte Sinn" ist für die Tuareg-Nomaden die Vorstellung von einer **Welt in einem fragilen Gleichgewicht,** an dem drei zentrale „Spieler" beteiligt sind: der Mensch, die guten übernatürlichen Mächte und die „bösen" Erscheinungen der Natur. Dabei steht der Mensch zwischen der göttlichen Welt und der unterirdischen Welt der Natur. „Oben" waltet Gott, Allah, der „Allmächtige", umgeben vom Propheten *Mohammed,* den Engeln und anderen Helfern. „Unterhalb", in der natürlichen Umwelt außerhalb des vertrauten Lagers *(aghiwan)* und in der Erde, liegt die Welt von *iblis,* dem Teufel, seinen Geistern und Dämonen *(kel essuf).* Oben scheint das heilige, erhellende Feuer des Islam, unten lodert das verzehrende Feuer der Hölle, das Heidentum. Zwischen diesen Welten vermitteln die *marabouts,* indem sie die jeweiligen Mächte durch Gebete und Beschwörungen zu beeinflussen versuchen, um das Gleichgewicht der Mächte aufrechtzuerhalten. In der Vorstellung der Tuareg dreht sich alles um die Aufrechterhaltung des Gleichgewichts. Das gilt sowohl für die überirdischen Mächte als auch für zwischenmenschliche Beziehungen und schließlich auch für die Beziehung zwischen Mensch und Natur.

## Der Geisterglaube

Im Alltag der Tuareg-Nomaden ist der Glaube an Geister *(kel essuf)* allgegenwärtig. Dieser Glaube ermöglicht es ihnen, Ängste auszudrücken und **unfassbaren Phänomenen Gestalt zu geben.** So wird die Welt mit ihren unbegreiflichen Erscheinungen und unerwünschten Vorfällen erklärbarer und damit auch etwas „beeinflussbarer", wodurch sie ihren Schrecken verliert. Solch ein Phänomen kann der Wind sein, der über Dünenkämme streicht und dabei ein seltsames Dröhnen, das „Trommeln der Geister", verursacht. Sinken Kamele im weichen Sand ein, so sagt man, sie wurden von Dämonen gepackt.

## Islamischer Dualismus

*Die Zweiteilung der Welt der Tuareg zieht sich konsequent durch alle Bereiche des Lebens, das von folgenden **Gegensätzen** geprägt ist:*

- *Gott (Allah) - Teufel („iblis")*
- *Engel („andschelus") - böse Geister („kel essuf")*
- *gut/rein - böse/unrein*
- *Sonne/Tag/heiß - Mond/Nacht/kalt*

***Allah** (aus dem Arabischen „al-ilah", „der alleinige Gott") ist - ähnlich dem christlichen Gott - charakterisiert durch*

- *„Ein-heit" (zu diesem strengen Monotheismus stehen vorislamische Kulte oder die Beschwörung von Geistern in direktem Widerspruch)*
- *Allmächtigkeit und Allwissenheit*
- *Gerechtigkeit (laut den Koransuren 69,18–37 und weiteren Suren wird Allah beim Jüngsten Gericht die Taten der Menschen richten)*
- *Güte (Allah kann den Sündern beim Weltgericht auch vergeben).*

***Iblis**, der Teufel, symbolisiert die ungläubige Gegenwelt zu Allah. „Iblis" ist ein gefallener Engel, der sich der Anordnung Gottes widersetzte, Adam zu huldigen. Darum gelten Überheblichkeit und Ungehorsam gegen Gott als Wesenszüge des Teufels. Seither treibt „iblis" sein Unwesen und verführt die Menschen, wie anfangs Adam und Eva, zum Verstoß gegen Gottes Gebote. Darum gilt „iblis" als der Inbegriff der Versuchung.*

*Die Erde wird als Schauplatz des Kampfes zwischen diesen gegensätzlichen Mächten angesehen, dessen Folgen **die Menschen** zu spüren bekommen. Dominieren die Geister, dann erleidet der Mensch Schaden. Geht es ihm jedoch gut, so schützen ihn offensichtlich Allah oder dessen Engel vor den Einflüssen der „Unterwelt".*

*Diese Vorstellung vom **Kampf zwischen Gut und Böse** ist auch im Christentum und in zahlreichen anderen Kulturen tief verwurzelt. Ihr „Erfolg" liegt darin, die komplexe Wirklichkeit auf besonders einfache, nachvollziehbare und zugleich überzeugende Weise auf den Punkt zu bringen. Diese **Vereinfachung** ist zugleich auch ihr großer Nachteil, denn die radikale Unterscheidung zwischen „uns" als den „Guten" und den „Anderen" als den „Bösen" kann zu tragischen Konflikten führen. Die Rebellion der „ischomar", die sich gegen alles richtete, was nicht „Tuareg-gemäß" war, ist ein trauriges Beispiel dafür.*

Die Geister sind wie ihr teuflischer Herr *(iblis)* und die Engel aus Feuer gemacht und leben in der Unterwelt. Durch Brunnen oder Erdlöcher gelangen sie (insbesondere beim kalten, unreinen Licht des Vollmonds) nach oben, wo sie bevorzugt in menschenleeren, unwirtlichen Landstrichen, in Begräbnisstätten oder alten Bäumen und Brunnen leben. Darum heißen sie **kel essuf – Leute der Wildnis.** Unter menschenfeindlichen Umständen der Natur werden sie aktiv und bedrohlich. Dann nehmen sie die Gestalt von erdnahen, gefährlichen Tieren wie Vipern und Skorpionen an oder sie verwandeln sich in einen Werwolf. Wer nachts bei Vollmond und heulendem Wind allein in der Wüste lagert, kann diese angstvollen Vorstellungen nachfühlen. Sie symbolisieren das überlebensnotwendige **Misstrauen der Wüstenbewohner gegen Fremde,** die sie nicht einschätzen können und denen sie im schlimmsten Fall ausgeliefert sein könnten. Dahinter steckt die alte kollektive Erfahrung von Überfällen durch fremde Stämme aus der Wüste.

Geister sollen vipernartige Augen an den Füßen, nur ein großes Ohr und ein Nasenloch haben. In Menschengestalt erkennt man sie an ihrer besonderen Listigkeit und an schlechtem Atem! Das mag ein Motiv sein, weshalb Tuareg ihre Zähne so gut pflegen. Hat ein Mensch einen besonders guten Atem, so kann es sich nur um einen *marabout* handeln, dessen Odem *baraka,* heilsame Wirkung, zugeschrieben wird. Hier wird deutlich, dass mit den Geistervorstellungen auch konkrete **Gesundheitsvorkehrungen** verbunden sind. So sollen sich Geister von Blut und Kadavern ernähren, weshalb Tuareg nur Fleisch von bekannten, artgerecht geschlachteten Tieren verzehren. Andernfalls hat man keine Gewissheit, dass das Fleisch genießbar ist oder etwa Leichengift enthält. Hier deckt sich auch die Intention des Koran mit jener der Geistervorstellung: Letztlich geht es in erster Linie um die Bewerkstelligung und Sicherung eines „guten Lebens".

Eine besonders ambivalente Bedeutung wird dem **Mond** zugeschrieben. Einerseits hält man ihn für den Inbegriff von Schönheit, weshalb besonders anmutige Frauen mit dem Mond verglichen werden. Andererseits gilt das kalte, unnahbare Mondlicht als vom Teufel erschaffen, um die Welt der Geister zu erhellen und um die schlafenden Nomaden mit eisiger Kälte zu quälen. Die **Sterne** hingegen entsprechen wiedergeborenen menschlichen Seelen, die die Lebenden vor dem Zusammentreffen mit Geistern schützen. Sternschnuppen gelten jedoch als die Verkörperung

---

Der tagelmust (Gesichtsschleier) soll vor Dämonen schützen

der Seelen böser Menschen. Darum pflegen sich Nomaden beim Anblick von Sternschnuppen unter einen Baum zu verkriechen, um nicht zum Opfer menschlicher Bösartigkeit zu werden.

## Der menschliche Körper im Kampf mit den Geistern

In den Augen der Tuareg sind die Menschen der ständigen Gefahr ausgeliefert, von den Geistern und Dämonen überwältigt und körperlich geschädigt zu werden. Zum **Schutz** wird darum alles gemieden, was in unmittelbarem Kontakt mit bösen Geistern und deren Welt steht. Dies gilt für Kriechtiere und Wurzeln, aber auch für Pflanzen, die bei Nacht gesammelt wurden, sowie für die Handwerker bzw. Schmiede *(enaden)*, die – im Gegensatz zu den gehenden und reitenden Hirten – am Boden sitzen und Produkte aus dem Boden (Erze, Stein und Holz) bearbeiten. Sie alle gelten darum als „unrein" und „ehrlos". Um sich vor Geistern zu schützen, müssen im Alltag zahlreiche **rituelle Handlungen und Verbote** beachtet werden, was letztlich auch das Verhältnis zwischen den Menschen und ihren Umgang untereinander mitbestimmt.

Bei den Menschen und ihren Körperteilen unterscheiden Tuareg zwischen **rein und unrein.** Dabei steht das „Reine" stets dem „Warmen" im Sinne des heißen, „himmlischen" Tages nahe und das „Unreine" dem „Kal-

ten" im Sinne der kalten, „höllischen" Nacht. Der obere Bereich des menschlichen Körpers ist der göttlichen Welt näher, während die den Boden berührenden Füße schon fast zur Geisterwelt gehören. Als „kalt" werden auch die natürlichen Körperöffnungen angesehen, denn durch sie schlüpfen die Geister in den menschlichen Leib und verursachen Krankheiten. Am einfachsten ist dies über den offenen Mund möglich. Darum gelten der **Gesichtsschleier** und die Hose der Männer als deren wichtigster Schutz vor Dämonen. Alte Nomaden legen nicht einmal beim Essen den *tagelmust* ab, sondern heben für jeden Bissen den Gesichtsschleier etwas an. Hier zeigt sich deutlich die Verknüpfung des Konzepts von Scham und Zurückhaltung *(tekarakit)* mit der Vorstellung von bösen Geistern.

Der *tagelmust* dient auch dem Schutz der Gesprächspartner vor dem eigenen schlechten Atem, der einen **bösen Geist aus dem eigenen Leib** zutage fördern könnte. Ähnlich gelten auch abgehende Blähungen als vom Teufel persönlich geschickte Geister, die den Menschen quälen sollen. Hier zeigt sich deutlich die Sensibilität der Tuareg für die Kontrolle über ihren eigenen Körper und die große Befürchtung, wegen einer verursachten körperlichen Belästigung zum Gespött des Dorfes zu werden.

Ein weiterer Schutz gegen Dämonen ist die **Indigofarbe der Kleider.** Anlässlich großer Feierlichkeiten wie Hochzeiten und Namensgebungsfesten werden möglichst neue indigofarbene Gewänder angelegt, denn bei so vielen feiernden Menschen ist die Gefahr eines Geisterangriffs – in Gestalt von Konflikten, Neid und Missgunst – besonders groß. Tragen aber alle Gäste schöne Gewänder, dann herrscht wieder Einheitlichkeit und die Gefahr des „bösen Blicks" ist gebannt. Geister können also auch destabilisierende Kräfte innerhalb der Gesellschaft verkörpern, wie Ängste oder Unstimmigkeiten.

Ein besonderer Problemfall sind die Füße, denn sie stehen mit der Geisterwelt in ständiger Verbindung. **Tuareg gehen niemals barfuß,** sondern sichern sich mit Schuhwerk vor den bösen Einwirkungen der Dämonen, wie etwa eingetretene Dornen. Vor Vipern hingegen schützt das – aus Geister vertreibendem Eisen geschmiedete – Schwert *(takuba),* denn damit können Vipern effektiv bekämpft werden. (Da Eisen aber zugleich als unrein gilt, wird das Schwert mit edlen, reinen Metallen wie beispielsweise Kupfer am Griff verziert.) Somit dient das für den Tuareg-Nomaden so typische Auftreten als eine Art Schutzwall gegen Geister.

**Frauen** haben es aufgrund ihrer etwas anderen Biologie mit dem Schutz vor Geistern nicht so leicht wie Männer, denn ihr „Reinheitsstatus" richtet sich nach ihrer jeweiligen Lebensphase. Babys beiderlei Geschlechts werden generell bis zur Namensgebung acht Tage nach der Geburt als unrein betrachtet. Danach gelten Mädchen bzw. Frauen während der Menstrua-

tion und während der ersten Tage nach einer Entbindung als „unrein".
Nach der Menopause werden sie generell als rein angesehen.

Als grundsätzliche Schutzmaßnahme tragen Frauen ein Kopftuch, denn
das Haar gilt als bevorzugter Sitz der Geister. Hier symbolisiert das Haar
die weibliche Verlockung und der Geist eine unschickliche Belästigung
der Frau durch ungehörige oder gar von *iblis* besessene Männer. Besonders heikle Körperstellen sind Fingernägel und Klitoris, weil dort *iblis*
persönlich hausen soll. Darum müssen Fingernägel stets rechtzeitig
geschnitten und die Klitoris muss immer verborgen gehalten werden,
Maßnahmen, die auch der Gesundheitsvorsorge dienen: Unter langen
Fingernägeln sammelt sich im Busch schnell Schmutz, der Infektionen verursachen kann, und über die Klitoris kann der Urogenitalbereich infiziert
werden. Infektionen im Busch können leicht tödlich enden.

# Der „typische" Islam bei den Tuareg

Die Ausprägung des Islam ist bei den Tuareg äußerst unterschiedlich.
Während es einige ausgesprochene Islam-Experten gibt, die *ineslemen*
(„Leute des Islam"), verfügen viele Nomaden nur über **rudimentäre Korankenntnisse.** Das ist nicht weiter überraschend, sprechen doch vor
allem die Hirten zumeist nur *tamaschek* und die Tuareg-Schrift *tifinagh*
wurde üblicherweise nur für kurze Nachrichten auf Felsen verwendet, weshalb bislang der Koran nicht ins *tamaschek* übersetzt wurde. (Vgl. dazu das
Kap. „Sprache und Literatur".) Die im Süden lebenden Tuareg beherrschen
fast immer auch Hausa, während sie mit dem Arabischen selten vertraut
sind. Das kommt eher bei den nördlichen Tuareg vor, den *kel ahaggar* in
Südalgerien und den *kel ajjer* in der Region von Ghat (Südwestlibyen) und
Djanet (Südost-Algerien). Den Koran zu lesen und somit die darin enthal-
tenen Lebensregeln zu kennen und umsetzen zu können, ist jedoch nur
möglich, wenn man des Arabischen mächtig ist. Dazu kommt noch, dass
Nomadenkinder bis in die 1980er-Jahre kaum eine Schule besucht haben.
Alles, was sie zum Leben brauchten, lernten sie durch „learning by doing".
Abstrakte Erklärungen oder gar das Auswendiglernen von Inhalten oder
Definitionen war weitgehend unbekannt und hält bei den Tuareg erst mit
der verstärkten Verbreitung moderner Schulen nach französischem Vorbild
Einzug, in denen nur weltliche Stoffe gelehrt werden. Seit wenigen Jahren
gibt es neben den weltlichen Schulen zunehmend auch Koranschulen.
(Näheres dazu im Kap. „Der Lebenszyklus".)

Trotz dieser mangelnden sprachlichen und erst recht mangelnden in-
haltlichen Kenntnisse gilt der Koran den meisten Tuareg als „Heiliges

Buch". In der Praxis führt das zu einem Verständnis des Islam, das als Gemisch aus Erziehung, gemeinsamem Gebet und persönlicher Erfahrung entstand. Eine besondere Rolle spielt dabei die bereits genannte **Vermischung mit animistischen Elementen,** insbesondere was die Bedeutung der Amulette und anderer „Strategien" zur Lebens- und Umweltbewältigung anbelangt.

Einige Tuareg-Gesellschaften, wie die *kel ewey* im Aïr, definieren sich besonders stark über den Islam, den sie als „ihre Tradition" und – neben *asshak* (Würde) – als **zentrales Element ihrer Kultur** empfinden. Erklärbar ist dies durch die unmittelbare Nachbarschaft der *kel ewey:* Im Aïr-Massiv, an den südlichen Ausläufern der Sahara gelegen, lebten sie lange Zeit unter dem Einfluss bedeutender islamischer Staaten: Vom 12. bis zum 15. Jahrhundert war es das Reich Mali, für die nächsten zweihundert Jahre das Reich Songhai und im 19. Jahrhundert das Herrschaftsgebiet des fundamentalistischen Fulbe-Kriegsherren *Dan Fodio.* In den Jahren 1916–1918 hatten sich die *kel ewey* dem „Heiligen Krieg" *(jihad)* des Tuaregführers *Kaosen* angeschlossen, der im Auftrag der libyschen Islambruderschaft der Senussisten gegen die *ikufar,* die französischen „Ungläubigen", kämpfte. Zur gleichen Zeit führten auch die Tuareg der *kel iullemmeden* von Menaka, im Osten des heutigen Mali gelegen, einen *jihad* gegen die französischen Besatzungstruppen, geführt vom charismatischen *amenokal Firhun Ag-el-Insar.* Insbesondere im 20. Jh., nachdem die Tuareg durch die Franzosen unterworfen worden waren, spielte der Islam unter den südlichen Stämmen eine wesentliche Rolle als **gemeinsames Identitätsmerkmal.** Mit seiner Hilfe vermochten sich die Tuareg von den *ikufar* als „überlegen" abzugrenzen. Ein weiterer Grund für die große Bedeutung des Islam unter den *kel ewey* dürfte auch ihr intensiver Kontakt mit den Hausa sein, die dem Islam besonders zugetan sind. Mit ihnen handeln die *kel ewey* als Betreiber der Salzkarawanen *(taghlamt)* nicht nur mit ihrem Viehsalz aus der Ténéré-Oase Bilma, sondern sie „überwintern" auch während der Trockenzeit auf den Feldern ihrer bäuerlichen Handelspartner.

Die Ausprägung des Islam ist bei den Tuareg auch eine **Frage des Wohlstandes.** Eltern, die es sich leisten konnten, auf ein Kind als helfende Hand bei der Hirtenarbeit zu verzichten, schickten es auf eine Koranschule. So kommt es, dass heute neben den *ineslemen* auch besser gestellte Tuareg über hinreichende Arabisch- und Korankenntnisse verfügen. Der Ethnologe *Gerd Spittler* berichtet davon, wie lagernde Hirten der *kel ewey* in ihrer „Freizeit" den Koran lasen.

Betplatz im Akakus-Massiv

Letztlich ist es mit der Religion bei den Tuareg gar nicht viel anders als bei uns: Es gibt das gesamte Spektrum von fanatischen Anhängern bis hin zu jenen, die sich herzlich wenig um die Religion kümmern.

## Die Moschee – Ort der Einkehr und Begegnung

Die Moschee ist das wichtigste äußere Zeichen für die Präsenz des Islam. Bei den Tuareg stößt man oft mitten in scheinbar verlassenen Wadis auf kleine, von Steinen umrahmte und penibel gesäuberte Plätze. Solche „Oratorien" gelten der Nomadenbevölkerung als **heilige Orte für das Gebet.** Daneben findet man auch einfache Schuppen aus Holz und Steinen, die als einfaches Bethaus dienen, und natürlich auch Moscheen im eigentlichen Sinne, die in Bergregionen oftmals aus Steinen und Lehm errichtet sind und unter der Verantwortung einer heiligen Persönlichkeit stehen. Entsprechend den kargen Gegebenheiten sind diese Moscheen **ohne jeden Prunk,** denn der Gläubige soll sich auf das Wesentliche konzentrieren: die innere Einkehr zur Begegnung mit Allah und den Glaubensbrüdern und -schwestern.

Die Moschee dient dem obligatorischen gemeinsamen Gebet am Freitag. An Festtagen sind solche Gotteshäuser zu klein, um die vielen Gläubigen zu beherbergen, weshalb dann ein großes **provisorisches Oratorium** errichtet wird. Dann sitzen die verschleierten Männer dicht an dicht in diesem Karree, während die Frauen abseits hinter den Männern sitzen, um vor begehrlichen Blicken geschützt zu sein.

Moscheen gibt es im Gebiet der Tuareg schon sehr lange. Die kleine Steinmoschee von Ilamane im algerischen Hoggar dürfte wahrscheinlich auf einem noch viel älteren Kultplatz im **späten ersten Jahrtausend nach Christus** errichtet worden sein. Aus dieser Zeit stammen auch die ersten Moscheen im Aïr. Große, sehr alte und über die Region hinaus berühmte Moscheen finden sich an besonderen Orten wie Timbuktu, Gao und Agadez.

## Die fünf Säulen des Islam

Im Islam gibt es fünf Prinzipien oder „Säulen", die jeder gläubige Muslim als Ausdruck seiner Gottesfürchtigkeit befolgen muss. Diese Gebote werden von vielen nomadischen Tuareg relativ leger gehandhabt, was wiederum mit ihren besonderen Lebensumständen zu tun hat.

### 1. Das Glaubensbekenntnis

„Es gibt keinen Gott außer Allah, dem Allmächtigen." Der Islam ist von seinem Selbstverständnis her eine radikal monotheistische Religion. Der eine und einzige Gott, Allah, fordert die absolute Unterwerfung und duldet keine anderen „Götzen" neben sich. „Islam" bedeutet wörtlich übersetzt auch „Ergebung".

Die *shahâda* wird von den Tuareg im Prinzip zwar sehr ernst genommen, praktisch wird es aber durch **animistische Elemente relativiert,** wie den Glauben an Geister, an Hexerei und durch die fehlende Schriftkultur.

### 2. Fünfmal täglich beten

Ein Muslim muss jeden Tag beten (Sure 4,103), und zwar fünfmal täglich auf Arabisch. Dazu muss er sich erst einem Waschritual unterziehen und sich dann nach einem vorgeschriebenen Ablauf in Richtung Mekka verneigen. Von Tuareg wird das *salat* ebenfalls höchst **unterschiedlich gehandhabt.** Solche, die sich als sehr religiös bezeichnen, beten etwa auch während einer Touristenreise regelmäßig. Doch kenne ich auch viele Tuareg, die diese Regel erst dann beachten, wenn sie von anderen Nomaden beobachtet werden, etwa während eines muslimischen Festes. Ähnlich wie Europäer, die nur zu Weihnachten die Kirche besuchen und dort die Gebete mitmurmeln, im Alltag aber bestenfalls in Extremsituationen ein „Stoßgebet" sprechen.

Tuareg beten zwangsläufig **in einer der Wüste angepassten Weise.** Wegen des Wassermangels werden anstelle des Waschrituals vor dem

Gebet Hände, Gesicht und andere wichtige Körperteile symbolisch „sauber gestrichen". Gebetet wird auf einem einigermaßen sauberen Stück Boden. Da die wenigsten Tuareg das Arabische beherrschen, fehlt ihnen fast immer das Verständnis für ihre rituell gesprochenen Gebetsformeln.

Das ist jedoch nichts Außergewöhnliches. Auch im mittelalterlichen Europa z. B. mangelte es der breiten Bevölkerung an Verständnis für das Latein der katholischen Priester. Dadurch wurde etwa aus *hoc est corpus meum* („Das ist mein Leib") kurzerhand „Hokuspokus" ...

### 3. Das Fasten (saum) im Monat Ramadan

Der Ramadan ist die große Fastenzeit im Islam. Vierzig Tage lang sind Muslime verpflichtet, zwischen Sonnenauf- und -untergang auf Nahrung, Getränke, Geschlechtsverkehr und Genussmittel zu verzichten. Nachts dürfen sie uneingeschränkt essen und trinken. Zweck des Fastengebots ist es, sich dem geistigen und spirituellen Leben, der inneren Reinigung, der intensiven Begegnung mit Gott sowie der Gemeinschaft zu widmen. Darum ist der Ramadan für Muslime eine **Zeit des Friedens und der Freude,** in der Gläubige Streitigkeiten schlichten, Schulden begleichen und ein reges öffentliches Leben pflegen. Das Ende des Ramadan wird im Kreis der Familie besonders festlich begangen. Dazu wird rechtzeitig ein fetter Hammel von speziellen Schafzüchtern gekauft (wegen der zunehmenden Trockenheit im Lebensraum der Tuareg züchten die Nomaden selbst heute kaum noch Schafe), der nun geschlachtet und gemeinsam feierlich verspeist wird.

Im Koran (2. Sure, Vers 183–187) gibt es zahlreiche **Ausnahmen** von dem ansonsten strengen Fastengebot, etwa für Kranke, Schwangere, Kinder und Reisende – und somit auch für Nomaden. Gemeinsames Beten und Essen während der Nacht ist den **Hirten** nicht möglich, denn sie leben zumeist allein und sind äußerst knapp an Nahrungsmitteln. Da macht Fasten wenig Freude. In den Tuareg-Siedlungen wird die Fastenzeit gewissenhafter eingehalten. Kinder werden erst ab dem 6. Lebensjahr schrittweise an das Fasten herangeführt. Erst wenn Knaben den *tagelmust* und Mädchen den *aleschu* erstmals angelegt bekommen und damit als erwachsen gelten, sind sie dem Fastengebot zur Gänze verpflichtet.

### 4. zakat – die Pflicht, Almosen zu geben

In zahlreichen Stellen des Koran (u. a. Sure 2,277 und 9,34–35) werden wohlhabende Muslime zum *zakat* (von *zaka,* arab.: reinigen) verpflichtet: Sie müssen pro Jahr etwa 2,5 % ihres Vermögens an Arme, Schuldner und Reisende (9,60) abgeben. Dies dient sowohl dem sozialen **Ausgleich zwischen Reichen und Bedürftigen** als auch der Psychohygiene, indem sich

Wohlhabende von der moralischen „Last" des Reichtums angesichts erschreckender Armut „freikaufen" und eventuelle ethische Skrupel besänftigen können. Insofern erfüllen auch Bettler eine wichtige soziale und somit würdevolle Funktion, indem sie den Reichen eine Möglichkeit eröffnen, trotz ihres Wohlstandes gottgefällig zu sein. Die Regel *zakat* entstand im sozialen Umfeld der arabischen Zentren Mekka und Medina, wo große Unterschiede zwischen Arm und Reich herrschten.

Die heutigen Nomaden leben in einer völlig anderen Situation: Im Lagerverband wird für jedes Mitglied gesorgt. Mit Bettlern, die sich nur in den Städten finden, kommen Nomaden kaum in Kontakt. Auch steht der *zakat* im **Widerspruch zu den Tuareg-Werten** *asshak* (Würde) und *tekarakit* (Scham), denn für einen traditionsgeprägten Tuareg wäre Bettelei undenkbar. Auch lassen sich arme Nomaden nicht von reichen unterscheiden. Ein schäbig gekleideter Mann kann über viele Kamele und einen schönen Garten verfügen, doch er zeigt es nicht. Reichtum zu zeigen hieße den „bösen Blick" und den Neid der Geister auf sich zu ziehen.

Tuareg haben eigene, sehr subtile Formen der Solidarität entwickelt, denn offensichtliche Hilfe widerspräche dem *asshak*. In den Dörfern gilt das Prinzip „Dein Nachbar ist dein Engel", das in Gestalt von gegenseitiger **Nachbarschaftshilfe** bei Krankheiten und wirtschaftlichen Krisen praktiziert wird. Das Grundmotiv ist die Förderung des Dorffriedens und die soziale Absicherung im Sinne eines einfachen Versicherungssystems. Man hilft sich für den Fall, dass man selbst einmal Hilfe benötigt.

Mittlerweile gewinnt *zakat* in der Tuareg-Gesellschaft an Bedeutung, weil Probleme wie Überbevölkerung, Überweidung, Klimawandel etc. die Nomaden zur Sesshaftigkeit in den städtischen Zentren zwingen. Dort aber wird der Unterschied zwischen reichen und bedürftigen Tuareg offensichtlicher und damit ein sozialer Ausgleich notwendig.

### 5. hadj – die Pilgerreise nach Mekka

Jeder Muslim sollte laut Koran (22,27) einmal im Leben in die allerheiligste Stadt Mekka pilgern. Ausnahmen gelten für kranke und arme Menschen, eine *hadj* darf keinesfalls die Verwandtschaft oder den Pilger selbst wirtschaftlich in den Ruin treiben. Darum können sich in der Regel nur sesshafte Tuareg, die es z. B. als erfolgreiche Händler zu Wohlstand gebracht haben, eine kostenintensive Pilgerreise leisten. Unter den städtischen und gebildeten Tuareg gewinnt die **hadj als Prestigefaktor** zunehmend an Bedeutung. Dafür stehen dann spezielle Reisebüros zur Verfügung. Immerhin zählt Mekka zu den bedeutendsten Reisezielen der Welt...

## Islamische Regeln im Widerspruch zur Erfahrungswelt der Tuareg?

Je mehr man sich mit dem Islam und der Tuareg-Kultur auseinandersetzt, desto offensichtlicher werden die **Widersprüche** zwischen dem Islam als einer urbanen Religion einer arabischen Hochkultur und der nomadischen Lebenswelt, die sich stadtfern über Jahrhunderte in kargen Wüstenlandschaften entwickelt hat.

### Die Stellung der Frau

Der Koran (4,32) schreibt der Frau aufgrund ihrer Gebärfähigkeit eine besondere Rolle als Mutter zu, während dem Mann aufgrund seiner größeren physischen Stärke die Verteidigung und Versorgung der Familie obliegt. Über weitere notwendige, biologisch bedingte Arbeitsteilung hinaus, wie z. B. das zweijährige Stillen des Säuglings (2,233), gibt es jedoch keinerlei grundlegende Unterschiede zwischen den Rechten von Mann und Frau: Sie gelten – im Gegensatz zur Bibel - als gleichzeitig geschaffen (4,1) und auch von Satan im Paradies gemeinsam verführt und somit gleicher-

Gemeinsames Gebet vor einem Friedhof

maßen verantwortlich (7,22), als gläubige Muslime werden sie gleichermaßen von Allah belohnt (3,193). Die in islamischen Ländern verbreitete **Dominanz der Männer** gegenüber den Frauen beruht auf traditionellen, gesellschaftlichen Vorstellungen, nicht aber auf dem Koran.

Vor diesem Hintergrund ist die Stellung von Tuareg-Frauen im Nomadenlager durchaus konform mit dem Koran: Wenn der Ehemann bis zu neun Monate pro Jahr mit der Karawane unterwegs ist, muss die **Frau den Haushaltsvorstand** stellen und auch repräsentative Funktionen nach außen hin übernehmen. Wie im Koran kann die Frau völlig frei über ihren Besitz verfügen. Sie erbt – entsprechend dem Koran (4,11) – allerdings nur halb so viel wie der Mann, weil dieser mit seinem größeren Erbteil auch für die Versorgung der Kinder haftet (4,34). Um diese Ungleichbehandlung zu umgehen, gibt es für Frauen schon zu Lebzeiten des Erblassers eine Art Schenkung auf den Todesfall. Dabei werden zumeist Ziegen und Kamele, also Milch liefernde Tiere „vermacht".

Eine Ausnahme vom Koran bildet das Erbrecht der *kel ewey* im Aïr. Hier sind die Frauen wegen der langen, Karawanen bedingten Abwesenheit ihrer Männer materiell besonders schutzbedürftig. Darum verfügen sie über ein ausschließliches **Erbrecht am abatol,** dem kollektiven Eigentum, wie es etwa an Dattelpalmen besteht. Das *abatol* darf niemals an Fremde verkauft werden, damit es stets im Besitz der Frauen bleibt. Diese Regel wird zunehmend von *marabouts,* Korangelehrten, als „unislamisch" bekämpft.

### Polygamie

Polygamie, die im Koran nur unter schwierig zu erfüllenden Bedingungen erlaubt ist (4,129; 4,3), ist unter den *kel tamaschek* weitgehend **verpönt.** Vielehe verträgt sich weder mit der gesellschaftlichen Position der Tuareg-Frau, mit der Vorstellung von weiblicher Würde, noch mit dem wirtschaftlichen und verwandtschaftlichen System der meisten Tuareg-Gesellschaften.

Nur unter den *kel ewey* im Aïr war die **Polygamie schon sehr früh verbreitet,** weil sie deren besondere Organisationsform von Familie und Wirtschaft (Viehzucht, Karawanenhandel und Gartenbau) unterstützte. Die erste Frau lebte im Dorf und betrieb Hauswirtschaft, die zweite lebte als Ziegenhirtin im „Busch" und versorgte die Familie mit Käse und Ziegenmilch und die dritte betreute einen Garten und versorgte die Karawane mit Handelsgütern, etwa mit getrockneten Tomaten und Weizen.

Das Recht zur **Scheidung** steht Mann und Frau sowohl nach dem Koran (2,226ff; 65,1ff) als auch bei den Tuareg in gleicher Weise zu. Im Fall der Trennung bleiben in der Regel das Zelt und die Kinder bei der Frau und der Mann muss mit seinem persönlichen Eigentum zu seiner früheren Familie zurückkehren. Nach Tuareg-Recht hätte der Mann zwar – im Gegensatz zum Koran (2,229) – Anspruch auf die Rückgabe des Brautpreises, doch würde die Durchsetzung dieses Anspruchs dem Ansehen schaden.

### „Unverschleierte" Tuareg-Frauen

Der Koran enthält **kein unmittelbares Verschleierungsgebot,** fordert aber in 24,31, dass Frauen ihre Reize nicht offen zur Schau stellen sollen, um den Männern keine Gelegenheit zu unzüchtigen Gedanken zu geben und selbst nicht belästigt zu werden. In diesem Sinne ist auch die Sure 33,59 zu verstehen, wonach gläubige Frauen sich bedecken sollen. Mit dieser Regel entstand ein generell verbindlicher Standard für „angemessene" Kleidung, was im Prinzip auch für Männer gilt. Allerdings müssen die besonders „reiz"-vollen Geschlechtsmerkmale der Frauen auch in besonderem Maße geschützt werden, wie etwa das Haar. Diesem Prinzip entspricht in etwa auch der professionelle Kleidungsstil im europäischen Geschäftsleben. Hier gilt für Businessfrauen als Standard, sich elegant und adrett zu kleiden, gegebenenfalls eine Nuance damenhaft, doch keinesfalls sexy. Kleidung soll hier das Gelingen von Zweckbeziehungen fördern, anstatt sie zu hemmen oder gar in eine „falsche" Richtung lenken. Zudem gelten auch heute noch Erotik und Sexualität im Islam als Intimität, die im Verborgenen zu schützen ist.

Tuareg-Frauen sind **nicht voll verschleiert,** sondern sie bedecken – ganz im Sinne des Koran – nur ihr Haar, in dem sich die *kel essuf* (bösen Geister) gern festkrallen und Unfug treiben. Interpretiert man die Geisterwelt der Tuareg als Personifikation von Unglück, Neid, Missgunst, Gier und ungezügelter Wollust, dann deckt sich die Funktion des abgeschwächten Schleiergebots bei den Tuareg-Frauen mit einem Grundsatz des Koran, nämlich unnötige Provokationen zwischen den Geschlechtern, aber auch konfliktfördernde Konkurrenz zwischen attraktiven Frauen zu vermeiden. Will eine Tuareg-Frau besonderen Eindruck erwecken, dann steht ihr das *ahal* offen, eine Art literarisch-erotisches, jedoch geregeltes Treffen zwischen Männern und Frauen, um außereheliche sexuelle Kontakte anzubahnen.

Eines müssen Tuareg-Frauen jedenfalls nicht verbergen: ihren **Busen.** Dieser gilt unter den Nomaden, wie auch in den meisten Kulturen Afrikas, als Terrain der Babys und nicht als erogene Zone. Dagegen werden Knie und Schenkel als höchst erotisch angesehen und sind darum unbedingt zu verhüllen.

### Nahrungstabus

Der Koran verbietet den Genuss von **Schweinefleisch und Alkohol** aus Gründen der Gesundheitsvorsorge. Das Schweinefleischverbot bezieht sich auf die Verseuchung mit Trichinen, eine Gefahr, die angesichts der hohen Temperaturen in muslimischen Ländern besonders hoch sein kann. Alkoholgenuss führt zum Verlust der Selbstkontrolle, zur Gefahr sich lächerlich zu machen oder sogar schwere Sünden wie Gewalttätigkeit zu begehen. Man denke nur an die hohe Zahl von Unfalltoten, die auf Europas Straßen als Folge von Alkohol am Steuer zu beklagen sind, nicht zu vergessen ist auch die weit verbreitete Alkoholsucht. (Allein für Österreich wird die Zahl der Alkoholkranken auf 7 % der Bevölkerung und die Zahl der Alkoholgefährdeten auf weitere 15 % der Bevölkerung geschätzt.)

Unter Tuareg-Nomaden wird der Verzicht auf Schweinefleisch und Alkohol **traditionellerweise streng befolgt,** denn am Rand der Wüste gibt es weder geeignete Mittel zur Produktion von Alkohol noch könnten Schweine gezüchtet werden. Mittlerweile wird Alkohol, meist in Form von Bier, in den Städten schon häufiger konsumiert, wenn auch nur im Schutz der Anonymität.

## Bildungspflicht

Um Allahs Offenbarungen im Koran im Original lesen, sie „richtig" verstehen und umsetzen zu können, sollte ein guter Muslim die arabische Sprache beherrschen. Hinter der Pflicht zur regelmäßigen Koranlektüre verbirgt sich im Grunde genommen nichts anderes als ein Anstoß zum **lebenslangen Lernen** von Regeln, die der Verbesserung zwischenmenschlicher Beziehungen dienen sollen. Denn der Koran lässt sich – ähnlich wie die Bibel oder die Thora – als eine Art umfassender Lebensratgeber verstehen. Darüber hinaus fordert der Prophet *Mohammed* die Menschen auf, aus ihren Fehlern zu lernen und sich weiterzubilden. Eltern sind für die religiöse und weltliche Ausbildung ihrer Kinder verantwortlich.

Für Tuareg-Nomaden ist es sehr schwierig, der Pflicht des Koran-Unterrichts nachzukommen. In den Weidegebieten **abseits der Dörfer gibt es keine Schulen** und die wenigsten Hirten in Mali und Niger sprechen Arabisch. Außerdem bedarf das Hirtendasein vieler Fähigkeiten, die nicht durch Koranlektüre vermittelt werden können, etwa das Gespür für das Spurenlesen und für die Bedürfnisse der Herde. Auch wenn Nomaden oft aus wirtschaftlichen Gründen darauf verzichten, ihre Kinder auf eine Koranschule zu schicken, so handelten sie letztlich doch im Sinne *Mohammeds:* Sie bringen ihren Kindern alles Nötige bei, damit sie zu „guten", erfolgreichen und angesehenen Hirten werden können.

Mit der Veränderung der Lebenswelt wandeln sich auch die Erziehungsstandards. Um in der Welt des Geldhandels ein „guter" Mensch zu werden, der eine Familie versorgen kann, bedarf es neuer, anderer Fähigkeiten. Darum gilt mittlerweile bei immer mehr Tuareg eine gute Ausbildung der Kinder als Voraussetzung zur Bewältigung der neuen Herausforderungen. Andererseits führt die **moderne Schulbildung** auch zur Entfremdung der Kinder gegenüber den muslimischen Werten der elterlichen Hirtenwelt. Um dieser Gefahr entgegenzutreten, gibt es mittlerweile auch in den öffentlichen Schulen im Niger die Fächer Arabisch und Koranlektüre. Dadurch erhalten die Kinder eine fundierte religiöse Erziehung und zugleich auch eine moderne Grundbildung. Mit diesem Schachzug konnten viele Skeptiker unter den Nomaden-Eltern überzeugt werden, dass Bildung „gut" und konform mit den Regeln des Islam sei. (Näheres siehe im Kapitel „Der Lebenszyklus".)

# GESELLSCHAFT UND POLITIK

Tuareg entwickelten in ihren unterschiedlichen Lebensräumen auch unterschiedliche Lebensweisen und Varianten der gesellschaftlichen Organisation. Vor allem sind „die" Tuareg keine ethnisch geschlossene Einheit. Darum sprechen Anthropologen lieber von „Tuareg-Gesellschaften", als von „der Tuareg-Gesellschaft". Im Auge des europäischen Betrachters freilich weisen Tuareg – trotz ihrer inneren Vielfalt – im Vergleich zu benachbarten afrikanischen Kulturen doch markante gesellschaftliche und politische Gemeinsamkeiten auf. Bei deren Darstellung soll der Einfachheit halber auch weiterhin von „den Tuareg" gesprochen werden.

## Bevölkerung

Die „Ethnie der Tuareg" gibt es nur als westliche Konstruktion. Darum müssen die Tuareg als ein Gemenge von Familien und Stämmen unterschiedlicher ethnischer und kultureller Herkunft betrachtet werden, die sich über die Jahrhunderte zu einem komplexen gesellschaftlichen

Lehmhütten in der Bergoase Timia im Zentrum des Aïr

Geflecht verbunden haben. Die meisten Tuareg stammen von den Berbern ab.

Um dem Eroberungszug der Araber, aber auch der schweren Dürreperioden zu entgehen, wanderten militärisch dominante, mit Kamelen ausgestattete Tuareg-Gruppen nach Süden, wo sie andere Stämme unterwarfen und mit ihnen eine Art wirtschaftliche und kulturelle Symbiose eingingen. In der Zentralsahara waren dies berberische Ziegenhirten, im Aïr negroide Hausa-Stämme, im Westen Songhai und Djerma und in Burkina Faso die Fulbe. Aus diesem Grund dürfte man genau genommen nicht von „den Tuareg" sprechen, sondern eher von „Tuareg-Gesellschaften". Der Einfachheit halber werde ich aber weiterhin bei „Tuareg" bleiben.

In der Vergangenheit hatten sich die Stämme zu größeren **Konföderationen** zusammengeschlossen, die es heute in dieser Form nicht mehr gibt. Geblieben sind jedoch deren Namen, die von neu entstandenen Gruppenverbänden in der jeweiligen Region übernommen wurden. Zur Größe dieser Tuareg-Gruppen gibt es nur Schätzungen, da die verstreut lebenden Nomaden schwierig zu erfassen sind. Auch sind die Grenzen zwischen Tuareg und Nicht-Tuareg fließend. So machten früher die Sklaven, die von Angehörigen anderer sesshafter Ethnien wie z.B. Haussa oder Djermaden abstammten, den größten Teil der Tuareg-Bevölkerung aus. Dennoch galten sie als *kel tamaschek*. (Siehe das Kap. „Amajegh – ein ‚echter Tuareg' sein oder nicht sein".) Zudem waren Tuareg in den unabhängigen Nationalstaaten für lange Zeit nicht als ethnische Minderheit anerkannt, weshalb sie auch nicht als „Tuareg" gezählt wurden. Im modernen Staat wachsen die Volksgruppen zunehmend zusammen, weshalb Bürgerrechte an die Stelle ethnischer, adeliger oder religiöser Privilegien treten. So verliert im modernen Afrika die Unterscheidung von Bürgern nach ihrer ethnischen bzw. rassischen Herkunft zunehmend ihren Sinn. Aufgrund dessen können die Zahlen der „Tuareg-Bevölkerung" nur auf groben Schätzungen beruhen.

Zählt man zu den Tuareg all jene Menschen, die Tamaschek sprechen bzw. sich den *kel tamaschek* zugehörig fühlen, dann dürfte die Gesamtzahl der Tuareg-Bevölkerung **etwa 2,5 Millionen Menschen** betragen. Davon dürfte rund eine halbe Million Menschen den weißen, noblen *imajeghen* angehören. Noch vor zwanzig Jahren wurde die Gesamtzahl der Tuareg auf eine Million geschätzt. Die Tuareg-Bevölkerung hat sich also seither mehr als verdoppelt. Das **Bevölkerungswachstum** in manchen Tuareg-Regionen zählt zum höchsten der Welt. Rund vierzig Prozent aller Tuareg, eine knappe Million, leben in Mali. In der Republik Niger lebt mit 1.300.000 Angehörigen mehr als die Hälfte aller Tuareg. Ein Grund für den enormen Bevölkerungszuwachs vornehmlich der sesshaften Bevölkerung liegt in der **sinkenden Kindersterblichkeit,** ausgelöst durch eine bescheidene medizinische Versorgung. Seit den 1970er-Jahren versechsfachte sich dadurch die Einwohnerzahl vieler Siedlungen. Großfamilien mit zehn Kindern sind keine Seltenheit.

In der Vergangenheit hatten sich verschiedene Tuareg-Stämme zu „Konföderationen" zusammengeschlossen, die später noch behandelt werden. Infolge der historischen Veränderungen gibt es diese Konföderationen als politische Einheiten nicht mehr. Erhalten blieben aber ihre Namen für größere Gruppenverbände, auch wenn die Gemeinsamkeiten der damit repräsentierten Gruppen oft nur noch historischer und geografischer Natur sind.

- Die **kel ajjer** leben zweigeteilt in den Staaten Libyen und Algerien. In Libyen siedeln sie entlang der algerischen Grenze in den Oasen Ghadamês und Ghat sowie im Akakus-Massiv. In Algeriens Südosten umfasst ihr Siedlungsbereich das Gebirgsmassiv des Tassili N'Ajjer mit dem Zentrum Djanet. Die *kel ajjer* sind mit wenigen Tausend Menschen zahlenmäßig die kleinste Tuareg-Gruppe, weil sie in den Kämpfen des 19. Jh. fast aufgerieben wurden.
- Die **kel ahaggar** siedeln in den Hoggar-Bergen mit dem Zentrum Tamanrasset und in den Vorgebirgen im Südwesten. Sie waren ursprünglich eine der bedeutendsten Tuareg-Konföderationen mit vielen „noblen" Stämmen wie den *kel ghela* und den *taitok* sowie mit Vasallenstämmen wie den *dag ghali.*
- Die **kel adrar** („Die Leute von den Bergen") leben im Nordosten Malis in den Ifoghas-Bergen *(adrar n'ifoghas)* mit der Oase Kidal als Zentrum. Bekannt wurde diese Gruppe durch die Rebellion gegen die Regierung von Mali und zuletzt durch die Verhandlung mit den Touristen-Entführern im Jahr 2003.
- Die **kel tademaket,** ein Stamm der kel antessar (s. u.), leben in der Region um Timbuktu.
- Die **ullimidden** („Die Unverwundbaren") spalteten sich im späten 17. Jh. von den *kel adrar* ab und siedelten sich in den flachen Weiten südlich der Ifoghas-Berge an, wo sie zwei Konföderationen bildeten: Die **ullimidden kel ataram** („Die Unverwundbaren des Westens") siedeln im Südosten Malis zwischen dem Nigerfluss und Menacha mit Splittergruppen in Burkina Faso und im Westen der Republik Niger. Die **ullimidden kel dinnik** („ Die Unverwundbaren des Ostens") haben sich in der Region Azaouagh im Nordwesten der Republik Niger niedergelassen, mit den Zentren Tahoua, Tchin Tabaraden und Abalagh.

- Die **kel antessar** leben in der malinesischen Region zwischen Mauretanien, Gao und Südwestalgerien mit dem Zentrum Timbuktu. Sie gelten
  als *ineslemen,* als Korangelehrte.
- Die **kel aïr** leben in den Aïr-Bergen im zentralen Norden der Republik
  Niger mit den Zentren Iferouane, Timia sowie den Städten Agadez und
  Arlit. Sie betreiben Gartenbau und führen Salzkarawanen nach Bilma.
  Die wichtigsten Untergruppen sind die noblen **kel ewey, kel ferouan**
  und **ifoghas.** Letzteren gehörte der charismatische Rebellenführer *Ma-
  no Dayak* an. (Siehe Exkurs „Mano Dayak – der Charismatiker".)
- Die **kel gress** leben im zentralen Süden der Republik Niger mit den
  Zentren Tanut, Maradi und Zinder. Sie bauen Hirse an, die sie per Kara-
  wane nach Fachi bringen.
- Im Norden von Burkina Faso leben rund 100.000 **oudalan** mit dem Zentrum Gorom-Gorom.

Daneben leben **Arbeitsmigranten** in Nigeria, Elfenbeinküste, Libyen
und in den meisten europäischen Staaten. Tausende Dürre- und Bürger-
kriegsflüchtlinge haben in Mauretanien und Burkina Faso Zuflucht gefunden.

Nachkomme freigelassener Tuareg-Sklaven in Libyen

### Arabisierung und Modernisierung der Nord-Tuareg

*In der nördlichen Sahara galten nomadisierende Tuareg als Widerspruch zu den staatlichen Vorstellungen von nationaler Einheit, Fortschritt und islamischer Religion. Dies führte besonders in Libyen unter Gaddafi zu einer massiven Modernisierung der „kel ajjer" der Region Ghat. Sie erhielten kostenlose Schulbildung, Krankenversorgung und Sozialwohnungen. Auch der Zugang zum Militär und zu politischen Ämtern stand ihnen offen. Der Preis dafür war die kulturelle und religiöse **Angleichung an die herrschende Kultur**. Arabisch wurde zur Umgangssprache und ein relativ streng gelebter Islam führte zu weitreichenden Veränderungen der Sozialbeziehungen, insbesondere die Rolle der Frau und das Erbrecht betreffend.*

*Nach der Ethnologin Ines Kohl, die lange unter libyschen Tuareg gelebt hat, sei es den „kel ajjer" relativ gut gelungen, von den neuen Chancen zu profitieren und dennoch viele traditionelle Werte beizubehalten. So haben zwar die Frauen der „kel ajjer" manche überlieferte Vorrechte durch die Annahme des Islam libyscher Fassung eingebüßt, doch dafür stehen ihnen heute **völlig neue Entfaltungsmöglichkeiten** offen. Die Tuareg-Frau Rukayya beispielsweise, die kaum noch Tamaschek versteht, arbeitet heute als libysche Polizistin und ist sehr zufrieden mit ihrer Situation.*

# Gesellschaftliche Strukturen

## Das Mutterzelt als Mittelpunkt

Im Zentrum des Tuareg-Universums steht das Mutterzelt, *ehan n ma,* um das sich das gesamte soziale Leben der Tuareg abspielt. Um das Mutterzelt wirtschaftlich und sozial zu stärken, ist der Besitz des Zeltes und der dazugehörigen Herden an die **Verwandtschaftslinie der Mutter** geknüpft. Damit alles „in der Familie" bleibt, werden auch die Kinder möglichst mit Verwandten der Mutter verheiratet. Dieses „matrilineare" Verwandtschaftssystem ist eine Art Lebensversicherung zugunsten der Zeltherrin, die mit ihren Kindern oft lange Zeit allein ist. Die Männer hüten die Kamelherden oft für Monate auf weit entfernten Weiden, reisen mit der Karawane und früher unternahmen sie Kriegszüge. Für den Notfall müssen Frauen und Kinder abgesichert sein. Aus dem gleichen Grund leben oft auch die verheirateten Töchter mit ihren Kindern im Zelt ihrer Mutter.

Die Matrilinearität führt zwangsläufig zur Konzentration der wirtschaftlichen und politischen **Macht bei den Männern der weiblichen Linie,** nämlich beim Onkel und Neffen der Zeltherrin. Sie gelten als politische Schlüsselpersonen in der Tuareg-Gesellschaft.

## Die traditionelle Verbandsorganisation

Die Organisation einer nomadischen Tuareg-Gesellschaft kann man sich als eine Art Spinnennetz vorstellen, in dessen Mittelpunkt das **Mutterzelt** (*ehan n ma*) steht, um das sich weitere Zelte bzw. weitere Spinnennetze gruppieren, die ihrerseits miteinander verflochten sind. Um das Mutterzelt gesellen sich in Hörweite mehrere Zelte mit den nächsten Familienmitgliedern. Sie bilden *aghiwan* genannte Lager, deren Lebensgrundlage die gemeinsam betreute Ziegenherde ist.

Mehrere Lager sind in einem **Lagerverband** (*amessar*) zusammengefasst, der häufig den Namen seines wichtigsten Weide- bzw. Aufenthaltsgebiets trägt. Innerhalb des *amessar* werden Handelskarawanen und Kamelzucht gemeinschaftlich organisiert. Mehrere Verbände bildeten einen **Stamm** (*tawshit*, pl. *tiusatin*), dessen Angehörige denselben Weidebereich besiedeln und sich über eine gemeinsame Abstammung definieren. So fühlen sich die noblen *kel ghela* aus dem Hoggar als Nachkommen der legendären Königin *Tin Hinan.* Angeführt wird ein *tawshit* von einem *amghar,* dessen Herrschaft zumeist durch einen mythisch verklärten Vorfahren legitimiert wird. Ein Stamm kann viele Tausend Menschen umfassen, aber auch nur einige wenige Individuen wie im Fall der noblen Stämme der *kel ataram,* deren Angehörige im Jahr 1916 von der französischen Armee fast ausnahmslos massakriert worden waren.

Mehrere Stämme bilden eine „Gefolgschaft" (*ettebel,* pl. *ittebelan*) bzw. **Trommlergruppe,** benannt nach deren Machtinsignie, der ebenfalls *ettebel* genannten Kriegstrommel. Einem *ettebel* entsprachen die voneinander abhängigen Stämme der oben genannten Tuareg-Gruppen (*kel ahaggar, kel ajjer, kel aïr* etc.). Die Vormachtstellung eines Imajeghen-Stammes nahm mit der Größe seiner Kamelherde zu. Als Reittiere waren Kamele die Grundvoraussetzung für eine erfolgreiche Kriegsführung in der Wüste. Mit einer großen Herde konnten viele Vasallen, die selbst meist nur Ziegenherden besaßen, als Krieger ausgerüstet und als Heer befehligt werden. Dies erlaubte, weitere Kamelherden, Sklaven und Güter von Karawanen und Siedlungen zu erobern, aber auch weitere Stämme zu unterwerfen und zu Tributzahlungen zu verpflichten. Allerdings bedeutete eine große Gefolgschaft auch beträchtliche Verpflichtungen gegenüber den abhängigen Stämmen, wie beispielsweise Schutz gegenüber fremden Angreifern oder die Versorgung im Fall einer Hungersnot. Die Verantwortung dafür trug der **amenokal** als Chef des *ettebel* bzw. als Inhaber der Kriegstrommel. Als oberste Autorität war er höchster Richter und Kriegsherr und somit für den Schutz der unterstellten Stämme verantwortlich. Im Kriegsfall ließ er die weithin dröhnende Ettebel-Trommel schlagen, um die Kämpfer einzuberufen. (Näheres über den *amenokal* siehe unten.)

Die größte politische Einheit der Tuareg ist die **Konföderation** *(teschehe)*, ein willkürlicher Zusammenschluss verschiedener Stämme und Trommlergruppen, die – aufgrund ihrer militärischen Stärke – freiwillig durch Vertrag wechselseitige Verpflichtungen innehatten. Der Unterschied zwischen dem Gebilde einer Konföderation und dem Zusammenschluss eines *ettebel* liegt somit allein in der Freiwilligkeit. Demnach kann sich ein Stamm von seiner erzwungenen Mitgliedschaft beim *ettebel* zur freiwilligen Mitgliedschaft bei der Konföderation emanzipieren, indem er an militärischer Macht gewinnt. Dies war etwa bei den *kel ajjer* der Fall, die ursprünglich von noblen Stämmen der *kel ahaggar* dominiert wurden. Im Laufe des 17. Jahrhunderts wurden die *kel ajjer* so stark, dass sie sich abspalten, eine eigene Konföderation gründen und mit den *kel ahaggar* zeitweise erfolgreich Krieg führen konnten. Derartige Kriege zwischen verschiedenen Konföderationen um Weiden, Vasallenstämme und politische Vormachtstellung führten im Laufe der Jahrhunderte sogar zur Ausrottung etlicher Stämme.

**Anführer der Konföderation** war ebenfalls ein *amenokal,* der unter den Chefs *(amghar)* der mächtigsten Imajeghen-Stämme ausgewählt wurde. Gegenüber dem von den *imajeghen* bevorzugten Kandidaten hatten auch die Vasallenstämme eine Art Vetorecht. Insofern musste sich ein geeigneter Anwärter von vornherein mit allen beteiligten Stämmen der Konföderation arrangieren. Als eine Art Aufwandsentschädigung für seine Tätigkeit hatte der *amenokal* gegenüber den Stämmen **Anspruch auf Tribute** und Schutzgelder *(tiuse)*. Man kann davon ausgehen, dass die *imenokalan* dabei nicht verarmten: *Firhun,* der *amenokal* der *kel ataram,* soll 20.000 Rinder besessen haben.

Die Funktion des *amenokal* besteht **auch heute noch** bei einigen Trommlergruppen, etwa bei den *kel ahaggar,* wo sich *Edaber Ahmed ag Mohammed* im Jahr 2006 als neuer *amenokal* durchsetzen konnte. Als Funktionär einer führenden algerischen Partei verfügt er über seine symbolische Rolle des Tuareg-Chefs hinaus über einen gewissen Grad an realer politischer Macht: als Vermittler zwischen *kel ahaggar* und dem algerischen Staat, von dem er sein Gehalt bezieht. Auch bei den *kel antes-*

*sar (Mohamed Elmehdi ag Attaher)* und den *kel adrar (Intalla ag Attaher)* haben *imenokalan* verschiedene regionalpolitische Ämter inne und engagieren sich auf diplomatischem Wege für das Wohl ihrer „Schutzbefohlenen". Bei den *ullimidden* und den *kel aïr* hingegen hatte die Kolonialmacht das Amt des *amenokal* nach der Rebellion von 1916/1917 abgeschafft.

Die beschriebene Form der Verbandsorganisation hat gegenwärtig aufgrund der vielfältigen politischen, ökonomischen und kulturellen Veränderungen des 20. Jahrhunderts, insbesondere aber infolge der Dürren der 1970er- und 1980er-Jahre nur noch beschränkt Bestand und Geltung. Am häufigsten anzufinden sind noch das *aghiwan* und das *amessar,* denn Hirtennomaden brauchen auch heute noch ihr „Mutterzelt".

## Hierarchische Gesellschaftsstruktur

Allen Tuareg-Konföderationen gemeinsam ist ihre hierarchisch gegliederte soziale Struktur. (Zur Ausnahme der *kel ewey* siehe unten.) Diese „Schichten" unterteilen sich in **Klassen der Freien und der Sklaven.**

Zu den **freien Gruppierungen** zählen
● die „noblen" *imajeghen* (sg. *imhuar),*
● die korankundigen, unabhängigen *ineslemen,*
● die tributpflichtigen *imghad* (Vasallen) und
● die *enaden* (Handwerker, Schmiede).

Der **Klasse der Unfreien** gehören die *iklan* (Sklaven) und deren Abkömmlinge an. Mittlerweile neu entstanden ist die soziale Gruppe der **ischomar,** der jungen entwurzelten Tuareg, die sich nirgendwo einordnen lassen.

Die „Schichten" der Freien sind genau genommen **unterschiedliche Stämme,** die in historischer Zeit einander unterworfen hatten. So wurden aus den stärkeren Stämmen die „Noblen" und aus den unterlegenen Stämmen die Vasallen. Wehrlose Landbewohner hingegen wurden als unfreie Sklaven unterjocht und in die Familien ihrer neuen Besitzer integriert.

Nach diesem Schema hatte jedes Individuum innerhalb einer jeweiligen sozialen Schicht seinen speziellen Platz und seine besondere Rolle. Und um die Stabilität dieses Sozialsystems nicht zu gefährden, galt es als verpönt, sich außerhalb der jeweiligen gesellschaftlichen Bezugsgruppe zu

Ein imuhar („Freier") der kel ewey auf seinem mehari (weißes Kamel)

verheiraten. Weil es aber immer wieder zu Verbindungen zwischen Angehörigen verschiedener Schichten kam, insbesondere zwischen Freien und
Sklaven, entwickelten sich **neue soziale Kategorien** für die Nachkommen
aus solchen Mischehen: Kinder von Freien und Sklaven hießen *ibogholli-
ten* und standen rechtlich über den Sklaven. Kinder von Freien und freigelassenen Sklaven *(iderfan)* hießen *iberogan*. Sie standen nur wenig unter
den *imghad* und besaßen oft eigene Sklaven.

### Imajeghen – der „Adel"

Die Stämme der *imajeghen* verfügten durch ihren Besitz an Kamelen
und Waffen über die **militärische und politische Macht.** Diese hervorragende Position hatten sie bis zu ihrer Unterwerfung durch die Franzosen
inne. Stämme, die wie die *kel ahaggar* unter *Mousa ag Amastan* mit den
Franzosen kollaborierten, konnten ihre Position faktisch bis zum Ende der
Kolonialzeit und in modifizierter Weise zum Teil bis heute aufrecht erhalten. Durch eine strikte Heiratspolitik innerhalb des eigenen Stammes ver-
blieb die Macht stets bei derselben Gruppe. Nach ihrem Selbstverständnis waren die *imajeghen* mutig und moralisch hoch stehend und somit die
Hüter von *asshak,* den traditionellen Werten. Darum stellten sie auch eine
Person von herausragenden Qualitäten als *amenokal,* als **Chef der Konföderation.**

## Imajeghen – adlige „Ritter" der Wüste?

*Die Situation der „imajeghen" wird gern mit jener des mittelalterlichen „Ritteradels" verglichen. Dies ist insofern nahe liegend, als unter „Adel" eine kleine, privilegierte soziale Gruppe innerhalb einer hierarchischen Gesellschaft verstanden wird. Zugehörigkeit wird durch Geburt und Besitz bestimmt, durch besondere Leistung, aber auch durch eine bestimmte Lebensform, einen eigenen Wertekodex und das Bewusstsein um die besondere Zugehörigkeit. Damit grenzt sich der Adel gezielt gegenüber anderen Schichten ab.*

*Diese Merkmale treffen auch auf die „imajeghen" zu. Sie verfügten über das **Recht auf Kamelbesitz, auf Weiden und auf die politische Führung.** Zu den „imajeghen" gehörte man entweder per Geburt oder aufgrund besonderer Leistung. Ihre schöne Indigokleidung sowie Schwert, Speer, Schild und Kamel waren die äußeren Zeichen dafür, dass sie keinerlei schmutzige Handarbeit verrichten mussten, sondern nur die „saubere, edle" Aufgabe des Führens und Kämpfens innehatten.*

*Die Vorstellung der „imajeghen", sie seien der „breiten Masse" der „dunkelhäutigen" Tuareg überlegen und ihnen gegenüber privilegiert, ist noch heute spürbar. Dabei spielt die **„helle" Hautfarbe** eher eine ideologische Rolle, vergleichbar mit dem Ideal vom „blonden Deutschen", weil viele „imajeghen" (insbesondere die „kel ewey") infolge der Vermischung mit eingeheirateten Sklaven selbst dunkelhäutig sind.*

Heute leben die *imajeghen* zum Teil noch von der Kamelzucht oder von der Vermietung von Kamelen an Touristen. Viele *imajeghen* werden aufgrund ihrer sozialen Schlüsselrolle in der Verwaltung eingesetzt. Dadurch kommen sie in den Genuss eines regelmäßigen, wenn auch geringen Einkommens.

### Imghad – die Vasallen

Die *imghad* waren zwar grundsätzlich ebenfalls Krieger, verfügten aber als Vasallen der *imajeghen* über keine eigenen Kamele, sondern weideten nur deren Kamelherden. Im Fall eines Krieges durften sie diese Tiere als Reittiere nutzen, um gemeinsam mit den *imajeghen* in den Krieg oder auf Raubzüge zu ziehen. Darüber hinaus mussten sie den *imajeghen* **Tribute zahlen.** Im Gegenzug dafür wurden sie von ihren eigenen *imajeghen* „in Ruhe gelassen", gegen Übergriffe feindlicher Imajeghen-Stämme verteidigt und an der Beute von Raubzügen beteiligt. Bei einer Hungersnot wurden sie durch ihre *imajeghen* versorgt, indem diese einen Notüberfall *(rezzu)* auf andere Stämme oder Siedlungen unternahmen. Es bestand somit eine gegenseitige Abhängigkeit.

Heute leben die *imghad* entweder als Vollnomaden von Kamel- und Ziegenzucht oder als Halbnomaden, indem sie neben der Weidewirtschaft auch **Gartenbau** betreiben. Immer mehr *imghad* werden gänzlich sesshaft und spezialisieren sich auf Gartenbau oder suchen Arbeit in der Ölindustrie und im Tourismus.

### Ineslemen – der „Priesteradel"

Die *ineslemen*, „jene des Islam", sind *marabouts* oder **Korangelehrte.** Manchmal sind auch ganze Stämme *ineslemen*. Diesen Geistlichen wird aufgrund ihrer religiösen Kenntnisse eine besondere Beziehung zu Allah und damit die Macht nachgesagt, das Schicksal zu beeinflussen. Ihre Aufgaben sind die **religiöse Unterweisung** und die Heilung bestimmter Krankheiten, indem sie die Menschen mit Amuletten versorgen und durch Gebete unterstützen. Im Gegenzug werden sie materiell versorgt und beschützt. (Zur Rolle des Heilers siehe „Die Gesellschaftsstruktur aus Sicht des Geisterglaubens".)

### Iklan – die „Sklaven"

Die breite Masse der Tuareg-Bevölkerung gehört zur Schicht der Sklaven. Im Jahr 1949 besaßen 390 Freie der *kel ahaggar* 1552 Sklaven und auch heute noch sollen viele nigrische *imajeghen* Sklaven halten. *Iklan* sind unterschiedlicher ethnischer Herkunft und leben in einer Art Symbiose mit ihren Herren in deren Lager. Früher standen sie und ihre Kinder im Eigentum einer Familie. Heute sind sie zwar rechtlich unabhängig, die gegenseitige wirtschaftliche Abhängigkeit zwischen „Herren" und einstigen Sklaven sind jedoch zum Teil immer noch gegeben. Im täglichen Leben gibt es **kaum Unterschiede zwischen Freien und iklan.** Sie tragen die gleichen Kleider wie ihre Herren und früher zogen sie auch mit auf Raubzüge. Sklavenkinder werden von den Freien wie eigene Nachkommen behandelt. Dadurch fühlen sich die *iklan* oftmals mit ihren Herren verwandtschaftlich verbunden.

Sklaven erledigten den Haushalt, kümmerten sich um die Viehzucht oder betrieben Gartenbau. Dadurch spielten sie für die Tuareg-Gesellschaft eine unverzichtbare wirtschaftliche Rolle und standen unter dem Schutz des *amenokal*. Einen *iklan* zu misshandeln, verbot der Ehrenkodex *asshak* und zog einen Prestigeverlust nach sich. Zudem hatte der *iklan* das Recht, einen unliebsamen Eigentümer zu wechseln, indem er das Ohr des Kamels seines Wunschherren verletzte: Dadurch war der „schlechte" Eigentümer gezwungen, den von seinem Sklaven verursachten Schaden zu ersetzen, indem er das Eigentumsrecht an diesem Sklaven an den Geschädigten (ob dieser wollte oder nicht) übertrug. Er konnte aber aufgrund guter Leistungen oder aus Freundlichkeit seines Herrn auch **freigelassen werden.** Die Nachkommen der Freigelassenen sind ebenfalls frei und bilden wiederum eigene Stämme mit eigenen Chefs. Sie werden als „schwarze" Tuareg bezeichnet, die im Westen bei den Songhai *bella* genannt werden, im Süden bei den Hausa *buzu* und im arabischen Norden *sif.* Sie leben von Gartenbau und Viehzucht sowie von einfacher Lohnarbeit. Viele jener mittellosen *iklan,* die während der Kolonialzeit formell befreit worden waren, kehrten aufgrund ihrer geringen sozialen Aufstiegschancen zu ihren einstigen Herren zurück. Zudem tolerierten die Franzosen die Sklaverei bei loyalen Tuareg-Stämmen. So schätzt die Tuareg-Menschenrechtsorganisation *Timidria* („Brüderlichkeit"), dass heute allein im Niger noch über 40.000 Menschen als Sklaven leben, und zwar hauptsächlich bei Tuareg-Nomaden. Für deren Freilassung und ihre Integration in die moderne Gesellschaft engagiert sich *Timidria* mit politischer Lobbyarbeit und mit der Errichtung von Schulen, Brunnen und Gesundheitszentren.

### Enaden – die Handwerker bzw. Schmiede

Eine Sonderstellung nehmen die Handwerker ein, bei den Tuareg schlicht „Schmiede" genannt, deren Tamaschek-Name *(enaden)* wörtlich bedeutet: „die Anderen" oder „die man nicht beim Namen nennt". Sie sind Spezialisten in der Bearbeitung der unterschiedlichen Materialien, **Metall, Holz und Leder,** und gelten als Gegenpol zu den „Noblen", weshalb ihnen üble Eigenschaften wie Verlogenheit und Feigheit zugeschrieben werden. Ihre Freiheit und ihr Eigentum sind allerdings unantastbar, denn durch ihre Handwerkskunst besetzen sie eine **wichtige Position in der Nomadengesellschaft.** Die Männer produzieren Waffen, Schmuck, Gebrauchsgegenstände und Amulette, während die Frauen Lederbehältnisse und Flechtwaren für die Karawanen herstellen. Diese Produkte werden äußerst kunstvoll angefertigt. Somit tragen die Schmiede wesentlich zur Pflege und Weiterentwicklung der materiellen Tuareg-Kultur bei.

Die Schmiede erfüllen auch eine wichtige soziale Rolle innerhalb der Tuareg-Gesellschaft. Als Beherrscher des Feuers und somit der Geister-

Schmiede in der Werkstatt

welt verfügen sie über „magische" Kenntnisse und Fähigkeiten und werden darum **von den abergläubischen Tuareg-Nomaden gefürchtet.** Sie stehen außerhalb des Asshak-Moralkodex der *imajeghen*. Aus Sicht der Nomaden ist darum den *enaden* „alles erlaubt", weshalb sie als ehrlos und unglaubwürdig gelten. Diese Freiheit wiederum befähigt die *enaden* dazu, all jene sozialen Aufgaben zu übernehmen, die den starren Verhaltensregeln des *asshak* widersprechen. Darum fallen ihnen die Rollen als Beichtvater, Heiratsvermittler, Diplomaten und Festorganisatoren, aber auch als Wundärzte zu.

Aufgrund ihrer sozialen Außenseiterposition, ihrer Flexibilität und ihrer technischen Fähigkeiten konnten sich die Schmiede im Vergleich zu den asshak-geprägten Nomaden auch am besten an **das moderne Wirtschaftssystem** anpassen. Sie wurden rasch sesshaft und eröffneten Autowerkstätten oder spezialisierten sich auf die Schmuckproduktion für Touristen. Durch die Verbreitung dieses Schmucks wurde die Tuareg-Kultur weit über ihre Grenzen hinaus bekannt.

## Regionale Besonderheiten

Auf den ersten Blick ähneln sich die Tuareg-Gesellschaften der verschiedenen Regionen sehr, erst bei genauerer Betrachtung erkennt man Unterschiede. Regionale Tuareg-Gruppen differieren hinsichtlich ihres Lebensraums und der damit verbundenen Wirtschaftsform, hinsichtlich des Zelttyps, der Kleidung, des Schmucks, der Stellung der Frauen, der Anpassung an ihre jeweiligen Nachbarn und des politischen und sozialen Systems.

- Die Tuareg der Zentralsahara in Algerien und Libyen können durch die seltenen Regenfälle kaum allein vom Nomadismus leben und sind darum viel stärker **von Lohnarbeit abhängig** als ihre südlichen Nachbarn. Sie wohnen oftmals in Siedlungen und Städten und arbeiten häufig im Tourismus, während im Sahel viel mehr Tuareg als Nomaden von der Kamel- und Ziegenzucht leben können. Die *kel ewey* in der Aïr-Region (Nordostniger) kombinieren **Viehzucht und Gartenbau** mit der Karawanenwirtschaft. Die *kel gress* können aufgrund ihres regenreicheren Lebensumfeldes im Süden des Niger bereits **Regenfeldbau** betreiben. Sie bauen Hirse an, betreiben Viehzucht und führen Salzkarawanen.
- **Lederzelte** sind typisch für die Tuareg im Norden und im Westen, wo sich jedoch zunehmend billigere Zelte aus Stoff durchsetzen. Im Süden und Südosten werden hauptsächlich **Zelte aus geflochtenen Dumpalmen-Matten** hergestellt. In Bergregionen, wie im Aïr oder im Hoggar, stößt man gelegentlich auch auf einfache Steinhütten. Zunehmende Verbreitung im Aïr und in den Adrar n'Ifoghas finden **Lehmhütten.**
- Unterschiedliche **Kleidung** findet sich am ehesten bei den Tuareg-Frauen. Im Norden und Westen wird hauptsächlich die **gewickelte Tunika** *(teserrnest)* getragen, während im Süden das Übergewand *(tekamist)* und Aftek-Blusen dominieren. Auch tragen die Frauen im Sahel immer öfter **Kleidung aus bunten Hausa-Stoffen.** (Näheres im Kapitel „Bekleidung und Schmuck".)
- Beim Schmuck lassen sich grob zwei regionale Besonderheiten unterscheiden: Bei den *kel ifoghas* und den *kel ahaggar* ist die *chomeissa* aus fünf Muschelrauten das typische Collier. Das *taneghelt*, das **Kreuz von Agadez,** dominiert im Südosten, besonders bei den *kel aïr,* woher auch der meiste Silberschmuck stammt. (Näheres im Kapitel „Bekleidung und Schmuck".)
- Die meisten Tuareg-Gesellschaften definieren sich über die direkte **Verwandtschaftslinie der Mutter,** während die *ullimidden* patrilinear organisiert sind. Bei den Tuareg in den südöstlichen, von Hausa dominierten Städten wie Zinder herrscht zunehmend das islamische Rollenbild der Frau vor, verbunden mit der Vielehe. Bei den *kel ewey* im Aïr heirateten die Männer früher bevorzugt Sklavinnen, wodurch ihre Gesellschaft allmählich **patriarchale Züge** annahm. (Näheres im Exkurs „Warum sind die kel-ewey-Tuareg im Aïr so schwarz?".)

- Das politische System der *kel aïr* ist ungewöhnlich: Hier wird **zusätzlich zum amenokal ein Sultan** ernannt, der in Agadez residiert und früher den Handel und die Karawanen organisierte, zwischen den Stämmen als Diplomat und Richter vermittelte und in Agadez für Ordnung sorgte. Damals wurden die meisten Sultane nach wenigen Jahren ihrer Regentschaft von unzufriedenen Tuareg-Führern umgebracht. Heute reduziert sich die Rolle des Sultans auf diplomatische Streitschlichtungen und die Leitung religiöser Zeremonien bei Festlichkeiten. Das Amt ist somit auch nicht mehr lebensgefährlich: Der aktuelle 126. Sultan von Agadez, *Ibrahim Oumarou*, amtiert seit über 40 Jahren. Die *kel ewey*, der größte Stamm der *kel aïr*, haben anstelle des *amenokal* einen *anastafidet* als formalen Chef. Er war früher für die Rechtsprechung innerhalb der Stämme und für Verhandlungen mit dem Sultan von Agadez zuständig. Heute erfüllt der *anastafidet* nur noch repräsentative und diplomatische Aufgaben.

**Warum sind die Kel-ewey-Tuareg im Aïr so schwarz?**

*Die „kel ewey" haben eine besonders dunkle Hautfarbe. Schon Heinrich Barth berichtete vom Widerwillen der Kel-ewey-Männer gegen die weiße Hautfarbe. Der Grund dafür liegt in der Tradition, sich bevorzugt mit schwarzen Sklavinnen zu vermählen, um ihre traditionell schwache Position gegenüber den Tuareg-Frauen aus ihrer Schicht auszugleichen. Deren ursprüngliche Vorherrschaft erklärt sich aus der Karawanenwirtschaft. Da die Männer jedes Jahr viele Monate abwesend waren, lebten die Ehefrauen bei ihrer Mutter (Matrilokalität) und verfügten zu ihrer sozialen Absicherung über besondere Erbrechte. Somit hatte die Frau zwangsläufig „die Hosen an" und ersetzte den „Mann im Haus". War der Ehemann für wenige Monate im Lager, blieb er doch nur „Gast" im eigenen Heim. Um diesen Autoritätsverlust auszugleichen, begannen die Kel-ewey-Männer schwarze Sklavinnen zu heiraten, die zum Mann zogen. Dadurch verschob sich das gesellschaftliche Gewicht wieder zugunsten der Männer, die nun das Oberhaupt im Haus waren. Die Kinder dieser Paare galten als gleichwertige „Freie" und blieben im Scheidungsfall beim Vater. Aufgrund dieser Heiratsstrategie wurden die „kel ewey" bis ins 20. Jahrhundert hinein soziokulturell und ethnisch durch Hausa-Sklavinnen geprägt.*

- Auch **in gesellschaftlicher Hinsicht** sind die *kel ewey* einzigartig: Bei ihnen fehlt die tributpflichtige Schicht der Vasallen, da sie niemals andere Tuareg-Stämme unterwarfen, noch selbst jemals unterworfen wurden. Bei ihnen gibt es demnach nur *imajeghen, marabouts,* Schmiede und Sklaven.

## Die Tuareg und ihre Nachbarn

Die Tuareg sind von Ethnien unterschiedlichster Kulturen umgeben, mit denen sie von jeher regen Austausch pflegen. Wobei sie manche der Kulturtechniken ihrer Nachbarn übernommen und umgekehrt ihre Nachbarn kulturell beeinflusst haben. Dieser Austausch verlief immer wieder auch kriegerisch, doch darüber hinaus entwickelten sich stets stabile kooperative Bande.

- **Den Arabern** verdanken die Tuareg den Islam, arabische Sprachformen im Tamaschek und den bei Nomaden verbreiteten Windhund. Umgekehrt haben einige arabische Nomaden Elemente der Tuareg-Kultur übernommen, etwa die Lederzelte und den Gesichtsschleier. Manche Araber-Stämme wurden als Vasallen in die Tuareg-Gesellschaft integriert und assimiliert. Umgekehrt werden derzeit die Tuareg im arabischen Norden der Sahara stark arabisiert.

  Konflikte gab es besonders zwischen den *kel ahaggar* und ihren Erzfeinden, den Chaamba-Beduinen der nördlichen Sahara-Oasen. Die Chaamba dienten als Kamel reitende Söldner in der Sahara-Kompanie und waren die schlagkräftigste „Waffe" der Franzosen im Kampf gegen die Tuareg. Auch die Karawanen der *kel ewey* wurden oft von arabischen Stämmen überfallen. Wichtiger ist heute die Rolle der Araber als Großhändler in den zentralalgerischen Oasen, in Agadez und anderen Sahel-Siedlungen.

- **Die Tubus** besiedeln den Oasengürtel des Kawar im extrem trockenen Osten des Niger. Sie gelten als zähe Wüstenbewohner und betreiben Viehzucht und Gartenbau. In Krisenzeiten versuchten sie ihr Überleben durch Überfälle auf die Karawanen der *kel aïr* zu sichern, worauf die *kel aïr* mit Gegenangriffen reagierten. Auch führten Tuareg und Tubus **zahlreiche Kriege** um die Vorherrschaft im Kawar. Mitte der 1990er-Jahre beteiligten sich die Tubus an der Rebellion an der Seite der *ischomar*. Heute arbeiten Tubus für Reiseagenturen aus Agadez als Führer in der

Eine Fulbe-Familie auf der Suche nach besseren Weiden

Djado-Region. Bei den Tuareg sehr beliebt ist der Tubu-Dolch, der einfach konstruiert, billig und sehr zweckmäßig ist.

- **Die Kanuri** leben in den Salzoasen Fachi und Bilma, wo sie das für die Viehzucht so wichtige Salz gewinnen. Zu diesen Oasen ziehen alljährlich an die **700 Karawanen** der *kel gress* und der *kel ewey* mit bis zu 20.000 Kamelen, um insgesamt rund 5000 Tonnen mineralhaltiges Salz in Form der Kantus (ca. 75 cm hohe, 20 kg schwere Kegel, die ihre Gestalt durch einen ausgehöhlten Palmstamm erlangen) zu kaufen. Gezahlt wird zum Teil mit Hirse, der Nahrungsgrundlage der Kanuris. Die Karawanen sind für die Oasen wichtige Verbindungen zur Außenwelt. Die Karawaniers liefern außerdem wichtigen Brennstoff in Form von Kameldung, Trockengemüse und Industrieprodukte an ihre Kanuri-Händler, zu denen sie ein enges, persönliches Verhältnis haben.
- **Die Fulbe** leben als ethnische Minderheit im Süden des Niger, wo sie Hirse anbauen. Sie sind **Handelspartner** der Karawaniers, die sie während ihres Winteraufenthalts auch verpflegen und betreuen. Sie leisten den Tuareg auch Vermittlerdienste, wenn streunende Kamele Flurschäden auf den Feldern anderer Hirsebauern anrichten. Für Tuareg-Knaben sind die Fulbe-Bauern oft wie behütende Großväter. Derartige freundschaftliche Beziehungen gehen oft über Generationen.

Zu den Fulbe zählen die **Wodaabe,** die als Rindernomaden im Niger leben. Auf den Weiden kann man einen Wodaabe nur anhand der Rinder

von einem Tuareg unterscheiden, denn beide verschleiern das Gesicht und tragen Schwerter. Doch ist die Beziehung der Tuareg zu den Wodaabe gespannt, weil die Rindernomaden immer weiter nach Norden ziehen, was wiederholt zu Konflikten um Weiden und Brunnen führte.

- **Die Hausa** stellen rund die Hälfte der nigrischen Bevölkerung und besiedeln die gesamte Region zwischen dem Tschadsee und dem Niger. Aufgrund ihrer hochwertigen Handwerksgegenstände wie Indigostoffe, gefärbtes Leder und Eisenprodukte sind die Hausa wichtige **Handelspartner der Tuareg.** Außerdem bauen Hausa, wie die Fulbe auch, die für Tuareg lebenswichtige Hirse an. Von den Hausa stammt der Sultan von Agadez ab und die meisten Tuareg sprechen die Verkehrssprache Hausa. Dennoch sind die Beziehungen zwischen Hausa und Tuareg gespannt. Die Nomaden werden von den Hausa abfällig *buzu* genannt, die Bezeichnung für ehemalige Tuareg-Sklaven. Während ihres Aufenthalts im Süden umgehen die Karawaniers die Städte, um **Konflikte** zu vermeiden. Probleme entstehen aber auch wegen des fanatischen Glaubens der islamischen Hausa, der im Gegensatz zur liberalen Einstellung der Tuareg steht. Nur die im Süden lebenden Tuareg-Gruppen haben sich bereits weitgehend an den Lebensstil der Hausa angepasst.

- **Die Djerma-Songhai** siedeln im Umfeld des Nigerflusses mit den Zentren Timbuktu, Gao, Niamey und Dosso. Sie leben von Fischfang, Hirseanbau und der Produktion von Töpfer- und Flechtwaren. Die historische Djerma-Gesellschaft hatte viele Elemente der Tuareg-Kultur übernommen, etwa die hierarchische Struktur mit Aristokraten an der Spitze, die sich wie die *imajeghen* das Gesicht verschleierten. Heute sind die Djerma nach den Hausa die **zweitgrößte Bevölkerungsgruppe im Niger** und ihre Sprache ist neben Hausa die zweite Verkehrssprache. Weil die Djerma im politischen Zentrum Niamey besonders stark vertreten sind, konnten sie sich als führende politische Kraft im Land durchsetzen, während die Hausa eher die Wirtschaft des Landes dominieren.

# Politische Organisation heute am Beispiel der Republik Niger

Die Tuareg sind gegenwärtig auf fünf verschiedene Nationalstaaten (Algerien, Libyen, Niger, Burkina Faso und Mali) aufgeteilt. 90 % der Tuareg leben jedoch in Mali und der Republik Niger, deren verwaltungstechnische und politische Strukturen einander sehr ähneln. Doch auch Algerien weist aufgrund seiner Vergangenheit als französische Kolonie vergleichbare

Grundstrukturen auf, mit Unterschieden im Detail. Lediglich in Libyen folgt das von *Gaddafi* geschaffene Verwaltungssystem gänzlich anderen Regeln. Weil aber die Tuareg in Libyen nur wenige Tausend Individuen umfassen, wird hier die systematische Darstellung des Beispiels der Republik Niger zur allgemeinen Veranschaulichung herangezogen.

## Verwaltungsstrukturen

Der nigrische Nationalstaat ist **nach französischem Vorbild** in Departements, Arrondissements und Gemeinden unterteilt. An der Spitze dieser Gebietskörperschaften stehen ein Präfekt, ein Unterpräfekt und ein Bürgermeister bzw. Dorfchef, die den Staat gegenüber der Bevölkerung repräsentieren. Sie werden vom Präsidenten der Republik ernannt. Ihnen zur Seite stehen gewählte Beratungs- und Verwaltungsgremien, deren Ämter von den jeweiligen Führungsbeamten vergeben werden. Unterpräfekt und Bürgermeister sind finanziell autonom.

Der mächtigste Mann im Lande ist der Präsident der Republik. Unter ihm arbeitet die Regierung als oberstes Verwaltungsorgan mit dem **Premierminister** an der Spitze. Um Gesetze beschließen zu können, bedarf die Regierungspartei einer Mehrheit im **Parlament,** in das die Vertreter der zahlreichen nationalen Landesparteien gewählt werden. Aufgrund des Verhältniswahlrechts, ähnlich jenem in Deutschland, gibt es keine stabilen Mehrheiten, sondern eine **Regierungskoalition** zwischen möglichst interessensgleichen Parteien.

Dieses System wurde 1974 zentralisiert, indem auf den unteren Ebenen **pseudo-traditionelle Posten** als Autoritäten installiert wurden. Auf Dorfebene ist das der Dorfchef, der den Vorsitz über den „dörflichen Entwicklungsrat" innehat und die Steuern eintreiben muss. Sein Amt wird durch Vererbung weitergegeben. Die nächsthöhere Ebene, das Arrondissement, wird vom „Chef de Groupement" vertreten, einer Art Pseudo-Stammeschef, der dem „regionalen Entwicklungsrat" vorsteht.

Politische Probleme werden in Kooperation zwischen dem Dorfchef und dem „Stammeschef" im Rahmen des jeweiligen Entwicklungsrats gemeinsam mit den betroffenen Bürgern zu lösen versucht. Die beiden **Entwicklungsräte** werden seit den späten 1990er-Jahren mittels fairer Wahlen besetzt, doch noch immer verfügen sie kaum über Initiativ- und Mitbestimmungsrechte zu Fragen des Budgets und der politischen Richtungsentscheidung.

Das wichtigste Organ der politischen Mitgestaltung sind die **Kooperativen.** Doch während sich die Verbände der Gartenbauern erfolgreich entfalteten, blieben die ländlichen Viehzüchter weitgehend unorganisiert.

Das **Steuersystem** beruht auf einer Kopf-Steuer, wobei eine 10-köpfige Familie ca. 7000 FCFA (afrikanischer Franc, die Summe entspricht 11 Euro) pro Jahr zahlen müsste. Allerdings war in den Tuareg-Gemeinden der Rückfluss an Steuereinnahmen stets sehr gering und während der Rebellion brach das System zusammen. Gegenwärtig zahlen nur wenige Tuareg-Nomaden Steuern.

Die Politik der nationalen Einheit, die in diesem zentralistischen System zum Ausdruck kommt, hatte stets zum Ziel, **regionale Unabhängigkeitsbestrebungen** zu verhindern. In Mali schlug das Militär im Jahr 1961 eine Revolte der *kel ifoghas* brutal nieder und die Bevölkerung wurde jahrelang ausgegrenzt. In Niger konnten die reichen Uranfunde bei Arlit nur bei nationaler Einheit landesweit umverteilt werden. Dazu wurden alle Ethnien, auch die Tuareg, auf höchster politischer Ebene integriert. In der Regel rekrutierten sich jedoch die Eliten in Mali und Niger vorwiegend aus Lehrern und Händlern, die meist aus den fruchtbaren, dichter besiedelten Regionen stammten.

Eine „basisdemokratische" Debatte mit Regionalpolitikern

## Die neue Richtung: Dezentralisierung

Gravierende Wirtschaftsprobleme in Mali und der Republik Niger, eine demokratiefreundlichere Entwicklungspolitik der Geberländer und schließlich auch der Ausbruch der Rebellion förderten eine neue Politik der Dezentralisierung. Im Niger werden die jeweiligen Verwaltungsebenen seit 1996 autonom verwaltet. Präfekten, Unterpräfekten und Dorfchefs sind nun nicht mehr dem Präsidenten der Republik verantwortlich, sondern der jeweiligen gewählten Versammlung. Seit 2002 ist auch die Gemeindeverwaltung weitgehend autark, zwei Jahre später wurden **die ersten freien Gemeindewahlen** durchgeführt. Mit diesem Dezentralisierungsprojekt sollte die Bevölkerung zur aktiven Mitgestaltung ihrer Lebenswelt gewonnen werden, weil dem überschuldeten Staat mittlerweile die Mittel fehlen, seine politische Macht durchzusetzen. Doch die Umsetzung verläuft sehr zäh, denn der jahrzehntelange Zentralismus lässt sich nicht so schnell aus den Köpfen der Menschen tilgen.

Infolge dieser Veränderungen wandelte sich bei den Tuareg die Art der Bewältigung lokaler und regionaler Interessenkonflikte. Versuchten die Interessengruppen früher den jeweiligen ernannten Amtsträger zu beeinflussen, so werden nun politische **Parteien zunehmend wichtiger.** Politische Rituale wie Wahlwerbung mittels Geschenken und Festen oder auch unlautere Wahlkampagnen bestimmen heute das politische Alltagsleben. Neu ist auch die Art und Weise, wie Gemeinden zu Geld kommen. Weil der Präfekt weder über **finanzielle Mittel** noch über Entscheidungsmacht verfügt, ließen die Bittgänge der Dorf- oder Stammeschefs nach. Stattdessen entwickeln viele Gemeinden einen kreativen Umgang mit Hilfsorganisationen und anderen potenziellen Geldgebern, um neue wirtschaftliche Quellen zu erschließen. (Siehe auch Kapitel „Wirtschaft im Wandel".)

## Politik der Tuareg

Gegenwärtig lassen sich die politisch aktiven Tuareg aller Regionen grob in **vier Kategorien** unterteilen:

- Autonomisten, die maximale Unabhängigkeit vom Staat anstreben,
- konservative Strategen, die traditionelle Strukturen bewahren wollen,
- konservative Anarchisten, die traditionelle Strukturen mit modernen Mitteln zu erzwingen versuchen und
- progressive Demokraten, die in integrativer Entwicklung einen Weg in eine gemeinsame Zukunft der Tuareg mit allen Mitbürgern sehen.

## Autonomisten

Die nomadisch geprägte, breite Tuareg-Bevölkerung war von jeher äußerst misstrauisch gegenüber den Behörden. Jahrelang hatte sie schlechte Erfahrungen mit einer zentralistischen Diktatur gesammelt, die wenig Verständnis für die Bedürfnisse von Nomaden aufbrachte. Nach Überzeugung der Autonomisten können sie nur mit erfolgreicher Viehzucht dauerhaft überleben und ihre Probleme lösen, keinesfalls aber durch das Vertrauen auf Dienstleistungen des Staats wie Gesundheitsversorgung oder Schulen. Auch Demokratie sei lediglich eine Umverteilung von Macht und Geld von der einen Parteispitze auf die andere, während für die breite Bevölkerung alles beim Alten bliebe. „Staat" bedeutete somit nicht Hilfe, sondern eher Behinderung oder gar Bedrohung in Form von Strafgesetzen. Darum pflegten Nomaden sich zu verstecken, sobald sie in der Ferne die Fahrzeuge staatlicher Behörden hörten. Diese Haltung findet sich noch heute unter älteren, traditionsgeprägten Personen, aber auch bei jenen jüngeren Menschen, deren oftmals überzogene Hoffnungen auf verbesserte Lebensbedingungen vom Staat enttäuscht wurden.

## Konservative Strategen

Angehörige der *imajeghen* neigen dazu, sich auch weiterhin als Tuareg-Elite zu betrachten. Doch sie haben gelernt, dass eine Führungsposition heute **neue Kompetenzen** erfordert, die am ehesten durch eine entsprechende Ausbildung vermittelt werden. Auch die Durchsetzung eigener Interessen und Sichtweisen bedürfen anderer politischer Strategien als in der „alten Zeit". *Mousa ag Amastan* (1867–1920) war einer der ersten politischen Tuareg-Strategen. Er hatte die Zeichen der Zeit verstanden und sich mit den neuen Mächten arrangiert, um seine eigene Machtposition abzusichern, das Vertrauen seiner Partnerstämme in ihn zu stärken und letztlich das Bestmögliche für sie „herauszuholen". Anstatt zu rebellieren oder zu resignieren passte *Mousa* sein politisches Handeln den veränderten Gegebenheiten an. (Vgl. den Exkurs *„Mousa ag Amastan* – der große Stratege".)

Seit der Unabhängigkeit der einstigen französischen Sahara-Kolonien mehren sich die Tuareg-Persönlichkeiten, die politische Karriere machen und versuchen, auf diesem Weg Verbesserungen für ihre Tuareg-Gruppen durchzusetzen. In der Regel gehörten der nigrischen Regierung mindestens zwei Tuareg an. Zeitweise **stellten Tuareg sogar den Premierminister** oder hatten andere hohe Ämter inne. Diese Laufbahnen von der „Kamelweide" in politische Spitzenpositionen ermöglichten Eltern, die erkannt hatten, dass eine gute Schulausbildung den Weg zur Mitgestaltung der Gesellschaft in der modernen Welt bahnt. Zudem wurden diesen

Männern die Schlüsselqualifikationen für politisches Handeln vermittelt: die Fähigkeit, soziale Netzwerke und Seilschaften zu bilden und sich mit den gegebenen Machtstrukturen zu arrangieren und die Dinge Schritt für Schritt zu bewegen. Darum ist diese Politik auch konservativ, denn sie will die **gesellschaftlichen Grundlagen nicht verändern,** sondern nutzt sie zur Durchsetzung der eigenen Vorstellungen und Ziele. Wirtschaftlich haben sich diese Tuareg längst von ihren traditionellen Grundlagen abgekoppelt: Statt über Kamele verfügen sie über politisches Know-how und diplomatisches Feingefühl im Umgang mit dem neuen politischen „Adel". Dass einfache Nomaden unter diesen Umständen kaum eine Chance zum politischen Aufstieg haben, liegt im Interesse der konservativen Strategen: So gibt es weniger Konkurrenten ...

## Konservative Anarchisten

*Giuseppe Tomasi di Lampedusas* Leitmotiv in seinem Roman „Der Leopard", wonach man alles verändern müsse, wenn alles so bleiben solle, wie es sei, beschreibt treffend das Paradox einer konservativen Politik. Eine Gesellschaft so zu erhalten, wie sie scheint, ist unmöglich, weil sich die Rahmenbedingungen von selbst verändern und damit die Umgestaltung der Gesellschaft erzwingen.

Die veränderte Welt der Tuareg hat mit den **ischomar** eine neue Schicht hervorgebracht, die aufgrund ihrer militärischen Ausbildung und ihrer Bewaffnung zu einem politischen Faktor geworden ist. Die *ischomar* versuchen, ihre militärische Macht mit dem Mittel der Rebellion in politische Macht umzuwandeln. Sie sind **Anarchisten,** die das politische System zur Anpassung an die eigenen Vorstellungen zwingen wollen, anstatt sich dem System anzupassen. Dabei versuchen sie, fehlende Kompetenzen wie politische Erfahrung und Beziehungsnetzwerke durch Gewalt auszugleichen. So gelingt es ihnen, politisches Gehör und Zutritt zur politischen Macht zu erkämpfen. Gipfel ihres Erfolgs war die Ernennung ihres Führers *Rhissa ag Boula* zum Tourismusminister im Jahr 1997.

Gleichzeitig sind die Rebellen, von denen viele zu den *imajeghen* gehören, konservativ, weil sie keine gesellschaftliche Erneuerung anstreben, sondern lediglich die Besserstellung der eigenen Gruppe. Statt um den Fortschritt des gesamten Landes, geht es ihnen um eine **Umverteilung des Wohlstandes** von schwarzen Bevölkerungsgruppen zu den weißen Tuareg.

So versuchen die *ischomar* sich im Rahmen der lokalen Tourismuspolitik Vorteile vor dem Hintergrund überkommener Strukturen zu verschaffen, anstatt die Strukturen selbst zu verbessern. Doch eine solche progressive Vorgehensweise setzt Vertrauen in sich selbst und in die Beteiligten voraus, damit man diese als Partner und nicht als Gegner betrachten und somit kooperieren kann. Dieses Vertrauen jedoch fehlt den *ischomar*. Sie sind Herausforderungen schon immer **mit Gewalt** begegnet, so entspricht es ihrer Lebenserfahrung. All ihre Krisen „überwanden" sie als Soldaten, die keine Fragen stellten, sondern „aufräumten".

Jedoch scheiterten bisher sämtliche Versuche, mit dieser kurzsichtigen Politik des Extremismus ihr Ziel zu erreichen und zu behalten. So wurde *Rhissa ag Boula* im Jahr 2004 unter Mordverdacht seines Amtes enthoben. Daraufhin versuchten einstige Rebellen und Gefolgsleute *Rhissas*, dessen Rehabilitation zu erzwingen, indem sie mit dem neuerlichen Ausbruch der Rebellion drohten. Als die Regierung nicht reagierte, griffen die Rebellen im Frühling 2007 wieder zu den Waffen. Zu den Opfern ihrer Überfälle zählten hauptsächlich Zivilisten, darunter Frauen und Kinder. Im Sommer 2007 reagierte schließlich die Regierung mit massivem Militäreinsatz. Seither **herrscht im Norden des Niger Krieg.**

Den Preis für diese Politik der Gewalt zahlen nicht nur die zivilen Kriegsopfer, sondern das gesamte Land, weil der Konflikt die wichtige Einnahmequelle Tourismus schwer schädigt. Die kurzfristigen militärischen Erfolge der Rebellen aber geben ihnen – aus ihrer eigenen Sicht – „Recht": Durch die Waffengewalt, so erscheint es den Rebellen, würden sie die Regierung letztlich erfolgreich dazu zwingen, sich ihren Wünschen zu beugen! In eben dieser Sichtweise liegt die dauerhafte Beschränkung radikaler politischer Strömungen: Der kurzfristige Erfolg durch Gewalt kaschiert die eigenen Mängel an konstruktiven Vorstellungen zur Lösung gesellschaftlicher Probleme.

### Progressive Demokraten

Die Welt lässt sich nicht verändern, nur die eigene Sicht auf die Welt. Dieser Haltung folgt die Politik der vierten Gruppe, die weder opportunistisch noch resignativ, sondern konstruktiv versucht, sich mit der Welt zu arrangieren. Die progressiven Integristen unter den Tuareg wollen sich dabei weiterentwickeln, neue Strategien kennenlernen und **neue Chancen entdecken und nutzen.** Sie betrachten jeden Kontakt als einen weiteren Knoten in ihrem Netzwerk, in das sie sich und ihre Gesellschaft eingebettet glauben. Für sie bedeutet Veränderung nicht Bedrohung, sondern Zwang und Chance zugleich. Bildung bedroht nicht ihre Kultur, sondern erweitert sie. Sie misstrauen den Versprechungen von einer großartigen Zukunft, doch sie glauben an sich und an die einfache Wahrheit, dass nur gemeinsames Ziehen am selben Strang positive Veränderungen bewirkt. Sie arrangieren sich mit den verschiedensten Branchen, ob Medien, Tourismus, Handwerk, Kultur oder Handel und Viehzucht und entwickeln

„Projekte". Und sie sind bereit, Energie auch in kleine Schritte zu investieren. Sie sind typische postmoderne Bürger, die ihr Schicksal eigenverantwortlich in die Hand nehmen, anstatt auf einen Messias zu warten. Darum sind sie auch demokratisch: Sie sehen ihre Positionen als gleichberechtigt unter vielen anderen an, deren Zweckmäßigkeit zur Lösung gesellschaftlicher Probleme es im friedlichen Meinungswettbewerb zu beweisen gilt.

Zu diesen „neuen Tuareg" zählen die **Gründer des demokratischen Tourismussyndikats** in Agadez. Sie setzten sich im Jahr 2000 gegen die konservativen Kräfte durch und erreichten Verbesserungen für die gesamte Branche, anstatt dass weiterhin einzelne Agenturen bevorzugt wurden. Ihre Vertreter sind weder Ex-Rebellen noch direkte Nachkommen der *imajeghen,* sondern gebildete und in Unternehmensführung geschulte Tuareg, die Probleme wahrnehmen und gemeinsam mit den betroffenen Menschen Lösungen entwickeln. Langfristig scheint diese Politik des „miteinander statt gegeneinander" der erfolgreichere Weg zu sein.

# Wirtschaft im Wandel

## Überleben in der Wüste: Nomadismus und Co.

Die Tuareg besiedelten die unwirtlichen Regionen nicht freiwillig, vielmehr blieb ihnen aufgrund historischer Bevölkerungsbewegungen nur dieser unwirtliche Lebensraum übrig. Um hier überleben zu können, passten sich die Tuareg an. So ziehen sie mit ihren Viehherden von einer Weide zur nächsten, damit sich die sehr langsam wachsenden Wüstengräser immer wieder regenerieren können. Das optimale Transportmittel dafür ist **das Kamel.** Es ist genügsam, kann kurzfristig bis zu 200 kg an Lasten tragen, bringt als Kamelstute alle zwei Jahre ein Jungtier zur Welt und versorgt die Nomaden mit Milch. So sind Nomade und Kamel eine untrennbare Einheit zum Überleben in der Wüste. Unter diesen kargen Umständen lässt sich im besten Fall die dauerhafte Selbstversorgung der Familie bewerkstelligen, nicht jedoch eine auf unendliches Wachstum gerichtete „Kamel-Industrie".

Unerwartete Ausgaben wie die Anschaffung von Kleidern oder Handwerksgerät können die Nomaden mit Kamelen im **Tauschhandel** begleichen. Die Vermehrung des Viehbestands erlaubt darum vorübergehend einen gewissen Wohlstand und sie steigert auch die Chance, mittelfristige Klimaschwankungen zu überleben. Denn in Dürrezeiten überleben nur die stärksten Tiere. Die Kamele werden auch als Transporttiere im Karawanenhandel eingesetzt, z. B. um aus dem Süden Hirse zu importieren,

wodurch die Nahrungsgrundlage erweitert werden kann. Kamele können aber auch krank oder gestohlen werden. Um diese Abhängigkeit zu verringern, halten Nomaden auch **Ziegen.** Ihr großer Vorteil liegt in ihrer enormen Anpassungsfähigkeit an die Wüste. Sie sind **noch genügsamer als Kamele** und sehr fruchtbar, denn sie gebären bis zu drei Lämmer pro Jahr und liefern Milch, Käse, Fleisch, Leder und Wolle. Früher züchteten Tuareg auch gern **Schafe,** der Wolle und des wertvollen Fleisches wegen, doch aufgrund der fortschreitenden Trockenheit ist Schafzucht unter Tuareg heute die Ausnahme.

Weil Ziegen sehr einfach zu betreuen sind, werden sie eher von Frauen und Kindern gehütet. Damit Nomadenfamilien überlebensfähig sind, benötigen sie für die Viehzucht eine gewisse Mindestzahl an Familienmitgliedern. Kleinkinder werden zum Ziegenhüten eingesetzt, ältere Kinder für die Hirtenarbeit mit Kamelen und irgendwann soll der Familiennachwuchs die Eltern zur Gänze im Arbeitsprozess ablösen. Darum strebt eine Nomadenfamilie danach, **möglichst viele Kinder** in die Welt zu setzen.

Nomaden sind also von vielen verschiedenen Faktoren abhängig: Klima, Weidequalität, Gesundheit ihrer Viehherden, Kooperationsbereitschaft innerhalb der Familie, Verlässlichkeit von Geschäftspartnern wie Salz- und Hirsehändler, Handwerker und vieles mehr. Somit sind sie lediglich äußerlich „frei", was für sie allerdings keine Rolle spielt, denn ihnen geht es nur um das Überleben in der Wüste. Doch die europäische Idee vom „freien Wüstenritter" erweist sich mehr und mehr als pure Idealvorstellung.

Mit der Entstehung der unabhängigen Nationalstaaten gerieten die Nomaden zunehmend unter Druck. Grenzen schränkten den Weidewechsel und den Karawanenhandel ein, alte Handelsbeziehungen lösten sich auf. Dadurch geriet das alte System der langfristigen Risikoaufteilung aus den Fugen. Die **Dürren in den 1970er- und 1980er-Jahren** ruinierten viele Vollnomaden endgültig, denn aufgrund der nachhaltigen Schädigung der Weiden verendete der Großteil ihres Viehbestands.

Als Ausweg wandten sich die Hirten in den Bergregionen dem **Gartenbau** zu, der unter den gegebenen Umständen mittelfristig weniger Risiko birgt. Ein Garten bringt einige Wochen nach einer Dürre wieder relativ reiche Ernte, wogegen der Neuaufbau einer Herde viele Jahre dauert.

In den Steppen der westlichen Ebenen ist Gartenbau jedoch unmöglich. Die hier lebenden Vollnomaden, die ihre Herden ebenfalls verloren hatten, mussten sich nunmehr als **Lohnhirten** verdingen. Manche flüchteten in die Elendsviertel der Städte oder suchten als Emigranten Arbeit in benachbarten Ländern oder in *Gaddafis* Islamischer Armee. Viele dieser ehemaligen Tuareg-Nomaden wurden im Jahr 1990 zu Rebellen gegen den Staat.

## Mangelwirtschaft

Was benötigt eine achtköpfige Tuareg-Familie im Sahel, ob Mali oder Niger, bei gehobenem Lebensstandard im Laufe eines Monats zum Leben? Die **wichtigste Nahrungsgrundlage ist Hirse,** wovon rund 100 kg gebraucht werden, ergänzt durch insgesamt 100 kg Reis, Mais und Weizen. Wichtig sind noch 10–12 Liter Sonnenblumenöl, das aus Libyen bezogen wird. Den größten Luxus stellen 3 kg Tee und 20 kg Zucker dar, was genauso viel kostet wie der gesamte Hirsevorrat. Um all das bezahlen zu können, müsste die Familie 150 Euro erwirtschaften, was bereits einen beträchtlichen Wohlstand bedeuten würde. Nomadenfamilien **verfügen kaum über Geldeinkommen** und leben hauptsächlich von Hirse und Ziegenmilch.

Besser ergeht es den **Gartenbauern,** die sich selbst versorgen können und auf den Märkten Geld dazu verdienen. Diese zusätzlichen Mittel werden für regelmäßig anfallende Sonderausgaben benötigt. Zu besonderen

Eine Nomadenfamilie versetzt ihr Lager

## Die Hirtin und Handwerkerin Dilliou erzählt

*Seit 60 Jahren lebt Dilliou in Timia, das sie niemals verlassen hat. Sie kennt nur das Dorf und das umliegende Weideland, wo sie als junge Frau viele Jahre lang allein die Ziegen gehütet hat. Damals gab es für die Nomaden keine Schule. Dabei wäre sie gern Hebamme geworden. Mit dreißig Jahren wurde sie von ihren jüngeren Geschwistern als Hirtin abgelöst und sie lernte das Handwerk einer Lederschneiderin, das sie seither im Dorf ausübt. Auch diese Arbeit empfindet sie als wertvoll und befriedigend.*

*Den Großteil ihrer Erzeugnisse tauscht sie gegen Hirse, Öl und Stoffe. Mit etwas Glück verdient sie zusätzlich im Monat ein paar Euro. Es muss reichen, um die 14 Mäuler ihrer Familie zu stopfen. Ihr Mann ist bereits vor Jahren gestorben, was ihre Situation noch schwieriger macht. Hätte sie mehr Geld, so würde sie in die Schaf- und Ziegenzucht investieren, denn wer Ziegenmilch hat, hat keinen Hunger!*

*In ihrem Dorf ist Arbeitslosigkeit das größte Problem. Heute verdient man mit traditionellen Berufen nichts mehr, während der Gartenbau recht einträglich sei, sagt Dilliou. Doch dafür benötige man Lastwagen als Transportmittel. Ohne diese Segnungen der modernen Welt können die Familien ihre Kinder nicht mehr ausreichend ernähren, dabei sei das doch das Wichtigste im Leben eines Menschen. Diese langfristige Sicht gehe den jungen Menschen noch ab, meint sie, denn die wollen nur das schnelle Geld im Tourismus machen. Doch seien junge Menschen immer schon so gewesen. Bis sie erwachsen sind, würden sie sicher auf den rechten Weg finden. Insgesamt ist Dilliou davon überzeugt, dass der Wandel und die neuen Zeiten dem Dorf viel Gutes gebracht haben.*

Hirtin flicht eine Matte aus Dumpalmblättern

Festtagen wird ein fettes Schaf gekauft, Hochzeiten müssen organisiert und neue Kleider angeschafft werden. Solche enormen Ausgaben kann eine Nomadenfamilie nur durch **Viehverkäufe** finanzieren. Eine Ziege bringt bis zu 25 Euro, ein Kamel etwa das Zehnfache. Will ein Hirte mehr Geld einnehmen, so muss er auf Gartenbau umsteigen. Doch dazu braucht er erst einmal Geld für einen Brunnen ...

## Probleme der Ziegenzucht

Für das Überleben vieler Tuareg-Familien spielt die Ziegenzucht, die in der Regel den Frauen obliegt, immer noch die Hauptrolle. Hier besteht das größte Problem in der **Übernutzung der Weiden:** Immer mehr Tiere brauchen immer mehr Weiden, die immer weniger Zeit zur Regeneration haben. Dadurch werden die Weiden immer karger, weshalb die Herden immer größere Flächen benötigen, um sich satt fressen zu können. Darum müssen die Hirtinnen immer größere Strecken zurücklegen und die Akazien-Bäume mit ihren Askom-Stangen bearbeiten, damit essbare Früchte und Zweige für die Tiere herabfallen. Dennoch wachsen die Ziegenherden, die zumeist aus zwanzig Tieren bestehen, nur zaghaft. Um eine Familie ausreichend mit Milch versorgen zu können, wären doppelt so viele Tiere nötig.

Auch die **Wasserversorgung** wird für die Nomaden schwieriger. Die vorhandenen Brunnen sind weit verstreut, sodass eine Ziegenhirtin viele Kilometer gehen muss, um ihre Herde tränken zu können. Während der Trockenzeit sinkt der Wasserspiegel in den Brunnen bedenklich tief und bei geringen Regenfällen trocknen zahlreiche Brunnen sogar aus. Daher richten sich viele Maßnahmen zur Unterstützung der Nomadenwirtschaft auf die Neuanlage von Brunnen in den Weidegebieten.

Während der Hirtenarbeit leben die Nomaden, Männer wie Frauen, hauptsächlich von Hirsepolenta. Wird die Hirse knapp, dann stehen während der Regenzeit, wenn die Ziegen ihre Jungen bekommen, Milch und Käse als Nahrung zur Verfügung. In den Monaten zuvor, wenn die Männer noch nicht mit ihrer Kamelkarawane aus dem feuchteren Süden mit der neuen Hirseernte zurückgekehrt sind, kann die Versorgungslage kritisch werden und es kommt vor, dass Hirtinnen sich von gesammelten Wildgräsersamen ernähren oder hungern müssen. Hirtinnen, die nur von der Ziegenzucht leben, haben den **niedrigsten Lebensstandard.** Aufgrund ihrer Armut bleiben viele Frauen unverheiratet und kinderlos und schließen sich dem Lager von Verwandten an. Dennoch wollen Hirtinnen ihren Beruf nicht aufgeben, jedoch nicht aus Begeisterung für die von Einsamkeit geprägte Arbeit, sondern weil sie nichts anderes gelernt haben.

## Karawanenhandel

Die Situation der Kamelhirten ist jener der Ziegenhirtinnen ähnlich, doch können die **Kamele als Transporttiere** im Karawanenhandel eingesetzt werden. Leider gibt es heute nur noch wenige aktive Karawanen.

Bedeutend ist lediglich die **Salzkarawane** der *kel ewey* und der *kel gress*. Über 20.000 Kamele ziehen jeden Herbst vom Aïr durch die Ténéré nach Fachi und Bilma und kehren von dort mit sechs Kantus (75 cm hohen Salz-Kegeln à 25 kg) pro Kamel zurück. Dieser 1000 km lange Marsch hin und zurück dauert rund 30 Tage, wobei täglich bis zu 16 Stunden marschiert wird. Die Ténéré wird so rasch wie möglich durchquert, damit das knapp kalkulierte Kamelfutter ausreicht. Zurück im Aïr wird den Kamelen eine kurze Erholungspause gegönnt. Dann beginnt die **Hausa-Karawane** nach Süden, die viel langsamer durchgeführt wird, denn hier herrscht kein Zeitdruck mehr. Im Hausa-Land wird das Salz verkauft, der Jahresbedarf an Kleidung, Indigostoffen, Tee, Zucker und natürlich auch Hirse besorgt und die Trockenzeit „überwintert". Ab April zieht die **Aïr-Karawane** ins Aïr zurück, wo die Hirten bis zum Ende der Regenzeit bei ihren Familien bleiben. Heute machen zwar die die LKWs den Karawanen eine gewisse Konkurrenz, doch gibt es keine sichtbaren Anzeichen für einen Niedergang der Salzkarawane.

Bedenklich sind allerdings die Dürren, die dem Kamelbestand zusetzen. Fällt im Aïr zu wenig Regen, dann finden die Kamele nicht genug Gras, um sich für die Ténéré-Durchquerung zu stärken. Dann wird der Karawanenkreislauf mit hohen wirtschaftlichen Verlusten unterbrochen. Die eigentliche **Bedrohung für den Karawanenhandel** kommt aber von den Tuareg selbst: ihr wachsendes Interesse an lukrativeren, weniger beschwerlichen Erwerbsquellen wie der Gartenbau oder die Wanderarbeit in Libyen. Denn die großen Anstrengungen, die eine Karawane mit sich bringt, sind für die *kel ewey* kein sportlicher Anreiz, sondern eher eine Plage.

## Schmiedehandwerk

Die Schmiede leben heute im Wesentlichen vom Tourismus. Sie entwickelten sich zu modernen, **marktwirtschaftlich orientierten Kunsthandwerkern,** die sich an den wachsenden Kunst- und Ethnomarkt anpassen. Ganz so rosig ist das Leben als Schmied freilich auch nicht, denn die Touristensaison ist kurz und die Zahl der Urlauber relativ gering. Auch konkurrieren immer mehr Schmiede um die wenigen Kunden. Mittlerweile gibt es eine massive Überproduktion an Schmuck und Lederwaren, weshalb viele Schmiede während der Touristensaison in den Monaten von Oktober bis März in die neuen **Touristenzentren Libyens** umziehen. Im

**Der Schmied Achmed erzählt**

*Achmed lebt seit seiner Geburt vor 49 Jahren in Timia. Gelegentlich reist er zwar in die Hauptstadt Niamey, um seine Produkte zu verkaufen, doch weiter ist er noch nie gekommen. Eine Reise nach Europa würde ihn sehr reizen, um von den Europäern zu lernen, wie sie es anstellen, so reich zu werden. Achmed war niemals in der Schule, sonst hätte er wohl einen einträglicheren Beruf erlernt. Heute ist er immerhin Präsident der Handwerkergenossenschaft und verdient genug, um die 15 Personen seiner Familie zu versorgen. Sein Traum wäre es, einen Handel mit Tuareg-Schmuck nach Europa aufzubauen. Doch dafür fehlen ihm die finanziellen und die kaufmännischen Fähigkeiten. Darum beneidet er die Jungen, die in die Schule gehen. Denn mit dem überkommenen Wissen könne man die neuen Probleme nicht mehr lösen, meint Achmed. Die Wüste breite sich immer weiter aus und erschwere den Menschen das Leben. Auch leide das Dorf an der Arbeitslosigkeit, denn mit den spärlichen Gewinnen, die eine Karawane abwirft, kann man kaum eine Familie ernähren, geschweige denn bezahlt Arbeitsplätze für die vielen arbeitslosen jungen Menschen schaffen. Besonders schlimm sei auch die isolierte Lage des Dorfes. 220 km holprige Piste trennen die Menschen von der nächsten Stadt und dem nächsten Krankenhaus. Für Touristen mag dies romantisch erscheinen, doch ohne eine gute Verbindung nach außen sieht Achmed keine langfristige Überlebenschance für das Dorf.*

April kehren sie wieder zurück, um ihre Familien zu versorgen und sich neue Schmuckvorräte anzulegen.

Im Vergleich zu den Hirten verdienen Schmiede um ein Vielfaches mehr, allerdings müssen sie sämtliche Lebensmittel käuflich erwerben. Obwohl Schmiede **finanziell relativ gut dastehen** und auch keinesfalls ihren Beruf aufgeben wollen, bezeichnen sie ihre Lebenssituation häufig als äußerst schwierig. Ihre Unzufriedenheit resultiert im Wesentlichen daraus, dass sie nicht den Regeln des *asshak* unterliegen. Anders als für Nomaden gehört es für sie einfach zum guten Ton, über ihr Schicksal zu hadern.

### Gartenbau

Seit der Dürre der 1970er-Jahre erlebte der Gartenbau einen Boom, weil viele Nomaden nach dem Verlust ihrer Viehherden im Gartenbau eine alternative Einkommensmöglichkeit sahen. **Voraussetzung** für diese

Tätigkeit ist ein geeigneter Boden in bestimmter Höhe oberhalb eines Flussbetts, denn in zu größer Höhe gibt es nur noch nacktes, nutzloses Vulkangestein und zu nah am Fluss gelegen ist ein Garten während der Regenzeit von Überschwemmung und Erosion bedroht. Auch muss ein Garten in relativer Nähe zu den wichtigen Märkten liegen, gut erreichbar sein und von Lastwagen angefahren werden können. Um einen Garten anzulegen, muss ein Brunnen gegraben werden. Aus dem Brunnen wird täglich bis zu sechs Stunden lang Wasser in einen Kanal zur Bewässerung geleitet.

Unabhängig von den Jahreszeiten können bis zu **drei Ernten pro Jahr** eingeholt werden. Angebaut werden in einem Drei-Etagensystem Dattelpalmen, kleinere Obstbäume und Getreide, Gemüse, Gewürze und Grünfutter. In manchen Oasen wie Timia werden auch Mandarinen, Orangen, Pampelmusen, Granatäpfel, Limetten, Feigen und Trauben gezogen. Die meisten Produkte sind für den Verkauf bestimmt, nur ein geringer Anteil wird in der Familie verbraucht.

Gartenbauern sind wegen ihres vergleichsweise hohen Einkommens sehr angesehen. Um noch höhere Profite zu erzielen, investieren besser gestellte Gärtner mittlerweile in die **Anschaffung von Motorpumpen,** um größere Flächen bewässern zu können. Gleichzeitig wenden sich immer mehr Nomaden dem Gartenbau zu. Dem Traum vom unendlichen Wachstum des „Garten-Kapitalismus" sind jedoch Grenzen gesetzt. Gute Böden sind nur noch weit entfernt von den Siedlungen erhältlich, oft werden sie als Weiden benötigt. Dadurch sind Konflikte zwischen Nomaden und Gärtnern vorprogrammiert. Darüberhinaus sind die bestehenden Gärten von Erosion bedroht, denn wenn im Sommer Regen fällt, dann zumeist in Form weniger, aber heftiger **Gewitterstürme,** worauf die sonst trockenen Wadis zu wilden Strömen anschwellen, die den fruchtbaren Boden auswaschen und mitreißen.

So konzentrieren sich viele **Entwicklungsprojekte** auf Uferschutz und den Bau von Wasserbarrieren. Dadurch soll das Regenwasser möglichst langsam abfließen und dabei die Grundwasservorräte optimal auffüllen. Denn auch Wasser ist nur begrenzt verfügbar. Als Folge der Dürreperioden und des zunehmenden Einsatzes von Motorpumpen sinkt der Wasserspiegel, wodurch viele Brunnen vorübergehend austrocknen und die Gärten brach liegen.

Wenn es aber regelmäßig regnet, verdienen Gartenbauern mit dem Verkauf von Zwiebeln und Kartoffeln mehr, als Karawaniers mit dem Salzhandel. Darum gibt es mittlerweile allein im Aïr-Massiv **über tausend bewässerte Gärten,** deren Erträge auf den Märkten Westafrikas verkauft werden.

# Neue Verdienstmöglichkeiten

## Arbeitsmigration der ischomar

Durch die Dürren der 1970er- und 1980er-Jahre verloren viele Menschen ihre Herden und damit ihre Lebensgrundlage. Sie wurden damit zu entwurzelten, arbeitslosen Tuareg: den *ischomar*. Der Begriff stammt vom frz. Wort *chômeur* für „Arbeitsloser". Auch heute können Viehzucht und Gartenbau bei Weitem nicht alle Arbeit suchenden Nomaden aufnehmen. Die Arbeitslosen sind daher gezwungen, irgendeinen bezahlten Job in den großen Städten zu suchen. Unter Tuareg beliebt sind **Tätigkeiten als Wächter** in Entwicklungsprojekten oder in den Villen reicher Bürger in Nigeria oder als Lohnarbeiter in den Uranminen von Arlit. **Als Arbeitsparadies gilt Libyen,** wohin es junge Tuareg in der Hoffnung auf schnelles Geld zieht. Die dortige Lebenssituation für Arbeitsmigranten als verachtete, billige Kamelhirten wird jedoch von den Heimkehrern aus Scham verschwiegen. So lebt der Mythos von Libyen als „gelobtes Land" weiter und verleitet immer wieder unerfahrene junge Tuareg zur illegalen Migration in die Agrarzentren Libyens. Dabei ereignen sich wiederholt Tragödien, wie rassistische **Ausschreitungen gegen Gastarbeiter** mit zahlreichen Toten. Zuweilen sterben Migranten im wasserlosen Niemandsland der Sahara zwischen Libyen und dem Niger, weil ihr LKW wegen einer Panne liegen geblieben war.

Heute dürften Zehntausende Tuareg **illegal in Libyen** leben, obwohl sie keinerlei Rechte haben und als Handwerker, Lohnhirten, Wächter oder Gartenarbeiter höchstens umgerechnet 40 Euro im Monat verdienen. Während dieser Zeit droht ihnen ständig die Verhaftung und Beschlagnahme ihres Hab und Guts durch den libyschen Zoll. Trotz dieser Gefahren bleiben viele bis zu zwei Jahren im Land, um Geld für einen Garten, ein paar Stück Vieh und eine Familiengründung anzusparen.

## Moderne Jobs

Durch den Wandel der Tuareg-Lebenswelt, insbesondere infolge der modernen Schulbildung und der damit verbundenen Sesshaftigkeit, entstanden neue Bedürfnisse und damit auch neue Jobnischen. Ein beliebter Berufswunsch ist neuerdings, **Besitzer einer Boutique,** eines kleinen Dorfladens, zu sein, in dem Güter des täglichen Bedarfes wie Getreide, Öl, Zucker, Tee und Sandalen sowie einfache Luxusgüter wie Stoffe, Batterien und Kekse geführt werden. Meist übt der Verkäufer zusätzlich das Schneiderhandwerk aus. Diese Läden ermöglichen ein regelmäßiges **Einkommen ohne körperliche Anstrengung,** und dies in der Nähe der Familien. Doch gibt es inzwischen schon recht viele „Boutiquen" und es kom-

## Vorsicht, Schmuggler!

*In den Ifoghas-Bergen und im Aïr, wo es eine hohe Arbeitslosigkeit und viel schwer zu kontrollierenden Raum gibt, blüht der Schmuggel als moderne Form des einstigen Trans-Sahara-Handels. Die Gewinnspannen für die Schmuggelwaren sind enorm. Indigostoffe aus Kano und auch Kamele kosten in Algerien das Vierfache des ursprünglichen Kaufpreises. Darum sind Kamelkarawanen auf Schleichpfaden nach Tamanrasset gelegentlich sogar für manche Nomaden lukrativ. Geschmuggelt wird praktisch alles, was Geld bringt: subventionierte Lebensmittel, Benzin oder kleinere Elektrogeräte. Das große Geld wird jedoch mit Drogen, Waffen und Zigaretten gemacht. Kidal, das Zentrum der „kel ifoghas", gilt längst als Knotenpunkt des Cannabishandels zwischen Marokko und Arabien. Waffen sind bei algerischen Fundamentalisten sowie bei Tuareg-Banditen und -Rebellen in Mali und Niger gefragt. US-Zigaretten werden für mehrere Hundert Millionen Dollar pro Jahr „gehandelt". Diesen illegalen Devisensegen kann die nigrische Regierung nur mit Wohlwollen ignorieren.*

*Neuerdings wird der Drogen- und Waffenschmuggel vom Anti-Terror-Krieg der USA in der Sahara „bedroht".*

Schmuggler auf dem Weg nach Libyen

men zunehmend Händler aus dem Süden in die Dörfer im Aïr, um ihre Kunststoffprodukte aus Nigeria und China anzubieten, was das Einkommen schmälert. Großen Erfolg haben Ladeninhaber mit innovativen Ideen und viel Kapital, sodass sie ihr Angebot erweitern und das Geschäft zum „Supermarkt" weiterentwickeln können.

Wer sich auf Touristen als Abnehmer spezialisiert, wird **fliegender Händler.** Die *chasses-touristes* („Touristenjäger") warten selbst bei abgelegenen Sehenswürdigkeiten auf ihre wohlhabenden Kunden, um ihnen die kunstvollen Tuareg-Schmiedeprodukte anzubieten. Theoretisch kann jeder diesen Job machen, der etwas Geld für einen Grundvorrat an Schmuck und etwas Gefühl für den Umgang mit Reisenden hat. Doch wegen genau dieser geringen Zugangsbarrieren wächst die **Konkurrenz** dramatisch. In Agadez und anderen Zentren hängen sich die Touristenjäger regelrecht an die wenigen Spaziergänger, die sich entnervt ins Hotel flüchten. Als Ausweg verlegen die *chasses* ihren Standort an entlegene Orte in der Wüste oder in die neuen Touristenzentren in Libyen. Letztlich ist der Souvenirverkauf nur eine **bescheidene Alternative** zur Arbeitslosigkeit, denn die Touristensaison ist kurz und das unsichere Einkommen gering. Viele Touristenjäger stammen aus verarmten Familien ohne Vieh oder Gärten und sind somit ohne jede Absicherung. Sie sind die *ischomar* der neuen Generation, ihre Hoffnung richtet sich immer wieder auf die Ankunft der nächsten Reisegruppe.

Der **Tourismus** als Wirtschaftsmotor gewinnt zunehmend an Bedeutung: Reiseagenturen sind wichtige Arbeitgeber für Köche, Fahrer, Führer und Sekretäre, aber auch für Schmiede und Kamelhirten, die ihre Tiere für Trekkingtouren zur Verfügung stellen. Auf diese Weise trägt der Fremdenverkehr sogar zur Förderung der traditionellen Wirtschaftsform bei. Wer direkt im Tourismus arbeitet, kann mit dem Einkommen seine Familie versorgen. Was übrig bleibt, wird in eine weitere Berufsausbildung investiert, denn wer einmal in dieser Branche gelandet ist, kommt nur noch als „Urlauber" ins Heimatdorf zurück. Der neue Lebensmittelpunkt liegt in der modernen Gesellschaft, aus deren Sicht die traditionelle Tuareg-Welt nur noch als lukrative Fassade empfunden wird.

Damit sich Touristen überhaupt ins Land wagen, muss ihre **Sicherheit** garantiert sein. Darum wurden Spezialtruppen zur Erhaltung der Sicherheit in den touristischen Saharagebieten zu einem wichtigen Arbeitsmarkt für Ex-Rebellen, die ihr gewohntes Handwerk als Soldaten weiterhin ausüben und zugleich etwas Sinnvolles für die Gesellschaft leisten wollen. Doch leider sind diese Spezialeinheiten schlecht für die Banditenjagd ausgerüstet, vor allem aber gibt es nur wenige solcher Jobs. Darum warten heute immer noch 3000 von insgesamt 7000 Ex-Rebellen auf eine sinn-

volle Beschäftigung. Diese Betroffenen sind lebende Zeitbomben, denn sie organisierten wiederholt Überfälle, die immer wieder zu Rebellionen eskalieren. Dem Aufstand schließen sich auch integrierte „Sicherheitsbeamte" an, denn die Zustände beim Militär sind katastrophal: Manchmal gibt es monatelang keinen Sold. Eine Karriere beim Militär ist somit kein Ausweg aus dem Elend der beschäftigungslosen Tuareg.

### Projektjäger

Weil „klassische" Arbeitsplätze rar werden, suchen junge, innovative Tuareg einen Ausweg in der Flucht nach vorn, indem sie ihre Jobs gleichsam selbst „erfinden". Dazu gründen sie **private Entwicklungsorganisationen** und bauen sich soziale Netzwerke auf, die zur Finanzierung von lokalen Projekten führen sollen. Um erfolgreich zu sein, müssen diese Tuareg-Organisationen gegenüber ihren potenziellen Geldgebern den Eindruck erwecken, auf ökologische und sozialverträgliche Weise die Chancen der Bevölkerung sowie die traditionelle Kultur und Wirtschaft fördern zu wollen. Westliche Geldgeber wiederum suchen „authentische Instrumente", um „Gutes für die Tuareg" tun zu können. Dazu bedienen sie sich dankbar solcher neuen Tuareg-Organisationen.

Zu einem wichtigen **Betätigungsfeld für potenzielle Projektentwick-ler** wurde der Tourismus. Hier soll Besuchern das Gefühl vermittelt wer-den, dass sie persönlich in einem idyllischen Dorf mit liebenswerten Tua-reg willkommen seien, dass die Idylle dieses Ortes jedoch von großen Problemen bedroht sei, deren Lösung durch einen Beitrag für die jeweili-ge Tuareg-Organisation gefördert werden könnte. Europäer, die solche Projekte unterstützen, können sich somit das Gefühl „erkaufen", zur Ret-tung einer „untergehenden" Tuareg-Welt beizutragen. Vermittelt wird die-se Vorstellung durch die Dorfbevölkerung, die sich höchstpersönlich dankbar zeigt: ein postmoderner, globalisierter Tauschhandel.

**Experte für diesen Tauschhandel** ist die Bevölkerung von Timia, deren größter Coup mit dem Franzosen *Michel Bellevin* gelang. Der Pensionist hatte Timia 1997 als Tourist besucht, dabei das Dorf lieb gewonnen und zurück in Frankreich kurzerhand den Verein **Freunde von Timia** (www. lesamisdetimia.org) gegründet, um die traditionelle Wirtschaft zu unter-stützen und neue grundlegende Bedürfnisse der Bevölkerung zu befriedi-gen. Der Verein fand rasch Anhänger in Frankreich und entwickelte sich zu einem großen und verlässlichen Partner des Dorfes, der die Ziegen-herden der Nomaden aufstockt, Saatgut und Brunnen finanziert und so-gar eine Art Sozialversicherung einführte. Mittlerweile profitieren etwa 20.000 Menschen in der Region davon. Finanziert wird der Verein durch Mitgliedsbeiträge und Subventionen der französischen Staatskasse. Seit Kurzem ist der Heimatort des Vereins, Louvriers, zur Schwesterstadt von Timia geworden, wodurch die Finanzierung dieser „interkontinentalen Freundschaft" nachhaltig gesichert wird. Die Erfahrung von Timia machen sich immer mehr Projektjäger zunutze, frei nach dem Prinzip: „Willst du besser überleben, dann mache dich beliebt, erwecke Vertrauen und wer-de als vertrauter Freund in der Wüste unentbehrlich ..."

Eine Boutique in Timia: der „Supermarkt" für Nomaden

# FAMILIE UND GESCHLECHTER-
## VERHÄLTNISSE

Die verbreitete Familienform in den Tuareg-Gesellschaften ist ein Spiegel-
bild der Hirtenkultur: Der Zweck der Familienorganisation liegt allein in
der nachhaltigen Sicherung des Lebensunterhalts mittels der Kamelzucht
der Männer und der Ziegenzucht von Frauen und Kindern. Damit eng verknüpft ist das Verhältnis zwischen den Geschlechtern wie auch das zwischen Eltern und Kindern. Daher ist eine Kernfamilie nach konservativer
westlicher Vorstellung – Vater, Mutter, Kind – unter Hirten die Ausnahme.
Der Regel entspricht eher eine Art vielschichtige Patchwork-Familie ...

Den Charakter eines Menschen beurteilen Tuareg an dessen Umgang mit Kindern

# Familie

Über die Familie hört und liest man bei den Tuareg sehr wenig, obwohl sie die Keimzelle der Tuareg-Gesellschaften darstellt.

- In politischer und gesellschaftlicher Hinsicht ist sie ein zentrales Element der Tuareg-Gesellschaften. Durch die strikte **Heiratspolitik** werden die sozialen Grenzen zwischen den jeweiligen gesellschaftlichen Schichten aufrechterhalten (insbesondere die zwischen Nomaden und Handwerkern), indem Hirten oder Gartenbauern immer nur Hirtinnen heiraten und Schmiede immer nur Handwerkerinnen. (Vgl. das Kap. „Ehe".) Über die Wahl des „richtigen" Ehepartners aus der „richtigen" Familie bleibt das Vermögen in Form von Vieh erhalten oder wird umverteilt, vor allem aber werden die Bande zwischen verschiedenen Lagern verstärkt. Die Familie ist die wichtigste Kraft zur Erzeugung, Verstärkung und Aufrechterhaltung von Identität. Erst durch die Zugehörigkeit zu einer bestimmten Familie und ihre Verwandtschaftslinie ist man „jemand". Weil aber zumeist sehr viele Menschen als zur gleichen Verwandtschaftslinie gehörig betrachtet werden, sind „Familien" bei den Tuareg häufig extrem groß.

- Die **Nomadenwirtschaft** ist unmittelbar mit der Familie gekoppelt, beide bedingen einander. Ein Kamelhirte und eine Ziegenhirtin können auf Dauer nicht unabhängig voneinander leben, da sie sich gegenseitig mit lebenswichtigen Produkten versorgen: Die Hirtin stellt den Käse her, mit dem die Hirten und Karawaniers versorgt werden, und der Hirte „produziert" Kamelfohlen, die irgendwann für die Karawane eingesetzt werden können, mittels derer Hirse zur Versorgung der Familie herbeigeschafft wird.

  Gemeinsame **Kinder** sorgen für die dauerhafte Sicherung des nomadischen Wirtschaftssystems. Heute gerät die Nomadenkultur zunehmend unter Druck, da die Nomadenkinder häufiger in Dorfschulen gehen und damit den Eltern nicht mehr als Arbeitskraft zur Verfügung stehen.

  Im Unterschied dazu sind Schmiede eher wirtschaftlich unabhängig, weil sie vom Verkauf ihrer Produkte an Hirten oder Touristen leben. Eine Familie wird jedoch wiederum nur im Umfeld eines Schmiedeviertels oder eines Schmiededorfes gegründet, wo sich zumeist auch gemeinsame Werkstätten befinden.

- Auch in der sozialen Lebenswelt der Tuareg spielt die Familie eine zentrale Rolle. Sie ist als Lebensgemeinschaft *(aghiwan)* das Gegenstück zur lebensfeindlichen Wildnis *(essuf)*. Im Mittelpunkt der Gemeinschaft steht die Frau als „Herrin der Zelte". Die Familie ist der **Hort der Ausbil-**

**dung und Erziehung,** wo die strengen Verhaltensregeln des *tekarakit* (Scham) vermittelt und eingefordert werden. So schreibt der deutsche Tuareg-Forscher *Gerd Spittler:* „Niemand ist in der Wildnis geboren und wächst dort auf. Jeder wird von seiner Mutter in einem Haus geboren und von ihr während des ersten Lebensjahrzehnts großgezogen. An das Leben in der Wildnis muss man sich erst gewöhnen. Das macht einen wesentlichen Teil der Erziehung zum Hirten aus. Jeder trägt die Erinnerung an ein Haus in sich, macht dort gelegentlich Besuche und wird bei der Heirat zusammen mit seiner Frau ein neues ‚Haus' gründen."

## Familienstruktur

In den Tuareg-Gesellschaften gibt es eine Vielzahl höchst differenzierter und komplexer Familienformen und -strukturen, bedingt durch die unterschiedlichen sozialen Schichten, aber auch durch die jeweiligen geografischen und wirtschaftlichen Verhältnisse sowie die kulturellen Einflüsse der Nachbarvölker. Für den reisenden Beobachter lassen sich gewisse Grundformen unterscheiden, die hier nur kurz skizziert und im Kapitel „Der Lebenszyklus" näher erläutert werden. Typisch sind bei den meisten Tuareg-Gruppen die bereits genannte klare Zuordnung der Arbeitsrollen und die Monogamie.

### Vollnomaden und Karawaniers

**Vollnomaden,** wie die *kel ataram* oder die *kel dinnik,* weiden ihr Vieh in der weiten Ebene des Azawagh, dem großen Wadi zwischen Ostmali und Nordwestniger. Hier leben zumeist Mutter, Vater und Kinder bis ins heiratsfähige Alter in einem **gemeinsamen Lager,** dem „Mutterzelt" *(ehan n ma).* In nächster Nachbarschaft befinden sich die Zelte der nahen Verwandten, der Geschwister mit ihren Familien sowie der Eltern mütterlicherseits. Die Angehörigen eines solchen Lagerverbandes *(aghiwan)* betreuen die gemeinsame Ziegen- und Kamelherde und unterstützen sich bei der Kinderaufsicht. (Vgl. die Kap. „Gesellschaftliche Strukturen", „Wohnformen" und „Typisch Tuareg?") **Säuglinge** werden während der Stillzeit von ihren Müttern auf der Weide mitgeführt und bleiben dann bei der Großmutter im *aghiwan.* Für den „Kinderbetreuungsdienst" verantwortlich sind auch anwesende Tanten und der Großvater, sobald er keine Kamele mehr weidet. Sind die **Kinder** alt genug zum Ziegenhüten, verlassen sie wie ihre Mutter mit der Herde den Lagerverband. Die alten Eltern und unverheiratete Geschwister bleiben bis zu ihrem Tod im aghiwan, jedoch stets in ihrem eigenen Zelt. (Nähere Details siehe das Kap. „Der Lebenszyklus".)

## Die „optimale" Familienplanung der „kel ewey"

*Im Gegensatz zu anderen Tuareg-Gruppen kombinieren die Vollnomaden der „kel ewey" im Aïr (Nordniger) Ziegen- und Kamelzucht mit regelmäßigem Karawanenhandel. Damit dieses System dauerhaft optimal funktionieren kann, spielen die „richtige" Anzahl an Kindern und eine „ausgewogene" Geschlechterverteilung eine wichtige Rolle.*

*Üblicherweise heiratet ein Mann mit 30 Jahren und eine Frau mit 25 Jahren. Ab dem zweiten Ehejahr bekommt die **Ehefrau** im günstigsten Fall alle zwei Jahre ein Kind, am besten abwechselnd ein Mädchen und einen Knaben. Während der ersten zehn Lebensjahre einer Tochter kann eine Nomadin kaum mit deren Unterstützung rechnen. Zur ihrer eigenen Entlastung lebt sie darum mitsamt ihren kleinen Kindern meist noch im Haushalt ihrer eigenen Mutter und arbeitet mit ihren Schwestern zusammen. Erst wenn die erste eigene Tochter mit 10-15 Jahren selbstständig das Ziegenhüten meistert, kann sich die Mutter auf die Betreuung der Zicklein im unmittelbaren Umfeld des Zeltlagers beschränken. Nach weiteren acht Jahren, wenn die Nomadin etwa 43 Jahre alt ist, sind genügend Töchter herangewachsen, die ihrer Mutter die Hirtenarbeit zur Gänze abnehmen können.*

*Der **Ehemann** ist bei seiner Arbeit als Kamelhirte und Karawanier in den ersten 15 Jahren völlig auf sich allein gestellt, was die Hilfe seiner Kinder angeht. Als Ausweg wird er sich zunächst einer anderen Karawane anschließen oder Unterstützung durch unverheiratete Brüder suchen. Erst wenn sein erster Sohn etwa zehn Jahre alt ist, beginnt er die Hirtenarbeit zu erlernen und die einfache Hausa-Karawane in den Süden zu begleiten. Kamelherden selbstständig hüten kann der Knabe nach drei Jahren und nach weiteren zwei bis drei Jahren, wenn der Vater etwa 50 Jahre alt ist und bereits der zweite Sohn mit der „Lehre" als Hirte begonnen hat, kann der erste Sohn auch an der Bilma-Karawane teilnehmen.*

*Anhand dieses Idealschemas lässt sich erkennen, dass das **Ehepaar** erst nach 15-20 Ehejahren regelmäßig und dauerhaft während der Regenzeit im Aïr zusammenleben kann. Zuvor muss der Mann (und dies wiederum*

Bei den halbsesshaften **Berg-Tuareg,** insbesondere bei den *kel aïr,* leben die arbeitsfähigen Ehepaare die meiste Zeit des Jahres getrennt voneinander. Die Ehefrauen weiden gemeinsam mit ihren älteren Töchtern und jüngeren Söhnen die Ziegenherde im Umfeld ihres Basislagers, das hier dem *aghiwan* entspricht. Unterdessen ziehen die Ehemänner und die älteren

039r Foto: hf

*nur während der Regenzeit) ständig zwischen dem Kamel- und dem Ziegenlager hin- und herpendeln.*

*In der **Realität** verläuft das Leben freilich viel beschwerlicher. Ein Elternteil kann sterben oder die Ehe wird geschieden. Dann lebt die Frau mit ihren Kindern bis zu ihrer nächsten Heirat bei ihrer Mutter. Häufiger tritt der Fall ein, dass Kinder frühzeitig sterben oder dass nur Söhne geboren werden. Damit ein solcher Haushalt trotz der wenigen Arbeitskräfte überlebensfähig bleibt, muss sich die Familie einem anderen Haushalt anschließen. Bekommt eine Frau nur Mädchen, so bleibt den Männern mangels männlicher Helfer meist nichts anderes übrig, als die Karawanen aufzugeben und sich der Gartenarbeit zuzuwenden.*

Eine Nomadenfamilie der kel ewey

Söhne als Kamelkarawane zu den Salzoasen der Ténéré und anschließend in den feuchten Süden im Grenzgebiet zu Nigeria. Hier lagern sie im Umfeld der Gehöfte jener Fulbe-Bauern, die für sie eine Art „Ersatzfamilie" darstellen. Am Ende der Trockenzeit ziehen die Männer zurück ins Aïr, um ihre Familien mit frischer Hirse zu beliefern: die Frauen und älteren Kinder in den Weidelagern, die alten Eltern und Schwiegereltern, die in den Bergdörfern ihren Lebensabend verbringen, Geschwister, die in den Dörfern als Gartenbauern leben, sowie die kleinen Kinder, die von den Großeltern und Geschwistern betreut werden. Die übrigen Geschwister, Onkel und Tanten verfügen meist über ein eigenes *aghiwan* und eigene Herden, doch schließen sich häufig mehrere Männer einer Familie zu einer Salzkarawane zusammen. Größere Familientreffen finden anlässlich großer religiöser Feste im Dorf der Eltern statt.

Durch die vermehrte Sesshaftwerdung entwickelte sich jedoch eine **Familienstruktur,** die unserem Familienbild eher entspricht: Vater und Söhne arbeiten im Garten, während die Töchter Ziegen auf nahegelegenen Weiden hüten und die Mutter den Haushalt führt und ihre unmittelbare Familie sowie die alten Eltern und Schwiegereltern im Dorf versorgt.

### „Ineslemen"

Die *ineslemen* (Korangelehrte) befolgen die **Regeln des Islam** recht streng. Darum gleicht ihre Familienstruktur der im arabischen Raum verbreiteten: Der Ehemann herrscht als Patriarch über seine Familie, mit der er in einem gemeinsamen Zelt oder Haus lebt. Er allein repräsentiert die Familie nach außen, während die Ehefrau in der Öffentlichkeit kaum in Erscheinung tritt, aber zentral für Kindererziehung und den Haushalt zuständig ist.

Gelegentlich findet man unter *ineslemen* auch **polygame Strukturen.** Diese für Tuareg eher ungewöhnliche Familienform ist jedoch nur „finanzierbar", indem *ineslemen* durch ihre Tätigkeit als Korangelehrte bzw. als Produzenten von Amuletten genug Geld für den Unterhalt mehrerer Ehefrauen verdienen. Eine polygame Familienstruktur ist auch bei den *kel gress* verbreitet, die dauerhaft im Süden leben und in ihrer Lebensweise nachhaltig von den polygamen, streng muslimischen Hausa beeinflusst wurden.

### „Enaden"

Völlig anders zeigt sich die Familienstruktur bei den Schmieden: Einerseits weil die Schmiede außerhalb der herrschenden Werte stehen, andererseits weil sie aufgrund ihrer Tätigkeit als Handwerker gezwungen sind, sich im Umfeld ihrer Kundschaft anzusiedeln. Daher leben sie fast immer in Dörfern oder Städten, wo in größeren, ebenerdigen Hausanlagen Großfamilien wohnen, denen sowohl Eltern und Kinder als auch Großeltern und Geschwister angehören können. Hier funktioniert die Familie als ein arbeitsteiliges Unternehmen, in dem die Männer für Materialbeschaffung, Metallbearbeitung und für den Verkauf zuständig sind, während die

Frauen für Lederarbeiten, den Haushalt und die Kindererziehung verantwortlich sind. Schon mit wenigen Jahren helfen die Kinder im Haushalt und erlernen das Handwerk von Verwandten. Sobald sie erwachsen sind, heiraten sie innerhalb der Schmiedeschicht. Dann zieht die frisch angetraute Tochter zur Familie ihres Ehemannes. Dieses Familiensystem erinnert sehr an die europäische Handwerkerfamilie des Mittelalters.

## Die Rolle der Männer

Das Selbstverständnis der Tuareg-Männer ist wesentlich durch ihre Arbeit bzw. durch ihr „Arbeitsmittel", das Kamel, geprägt. Erst das Kamel erlaubt ihnen hohe Mobilität. Im Extremfall können sie binnen zwei Tagen bis zu 300 km zurücklegen. Dies eröffnet den Männern – im Gegensatz zu immobilen Hirtinnen – viele Möglichkeiten, mit unterschiedlichen Bezugsgruppen in Kontakt zu treten.

- Sie sind in der Lage, nachts den Hirtinnen in ihren Lagern einen amourösen Besuch *(tanbar)* abzustatten und somit als aktiv Werbende aufzutreten.
- Sie können mit Handelskarawanen die Grenzen ihrer Gemeinschaft überschreiten und mit anderen gesellschaftlichen Gruppen Kontakt aufnehmen.
- In früherer Zeit verfügten die männlichen *imajeghen* über das Privileg des Kamel- und Waffenbesitzes, wodurch ihnen die Rolle des Kriegers, des Eroberers und Beschützers zufiel.
- Dank ihrer Kamele konnten sie *rezzus* (berittene Raubzüge) gegen fremde und benachbarte Tuareg-Stämme unternehmen.
- Aus dieser Position heraus erklärt sich auch die historische Dominanz der männlichen Angehörigen der *imajeghen* im politischen Leben. Aufgrund ihrer Mobilität waren sie die Gestalter der Beziehungen zwischen den Stämmen und Föderationen. Heute gilt dies, übertragen auf die veränderten Verhältnisse, für männliche Nomaden im Vergleich zu den Hirtinnen immer noch.

Gerade weil die Männer infolge ihrer hohen Mobilität leichter mit der Welt außerhalb der Zeltgemeinschaft *(aghiwan)* in Kontakt treten, fällt ihnen die Rolle der Repräsentanz der Tuareg-Kultur gegenüber der „Außenwelt" zu: Ein verschleierter Reiter auf dem Kamel gilt als **Inbegriff der harmonischen Tuareg-Welt,** als Symbol der Harmonie zwischen der kalten Geisterwelt und der heißen göttlichen Welt. Im Auftreten des Mannes mit seinem *tagelmust* kommen die zentralen Werte der Tuareg-Gesellschaft, *asshak* (Würde) und *tekarakit* (Scham), zum Ausdruck. Noch heute ist es für die gesamte Dorfbevölkerung ein erhebender Augenblick, wenn die Hirten in ihren indigofarbenen Festtagsgewändern ihre Reitkünste auf den Kamelen unter Beweis stellen.

An all dies knüpfen auch die **Erwartungen der Frauen** an einen „richtigen" Mann an. Ein Mann hat mutig, ehrenhaft und kontrolliert in seinem Auftreten zu sein. Er darf sich niemals gehen lassen und hat für die Bewahrung und Mehrung seines Ansehens Sorge zu tragen. Darum sind Tuareg-Männer viel risikofreudiger als Tuareg-Frauen. Es sind die Männer, die sich der fremden Welt aussetzen, indem sie nach Libyen oder Algerien auf Arbeitssuche gehen oder gar als Schmuggler, Räuber und Rebellen aktiv werden, während die Frauen als Hüterin des Zeltes auf nachhaltige Sicherheit bedacht sind. Es sind Tuareg-Männer, deren Heldentaten in den Gedichten und Liedern besungen werden. Und schließlich sind es Tuareg-Männer, die die Initiative bei der Werbung um eine Frau ergreifen müssen, indem sie ihre Favoritin nachts mit dem Kamel besuchen oder ihr beim *ahal,* dem rituellen „Minnehof", Liebeslieder vortragen. Ein poetisches Spiel, an dem aber auch die Frauen aktiv als Dichterinnen teilzunehmen pflegen. (Vgl. das Kap. „Familie".) Ganz allein aktiv sind Männer hingegen beim Tanz. Wenn die Schmiede und die Frauen die *tende* (Trommel) schlagen und singen, tanzen die jungen Männer und stampfen in den Staub, um den Frauen mit ihrer Kraft zu imponieren.

In gewisser Hinsicht entspricht die Rolle des Tuareg-Mannes dem **Inbegriff eines Helden.** Doch ein solches Heldenleben ist mehr als nur beschwerlich. In der Gegenwart, da das hohe Bevölkerungswachstum zu einem engeren Zusammenleben zwingt, ist die Fähigkeit zur Kooperation und zu Kompromissen weit wichtiger als *rezzus* und Imponiergehabe. So ist es kaum verwunderlich, dass immer weniger junge Tuareg dem Idealbild des Nomaden auf seinem Kamel entsprechen können und wollen. Sie müssen lernen, sich den neuen Herausforderungen zu stellen und dabei ein neues Selbstbewusstsein entwickeln.

## Die Rolle der Frauen

Um die Tuareg-Frauen ranken sich zahlreiche Klischees und Mythen. In der Literatur wurden den Frauen neben herausragender Schönheit zumeist besondere gesellschaftliche **Privilegien, eine hohe Bildung und viele Freiheiten** zugeschrieben. Von populären Romanschriftstellern, z. B. von der Schweizer Bestsellerautorin *Federica de Cresco,* wurden Tuareg-Frauen sogar als „einstige Königinnen der Wüste" gepriesen. Verstehen lässt sich dies, wenn man sich der westlichen Sicht bewusst wird, wonach muslimische Frauen als unterdrückte, persönlichkeitslose Wesen bemitleidet werden. Im Vergleich zu diesem verzerrten Bild wirken „unverschleierte" Tuareg-Frauen neben den verhüllten Männern wie „Herrinnen".

De facto treffen aber wenige dieser außerordentlichen Zuschreibungen tatsächlich zu. Beispielsweise tragen Tuareg-Frauen sehr wohl ein **Kopftuch,** nur verhüllen sie nicht ihr Gesicht wie die Männer. Es trifft aber zu, dass sie eine wichtige, ausgleichende Rolle innerhalb der Tuareg-Gesellschaft spielen: Sie prägen die Gruppe von innen her und halten sie zusammen.

Auch bezüglich der Freiheiten gibt es Unterschiede: In den Lagern der *ineslemen* dürfen die Frauen kaum ihr Zelt verlassen und Kontakte mit Männern dürfen sie nur mit ihren engsten Verwandten pflegen oder mit den als „geschlechtslos" geltenden Schmieden *(enaden)*. Begeben sie sich in die Öffentlichkeit, müssen sie sich genauso verschleiern, wie es im arabischen Raum üblich ist.

## „Herrin der Zelte"

Frauen sind untrennbar mit ihrem Zelt, *ehan,* verbunden, das in ihrem alleinigen Besitz steht. Das „Mutterzelt" gilt als der Mittelpunkt der Tuareg-Welt und wird darum auch *ehan n'ihanen* genannt: „Zelt der Zelte". Hier lebt die **Kernfamilie,** die Mutter mit ihrem – gelegentlich anwesenden – Mann und den unverheirateten Kindern. Außerhalb des Mutterzeltes beginnt *essuf,* die Wildnis. Im Zelt und in dessen unmittelbarem Umkreis befindet sich alles, was die Kernfamilie zum Leben benötigt: der Hausrat, Nahrungsmittelvorräte, Wassersäcke, die eigene Ziegenherde und ein Esel als Transporttier. Diese **wirtschaftliche Unabhängigkeit** verschafft der Nomadin innerhalb der Gesellschaft eine angesehene Position.

Zur „Herrin" eines eigenen Zeltes wird eine Frau mit der **Heirat,** dem wichtigsten Ereignis in ihrem Leben. Damit beginnt für sie ein autonomes Leben unabhängig von ihren Eltern. Nun ist es ihr erlaubt, ihre Persönlichkeit auszuformen und in die Gesellschaft einzubringen. Das Selbstverständnis der Tuareg-Frau wird ganz wesentlich durch ihre Arbeit geprägt. Sie ist **zuständig für die Ziegenzucht,** muss die Ziegen melken und aus der nicht verbrauchten Milch Butter und Käse herstellen. Sie muss Wasser vom Brunnen holen, Holz als Brennstoff besorgen, täglich mindestens zweimal Hirse stampfen, für die Familie kochen und diverse Handarbeiten erledigen. Nicht zu vergessen die Kindererziehungsarbeit. Sind die Weidegründe für die Ziegen im Umfeld bereits stark abgefressen, müssen die Frauen ihre Zelte selbst abbauen und mit der Familie und dem gesamten Hausrat weiterziehen. So betrachtet arbeiten die Frauen zumeist viel mehr als die Männer.

Übrigens gibt es keine gesicherten historischen Quellen, die von **Tuareg-Frauen als Herrscherinnen** berichten. Der Chef in der Sippe ist immer ein Mann. Zutreffend ist jedoch, dass Frauen in vielen Tuareg-Gesellschaften an Gesprächen und Diskussionen der Männer teilnehmen. Ihre Urteile werden geschätzt, doch die Entscheidungen werden von den Männern getroffen.

Alte Hirtin beim Hirsestampfen

## „Sozialer Kitt"

Die Rolle der Frau in der Öffentlichkeit ist weniger von repräsentativer Bedeutung, dafür aber in sozialer und organisatorischer Hinsicht hoch geschätzt. Frauen sind für die **Abwicklung der Hochzeiten** zuständig, sie arrangieren und gestalten gemeinsam mit den Schmieden die *tende,* jene **Tanzfeste,** bei denen sie selbst die Trommel (ebenfalls *tende* genannt) schlagen und singen. Besonders in der Kunst ist ihr Ruf hervorragend. So liegt das Spiel der *imzad* (einer Art Geige) allein in den Händen der Frauen, es gibt Meisterinnen, die über die Grenzen hinweg Berühmtheit erlangten. (Siehe dazu das Kap. „Tuareg-Musik".)

Auch in der **Dichtkunst** dominieren die Frauen, sei es beim Erzählen von Märchen am Abendlager oder beim Gesang von Hirtenliedern. So gibt es in den Dörfern in der Regel weibliche Singgruppen, während Männerbands erst seit der Rebellion in Erscheinung treten. Eine besondere Rolle spielen die Poetinnen beim *ahal,* dem freundschaftlichen Treffen zwischen Jungen und Mädchen, wobei in einer Art Wettkampf poetische Lieder *(tesawit)* vorgetragen werden, die die Angehörigen des jeweils anderen Geschlechts beeindrucken sollen. Bei diesen Wettbewerben entscheidet das Urteil der jungen Frauen über Erfolg oder Niederlage, über Ansehen oder Scham der jungen Männer.

Manche Frauen erlangen aufgrund ihrer fachlichen Kenntnisse als „Kräuterhexen" hohes Ansehen. Als **Hebammen,** „Psychotherapeutinnen" und „Apothekerinnen" waren sie in der traditionellen Tuareg-Gesellschaft unentbehrlich. Diese Funktion verlieren sie allmählich durch die Verbreitung der modernen Medizin.

Ein weiterer Mythos, der relativiert werden muss, betrifft die großartige Bildung und die Lese- und Schreibkenntnisse der Tuareg-Frauen. Dies mochte bis zu einem gewissen Grad im Zusammenhang mit dem *ahal* zutreffen. In der heutigen Zeit werden eher nur die Söhne – und selbst diese nur zögerlich – in die Schule geschickt, während die **Mädchen zur Hausarbeit** oder zum Ziegenhüten angehalten werden. (Siehe dazu das Kap. „Der Lebenszyklus".)

## Sexuelle Unabhängigkeit?

Leider ebenfalls überzogen ist das Klischeebild von der sexuell emanzipierten Tuareg-Frau. Vor der Ehe leben die Mädchen in der Obhut ihrer Eltern oder draußen im „Busch" und sind nicht mobil. Sie können darum nur einen nächtlichen Besucher zurückweisen oder akzeptieren, nicht aber von sich aus auf „Eroberung" gehen. Die einzige Möglichkeit, selbst aktiv zu werden, besteht für die Frauen und Mädchen im Rahmen des *ahal.*

Mögen erwachsene und unverheiratete Tuareg-Frauen auch sexuell relativ unabhängig sein, so wird die **Wahl des Ehepartners** zumindest bei der ersten Ehe von den Eltern kontrolliert.

Schließlich hat Sexualität bei den Tuareg generell mit Scham *(tekarakit)* zu tun, weshalb wildes, ausgelassenes Liebesspiel als Ausdruck teuflischer Besessenheit gilt. (Näheres dazu im Kap. „Ehe".)

## Wirtschaftliche Unabhängigkeit

Von den Tuareg-Frauen sagt man, sie würden über ihre „Streitmilch" *(akh n'akanas)* verfügen. Das ist die Milch ihrer höchsteigenen Ziegenherde, durch die ihre persönliche **Versorgung jederzeit gesichert** ist. Sollte es zu einem Konflikt mit dem Ehemann kommen, so sind die Frauen in ihrer Entscheidung zu bleiben oder sich zu trennen, verhältnismäßig frei.

Früher wurde bereits ab dem Namensgebungsfest eines Mädchens mit dem Aufbau ihrer eigenen Ziegen-, Rinder- oder Kamelherde begonnen. (Zum Namensgebungsfest siehe Kap. „Der Lebenszyklus".) Mittlerweile züchten die Tuareg wegen der zunehmenden Trockenheit keine Rinder mehr und auch Kamele sind wegen der Dürre bedingten, wachsenden Armut der Nomaden immer seltener Teil des „Startkapitals" für ein Nomadenmädchen. Die Tiere stehen zwar im Eigentum des Mädchens, betreut werden sie aber (wenn es sich um Rinder und Kamele handelt) vom Vater oder vom Onkel, im Falle von Ziegen von der Mutter oder den Tanten. Diese Herde soll sich quasi als „Heiratsversicherung" bis zur Hochzeit des Mädchens bestmöglich vermehren. Zur Hochzeit wird diese Herde um die Mitgift *(taggalt)* vergrößert.

Die Eltern statten die Braut mit **Zelt, Mobiliar, Haushaltsutensilien und genügend Milchziegen** aus, um der Familie des Mannes gegenüber unabhängig zu bleiben. Die Ehefrau kann die Tiere jederzeit verkaufen und auch im Falle einer Trennung bleibt die Herde bei ihr. Nach der Scheidung ist der Mann für den Unterhalt der Frau und der gemeinsamen Kinder verantwortlich, während die Güter der Frau unangetastet bleiben. Es galt als ausgesprochene Schande, ein

Tier aus der Herde der Frau anzurühren, ohne dafür ihr Einverständnis eingeholt zu haben.

Neben diesem individuellen Besitz der Frau gibt es auch **Gemeinschaftsgüter,** wie Dattelpalmen, die nur in weiblicher Linie vererbt werden *(abatol).* Diese Güter gelten als Grundsubstanz für den Weiterbestand der Gesellschaft, weshalb sie generell nie verkauft, wohl aber an Töchter vererbt werden dürfen. Die Datteln als Nebenprodukt hingegen dürfen konsumiert, verkauft oder an die Söhne, Männer und Brüder verteilt werden.

## Wandel des Frauenbildes

Die wirtschaftliche Unabhängigkeit der Tuareg-Frauen wird zunehmend untergraben. Die immer wiederkehrenden Dürren dünnen ihre Viehherden aus, wodurch diese **kein sicheres Überleben mehr** gewährleisten. Gleichzeitig wandern immer mehr Männer in die Städte oder als Hilfsarbeiter nach Algerien und Libyen ab. Dies gilt auch für arbeitslose Väter, die ihre Frauen und Kinder zurücklassen, um anderswo ihr Glück zu versuchen und irgendwann mit ein wenig Geld zurückkommen zu können. Damit werden junge Tuareg-Mütter doppelt belastet, weil sie allein für den Lebensunterhalt ihrer Kinder und für deren Erziehung sorgen müssen. Denn die Durchsetzung ihrer berechtigten Unterhaltsansprüche gegenüber Arbeitslosen im Ausland ist praktisch unmöglich.

Außerdem gerät die Position der Frauen durch den wachsenden **Einfluss eines radikaleren Islam** in Bedrängnis. Die *marabouts* kritisieren die bisherige Ordnung als „unislamisch". Sie fordern die Durchsetzung eines konservativen islamischen Erbrechts, wonach Söhne im Vergleich zu Töchtern das doppelte Erbe *(takashit)* erhalten, und befürworten die Abschaffung nomadischer Erbrechttraditionen, etwa des nur an Frauen vererbbaren *abatol* (siehe oben). Auch die Polygamie gewinnt an Bedeutung. Ihrer wirtschaftlichen Basis beraubt und **ohne Zukunftsperspektive** flüchten irgendwann auch die Frauen mit ihren Kindern in die Städte. Hier versuchen Entwicklungsprogramme die Lage der Not leidenden Frauen zu verbessern, indem eine gemeinschaftliche Bewirtschaftung von Oasengärten organisiert wird. Durch die Bereitstellung von Kleinkrediten wird den Frauen ermöglicht, Gemüsehandel zu treiben und Fortbildungskurse zu besuchen. Einen Weg zurück in die traditionellen Verhältnisse gibt es meist nicht mehr, sondern nur die Anpassung an moderne Herausforderungen durch Weiterbildung.

Handwerkerin bei der Teezubereitung

Mittlerweile fördert der **Niedergang der Karawanenwirtschaft** eine zunehmende Benachteiligung der Frauen, wie beispielsweise bei den *kel ewey*. Weil immer mehr Männer als Gartenbauern im Dorf bleiben, verlieren die Institutionen der Matrilokalität und der Matrilinearität zunehmend ihre Funktion. So werden die Frauen immer mehr zum „Heimchen am Herd", die ihre Familie bekochen, die Kinder und den Haushalt betreuen und daneben möglichst noch ein zusätzliches Einkommen durch Handarbeit erwirtschaften. Da bleibt für sie nur wenig Raum, um sich fortzubilden und die eigene Position in der Gesellschaft zu stärken.

# Ehe

Die Tuareg leben in monogamen Eheverhältnissen, doch genießen Männer wie Frauen vor der Ehe eine gewisse sexuelle Freiheit. Auf Jungfräulichkeit, für die es im Tamaschek keinen Begriff gibt, wird keinerlei Wert gelegt. Scheidungen sind an der Tagesordnung und auch hier gilt: Die Frauen haben das gleiche Recht, die Scheidung zu verlangen, wie die Männer – und sie nutzen es auch.

## Verhältnis zwischen Mann und Frau

### Vorehelicher Kontakt

Der Umgang von Männern und Frauen miteinander ist – wie das gesamte Leben der Tuareg – vom jeweiligen Alter und von der sozialen Stellung abhängig. Laufen Kleinkinder beiderlei Geschlechts noch fröhlich nackt miteinander umher, so wird ab dem Kindesalter eine konsequente Geschlechtertrennung vollzogen. Die Mädchen hüten im Lager der Mutter die Ziegen und die Knaben sind beim Vater, um die Kamelzucht zu erlernen. Wenn mit dem Eintritt der Geschlechtsreife beide Seiten Interesse füreinander gewinnen, pflegen junge Männer ihren Herzensdamen **nächtliche Besuche** *(tanbar)* abzustatten.

Allerdings sind bei einem nächtlichen Einschleichen ins elterliche Zelt der Hirtin einige **Anstandsregeln** zu beachten. Der junge Mann muss sich unbemerkt bewegen, sodass das Vieh nicht unruhig wird. Und er darf nur von der östlich gelegenen Kopfseite her ins Zelt schlüpfen, damit die Eltern den Schein des Heimlichen wahren und sich schlafend stellen können. Würde er hingegen den in Richtung der Füße gelegenen Eingang verwenden, so müsste dies als gewaltsame Entführung interpretiert und von den Eltern lauthals verhindert werden.

Im Zelt angekommen, schleicht der Verehrer zum Mädchen und weckt sie durch zärtliches Streicheln am Ohr. Indem das **Mädchen sich schlafend stellt,** weist es ihren Kavalier zurück, ohne dass er dabei sein Gesicht verliert. Ist er jedoch willkommen, so wird sie mit ihm einen zärtlichen Flirt (edawanne) beginnen. Flüsternd werden Neckereien und verbale Wettkämpfe ausgetragen, wobei es darum geht, wer das letzte Wort behält. Es geht aber auch um die Frage, ob man sich als **offiziell liiert** verstehen will. Dann nämlich darf der junge Mann seinem Schatz (tashlut) kleine Gegenstände: einen Talisman (shirot), einen Ring (tizabit) oder eine Kette (takaza) als Zeichen seines Triumphes leihweise entwenden und in der Öffentlichkeit tragen.

Verfügt ein Mädchen über viel Charme (tagomas), dann wird sie auch **viele Besucher** haben, die um ihre Gunst konkurrieren und in einen verbalen Wettstreit um die schönsten und geistreichsten Verse treten.

## Sexualität

Mit wachsender Zuneigung erwacht auch die Leidenschaft. Die Treffen werden zunehmend intimer. **Vorehelicher Verkehr** ist mittlerweile unter den Tuareg sehr verbreitet, da die jungen Männer heute zudringlicher sind als früher. Übliche Liebestechniken sind das sogenannte gir taghmiwen („zwischen den Schenkeln") und der Coitus interruptus. Grundsätzlich ist alles erlaubt, was gefällt, solange das Mädchen nicht schwanger wird. Ein **uneheliches Kind** gilt als Bastard (anube) und Unglücksbringer. Eine Frau mit einem anube findet nur unter großen Schwierigkeiten einen Ehegatten. Hier kann einer der seltenen Fälle eintreten, dass eine Frau unter ihrem Stand heiratet.

Beim tanbar muss der junge Mann darauf achten, rechtzeitig vor dem Morgengrauen aufzubrechen, um nicht von den Frauen des Lagers ertappt zu werden. Das würde unweigerlich zu hämischen Hänseleien führen. Um nicht in allen Lagern lächerlich gemacht zu werden, müsste er sich das Stillschweigen der Frauen mit einer Ziege erkaufen. Diskretion ist somit die **wichtigste Regel für außereheliche Treffen,** auch bei Erwachsenen, ob sie nun auf Freiers Füßen, verwitwet, geschieden oder auf der Suche nach einem Seitensprung sind. Diskretion ist alles. Wird hingegen ein ehebrecherisches Paar in flagranti erwischt, dann darf der Betrogene es dem allgemeinen Spott preisgeben und das Paar wird aus dem Lager verstoßen.

Als schädlich gelten nur solche Affären, die dem Ehepartner oder der Öffentlichkeit bekannt werden und somit **dem Ansehen schaden.** Dieser pragmatische Zugang erlaubt einen viel weit gefasseteren Treuebegriff, als wir ihn üblicherweise verwenden. Als verbindende Teile zwischen zwei

Menschen dienen immer die rigide Einforderung des gegenseitigen Respekts und die Verantwortung für die gemeinsame wirtschaftliche Basis. In der Praxis führt dies bei den monogamen Tuareg zu einem **recht intensiven außerehelichen Verkehr,** der zu einer hohen Scheidungs- und Wiederverheiratungsrate führt. Erklären lässt sich dies mit der hohen Mobilität der Tuareg: hier die Frauen im Ziegenlager, dort die Männer auf Karawane. Das führt zwangsläufig zu einem geringen Maß an zwischenehelichen Kontakten und der Versuchung, sich anderweitig zu betätigen, vorausgesetzt der Schein des Anstands bleibt gewahrt.

**Junge, unverheiratete Tuareg** (Männer wie Frauen), aber auch Geschiedene gelten als *asri,* als „außerhalb der Sitten stehend". Für sie ist es moralisch unbedenklich, ihr eigenes Sexualleben nach Gutdünken auszuleben, solange sie es diskret tun. Das bedeutet jedoch nicht, dass jede Situation ausgenutzt werden muss. Von solchen „Sexsüchtigen" wird gesagt, sie hätten zu viel *iblis* (Teufel) im Leib. Außerdem hat Sex – trotz aller Freiheit – stets auch mit Scham *(tekarakit)* zu tun, weshalb voreheliche Verkehr zwar erlaubt, aber letztlich nicht die Regel ist.

Dieser hohe Grad jugendlicher Selbstbestimmung endet mit der Wahl eines Ehepartners, denn dabei geht es um eine Entscheidung mit Auswirkungen für den gesamten Familienclan.

### Liebe und „ahal"

In der Tuareg-Kultur herrscht ein **sehr gefühlsbetontes Liebeskonzept** vor. Leidenschaft und Sehnsucht spielen eine wesentliche Rolle bei der Wahl des Sexualpartners. Idealerweise fallen in einer Liebesbeziehung zärtliche Gefühle und sexuelle Befriedigung zusammen. Tuareg-Paare können auch in „Liebe auf den ersten Blick" entbrennen – und durchbrennen. Diese romantische Vorstellung findet ihren Niederschlag in der **Tuareg-Poesie.** Sie ist aber auch ein weiterer Grund für die Brüchigkeit der Ehen.

Aufgrund ihrer wirtschaftlichen Unabhängigkeit kann es sich die traditionelle Tuareg-Frau leisten, ihre Gefühle auszuleben und ihren Ehemann, der ihr unsympathisch geworden ist, „vors Zelt" zu setzen, um sich einen jüngeren, hübscheren und zärtlicheren Verehrer zu suchen. Dabei ist eine Hirtin gegenüber ihrem Mann im Vorteil, denn im Fall der Scheidung bleiben Zelt, Hausrat und ihre Herden in ihrem Besitz, während der Mann nur seine Herden und seine Kleidung behält und zurück ins Zelt seiner Eltern gehen muss. Liebe und Leidenschaft sind bei den Tuareg grundsätzlich an kein Alter gebunden. In gewisser Weise lässt sich der Wert eines Ehevertrags zwischen Tuareg-Nomaden mit dem des europäischen Trauscheins vergleichen: nur ein Stück Papier ...

Wie für alle Elemente des Lebens bei den Tuareg gibt es auch für Liebe und Leidenschaft eine **institutionalisierte Struktur,** in der die Liebenden in aller Öffentlichkeit Zärtlichkeiten austauschen dürfen. Beim sogenannten **ahal,** einer Art „Minnehof", dürfen die jungen Männer offiziell mit den jungen Mädchen zusammentreffen und um sie werben. Dabei dürfen gewisse Zärtlichkeiten, etwa in Form des Nasenreibens, ausgetauscht werden. Damit alles in einem respektvollen Rahmen bleibt, findet ein *ahal* stets unter Aufsicht einer älteren Frau statt, gleichsam der „Anstandsdame". Im Mittelpunkt steht jedoch **der poetische Wettkampf der Männer.** Durch den Vortrag gedichteter Lieder und Verse gilt es, das Herz der Angebeteten zu erobern und unter den Anwesenden Ansehen zu erlangen. Dazu wird die Schönheit der Geliebten besungen, sie mit den hübschesten Kamelen verglichen und zugleich der eigene Mut und die erbrachten Heldentaten in vergangenen Kämpfen gepriesen. Das *ahal* erfordert einige Courage, denn der werbende Mann kann sich auch furchtbar blamieren, wenn seine Gedichte nicht gut ankommen oder er einfach zu schlecht singt. (Siehe auch Kap. „Sprache und Literatur".)

## Von der Eheanbahnung bis zur Scheidung

### Arrangierte Ehen

*Ekres ehan* bedeutet „ein Zelt knüpfen" und ist der Ausdruck für Heiraten oder eine Ehe führen. Damit kommt die Bedeutung der Eheschließung zum Ausdruck: Gründung eines neuen Hausstandes und eines Zeltlagers. Die Heiratsplanung der Töchter und Söhne ist zumeist Sache der Eltern, denn mit der „richtigen" Verbindung stehen auch wichtige gesellschaftliche, wirtschaftliche und politische Interessen auf dem Spiel.

Das Heiratsalter liegt bei den Frauen traditionell um die 25 Jahre und bei den Männern um die 30 Jahre. Den ersten Bräutigam bzw. die erste Braut wählen üblicherweise die Brauteltern aus. Dabei achten sie darauf, dass beide Ehepartner **derselben sozialen Klasse** angehören. Darum ist es äußerst selten, dass *imajeghen, imghad* oder *ineslemen* außerhalb der eigenen Gesellschaftsschicht heiraten. Bevorzugt sind auch eheliche **Verbindungen im eigenen Lagerverband** (*tawshit*). Wie bereits erwähnt gelten Kreuzcousins (*abobaz*) und Kreuzcousinen (*tubobaz*) als ideale Ehepartner. Auf diese Weise soll garantiert werden, dass die Mitgift in der Familie bleibt, dass die Braut von den Schwiegereltern wohlwollend behandelt wird und dass die Brautleute einander bereits kennen. Und im Fall einer Scheidung sind die Kinder aus dieser Ehe in den guten Händen der Großfamilie.

Diese Macht der Brauteltern ist nicht unbeschränkt. Die Tochter kann sich gegen eine arrangierte Hochzeit **zur Wehr setzen,** denn letztlich haben die Eltern kein Druckmittel. Unter Tuareg gilt die Ausübung von körperlicher Züchtigung und anderen Formen der Durchsetzung elterlicher Autorität als verpönt und einer schwachen Frau Gewalt anzutun, würde größte Schande über einen Mann bringen. Nicht umsonst sagen die Tuareg „Jeder Mensch ist verschieden und jeder hat seinen eigenen Willen."

Auch ein junger Mann kann sich verlieben, bevor seine Eltern die „Richtige" für ihn ausgewählt haben. In diesem Fall wird er einen „Botschafter" zu seinen Eltern schicken, um sie von seiner guten Wahl zu überzeugen. Es wäre äußerst ungeschickt, würde er selbst mit seinen Eltern reden, weil ihm die Tradition verbietet, den Eltern zu widersprechen. Würden sie sich seinem Wunsch widersetzen, so würde er in aller Öffentlichkeit einen schweren Gesichtsverlust erleiden. Darum sind für derart heikle „Missionen" am besten Schmiede geeignet, die ja außerhalb der Verhaltensregeln der Scham *(tekarakit)* stehen und sich darum „alles erlauben" dürfen. Sind die Eltern mit dem erwählten Mädchen einverstanden, nehmen sie über einen Vermittler Kontakt mit ihren Eltern auf. Stimmen die Brauteltern und die Auserwählte zu, dann folgt die Verhandlung über die Mitgift *(taggalt).* Ergreifen die Eltern des Mädchens die Initiative, so läuft ihre „diplomatische Mission" der Kontaktaufnahme analog ab.

Die **Mitgift** gilt – in Erweiterung ihrer von Kindheit an besessenen Herde – als Sozialversicherung der Braut. Sie soll deren wirtschaftliche Unabhängigkeit für den Fall sichern, dass dem Ehemann etwas zustößt – und sei dies auch eine andere Frau. Darum besteht die Mitgift in der Regel aus mehreren Kamelen, deren Zahl von Region zu Region variiert. Bei den *kel ahaggar* in Südalgerien sind es um die sieben, bei den *kel ferouan* im Aïr (Nordostniger) zehn bis zwanzig. Ein Teil der Kamele kann auch durch Rinder oder Ziegen ersetzt werden, wobei 25 bis 30 Ziegen einem Kamel entsprechen.

### Eheschließung

Die Ehe wird vor einem *marabout* im elterlichen Lager des Mädchens geschlossen. Dazu bringt der Vater des Bräutigams oder ein Schmied die Tiere des *taggalt,* die von den Brauteltern untersucht und formell angenommen werden – für minderwertige Tiere kann ein Austausch gefordert werden. Nach dem endgültigen Einverständnis mit dem *taggalt* nimmt der *marabout* vor den Zeugen der beiden Familien und ohne Beisein der Brautleute die religiöse Trauungszeremonie vor. Dazu sagen die Trauzeu-

Ein junger Bursche beeindruckt die Frauen mit seinem Tanz

gen: „Ich bin gekommen, um die Heirat von einem Mann und einer Frau zu bezeugen." Dann nennt ein Anwesender die Namen der Brautleute, z. B. „*Aghali,* Sohn des *Hadda,* und *Mariema,* Tochter des *Alkabous"*. Nun spricht der *marabout* Segensworte für die Eheschließung und rezitiert Koranverse.

Früher wurden als *taggalt* auch noch ein oder zwei Rinder mitgebracht, um sie gemeinsam zu braten und zu verspeisen. Vor der Schlachtung veranstalteten die jungen Männer im Lager eine *corrida,* eine Art Stierkampf, um ihren Mut zu beweisen und ihren Favoritinnen zu imponieren. Heute gibt es wegen der Dürre nur noch sehr wenige Rinder bei den Tuareg, weshalb für das Feiern des abgeschlossenen „Ehevertrags" mit Schafen, Tabak, Tee und Zucker Vorlieb genommen und auf die *corrida* verzichtet werden muss.

Bis das eigentliche Hochzeitsfest gefeiert und nach dessen Abschluss die Ehe vollzogen wird, können noch viele Monate vergehen. (Siehe das Kap. „Hochzeitsfeiern in Stadt und Land".) Erst muss der komplette Hausrat für die junge Braut beschafft und ein Zelt gebaut werden. Sind diese Vorbereitungen abgeschlossen, zieht der Bräutigam ins Lager seiner Schwiegereltern. Weil es unschicklich wäre, sich im Lager der Brauteltern zu zeigen, verbirgt er sich bis auf Weiteres in dem neuerrichteten Zelt, umringt von Freunden und Schmieden. Gemeinsam wird Tee getrunken, gesungen und geplaudert – bis nachts die Braut kommt. Ihr Vater hat sie dafür mit neuen Kleidern ausgestattet. Nun darf sie bis zum Morgen bei ihrem Bräutigam bleiben, muss dann aber wieder zu ihren Eltern zurückkehren. Dieses Versteckspiel dauert etwa eine Woche. Dann kehrt der Bräutigam ins Lager seiner Eltern zurück, während die Braut ihre neuen Gewänder den Schmieden schenkt, die für die Organisation des Festes zuständig waren. Nun legt sie wiederum neue Kleider an, die sie diesmal von ihrem Bräutigam bekommen hat. Dann erst darf die Braut mit ihrem Bräutigam in ihr neues Zelt ziehen.

Die verschiedenen Zeremonien, etwa die Weitergabe der Brautkleidung an die Schmiede, sollen die sozialen Bande aufrechterhalten und verstärken und so zur Sicherung des sozialen Friedens *(tawshit)* innerhalb des Lagerverbandes beitragen. Heute würde man das wohl „Netzwerkpflege" nennen.

### Die Beziehung zwischen Eheleuten

Sobald ein Paar verheiratet ist, ändert sich unweigerlich das Verhalten zueinander. Das *asri* ist vorbei, nun gelten die Regeln des *tekarakit,* des Anstands. Dadurch wird der **Umgang miteinander sehr formell** und distanziert, besonders in der Öffentlichkeit. So ruft die Ehefrau ihren Ehepartner niemals bei seinem Namen, sondern nennt ihn einfach nur *alis,* Mann. Wird ein Kind geboren, dem der Name *Mohammed* gegeben wird, dann ruft sie ihren Mann nunmehr *shish n Mohammed,* Vater von *Mohammed.* Umgekehrt hingegen darf der Mann seine Frau auch weiterhin beim Namen nennen. Einen wesentlichen Einfluss auf den Umgang der Eheleute miteinander hat die Anwesenheit von Verwandten.

Diese Zurückhaltung *(tekarakit)* gilt **auch beim Sex,** der zwischen den Ehepartnern als schambehaftet gilt. Als Grund dafür wird behauptet, beim Sex zwischen Eheleuten habe *iblis,* der böse Geist, seine Hand im Spiel. Diese Regel bezweckt, dass Eheleute auch in gemeinsamen, höchst intimen Situationen ihre Würde voreinander bewahren und nicht in einem wollüstigen Anfall ihr „Gesicht" verlieren. Dennoch gilt Sex zwischen Eheleuten, dem offiziellen, moralischen Anspruch nach, als besser und schöner als zwischen Unverheirateten.

Kreuzcousinen und -cousins, die vor der Eheschließung eine „Scherzbeziehung" *(tabubasa)* gepflegt hatten, fällt es oft schwer, plötzlich in ein formales Verhältnis zueinander zu treten und sich gegenseitig den von der Öffentlichkeit erwarteten **Respekt** zu erweisen. Üblicherweise blödeln sie in unbeobachteten Momenten auch als Jungverheiratete ungeniert weiter.

Sobald ältere Personen anwesend sind, verstummt das junge Paar. Mann und Frau beteiligen sich am Gespräch nur noch, wenn sie direkt angesprochen werden, und dann nur, um eine kurze Antwort zu geben. Sie widersprechen niemals älteren Personen und essen nicht in deren Gegenwart. Die jungen Ehemänner sind tief verschleiert und trinken ihren Tee, indem sie das Glas unter dem Schleier zum Mund führen.

Dieser Verhaltenskodex schreibt für die **Anwesenheit der Schwiegereltern** noch strengere Regeln vor. Während der ersten Zeit nach der Hochzeit lebt das Paar üblicherweise bei den Eltern des Bräutigams. Dort wird die junge Frau mit Essen versorgt, isst aber niemals gemeinsam mit den Schwiegereltern, sondern abgesondert, schweigend und mit gesenktem Kopf. Diese Situation ändert sich in der Regel mit der Geburt des ersten Kindes, die zumeist bei der Familie der Braut stattfindet. Nun wird das Verhältnis zwischen der jungen Mutter und den Schwiegereltern, die als Großeltern eine neue Rolle einnehmen, gelockert. Diese strengen Respektregeln sollen familiäre Konflikte möglichst unterbinden und die **gesellschaftliche Ordnung dauerhaft aufrechterhalten.** Denn würde man die Konflikte zwischen den Generationen ungezügelt austragen, so die Befürchtung der Tuareg, dann würde die Familie derart geschwächt werden, dass sie an den Herausforderungen des Hirtenlebens und der Wüste zerbricht.

### Scheidung und Witwenschaft

Die Tuareg leben im Wesentlichen monogam. Dennoch (oder vielleicht sogar deswegen?) erweist sich die Institution Ehe als höchst brüchig. Scheidungen *(amezzi)* und neuerliche Heiraten sind sehr häufig. Eine Scheidung kann auf Initiative des Mannes erfolgen, der seine Braut ins Lager ihrer Eltern zurückschickt, oder auf Initiative der Frau, wenn sie vom Charakter des Ehemannes oder auch von seiner ständigen Abwesenheit genug hat. Bei der Trennung **verbleiben die Kinder meist beim Vater.** Die Mutter betreut nur die Säuglinge weiter. Das Zelt, sämtlicher Hausrat und alles in die Ehe Eingebrachte nimmt die Frau mit. Dadurch werden die Männer und die verbliebenen Kinder manchmal obdachlos. In diesem Fall leben die Kinder nach einer Scheidung beim Bruder des geschiedenen Mannes, bis dieser wieder heiratet und seine Kinder zu sich holen kann.

Die heikelste Frage im Fall einer Scheidung dreht sich um das *taggalt.* Begehrt die Frau die Scheidung, dann hätte der Ehemann grundsätzlich Anspruch auf **Rückgabe der Mitgift.** Unter *imajeghen* widerspräche dies jedoch dem guten Ton, weshalb man großzügig darüber hinwegsieht. Bei manchen Sahel-Tuareg wie den *ullimmidden* käme die Rückgabe des *taggalt* einer Nichtigkeitserklärung der Ehe gleich, wodurch die Kinder aus dieser Ehe den Status unehelicher Bastarde erhielten. Darum verbleibt das *taggalt* als sichtbares Zeichen einer gültig geschlossenen Ehe bei der Exfrau.

Die geschiedene Frau darf nun **drei Monate lang keinerlei Männerbe-suche** empfangen, ausgenommen ihre engsten Verwandten und die Schmiede. Durch diese *alladad* genannte Frist erhält man im Fall einer Schwangerschaft Gewissheit, um wessen Kind es sich handelt und wer künftig für dessen Unterhalt aufzukommen hat. (Darum gilt diese Frist nicht für Männer! Auch sind diese als Kamelnomaden viel mobiler und darum in ihrer Sexualität viel weniger kontrollierbar.) Außerdem könnte während dieser Zeit der Konflikt beigelegt und die Ehe „gekittet" werden. Dieses Prinzip des „favor matrimonii" (Schutz der Ehe) gilt auch in vielen mitteleuropäischen Rechtssystemen. Nach Ablauf der „Schutzfrist" darf die geschiedene Frau wieder Feste feiern, *imzad* spielen und singen oder an einem *ahal* teilnehmen, um neue Heiratskandidaten zu finden.

Für eine **Witwe** gilt im Prinzip das Gleiche, nur dass ihre Wartefrist vier Monate und zehn Tage dauert. Während dieser Zeit zieht sie sich voll-kommen zurück. Als Zeichen ihrer Trauer trägt sie an Hand- und Fußge-lenken und am Hals einen weißen, geknoteten Faden und verzichtet auf jeglichen Schmuck, was für eine Tuareg-Frau unter normalen Umständen höchst ungewöhnlich ist. Gegenüber anderen verbirgt sie ihr Gesicht und hüllt ihren Kopf in einen Schleier. Ist die Trauerzeit abgelaufen, darf sie sich wieder schmücken und am öffentlichen Leben teilnehmen.

Ältere Witwen bleiben wegen der geringen Heiratschancen meist bei ihren Kindern, wo sie die Rolle der Großmutter übernehmen und ihre Töchter und Schwiegertöchter bei der Hausarbeit unterstützen.

# Der Lebenszyklus

In der Nomadenkultur ist die langfristige Balance zwischen Individuum, Gesellschaft und Umwelt ein Überlebensprinzip. Entsprechend gering ist der Spielraum der Menschen, ihr Leben selbstbestimmt zu gestalten. Zu viel Individualismus im Dienste der persönlichen „Selbstverwirklichung" würde rasch an den Begrenzungen scheitern, die ein Leben in der Wüste mit sich bringt.

Auf den ersten Blick scheint es einen Widerspruch zu geben, zwischen der sprichwörtlichen Freiheitsliebe der Tuareg und der rigiden Gebun-denheit an die ihnen zugeordneten Rollen. Dieser Eindruck trügt, denn tatsächlich handelt es sich hierbei nur um unterschiedliche Betrach-tungsweisen. Im unmittelbaren, alltäglichen Leben ist der einzelne

Hirtin und Tochter mit Ziegenherde

Nomade zur Flexibilität regelrecht gezwungen, um mit seiner Herde auf Klimawechsel reagieren und den Gefahren der Wüste entgehen zu können. Geht es jedoch auf der Ebene der Lebensgestaltung darum, zu entscheiden, ob jemand überhaupt Nomade sein will, so schrumpft der Spielraum aufgrund seiner mangelnden anderweitigen Kompetenzen unweigerlich auf ein Minimum zusammen. Zwar durchläuft ein Hirte im Laufe seines Lebens mehrere Berufe, lernt er doch die Fertigkeiten der Ziegen- und Kamelzucht, des Handels, gegebenenfalls auch des Gartenbaus und diverse handwerkliche Techniken, doch damit enden bereits die Möglichkeiten zur Wahl seines Lebensweges. (Siehe das Kapitel „Wirtschaft im Wandel".)

Im Folgenden wird daher der Verlauf eines idealtypischen Nomadenlebens dargestellt. Zur besseren Orientierung wird zu Beginn die „logische Karriere" von Hirtinnen und Hirten am Beispiel der *kel ewey* im Aïr skizziert.

## Typischer Lebenslauf einer Hirtin

Turaeg-Frauen haben nur **wenig Spielraum** bei der Gestaltung ihres Lebens. Ab einem Alter von drei bis vier Jahren beginnen sie im Umfeld des mütterlichen Lagers mit dem gelegentlichen Hüten der Zicklein. Drei Jahre später ziehen sie bereits mit den älteren Schwestern auf die entlegenen

Weiden. Mit acht bis zehn Jahren haben die Mädchen ihre volle „Berufs-reife" erlangt und können nach einer kurzen Eingewöhnungszeit eigen-ständig eine Ziegenherde betreuen. Nun leben sie bis zu ihrer „Erobe-rung" als Braut **allein bei den Ziegen.** Geeignete Ehekandidaten finden sich in der Regel durch die Vermittlung der Eltern oder durch nächtliche Besuche von möglichen Interessenten. Die jungen Frauen heiraten im Al-ter von 18 bis 25 Jahren, doch gibt es auch viele, die ihrer Armut wegen unverheiratet bleiben. Auch nach der **Hochzeit** leben viele Hirtinnen aus wirtschaftlichen Gründen auf den Weiden im „Busch". Damit eine Frau ins Familienlager im Umkreis ihrer Verwandten zurückkehren kann, müssen die älteren Töchter mindestens acht bis zehn Jahre alt sein, um die Herde selbstständig übernehmen zu können. Doch auch im Lager bleibt die Frau weiterhin ohne ihren Mann, der die meiste Zeit bei den Kamelen oder auf Karawane verbringt. Angesichts dieses mageren Ehelebens ist der Unter-schied zwischen Verheirateten und Unverheirateten nicht sehr groß: **Karg und arbeitsam** ist das Leben in jedem Fall. Wer es sich leisten kann und eine ausreichend große Ziegenherde sowie Verwandte für die Hirtenar-beit hat, zieht ins Dorf zu den Eltern oder den Schwestern, um im Haus-halt zu helfen, Matten zu flechten und mit den Nachbarn zu plaudern. Ei-nen gemeinsamen **Lebensabend** mit dem Ehemann im Lager der Kinder oder im Dorf gibt es nur dann, wenn dieser arbeitsunfähig wird, bevor er stirbt. Wer verheiratete Töchter hat, wird irgendwann als Großmutter die Enkel hüten, solange diese noch zu klein sind für die Ziegenweide und so-mit für den Neubeginn dieses Lebenszyklus ...

## Typischer Lebenslauf eines Hirten

Im Gegensatz zu den Frauen ist das Leben der Männer etwas abwechs-lungsreicher. Die ersten Lebensjahre der Knaben verlaufen ähnlich wie die der Mädchen. Auch die Jungen lernen Ziegenhüten und übernehmen **mit sieben bis acht Jahren** eigenständig eine Herde. Doch ab dem zehnten Jahr wächst zumeist der Widerstand gegen das Ziegenhüten. Dann werden sie vom Vater auf die Karawane in den Süden mitgenom-men, wo sie sich an die **Männergesellschaft** gewöhnen und Hausa ler-nen. Binnen drei bis vier Jahren eignen sie sich die Techniken des Kamel-hütens an und können dann eine Herde selbstständig weiden. Sobald der Knabe geschickt und ausdauernd genug ist, kann er nunmehr alljährlich die **Bilma-Karawane** durch die Ténéré begleiten und dies fortführen, bis er mit etwa 30 Jahren heiratet. Anschließend versuchen viele Ehemänner, eine andere Tätigkeit aufzunehmen, um in der Nähe von **Frau und Fami-lie** leben zu können. Die beschränkten Qualifikationen lassen jedoch meist nur Berufe wie Viehhändler, Gärtner oder Hilfsarbeiter für Entwicklungsprojekte zu.

Im optimalen Fall könnte ein Hirte mit 50 Jahren **„in Rente gehen",** wenn einer seiner erwachsenen Söhne die Karawane übernehmen kann. Andernfalls muss ein Nomade bis zu seinem 70. Lebensjahr die Kamelherde hüten. Dann erst kann er in sein Dorf ziehen, wo er zumeist im Umfeld der Moschee mit seinen Altersgenossen über alte Zeiten plaudernd, das Geschehen diskutierend und Tee trinkend auf den Tod wartet.

## Kindheit bei den Tuareg

### Geburt

Die schwangeren Tuareg-Frauen ziehen zur Geburt der ersten Kinder meist mit ihrem gesamten Hab und Gut **ins Lager ihrer Mutter,** wo sie mit vertrauter und fachkundiger Betreuung rechnen können. In diesem Umfeld können die Gebärenden ohne Scham ihren Schmerz zulassen, was sich beispielsweise im Zelt der Schwiegereltern nicht ziemen würde. Der Ehemann muss währenddessen bei seiner Herde im Freien schlafen.

Eine werdende Mutter geht bis zum Einsetzen der Wehen ihren üblichen Tätigkeiten nach. Je mehr sie sich bewegt, so sagen die Tuareg, desto leichter und rascher wird das Baby bei seiner Geburt in die Welt schlüpfen. Dauern dann jedoch die Wehen an und lässt sich das Baby Zeit, nehmen zwei alte Frauen die Gebärende zwischen sich und laufen mit ihr herum. Im entscheidenden Moment kniet die Gebärende nieder und hält sich mit beiden Händen oben an der zentralen Zeltstange fest, während ihre Helferinnen das Kind in Empfang nehmen. Die Nabelschnur wird abgetrennt, das Baby in heißem Wasser gewaschen und dann der Mutter zum Stillen und Beruhigen übergeben. Nun wird der Vater benachrichtigt, der zur Feier des Tages einen vorbereiteten Hammel zur Stärkung der Mutter und zur Belohnung der Helferinnen schlachtet.

Aufgrund ihrer extremen Umwelt- und Lebensbedingungen ist die Kindersterblichkeit bei den Tuareg besonders hoch, daher müssen sie besondere Umsicht walten lassen, damit dem kleinen Geschöpf in dieser feindseligen Welt nichts zustoßen kann. Das hat zur Ausprägung besonderer **Schutzrituale für das Neugeborene und seine Mutter** geführt. So wird die Plazenta an einem geheimen Ort vergraben, denn das Blut lockt die bösen Geister an. Auf diese Weise soll das Unheil von Mutter, Kind und den Angehörigen des Zeltes ferngehalten werden. Deshalb handelt es sich bei den Helferinnen auch um alte Frauen, denn sie gelten als immun gegen Geister. Dem Kind werden gleich nach der Geburt Talismane umgehängt, denn von jetzt an bis zum siebten Lebenstag gilt es als „kalt" und

somit der Geisterwelt angehörig. Damit die *kel essuf* (bösen Geister) den Säugling nicht gegen ein Geisterwesen austauschen, wird das Zelt ausgeräuchert und Zweige des „Zahnbürstenbaums" (Salvadora persica) aufgehängt. Die Mutter wiederum schützt sich, indem sie stets ein Messer aus Eisen mit sich führt, um die Geister damit in die Flucht zu schlagen.

Eine Legende sagt, dass die Vorfahren der Tuareg ursprünglich Kinder von Geistern gewesen seien, die nachts Nomadinnen vergewaltigt hatten. Kinder waren somit *eljen a gouou,* Söhne der Geister. Wenn ein Kind mehr als sieben Tage vor der Heirat der Eltern geboren wird, gehört es bis zur Hochzeit ebenfalls noch zur Geisterwelt. Früher neigten Mädchen in diesen Fällen dazu, abzutreiben oder ihr Neugeborenes zu töten.

Während der folgenden sechs Tage nach der Geburt bleibt die Mutter im Zelt liegen und erscheint erst am siebten Tag wieder in der Öffentlichkeit, um sich in der Zwischenzeit ihrer Unreinheit wegen vor Geistern zu schützen und andere nicht zu verunreinigen. Praktisch bedeutet dies eine Phase der Erholung und des Schutzes vor Infektionen.

## Namensgebung

Am achten Tag nach der Geburt findet das **Namensgebungsfest** statt. Organisiert von einem Schmied, kommen dazu die Kindeseltern, die Verwandten und eine alte, „geisterimmune" Frau zusammen. Letztere trägt nun das Kind *(isam)* dreimal um das Zelt der Mutter, damit die Geister verjagt werden und für die Zeit des Namensgebungsrituals fern bleiben. Der *marabout* schlägt eine Auswahl von Namen für das Kind vor: beispielsweise *Mokhammed, Akhmed, Musa* oder *Sidi* für Knaben und *Fatima, Gheishatu* oder *Mariama* für Mädchen. Der *marabout* lässt über eine Art Orakel den definitiven Namen des Kindes bestimmen. Dieser Name wird dann dem Schmied anvertraut, der ihn lauthals verkündet.

Über diesen muslimischen Namen hinaus erfinden die Großmütter auch gern einen bedeutungslosen Kosenamen wie *Kili-kili,* mit dem sie ihren kleinen Liebling zärtlich rufen.

Um das Baby vor einem weiteren möglichen Angriff der Geister zu schützen, werden ihm die Haare abgeschnitten und diese sogleich vergraben. Zuletzt werden seine Hände und Füße mit Henna verziert, was **die Geister vollends in die Flucht treiben** soll. Im Anschluss an die Zeremonie wird ein Hammel geschlachtet und es wird gefeiert.

Nach diesem Fest genießt die Mutter noch weitere 33 Tage „Mutterschutz" (sodass der Ehemann insgesamt vierzig Tage lang Enthaltsamkeit üben muss). Erst dann nimmt sie wieder ihre gewohnte Tätigkeit auf, möglichst im Umfeld ihrer eigenen Familie, um bei der Versorgung des Babys bestmöglich unterstützt zu werden.

## Die ersten Lebensjahre

Für eine Hirtin ist es nicht einfach, ihr Baby zu versorgen. Damit sie ihr Baby mit sich führen kann, bindet sie es sich mit einem **Tragetuch** *(goyo)* auf den Rücken. Dieses Verfahren stammt von den Hausa und ist bei den Tuareg eigentlich verpönt. Doch behindert die traditionelle Technik, das Baby an der Vorderseite des Körpers zu tragen, bei manchen körperlichen Arbeiten wie Hirsestampfen oder Wasserschöpfen. Diese „würdevolle" Trageweise stammt noch aus einer Zeit, als die adligen Tuareg-Frauen Sklaven als Gehilfen hatten. Kommt darum eine junge Mutter ins Dorf zurück, legt sie das *goyo* wieder ab.

Die Kinder werden bis zum Alter von etwa drei Jahren gestillt. Sobald das Kind abgestillt ist, muss es im Lager beaufsichtigt werden. Steht keine

Junge Tuareg-Mutter tröstet ihr Baby

ältere Schwester zur Verfügung, dann kommt es für einige Jahre in **die Obhut der Großmutter.** Bei ihr verbringt das Kleinkind ein recht freies, beschauliches Leben. Wenn es im Krabbelalter beginnt, alles am Boden zu erforschen, ist es in besonderem Maße den *kel essuf* ausgesetzt (in Form der am Boden lauernden Gefahren wie Dornen oder Skorpione). Eine Vielzahl von Amuletten soll das Kind vor solchen Gefahren schützen.

**Spielzeug** ist bei den Tuareg-Kindern eher unüblich. Die Kleinen beginnen aber früh, Gegenstände ihrer Umwelt wie etwa Kamele aus Lehm zu formen. Beliebt sind auch Spiele mit Tieren, die gefangen und „untersucht" werden. Dabei kann es, wie bei allen Kindern dieser Welt, recht brutal zugehen.

Erst wenn sie so selbstständig sind, dass sie sich nicht mehr in der Wildnis verlaufen, kehren die Kinder wieder ins *garra,* das einfache Hirtenlager der Mutter zurück. (Siehe das Kap. „Wohnformen".) Dann beginnt auch gleich die „Ausbildung" in der Hirtenarbeit.

Kleinkinder tragen in der Regel gar **keine Kleidung,** selbst in der kalten Jahreszeit werden sie nur spärlich mit Hemden oder Tüchern bekleidet. Mädchen tragen allerdings schon sehr früh kleine Schmuckstücke wie Halskettchen und Ohrringe. Erst wenn die ersten Schamgefühle auftreten, kleiden sich die Kinder komplett.

Sobald sie in der Lage sind, selbstständig Körperpflege zu betreiben, beginnt die Haartracht eine große Rolle zu spielen. Meist tragen Mädchen wie Jungen das Haar sehr lang und zu kunstvollen Zöpfen geflochten.

Im Alter von fünf bis sieben Jahren **wird der Tuareg-Junge beschnitten.** Dazu wird ihm traditionellerweise von einem Schmied oder einem Korangelehrten die Vorhaut vom Penis entfernt. In den Siedlungen übernimmt diese Tätigkeit oft ein Apotheker oder eine andere medizinisch geschulte Person.

Dieses Ritual soll den Jungen von einem „unreinen" Körperteil befreien, in dem *iblis,* der Teufel, wohnt. Von diesem Zeitpunkt an wird der Knabe als „rein" bzw. als „warm" betrachtet und erwirbt damit das Recht, die Koranschule zu besuchen, die rituellen Waschungen vor dem Gebet durchzuführen, wodurch er sich von der täglichen Unreinheit befreien kann, und er darf an den öffentlichen Gebeten teilnehmen. Die Beschneidung kennzeichnet das Ende der unbeschwerten Kindheit. Nun beginnt die aktive „Berufsausbildung", im Übrigen aber gilt der Knabe weiterhin als „Kind".

Weil die Operation für den Knaben mit Schmerzen verbunden ist, wird er an diesem Tag besonders gehegt und von Eltern und Verwandten mit Süßigkeiten beschenkt. In den stärker islamisierten Regionen wird die Beschneidung als großes Fest gefeiert, zu welchem die Großfamilie zusammenkommt. Ein Hammel wird geschlachtet und gemeinsam verspeist. Im „Busch" hingegen läuft dieses Ereignis eher unauffällig ab.

Für Mädchen gibt es kein entsprechendes Ritual.

## Kindererziehung und Bildung

### Lernen auf der Weide

Etwa ab dem Zeitpunkt der Beschneidung schlafen Knaben nur noch gelegentlich bei den Eltern. Meist richten sie sich eine Schlafstatt irgendwo unter freiem Himmel auf einer Matte oder unter einem Baum gemeinsam mit Freunden oder sie finden Unterschlupf bei den Großeltern oder anderen Verwandten. Dieses freie **Vagabundenleben** führen die Knaben bis sie heiraten. Außerhalb der Dörfer bringen sie sich die notwendigen Dinge des Lebens durch Experimentieren selbst bei.

Zurechtgewiesen oder gar heftig **beschimpft werden Kinder selten,** geschlagen praktisch nie. In dieser Erziehungsmethode kommt der Respekt zum Ausdruck, den die Tuareg allen Angehörigen ihrer Gesellschaft entgegenbringen. Indem sie dieses Verhalten kopieren, erlernen auch die Kinder die Regeln des Respekts.

Trotz aller Freiheit beginnt in dieser Zeit die **Berufsausbildung,** wenn auch auf sehr spielerische Weise. Im Wesentlichen lernen die Kinder durch Beobachtung und Imitation. Ihre Lehrmeister sind ihre älteren Geschwister oder andere Verwandte, die sich ihre Fähigkeiten auf gleiche Weise angeeignet haben. Und weil nur der Praktiker ein Meister werden kann, erfüllen die Kinder schon bald einfache erste Aufgaben, etwa das abendliche Zusammentreiben der Zicklein.

Während wir gewohnt sind, in der Schule **Regeln und Verallgemeinerungen** zu lernen, so ist abstraktes Erklären von Zusammenhängen und Funktionsweisen bei den Nomaden unüblich. Daher können die Menschen mit eher theoretischen Fragen wenig anfangen. Erkundigte ich mich etwa bei einem jungen Nomaden, warum er sein Kamel auf eine bestimmte Weise melke, dann erhielt ich zur Antwort: „Das ist eben so."

Werden die Jungen und Mädchen größer und kräftiger, so beginnen sie, selbstständig und allein die Ziegen zu weiden und sie zu tränken. Eine der großen Herausforderungen dabei ist der Umgang mit der Einsamkeit. Das erste Mal draußen im „Busch", konfrontiert mit dem Geheul der Schakale und dem Rauschen des Windes, erleben die Kinder stets als Schock. Diese prägende Begegnung mit der Welt der *kel essuf* (Geister) fließt in die Märchen ein, die bei abendlichem Besuch am gemeinsamen Lagerfeuer erzählt werden. Was die Kinder in der Wildnis lernen müssen, ist die Gewöhnung (*alummud*) an das Alleinsein, an Durst und Hunger und an weitere Entbehrungen. Im Grunde genommen geht es hierbei eher um **Abhärtung und Disziplin,** denn die Tuareg geben zu, dass der Durst keine Gewöhnung kennt. Haben Knaben ihre Kindheit mit Gartenarbeit oder in der Schule verbracht und beginnen sie erst mit 15 Jahren ihre Ausbildung zum Hirten, dann bereitet ihnen das Leben in der Wildnis die allergrößte Mühe. Oft kommt es vor, dass ein Junge es nicht aushält, die Flucht ergreift, ins heimatliche Dorf zurückkehrt oder gleich in die große Stadt flieht.

Bei den **Mädchen** verläuft die Erziehung auf der Weide ähnlich, nur dass sie ab dem arbeitsfähigen Alter, mit sechs bis sieben Jahren, häufiger als Knaben Tätigkeiten wie Holz sammeln oder Wasser holen erledigen. Sehr bald schon helfen sie ihrer Mutter beim Mörsern der Hirse.

### Geistige Erziehung

Die Unterscheidung zwischen praktischer und geistiger Erziehung ist für Nomaden etwas problematisch, weil ja Werte auch **durch praktische Vorbildwirkung** vermittelt werden und Fähigkeiten wie das Musizieren auf der *imzad* (Geige) oder der Flöte ebenfalls. Die Kinder wohnen dem Spiel bei, schauen zu und beginnen selbst mit den Instrumenten zu experimentieren. Auf diese Weise lernen sie. Mit dem Musizieren auf der *imzad* bekommen sie Unterricht im Dichten und Erfinden von Rätseln und Denkspielen, Sprichwörtern und Versen. Dadurch wird der Verstand geschärft und die Schlagfertigkeit entwickelt.

Diese Technik wird auch bei der **Vermittlung der Tuareg-Schrift** *tifinagh* angewendet. (Näheres dazu im Kapitel „Sprache und Literatur".) Die Erwachsenen zeichnen ein Schriftsymbol in den Sand, erklären die Bedeutung und lassen es kopieren. Dann wird der eigene Name und jener der besten Freundin zur Einprägung geschrieben, dann die Namen anderer vertrauter Dinge aus dem Alltag. Auf diese Weise werden die Schreibfähigkeiten mehr und mehr erweitert.

Eine Schule in unserem Sinne gab es auch schon vor der Kolonialzeit, nämlich die **Koranschule.** Oft war das nur ein Platz bei einem *marabout* oder einem Schriftkundigen in der Nähe der Lager, wo den Knaben Arabisch vermittelt wurde. Erst in jüngerer Zeit werden auch Mädchen in Koranschulen geschickt. Der Lehrer schreibt üblicherweise eine Koransure auf die Holztafel des Schülers und liest sie vor. Der Schüler wiederholt den

Schüler und Schülerinnen hören gebannt zu

Text laut und folgt dabei mit dem Finger der Schrift. Diese Praxis wird über Stunden hinweg wiederholt, bis eine Sure „sitzt". Ziel dieser Lernmethode ist das Auswendiglernen des Korans bei gleichzeitigem Einprägen des Schriftbildes.

Im Azawagh leben sehr viele *ineslemen,* weshalb es für die Nomaden einfach ist, ihre Kinder ohne großen Aufwand in eine Koranschule zu schicken. In anderen Regionen wie im Aïr leben die Schriftgelehrten oft sehr weit **abseits der Weidegebiete.** Dann wird ein Kind für den Schulbesuch für einige Monate oder Jahre von der Ziegenweide „befreit" und lebt in dieser Zeit bei Verwandten im Schuldorf. Hier zeigt sich, dass schon das klassische Schulkonzept mit dem nomadischen Lebensstil im Widerspruch steht.

## Moderner Schulunterricht

Das Verhältnis der Sahel-Tuareg gegenüber der Schule war viele Jahre von starker Ablehnung geprägt. Mit der Nomadenwirtschaft lässt sich ein Schulbesuch nur schwer vereinbaren, denn die Kinder werden dringend als Arbeitskräfte benötigt. In der Vergangenheit versuchten die Schulbehörden, die **allgemeine Schulpflicht** mit Zwang durchzusetzen, worauf viele Tuareg ihre eigenen Kinder versteckten und stattdessen die Sprösslinge ihrer Sklaven in die Schulen schickten. Mädchen wurden generell für die Hausarbeit oder die Ziegenhaltung zu Hause behalten.

## Fatimata, eine ganz normale Schülerin

*Fatimata besuchte dieser Tage seit Langem wieder einmal ihr Heimatdorf Timia in den Aïr-Bergen. Vor 18 Jahren hier geboren, verbrachte sie die zwölf Jahre ihrer Schulausbildung in Internaten in den Städten Agadez und Arlit. Nur während der Sommerferien konnte sie heimkommen. Nun hat sie das Lycée mit Bravour abgeschlossen und möchte gern Medizin studieren. Dafür würde sie vom Staat ein monatliches Stipendium von 4000 FCFA (5 Euro) bekommen, was kaum für Verpflegung und die allernötigste Kleidung reicht. Fatimata kann nur davon träumen, sich etwas Hübsches zum Anziehen kaufen zu können. Sie hofft, später entweder Ärztin zu werden und mehr zu verdienen oder als Übersetzerin im Tourismus zu arbeiten, um viel in der Welt herumzukommen und spannende Dinge zu erleben.*

*Seit ihrer Kindheit begegnete sie in ihrem Dorf Touristen. Dass ihr im Jahr 1999 eine Engländerin Schminksachen geschenkt hatte, ist eine ihrer schönsten Erinnerungen.*

*Fatimata ist der Überzeugung, dass die Tuareg von den Europäern sehr viel lernen können. Diese seien großzügig, brächten den Tuareg Geschenke und sie seien viel intelligenter als Fatimatas Leute, denn sie wollten die ganze Welt kennenlernen – sogar die Wüste. Fatimata war noch nie in der Wüste!*

In größeren Orten wurden erst zu Beginn der 1960er-Jahre Grundschulen errichtet. Seit den 1990er-Jahren – nach der Erfahrung von Dürrekatastrophen, der Rebellion und der damit verbundenen, steigenden Sesshaftigkeit – wird Schulunterricht zunehmend mit der **Hoffnung auf ein besseres Leben** für die Kinder verknüpft. Und doch bedeutet die Schule auch, auf die Kinder als Arbeitskraft zu verzichten, sie für Jahre in die Obhut entfernter Verwandter zu entlassen und erhebliche Geldmittel aufzubringen. Viele Eltern können sich das nicht leisten.

Gleichzeitig leidet auch das Schulsystem selbst an großer Finanznot. Den Schulen mangelt es an Materialien jeder Art: Tische, Schreibgeräte, Unterrichtsbücher oder Hirse für die Schulkantine. Darum liegt die **Alphabetisierungsquote** auf dem Land lediglich bei 15–20 %.

Ein weiteres Problem ist auch die **schlechte Qualität des Unterrichts.** Wegen der permanenten Finanznöte der Sahelstaaten Mali und Niger werden Lehrer für ihren harten Job am „Ende der Welt" oft monatelang nicht bezahlt. Angesichts solcher Aussichten lassen sich immer weniger qualifizierte Menschen als Lehrer ausbilden. In der Not werden oft arbeitslose Schulabsolventen ohne besondere Ausbildung für den Lehrberuf rekrutiert, die mit den Herausforderungen des Unterrichts völlig überfordert sind.

Der Unterricht selbst ist sehr **stark an westlichen Bildungsidealen orientiert,** wenn auch die Inhalte zum Teil an die Gegebenheiten des afrikanischen Alltags angepasst sind. Die Kinder lernen Lesen, Schreiben und Mathematik sowie Naturkunde, regionale und nationale Geografie und Geschichte, aber auch Methoden der Krankheitsvermeidung. Der fünfjährigen Grundschule folgt ein vierjähriges Kolleg, das etwa unserer Real- oder Mittelschule entspricht. Höhere Schulen befinden sich nur in größeren Städten, wo das Internatsleben besonders teuer ist, daher können sich nur wenige Nomaden eine Schulkarriere ihrer Kinder leisten. Gelegentlich vergeben Hilfsorganisationen Stipendien an einzelne Schüler, um ihnen eine höhere Bildung zu ermöglichen. Nach bestandener Abschlussprüfung,

### Initiativen für Tamaschek-Unterricht

*Die **Unterrichtssprache Französisch** stellt für Schüler aus dem Nomadenmilieu, aber auch für Kinder jener sesshaften Tuareg-Eltern, die ihre Kultur, Sprache und Identität erhalten wollen, eine große Barriere dar. Darum war es für viele Eltern und Lehrer in den Tuareg-Regionen seit Langem ein Anliegen, Tamaschek als Unterrichtssprache einzuführen. Im Jahr 2000 wurde in der Republik Niger die Schulpolitik dezentralisiert und damit der Weg für einen **regional angepassten Unterricht** frei.*

*Diese Chance nutzte der deutsche Schriftsteller Edgar Sommer, um ein innovatives, schulisches Hilfsprojekt zu starten: In Abstimmung mit den nigrischen Schulbehörden ließ er die französischen Schulbücher von Tuareg-Lehrern ins Tamaschek übersetzen und lieferte sie im Rahmen seiner regelmäßigen Saharafahrten an bislang über 10.000 Schüler im Aïr aus. Finanziert wurde diese Initiative von der Niedersächsischen Lottostiftung.*

*Seither wurden im Niger bereits **neun weitere Tamaschek-Schulen** gegründet (Details unter www.tuareg-info.de). Durch den Unterricht in der eigenen Muttersprache hat der Lernerfolg der Kinder beträchtlich zugenommen. Gleichzeitig empfinden die Eltern die Schule nicht mehr als eine Form der kulturellen Entfremdung ihrer Kinder - und es eröffnet sich die Möglichkeit, auch den Erwachsenen das Lesen und Schreiben beizubringen.*

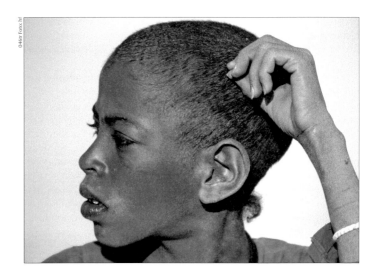

die – nach französischem Vorbild – mit landesweit einheitlichen Prüfungs-
aufgaben abgehalten werden, besteht die Möglichkeit, für weitere vier
Jahre das „Lycée" zu besuchen. Es entspricht unserem Gymnasium und
ein Lycéeabschluss wird für die Aufnahme an der Universität vorausgesetzt. Doch dieser Weg ist hart, entbehrungsreich, sehr teuer und steht darum nur sehr wenigen Tuareg offen.

Zudem erfahren immer mehr Hirteneltern, dass die Hoffnung auf eine
Karriere ihrer Kinder im Staatsdienst, in Entwicklungsprojekten oder im
Tourismus oft unerfüllt bleibt. Weil sich aber viele Schulabsolventen für die
Rückkehr zur Hirtenarbeit „zu fein" sind, wählen sie die Flucht in eine un-
gewisse Zukunft als *ischomar* (entwurzelte Lohnarbeiter) in Algerien oder
Libyen. (Siehe das Kapitel „Wirtschaft im Wandel".)

## Übergang zum Erwachsenenalter

### Vom Mädchen zur Frau

Mit dem Eintritt der ersten Menstruation wechseln die Mädchen ihren
sozialen Status und werden zur jungen Frau. Aus diesem Anlass wird ein
Familienfest veranstaltet, zu dem sie neue, schöne Kleider und Schmuck
bekommen. Dieses Fest hat zwar keinen Bezug zur islamischen Tradition,
wird aber dennoch meist am Ende des Ramadan gefeiert. Äußeres **Zeichen einer erwachsenen Frau** ist der indigofarbene Kopfschleier *(ale-*

*schu)*, den das Mädchen nunmehr tragen darf. Ab diesem Zeitpunkt darf die junge Frau offiziell an einem *ahal* teilnehmen, sich dort umflirten lassen, einen Freund haben und Heiratsanträge entgegennehmen. Wie bereits im Kapitel über die Ehe geschildert, lebt eine junge Hirtin bis zu ihrer Verheiratung entweder im Zelt ihrer Eltern oder allein bei den Ziegen auf der Weide.

Die Regelblutung bringt für eine Frau gewisse Einschränkungen mit sich. **Menstruation** heißt *iba n amud,* was übersetzt „Gebetsenthaltung" bedeutet. So dürfen Frauen während ihrer Periode weder am Freitagsgebet noch am Fasten des Ramadan teilnehmen. Der Grund dafür liegt in ihrem vorübergehenden Zustand der „Unreinheit", wodurch sie den Geistern gleich werden. Weil sich Unreinheit auf alles Berührte überträgt, muss sich die Frau von den Betenden fernhalten. Sie darf auch nicht über eine Waffe hinwegsteigen, weil damit die Abwehrkraft des Eisens zerstört würde. Damit sich die Geister, vom Blut angelockt, nicht am Haar der Frau festklammern können, muss sie während der Menstruation stets ein Tuch über ihrem Haar tragen.

Dies gilt auch für alle weiteren Situationen, in denen eine Frau dem Angriff der Geister besonders stark ausgesetzt ist: während ihrer Hochzeit und wenn sie schwanger ist.

## Vom Jungen zum Mann

Zum Mann wird ein Junge in der Regel **mit etwa 18 Jahren.** Als sichtbares Zeichen seines neuen sozialen Status erhält er von seinem Vater den indigofarbenen *tagelmust,* die lange Hose aus schwarzer Baumwolle *(akerbey),* den schweren Überwurf *(tekamist),* ein Paar Sandalen und Talismane. (Details siehe Kap. „Bekleidung und Schmuck".) In traditioneller Zeit (heute auch noch bei manchen Nomadenstämmen üblich) gehörte ein Schwert *(takuba)* zur vollständigen Ausrüstung, damit sich der Mann gegen Geisterangriffe schützen kann. Früher durfte der junge Mann von diesem Zeitpunkt an *rezzus* (Raubüberfällen) teilnehmen, heute ändert sich mit dem neuen Status recht wenig für ihn. Ob er die Karawane seines Vaters übernimmt, hängt eher von seinen Fähigkeiten, vom Vorhandensein von Brüdern – oder davon ab, ob er lieber nach Libyen geht, um dort sein Glück zu versuchen.

Üblicherweise wird dieses **Initiationsritual,** wie bei den Mädchen, nur im Familienkreis und zumeist am Ende des Ramadan durchgeführt.

Kurzgeschorener Nomadenjunge vor Anlegen des Tagelmust

Manchmal wird für den jungen Mann auch ein *tende* organisiert, ein „Kameltanz". Dazu schlagen Frauen oder Schmiede die ebenfalls *tende* genannte Trommel, sodass der junge Tuareg erstmals gemeinsam mit seinen Freunden in seinem neuen Gewand auf dem Kamel vor allen Lagerbewohnern defilieren kann. Nun steht es auch ihm frei, an einem *ahal* teilzunehmen und die Damen mit seinen dichterischen Fähigkeiten zu beeindrucken. Nachts darf er seiner Liebsten heimliche Besuche abstatten und ihr kleine Geschenke wie Brieftaschen *(anfad)* oder Ringe *(tizebit)* machen, in der Hoffnung, ihr Einverständnis entweder für ein kurzes Abenteuer oder für eine Ehe zu gewinnen.

Der junge Mann **unterliegt nun auch neuen Pflichten.** Er hat in der Öffentlichkeit die Regeln des Ehrenkodex *(asshak)* zu befolgen und sein Gesicht zu verbergen. Eine besondere Rolle spielt das Haar. Bis zum Mannesalter lassen sich die Knaben das Haar oftmals sehr lang wachsen. Jetzt aber wird es zumeist kurz geschnitten, um das Ende des spielerischen Daseins und den Beginn des ernsten Lebens zu signalisieren. Die Angehörigen der *ineslemen* rasieren sich gleich den ganzen Schädel kahl.

## Alter

### Alte Frauen als Geister-Vermittlerinnen

Frauen gelten bei den Tuareg als alt, sobald sie **nicht mehr menstruieren.** Damit verändert sich ihr spiritueller Status, weil sie nun keine monatlichen Phasen der Unreinheit mehr durchlaufen und den *kel essuf* gegenüber gleichsam immun werden. So spielen alte Frauen eine wichtige Rolle bei der Durchführung zahlreicher Rituale: bei Geburten, beim Namensgebungsfest und bei Hochzeitszeremonien. Aufgrund ihrer besonderen Situation und ihrer Erfahrung mit Kräutern, Krankheiten und Geistern sind **alte Frauen prädestiniert als Hexen,** Wahrsagerinnen und Geister-Botschafterinnen. Sie sind es auch, die den Besessenheitstanz *(igumatan)* zur Austreibung von Geistern organisieren.

Die Zuschreibung solcher spirituellen Funktionen und Aufgaben ist eine in traditionellen Gesellschaften typische **Strategie zur Integration** von Menschen, die aufgrund äußerer Veränderungen ihre ursprüngliche Rolle nicht mehr erfüllen können. Eine junge, erwachsene Frau erhält den Respekt der Gemeinschaft aufgrund ihrer Attraktivität, der damit verbundenen Gebärfähigkeit und aufgrund ihrer Arbeitskraft. „Alte", nicht mehr gebärfähige Frauen können zwar auch noch arbeiten, vor allem aber verfügen sie über einen großen Erfahrungsschatz und soziale Kompetenz. Als „jenseits von Gut und Böse" stehend, werden sie zu Vermittlerinnen zwischen Geistern und Menschen.

Eine alte Frau steht **außerhalb der Konkurrenz** um mögliche Heirats-kandidaten, um große Herden oder Schmuck. In dieser Hinsicht ähnelt ihre Position der des *enad,* des Schmieds, der ja ebenfalls außerhalb eines sozialen Bezugssystems, dem Wertekodex *asshak,* steht. Mit zunehmender Modernisierung wird die hohe Position der alten Frau als Wissende jedoch geschwächt, weil ihr reiches Erfahrungswissen durch angelerntes Expertenwissen der Jüngeren verdrängt wird.

Eine zentrale Aufgabe älterer Frauen ist die **Rolle der Großmutter,** indem sie die Kinder ihrer Töchter betreuen, die zwar abgestillt sind, aber noch nicht alt genug, um der Mutter auf der Weide beim Ziegenhüten zu helfen. Wird eine Frau für die Führung eines eigenen Haushalts zu gebrechlich, dann zieht sie in den *aghiwan* einer Tochter oder zu Verwandten ins Dorf, wo sie bis zu ihrem Tod mit einem Schlafplatz und mit Nahrung versorgt wird.

## Alte Männer als Weise

Auch bei Männern steigt in ähnlicher Weise wie bei Frauen mit zunehmendem Alter das Ansehen in der Gemeinschaft, während gleichzeitig ihre äußere Attraktivität schwindet. Häufig rasieren sich ältere Männer ab vierzig den Kopf, um auf diese Weise symbolisch die Jugend abzulegen. Können sie im Lager bei ihrer Ehefrau bleiben, weil ihre Söhne sie bei der Hirten- und Karawanenarbeit abgelöst haben, dann übernehmen sie nun **Aufgaben eines Großvaters,** indem sie sich gemeinsam mit ihrer Ehefrau um die Enkel kümmern, besonders wenn eines ihrer Kinder geschieden ist.

Werden die Alten für körperliche Arbeit zu schwach, werden sie von einem ihrer Kinder aufgenommen und mit Nahrung versorgt. Auch in diesem Status werden die Männer respektiert. Sie gelten als *amghar,* als „Alter" bzw. **als Weiser im positiven, respektablen Sinn.** Der Meinung eines *amghar* wird nicht widersprochen, mag sie auch noch so problematisch sein.

In manchen Dörfern gibt es **eine Art Altenverein,** etwa einen Hof oder einen Platz, an dem sich die alten Männer zum Palaver und zum gemeinsamen Gebet treffen, meist im nahen Umfeld der Moschee oder unter einem schattigen „Palaverbaum" gelegen.

Diese bevorzugte und respektvolle Behandlung der Alten ist ein Ausdruck des zyklischen Denkens, hinter dem das Wissen steht, selbst einmal vom Alter betroffen zu sein. Respekt im Alter wird jedoch nur demjenigen erwiesen werden, der seinerseits **als junger Mensch Respekt erwiesen hat,** sei es gegenüber den Kindern, den Frauen und besonders gegenüber den Alten.

# Tod

### Begräbnis

Einer verstorbenen Person, ob Mann oder Frau, wird bei den Tuareg noch einmal Respekt erwiesen, bevor sie der Welt der *kel essuf* übergeben wird. In der Regel nehmen nur männliche Nachkommen, Verwandte und Freunde eines Verstorbenen am Begräbnis teil. Sie versammeln sich, um gemeinsam zu trauern und Trost zu finden. Das ist freilich in einer Kultur der Zurückhaltung und der Scham nicht ganz einfach. In einer Welt am Rande der Wüste, wo die Bedrohung durch den Tod alltäglich ist, bedarf es – zumindest äußerlich – einer großen Gelassenheit gegenüber der Vergänglichkeit, dem Verlust und dem Abschiedsschmerz. Darum sind Begräbnisse bei den Tuareg sehr stille Angelegenheiten.

Der *marabout* leitet die **Beerdigungszeremonie.** Mochte der Verstorbene auch ein locker-distanziertes Verhältnis zum Islam gehabt haben, spätestens mit dem Tod fordert die Religion wieder ihr Recht ein. Noch bevor der Mensch stirbt, befreit ihn der *marabout* mit rituellen Gebetsformeln von seinen Sünden. Sobald der Tod *(tamettant)* eingetreten ist, wäscht der Korangelehrte Körper und Mundhöhle des Verstorbenen drei Mal und kleidet ihn in Hose, Hemd und Turban. Dann werden Hände und Füße der verstorbenen Person zusammengelegt und mit einem Band umwickelt. Abschließend wird der Körper in ein weißes Tuch gehüllt. Ist eine Frau gestorben, dann übernimmt eine alte Frau diese Prozedur, natürlich unter Verwendung der typischen Frauenkleider.

Inzwischen versammeln sich die Trauernden, in ihre besten Gewänder gehüllt, zum gemeinsamen Gebet. Wenn eine bekannte und angesehene Person gestorben ist, wird das Begräbnis zu einem Ereignis, das sich niemand entgehen lassen will und dann passen nicht alle Trauergäste in die Moschee. Kurzerhand wird ein ausgetrocknetes Flussbett zum „Oratorium" umfunktioniert. Dicht an dicht stehen dort die Menschen beieinander und murmeln leise ihre Gebete. Nun wird der weiß umhüllte Leichnam von einigen Männern auf einer Bahre aus Dumpalmen-Matten zum **Friedhof** gebracht, einer steinübersäten Ebene abseits des Dorfes oder des Lagers. Dort wurde bereits eine in Nord-Süd-Richtung gelegene, einen halben Meter tiefe Grube im felsigen Boden ausgehoben. Der Verstorbene wird mit dem Kopf nach Süden östlich der Grube platziert. Dahinter steht der *marabout* und spricht ein Gebet, in das die Anwesenden brummend einstimmen. Dann beginnt die eigentliche **Beisetzung** *(anabal)* des Toten in rechter Seitenlage, mit dem Gesicht nach Osten in Richtung Mekka. Es gibt keinen Sarg, sondern nur das genannte Leichentuch sowie Grasbündel und Zweige, die über den Toten gelegt werden. Der *marabout* wirft abschließend etwas Sand über den Leichnam, der zuletzt mit Steinen bedeckt wird. Nur je ein größerer Stein auf der Höhe des Kopfes und einer auf der Höhe der Füße des Toten, bei Frauen einer am Kopf- und zwei am Fußende erinnern daran, dass hier jemand beerdigt wurde. Noch einige stille Gebete und ein paar murmelnde Gespräche, dann ziehen sich die Männer zurück.

### Trauerzeit und Erbrecht

Nach der Beisetzung darf **der Name des Toten nie mehr ausgesprochen werden,** weder von seinen Kindern noch von seinem Ehepartner. Trägt jemand einen gleichlautenden Namen, so wird er nunmehr anders genannt. Auch der Ort, an dem ein Nomade gestorben ist, wird fortan als Lagerplatz möglichst gemieden. Der Grund dafür liegt in der Vorstellung, die Seelen der Verstorbenen seien die *kel essuf.* Allerdings gibt es gute und böse Geister. Zu welcher Sorte die Seele des jeweiligen Verstorbenen gehört, hängt weniger von dessen Lebenswandel ab, als vielmehr von der aktiven Erinnerung der Hinterbliebenen an ihn. Wird ein Verstorbener von vielen Menschen sehr lange in Erinnerung behalten, dann bleibt sein Geist wohltätig, indem er den Menschen *baraka,* Segen, zukommen lässt. Dahinter steht die Erfahrung, dass die gemeinsame Erinnerung an eine verehrte Persönlichkeit die Menschen in friedlicher Weise vereint, anstatt sie gegeneinander aufzubringen. Als besonders Segen bringend gelten darum die Seelen von sehr bekannten und bedeutenden Menschen, wie dem Sultan von Agadez, dessen Knochen als *baraka* bringende Amulette begehrt sind. Für einfache Menschen pflegen die Tuareg am siebten Tag, am 40. Tag und dann an allen Jahrestagen des Todes zur Erinnerung ein Tieropfer darzubringen.

Witwer haben eine **dreitägige Trauerzeit** *(uduf)* einzuhalten, während der sie ihr Zelt nicht verlassen dürfen. Witwen hingegen müssen zwischen 90 und 130 Tagen zurückgezogen trauern. Kinder trauern, je nach Region, zwischen drei und zehn Tagen, um danach das Leben möglichst normal weiterzuführen.

Ein Verstorbener hinterlässt neben den Familienangehörigen in der Regel auch Güter. Die meisten Tuareg folgen in **Erbfragen** *(takashit)* dem Koran, wonach ein Sohn doppelt so viel erbt wie eine Tochter. Allerdings wird diese Bestimmung oftmals durch das *alchabus* umgangen, einer Art „Schenkung zu Lebzeiten", indem Töchter von ihren Onkeln mütterlicherseits Tiere geschenkt bekommen. Diese sind unveräußerlich und nicht übertragbar. Eine ähnliche Funktion hat auch die Institution des *abatol* bei den *kel ewey,* wonach den Frauen ein ausschließliches Erbrecht an bestimmten Gemeinschafsgütern zusteht.

# ZUM ALLTAGSLEBEN DER TUAREG

Woran erkennt man Tuareg-Männer und -Frauen, wie sieht deren gewohnter Tagesablauf aus und womit vergnügen sich die Menschen in ihren Mußestunden? Dieses Kapitel stellt einen kleinen Streifzug durch die häufigsten „Normalitäten" im Nomadenleben am Rande der Wüste dar.

## Typisch Tuareg?

Nach zahlreichen Gesprächen mit Tuareg-Frauen, -Männern und -Jugendlichen, die unterschiedlichsten Alters-, Berufs- und Bildungsgruppen zugehörten, fällt es nicht leicht, über das sogenannte „Typische" von „den" Tuareg zu sprechen. Längst sind die „Tuareg-Gesellschaften" von einem solchen Modernisierungs- und Differenzierungsprozess ergriffen, dass es zumindest aus Sicht der Betroffenen selbst das „Tuareg-Typische" kaum mehr gibt. Die alten Stammes- und Klassenstrukturen haben sich aufge-

Greiser Tuareg beobachtet aufmerksam das Tagesgeschehen

löst, neue Berufe entstehen, die Ausbildung der Jugendlichen wird vielfältiger. Gleiches gilt auch für die Kleidung, die Umgangsformen und sogar die Musik. Für einen europäischen Reisenden ohne ethnologische Schulung mögen solche Unterschiede auf den ersten Blick wie Haarspaltereien wirken, denn erst beim genauen Hinsehen bemerkt man die veränderten Bedeutungen von Bekleidung, Verhalten und Lebensstilen.

Da sich dieses Buch an den deutschsprachigen Leser richtet, knüpft die Vorstellung von „den Tuareg" unweigerlich an den „Mythos Tuareg" an. (Siehe das Kap. „Mythos ‚Blauer Ritter'".) Unter diesen Umständen wird sofort wieder der „wahre, echte Tuareg" sichtbar und der ist nun mal ein verschleierter Nomade, der Kamele hütet, Tee trinkt und in prachtvollen indigofarbenen Gewändern großartige Feste feiert. Fragt man den Tuareg selbst nach, so kristallisiert sich auch bei ihnen immer wieder dieser Archetypus vom Tuareg-Nomaden und der Hirtin heraus. Dieses Bild scheint gleich einem „Über-Ich" in den Hinterköpfen verankert zu sein. Wohl darum neigen in Europa lebende Tuareg zu besonderem Engagement, wenn es um die „Erhaltung der Nomadenkultur" geht. Auch die *ischomar* besingen im Tuareg-Blues die „große Freiheit der Nomaden" – deren Leben in Wahrheit Hitze und Einsamkeit bedeutet. Das Träumen ist wohl auch eine typische Eigenschaft der Tuareg, verborgen hinter dem *tagelmust* …

## Ein Tag im Leben einer Ziegenhirtin

Es kommt nicht von ungefähr, dass die Frauen als die „Herrinnen der Zelte" betrachtet werden, denn sie repräsentieren in der Tuareg-Gesellschaft Stabilität und Kontinuität. Das zeigt sich allein schon beim Alltag der Ziegenhirtin, der – im Gegensatz zu dem der Kamelhirten – übers Jahr hinweg weitgehend ähnlich abläuft.

**Bei Sonnenaufgang,** gegen sechs Uhr, stehen die Ziegen auf und beginnen in der Nähe des Lagers zu weiden. Nun erhebt sich auch die Hirtin von ihrem einfachen Lager *(garra)*. (Details zu den verschiedenen Lagerformen vgl. das Kapitel „Wohnformen".) Als erstes muss sie rasch die Ziegen melken, bevor diese sich zu weit vom Lager entfernen. Dann werden die Zicklein aus ihrem Gatter *(agrur)* aus Dorngestrüpp freigelassen, um bei ihrer Mutter zu trinken. Unterdessen wird aus der überschüssigen Milch Käse hergestellt. Erst dann nimmt sich die Hirtin Zeit für das **Frühstück:** Die restliche Hirsepolenta vom Vorabend wird aufgewärmt und gegessen, dazu Ziegenmilch getrunken. Dann wird der Proviant *(ikasshawan)* für den Tag zubereitet, indem rohe Hirse mit der zuvor getrennten Kleie und mit zerstampften und gekochten Agar-Blättern vermengt und mit Wasser oder Milch aufgegossen wird. Nun ist es höchste Zeit für das „Tages-Make-up": Im Sommer wird „Rouge" aus einem roten Steinpulver als Sonnenschutz aufgelegt, im Winter schützt Holzkohlepulver vor Wind und Kälte. Während dieser Vorbereitungen laufen die Kinder um die Ziegen herum, damit sie in der Nähe bleiben.

Gegen neun Uhr bricht die Hirtin mit ihrer Herde **zum eigentlichen Weiden** auf. Dazu schultert sie ein Ledertuch, in dem sich ihr Tagesgepäck befindet: Proviant, eine Kalebasse *(tagorat)* mit Wasser oder ein kleiner Wassersack *(tanwar)* sowie eine kleine Tasche mit den oben genannten Hautschutzmitteln *(tamalat)* und schließlich ein großes Tuch *(takatkat n-asuwal)*. Über der anderen Schulter trägt sie die Askom-Stange, mit der Futterzweige von den Bäumen geschüttelt werden. Hat die Hirtin ein Baby, das sie noch stillt, so wird es an den Körper gebunden (abgestillte Kinder befinden sich im Zeltlager in der Obhut der Großmutter oder einer Schwester). Nun sucht die Hirtin nach guten Weideplätzen, ruft dabei immer wieder die Ziegen zurück und vertreibt sich mit Liebesliedern die Zeit und die Einsamkeit. Nach einer Stunde gibt es die erste kurze Rast. Mit viel Glück trifft sie eine Kollegin für einen kurzen Tratsch.

Um die **Mittagszeit** gönnt die Hirtin sich und der Herde eine halbstündige Pause. Während die Ziegen wiederkäuen *(asughal n-agli)*, nimmt die Hirtin ihren „Snack" zu sich, eine Mischung aus roher Hirse, Kleie und Agarblättern. Dann werden die Tiere bis zum Sonnenuntergang geweidet, indem die Hirtin Plätze mit saftigen Kräutern sucht und die Tiere durch Schnalzen, Rufen und Pfeifen zusammenhält. Finden sich nur magere Weiden, dann muss die Hirtin mit der Askom-Stange heftig auf die Akazien-Bäume einschlagen, damit die Ziegen die Akazienzweige, -blätter und -früchte fressen können. Nebenher sammelt sie Kräuter, Futter für kranke Ziegen oder Agarblätter für den nächsten Tag. Während eines Arbeitstags legt eine Hirtin, je nach Jahreszeit und Futterlage, bis zu 40 Kilometer zurück.

**Abends** wartet neue Arbeit auf die Hirtin. Alle zwei bis vier Tage, je nach Trockenheit, müssen die Ziegen getränkt werden. Da sich einige Tiere immer zieren und zum Wasser gelockt werden müssen, wird dazu die Hilfe anderer Hirtinnen benötigt, die ihre Lager in Rufweite aufgebaut haben. Beim Tränken wird die Lieblingsziege besonders verwöhnt: Sie bekommt Wasser aus dem Trinkgefäß der Hirtin serviert. Dann folgen die alltäglichen Arbeiten: Die Tiere müssen gemolken, die Milch zu Käse verarbeitet und die Hirsepolenta für das Abendessen zubereitet werden. Erst gegen neun Uhr sind alle Arbeiten erledigt und die Frauen froh, sich noch etwas unterhalten zu können, eine Märchenstunde als „Betthupferl". Dann geht jede Hirtin zu ihrem eigenen Lager zurück und legt sich schlafen.

## Ein Tag im Leben eines Kamelhirten

Je nach Jahreszeit hat der Kamelhirte **zwei verschiedene Arbeitsperioden** mit unterschiedlichen Tagesabläufen: das Weiden der Kamele in der Wildnis und die Reise mit der Karawane.

Außerdem wird der Tagesablauf wesentlich durch das Kamel bestimmt, denn „das Kamel lässt sich nicht berechnen." Diese Formel bringt die unterschiedlichen Arbeitsabläufe auf den Punkt. Sie erfordern viel Flexibilität.

Nur der **Morgen** beginnt einigermaßen regelmäßig bei Sonnenaufgang mit dem Melken der Kamelkühe, die ein Junges haben. Weil die Jungen in ein Gatter gesperrt oder angebunden sind, verlassen deren Mütter das Lager nicht zur unbeaufsichtigten Futtersuche wie die anderen Kamele. Nach einem kurzen Frühstück, bestehend aus dem „Tuareg-Müsli" *eghale,* im Norden *areschira* genannt, oder dem kalten Rest des Hirsebreis vom vergangenen Abend (vgl. das Kap. „Essen und Trinken") bricht der Hirte gegen acht Uhr auf, um nach den anderen Kamelen zu fahnden. Weil sich die Tiere selbstständig ihr Futter suchen, können sie sich dabei sehr weit verstreuen. Doch mit etwas Glück findet er die Tiere schon in nächster Nähe. Damit hat er sein Tageswerk erledigt und kann sich einen schönen Tag machen, gemütlich seinen Hirsebrei kochen, Hirtinnen besuchen oder einen Abstecher ins nächste Dorf unternehmen. Dieses Übermaß an Freizeit ist jedoch die seltene Ausnahme, denn in der Regel zieht sich die **Kamelsuche über viele Tage** hin. Dann muss sich der Hirte mit ein paar Datteln als Wegzehrung begnügen, außer er kommt an einem Gehöft oder einem befreundeten Lager vorüber, wo ihm etwas abgegeben wird. Hunger und Durst spielen jedoch keine Rolle, solange er sein Tier nicht gefunden hat, und das kann bis tief in die Nacht dauern. Natürlich ist die Kamelsuche ohne Ruhepause und ohne Verpflegung eine Qual, aber die Sorge um das vermisste Tier ist noch schlimmer. Erst wenn er sein Tier gefunden und ins Lager zurückgeführt hat, wird er sich Hirsebrei kochen, Tee trinken und sich ausruhen, um dann die nächsten Tiere zu suchen. (Details zur Kamelwirtschaft vgl. das Kap. „Wirtschaft im Wandel".)

Neben der Suchtätigkeit muss der Hirte immer wieder notwendige **Besuche bei der Ehefrau** oder den Eltern im Dorf unternehmen. Diese sozial motivierten, mehrstündigen „Dienstreisen" werden gern während der Nacht unternommen, um Zeit zu sparen, denn wichtiger ist die Sorge für die Kamele. Während des „Sommerlagers" in der Regenzeit, die ein Hirte mit seinen Kamelen meist allein auf den Weidegründen seines Lagerverbandes zubringt, hält er sich nur wenige Nächte bei seiner Frau auf. Im Oktober, nach dem Ende des „Sommerlagers" führt er für 40 Tage die Bilma-Karawane. Nach einer Erholungspause von zwei bis drei Wochen in der Nähe seiner Familie zieht der Hirte für das **Winterlager** in den Süden, um erst kurz vor Beginn der Regenzeit im Juni zu den Weidegründen seines Lagerverbandes zurückzukehren, wo er wieder bis zu Beginn der Trockenzeit im Oktober bleibt.

Der **Alltag im Hausa-Land** im Süden ist mannigfaltiger, weil konfliktreicher. Hier in der Regenfeldbau-Zone leben mehr Menschen als im einsamen Weideland der Tuareg und es kommt immer wieder zu **Streitigkeiten:** Brunnen dürfen nicht benutzt werden, ein Kamel trampelt in einem Feld die Ernte nieder oder Tiere werden gestohlen. In sozialer Hinsicht fehlt den Hirten hier die Möglichkeit, ein Dorffest oder die Hirtinnen zu besuchen. Andererseits haben hier viele Nomaden einen konkreten Anknüpfungspunkt, der ihr Leben wesentlich erleichtert. Der *mai gida,* ein im Hausa-Land lebender **Fulbe-Bauer,** ist wie ein Onkel, zu dem die Hirten jahrelange, auf gegenseitigem Vorteil beruhende Beziehungen pflegen. Die Kamele düngen mit ihrem Kot die Hirsefelder der Bauern und dürfen die Stoppeln abfressen. Die Hirten bekommen vom *mai gida* Hirse und Windschutz sowie Hilfe bei der Regelung von Konflikten.

Im besten und eher seltenen Falle entspricht der Tag eines Hirten unseren romantischen **Vorstellungen vom idyllischen Nomadendasein.** Dann kann er geruhsam im Schatten einer Akazie liegen, fettreiche Kamelmilch trinken, abends seine Herzensdamen besuchen und ihren Liedern lauschen oder im Dorf in prächtigen Kleidern auf seinem stolzen Kamel am *ilugan,* dem Kamelkarussell, teilnehmen und die staunende Anerkennung der Bevölkerung genießen. (Näheres dazu im Kapitel „Reiterspiele und Tänze der imajeghen".) Wenn er Pech hat, muss er jedoch tagelang hungernd und müde, bei Nacht oder kaltem Wind, auch frierend und vor allem besorgt nach Kamelen suchen. Und da Kamele eigensinnig sind und sich nicht um das Glück ihrer „Herren" kümmern, ist der Hirtenalltag meistens sehr hart.

## Tagelmust – der Schleier

Der Gesichtsschleier der männlichen Tuareg ist unumstritten ihr markantestes äußeres Erscheinungsmerkmal und zugleich ist er identitätsstiftend, nennen sich die Tuareg doch selbst die *kel tagelmust,* die „Leute mit dem Schleier".

Wenn Tuareg ihren *tagelmust* anlegen, so ist das ein regelrechtes **Ritual,** bei dem entsprechend der persönlichen Vorliebe und Technik das Tuch sorgfältig um den Kopf gebunden wird. Oft wird drei- bis viermal ein Neuanfang gemacht, bis die langen Stoffbahnen endlich zufriedenstellend und fest genug liegen. Bei festlichen Anlässen werden zuweilen auch mehrere

verschiedenfarbige Tücher ineinander verwickelt. Den Abschluss bildet dann ein großes, silbernes Amulett in Gestalt eines ca. 10 cm langen, dünnen Zylinders, der seitlich auf eine Bahn des *tagelmust* gehakt wird.

Ein gutes **Tuch für den tagelmust** ist bis zu acht Meter lang, tiefblau und glänzend. Hergestellt wird es in den nordnigerianischen Orten Nufe und Koura bei Kano, da die Tuareg selbst nicht weben. 1,5 Zentimeter breite Baumwollstreifen werden mehrfach abwechselnd in Indigosud und ein mit einem Baumharz versetztes Bad getunkt. In getrocknetem Zustand wird der Stoff mit einem Schlegel heftig geschlagen, wodurch sich das Indigo an der Oberfläche des Tuches zu einer lackartigen Konsistenz verdichtet. Danach werden die Streifen zu 50 Zentimeter breiten Stoffbahnen zusammengenäht.

Ein acht Meter langes Indigotuch **kostet bis zu 500 Euro** und wird nur zu festlichen Anlässen getragen. Wohlhabende Menschen verwenden aus Prestigegründen auch im Alltag Indigotücher. Ein neues Tuch gibt während des Tragens dunkelblaue Farbe an die Haut ab. Daher stammt der Spitzname „Blaue Menschen". Was dies in der Praxis bedeutet, erlebte ich auf meiner kirchlichen Trauung in Österreich, als ich meine Tuareg-Hochzeit in Timia des Jahres 2000 gleichsam „legalisierte": Mein Tuareg-Gast hatte als Zeichen der Anerkennung ein neues Indigotuch angelegt, wodurch er eine Spur aus Indigostaub hinterließ. So musste ich meinen ersten Tag als Ehemann mit Putzen zubringen ... (Vgl. das Kap. „Hochzeitsfeiern in Stadt und Land".)

Der *tagelmust* spielte vor der Kolonialzeit eine besondere Rolle als **Erkennungsmerkmal,** denn jeder Stamm pflegte ihn auf eigene Weise zu binden. Auch die Angehörigen der unterschiedlichen Klassen, ob *imajeghen* oder *enaden,* waren an der Flechtweise des Schleiers erkennbar.

Über die ursprünglichen Gründe, **warum Männer einen Schleier tragen,** gibt es zahlreiche Spekulationen.

- Eine Legende besagt, einst hätten Krieger im Kampf eine schmähliche Niederlage erlitten und hätten es bei ihrer Rückkehr ins Lager nicht mehr gewagt, ihr Gesicht offen zu zeigen.
- Nach der Vorstellung der Tuareg soll der Schleier verhindern, dass die bösen Geister der Wildnis und der erschlagenen Feinde durch den Mund in den Körper einströmen können.
- Aus sozialer Sicht ist der *tagelmust* Ausdruck des für Tuareg bestimmenden Wertekodex der Scham, *tekarakit,* weshalb ein traditionell geprägter Tuareg vor fremden Leuten niemals seinen Schleier abnimmt.
- Der Schleier als Zeichen für Reife: Das erstmalige Anlegen des *tagelmust* im Alter von 15 bis 20 Jahren gilt als Initiationszeremoniell. Es symbolisiert den Übergang vom Knaben- zum Mannesalter und die Anerkennung des jungen Mannes als Mitglied der väterlichen Linie.
- Immer noch verbreitet ist die Funktion des *tagelmust* als Ersatz für mimischen Ausdruck. Gibt das Tuch den Mund frei, dann fühlt sich der Betreffende in der jeweiligen Situation sicher und vertraut. Andernfalls wird das Tuch bis zur Nasenwurzel hochgeschoben.
- Der Schleier erfüllt natürlich auch ganz praktische Zwecke, etwa als Schutz gegen Sand, Hitze und Verdunstung.

Infolge der Dürrekatastrophen der 1970er- und 1980er-Jahre verarmten die Menschen so sehr, dass viele Strukturen der Tuareg-Gesellschaften zerbrachen. Dadurch verlor auch der *tagelmust* viele seiner ursprünglichen, sozialen Funktionen. Diese Entwicklung ging einher mit der Entstehung der Klasse der *ischomar.* Während der Zeit der Repression im Niger und in Mali, wie auch während der nachfolgenden Rebellion, erlebte der *tagelmust* jedoch eine Renaissance**,** indem er zu einem bewusst getragenen **Symbol ethnischer Solidarität** und Kameradschaftlichkeit wurde.

Hirte beim sorgfältigen Anlegen des tagelmust

Zuverlässige Berichte über „verschleierte Männer in der Sahara" gibt es erst seit dem 14. Jh. **Dreitausend Jahre alte Felszeichnungen** aus der Pferdeperiode (ca. 1200 v. u. Z.) zeigen jedoch schon Figuren, die einen Gesichtsschleier tragen. Und auch der aus Nordafrika stammende römische Schriftsteller *Flavius Cresconius Corippus* (500–570) berichtete bereits von den „verschleierten Libyern". Gegenwärtig sind die Tuareg nicht die einzige Ethnie, die einen Gesichtsschleier trägt: Auch bei den Wodaabe und bei manchen arabischen Nomadenstämmen verschleiern sich die Männer.

Für uns Europäer ist das verschleierte Gesicht wohl das **Symbol für den Orient schlechthin,** denn es signalisiert etwas Mystisches. Bei Männern strahlt der Schleier Würde und in gewisser Hinsicht auch Ritterlichkeit aus, erinnert er doch an einen mittelalterlichen Helm mit geschlossenem Visier. Einen Tuareg ohne Schleier könnten wir Europäer gar nicht als Angehörigen der *kel tamaschek* erkennen. Die Ex-Rebellen etwa, in Uniform und mit Militärmütze, entsprechen so gar nicht dem Bild eines „typischen" Tuareg, eines verschleierten Wüstenritters.

## Mehari – das „weiße" Kamel

Das Kamel, auf Tamaschek allgemein *amenis* genannt, gilt bei den Tuareg als „das" Tier schlechthin. Ohne Kamel (bei dem es sich zoologisch betrachtet um ein Dromedar handelt) wäre die Besiedlung und Beherrschung der Sahara unmöglich gewesen. Verbreitung fand das Kamel in Nordafrika ab dem dritten nachchristlichen Jahrhundert, doch wird auch schon seine Verwendung in den Römerheeren erwähnt.

Für den nomadischen Tuareg ist das Kamel der **Inbegriff für Würde und Ansehen,** für Mobilität und Komfort, vor allem aber für wirtschaftlichen Reichtum. Ein altes Tuareg-Sprichwort besagt: „Der Noble, was begehrt er? Ein weißes Kamel *(mehari),* einen roten Sattel, seine *takuba* (Schwert) und ein Liebeslied." Der „Rolls-Royce" unter den Kamelen ist somit ein *mehari,* die edle Züchtung eines großes, schnellen, ausdauernden Kamels mit weißem Fell und blauen Augen. Perfekt wird das Glück eines Tuareg, wenn er zusätzlich einen reich verzierten Prunksattel *(tamzak)* und einen mit langen Troddeln versehenen, ebenfalls reich geschmückten Reisesack aus Leder *(asshakwa)* sein Eigen nennen kann. Dieser wird seitlich über dem Rücken des Kamels am Sattel befestigt. Derart ausgestattet lässt der Nomade sein Kamel während der Reiterspiele zum Rhythmus der Trommeln *(tende)* in einem angemessenen Trott daherschreiten, bei dem das Kamel unendlich würdevoll wirkt.

Die nahe **Beziehung zwischen Tuareg und Kamel** kommt in zahlreichen Legenden zum Ausdruck. So soll Allah beide aus Ton und göttlichem

Atem geschaffen haben, zuerst das Kamel und dann erst den Menschen – und den auch nur zur Versorgung des Kamels. Diese innige Beziehung spiegelt auch der Koran (54. Sure, Vers 28) wieder: „Und sage ihnen, dass das Wasser zwischen ihnen und der Kamelstute geteilt werde." Auf langen Reisen durch die Wüste ertragen beide im selben Ausmaß Hitze und Durst. Werden Reiter und Tier krank, verzichtet ein Nomade lieber zugunsten des Kamels auf eine Arznei, wenn dadurch das Leben des Tiers gerettet werden kann: Denn ohne Kamel muss letztlich auch der Nomade sterben.

Der Leidenschaft des Nomaden für sein Kamel hat der Tuareg-Dichters *Ibrahim al-Koni* mit dem Roman „Goldstaub" ein literarisches Denkmal gesetzt. Darin beschreibt er den widerspenstigen Charakter, der dem Tier von den *kel tamaschek* zugeschrieben wird. Kamele gelten als **ausgesprochene Individuen,** von denen keines einem anderen gleicht und deren Eigensinn oft in einem größeren Ausmaß als bei Menschen respektiert wird. Die Kamele der Tuareg werden niemals geschlachtet, sondern sie erhalten im Alter stets ihr Gnadenbrot.

Nach dem mystischen Weltbild der Tuareg stellt die Verbindung von Mensch und Kamel das ideale **Gleichgewicht zwischen kalt und warm** dar. Der verschleierte, aufrecht gehende oder reitende Mensch ist der Sonne näher und gilt darum als warm, das Kamel hingegen geht auf dem Boden, ist somit der Geisterwelt näher und gilt als kalt.

Als **Nutztier** dient das Kamel dem Mann als Reittier *(areggan),* für die *imajeghen* war es im Kampf und für die Verteidigung unentbehrlich. Wenn eine Kamelstute geworfen hat, gibt sie zudem sehr fett- und proteinreiche Milch, die den Hirten als Nahrung dient. Außerdem gilt das Kamel auch heute noch als „das" Wüstentransportmittel, etwa für die Salzkarawane und andere Handelskarawanen. In jüngerer Zeit hat der Tourismus wesentlich zur Verbreitung der Tiere beigetragen, wodurch beispielsweise in der Region Djanet in Südwestalgerien heute das Kamelaufkommen höher ist als vor der Kolonialzeit. In vielen arabischen Ländern gilt – im Gegensatz zu den Tuareg-Gesellschaften – das Kamel auch als Fleischlieferant.

Zum **prädestinierten Wüstentier** wird das Kamel aufgrund seiner herausragenden körperlichen Konstitution. Es kann Wasser mit einem Salzgehalt von bis zu sechs Prozent (50 % mehr als Meerwasser) trinken. Um Wasserverluste zu verringern, steigt seine Körpertemperatur von 37 Grad auf 46 Grad, bevor die Haut Schweiß zur Kühlung ausscheidet. Die langen Beine tragen den Körper oberhalb der bodennahen, heißen Luftschichten und die Fettpolster am Rücken dienen zur Isolierung gegen direkt einwirkende Sonnenstrahlen. Die senkrechten, fettfreien Körperstellen können sogar Hitze abstrahlen.

Der **Wasserhaushalt des Kamels** wird zusätzlich durch ein spezifisches Stoffwechselsystem unterstützt. So verwerten symbiotische Bakterien im Verdauungstrakt Teile des anfallenden Stickstoffs, wodurch weniger Wasser zur Harnausscheidung verbraucht wird. Die Nieren des Kamels ermöglichen eine Harnstoffkonzentration von bis zu 15 %, menschliche Nieren können nur halb so viel vertragen. Auch über die Atmung wird die Wasserausscheidung reduziert: Die weit verzweigten Atemgänge in der Nase ergeben eine Gesamtfläche von über 1000 cm². Sie kühlen die Atemluft beim Einatmen um 10 Grad und befeuchten sie zugleich. Beim Ausatmen wird der Atemluft 30 % der Feuchtigkeit entzogen, die dem Körper zusätzlich zur Verfügung steht.

**Kamele speichern Wasser** im Gewebe und im Blut, wodurch sie ein Viertel ihres Körpergewichts verlieren können, ohne Schaden zu erleiden. Umgekehrt können erwachsene Tiere binnen weniger Minuten bis zu 140 Liter trinken: Das Wasser wird von den Blutkörperchen aufgenommen, indem sie sich auf das 240-fache ihres ursprünglichen Volumens ausdehnen. Auf diese Weise kann ein Kamel mehrere Wochen ohne Wasserzufuhr auskommen.

Dagegen droht ohne Nahrungsaufnahme schon **nach wenigen Tagen der Hungertod,** weshalb regelmäßiges Grasen unverzichtbar ist. Während der großen Dürren oder in der Wüste stirbt ein Kamel nicht am Durst, sondern am Hunger. Dabei sind die Tiere höchst genügsam, denn ihr Verdauungssystem ist in der Lage, die Polysaccharide aus Dattelkernen oder die Zellulose aus Holz und Dornen in verwertbare Monosaccharide umzuwandeln. Kamele sind auch extrem duldsam: Sie zeigen **niemals Ermüdungserscheinungen.** Wurden sie aber unterversorgt und überfordert, dann bleiben sie irgendwann stehen, knien sich nieder und sterben.

Neben diesen „inneren" Werten besticht das Kamel auch durch sein **äußeres Erscheinungsbild.** Der geschwungene Hals, die langen Wimpern um die ausdrucksvollen Augen, die elegant wirkenden Beine und auch ein höchst eigenwilliger Charakter, wie er ihnen von den Tuareg zugeschrieben wird, sind mitverantwortlich für die Faszination, die von den Kamelen ausgeht. So gibt es für eine Tuareg-Frau kein schöneres Kompliment, als mit einem weißen Reitkamel verglichen zu werden ...

## Reiterspiele und Tänze der imajeghen

Die Reiterspiele an den großen Festtagen bilden einen Höhepunkt im Leben der Nomaden. In solchen Momenten befinden sie sich völlig im Einklang mit dem Rest der Gesellschaft, die ihnen hier besondere Wertschätzung entgegenbringt. Die Krönung einer festlichen Zusammenkunft ist **das Kamelkarussell** *(ilugan).* Dabei sitzen die Frauen in ihren besten Gewändern im Kreis, die Gesichter ockerfarben oder glänzend braun bemalt, schlagen die Trommel *(tende),* klatschen im Takt in die Hände und trällern laut. Währenddessen versuchen die Kamelreiter, mit ihren Reittieren *(areggan)* dem Rhythmus der Musik zu folgen. Dabei gehen die Tiere in eine Art Passgang *(egharghar)* über. Besonders kunstfertige Hirten lassen ihr Kamel sogar eine bestimmte Strecke auf den Knien rutschen. Die Bezeichnung für diesen „Gang" *(deremmage)* wird auch für den Tanzschritt der *imajeghen* verwendet.

Ein besonderes Vergnügen für Reiter und Zuschauer ist das **Wettrennen** im ausgetrockneten Flussbett. Hier können die Nomaden vor dem gesamten Dorf all ihr Geschick beweisen und zudem einen der gestifteten Geldpreise gewinnen. Beim Galopp scheinen die Kamele ihre Beine gleichsam chaotisch über den Boden zu werfen, als würden sie halb schweben, halb stolpern. Die große Herausforderung für den Reiter ist es, auf diesem wogenden Leib ruhig sitzen zu bleiben.

Die **Tänze der imajeghen** finden ohne Kamel statt. Anlässlich einer Hochzeit beispielsweise wird zum Schlag der *tende* und zum Gesang der Frauen der gemächliche, würdevolle Tanzschritt *deremmage* vorgeführt. Dazu sind die „noblen" Tänzer mit feinster Kleidung und Speeren ausgestattet.

**Schmiede** tanzen hingegen in schlechter Kleidung und unbewaffnet – und sie tun dies wild hüpfend und Grimassen schneidend, um einen Gegenpol zu den Noblen darzustellen. Die Schmiede sind auch für die Organisation der Reiterspiele und Tänze zuständig.

Die Aufführung der Reiterspiele ohne festlichen Anlass wird *fantasia* genannt. Ein Tanzfest, ob anlässlich einer Hochzeit oder einer politischen Veranstaltung, nennt man *tam-tam.* Für ein **traditionelles tam-tam** schlagen Schmiede die *tende,* begleitet von Frauengesang, während junge Männer und Knaben wilde Tänze nach dem Schema „je wilder, desto eindrucksvoller" vollführen. Seit den Zeiten der Rebellion bevorzugen die jungen Leute hierzu die Begleitung durch eine Elektrogitarre.

## Ashahi – das Teezeremoniell

Eines der wichtigsten Rituale und zugleich das höchste Vergnügen des Tages, ist für den Tuareg der Genuss des *ashahi,* des Tees. Dieser wird **aus grünen Chinateeblättern** in einer kleinen Kanne unter Zugabe von wenig Wasser und sehr viel Zucker zubereitet. Früher wurden dazu mit einer speziellen silbernen „Zuckerhacke" große Stücke von einem Zuckerhut geschlagen – heute wird raffinierter Kristall- oder Würfelzucker verwen-

det. Das Besondere an diesem Tee ist **das Zeremoniell:** Zur besseren Auflösung des Zuckers wird ein wenig Tee mehrmals in einem langen Strahl
in ein schnapsglasgroßes Teeglas gegossen und wieder zurückgeleert.
Dass der Tee dabei abkühlt, ist wahrscheinlich ein positiver Nebeneffekt,
weil es beim *ashahi* auf das Ritual und den Geschmack, nicht aber auf die
Temperatur des Tees ankommt. Für dieses Ritual wird sehr viel Zeit in Anspruch genommen, fast scheint es, als handle es sich um eine Huldigung
der Ewigkeit. Der Schaum, der bei diesem wiederholten Umgießen entsteht, gilt als zusätzliche Köstlichkeit und bezeugt den wahren Meister der
Teebereitung. Zum perfekten Genuss wird der Tuareg-Tee jedoch erst,
wenn man dazu Ziegenkäse *(takammart)* knabbern kann.

Als Gast hat man auf drei „Touren" des Tees Anspruch, nicht mehr und
nicht weniger. Vorher von einem Besuch aufzubrechen, gilt als schwere
Beleidigung. Nach dem dritten Glas hingegen darf man sich verabschie-
den – oder man bleibt für weitere drei Gläser. Bei jedem der drei Aufgüsse
wird lediglich Zucker und Wasser hinzugefügt, nicht aber weitere Teeblät-
ter. Dadurch wird der Tee mit jedem neuen Aufguss schwächer und süßer.
Darum pflegen die Tuareg zu sagen, das erste Glas sei **bitter wie das Leben,** das zweite sei mild wie die Liebe und das dritte sei süß wie der Tod.

Der Tee gilt einerseits als Stärkung, andererseits aber ist er vor allem ein
Mittel, um die beliebten „Plaudereien" noch genussvoller zu gestalten.
Genau genommen ist das Teeritual nur der äußere Anlass des für die Tuareg-Kultur so wichtigen **Rituals des Plauderns** *(edawan)*. Dabei werden
Neuigkeiten berichtet, Geschichten erzählt, Gerüchte ausgetauscht und
dadurch Beziehungen vertieft und gefestigt. Das Teeritual der Tuareg lässt
sich ein wenig mit der Wiener Kaffeehaus- oder mit der bayrischen Bier-
garten-Kultur vergleichen.

Dieses Ritual ist noch nicht sehr alt: Der grüne Tee hielt erst in den
1920er-Jahren mit der Kaocen-Rebellion bei den südlichen Tuareg Einzug.
Doch blieb er lange Zeit ein **seltener Luxusartikel.** Noch in den 1980er-
Jahren tranken nur wohlhabende *kel tamaschek* Tee. Mit dem sozialen
Wandel, der zunehmenden Verbreitung der Geldwirtschaft und mit den
neuen Möglichkeiten, schnelles Geld durch Tourismus oder auf den Ölfeldern zu verdienen, wurde er rasch zum Allgemeingut. Heute betrachten
manche den exzessiven Teegenuss bereits als Sucht.

Zwei Tuareg beim Dera-Spiel

## „Sand-Spiele"

Spiele und Rituale der Zerstreuung sind ein fundamentaler Aspekt jeder Kultur. Auch die Tuareg haben trotz des Mangels an verfügbaren natürlichen Ressourcen am Rande der Wüste eine erstaunliche **Vielfalt an Spielen** entwickelt. Sobald ein Stück Arbeit erledigt ist – sei es die Suche des Hirten nach einem Kamel, die Fahrt des Chauffeurs über eine schwierige Dünenstrecke oder das erfolgreiche Handelsgeschäft eines „Touristenjägers" – und eine Pause fällig und mindestens eine zweite Person anwesend ist, wird gespielt. Darum leiden Hirten auch so sehr unter der Einsamkeit.

Spiele dienen nicht nur der Zerstreuung und der Unterhaltung, sondern auch der Vertiefung von Beziehungen. Sie erfüllen aber auch wesentliche pädagogische Zwecke: Sie trainieren die Sprach-, Denk- und Kommunikationsfähigkeit, fördern die Bewegungsfähigkeit, die Feinmotorik und vieles mehr. Spiele sind als wichtiges **Lerninstrument** zur Auseinandersetzung mit der Wirklichkeit und zur Entwicklung von Bewältigungsstrategien zu verstehen.

Das zeigt sich besonders **bei Tuareg-Kindern,** die schon im frühen Alter die wichtigsten Wesen ihrer Lebenswelt nachbilden und alle verfügbaren Materialien nutzen. Kamelfiguren werden aus Lehm oder Holz geformt, Spuren im Sand nachgezeichnet oder getrocknete Kamelköttel als Murmeln verwendet. Auf diese Weise kann das Kind mit seiner Lebenswelt experimentieren, erste Beziehungen zu seiner Umwelt aufbauen und dadurch eigene Schritte zur Integration in die „Gesellschaft der Erwachsenen" wagen.

In allen Altersklassen beliebt sind **Wort- und Sprachspiele** *(tamazagh)*. Sie werden nicht nur beim *ahal* praktiziert, dem ritualisierten „Minnetreffen", sondern in jedem günstigen und gemütlichen Moment, in dem sich ein lockeres Gespräch zwischen Gleichgesinnten entspinnt. Dazu werden Märchen oder Rätsel erfunden, die sich im Wesentlichen um die unmittelbare Umwelt und die verfügbaren Ressourcen drehen. Dadurch dienen sie auch der Vermittlung praktischer Kenntnisse und Fähigkeiten. Ein solches Wortspiel ist etwa die Frage: „Es hat so viele Kinder auf seinem Kamel sitzen, dass niemand, selbst Gott nicht, sie zählen kann. Wer ist es?" Die Antwort lautet „Die *afagag* (eine regionaltypische Akazienart) mit all ihren Dornen!"

Die Verknüpfung von Unterhaltung mit der Vermittlung praktischer Kenntnisse und strategischer Fertigkeiten erlaubt **das beliebte Spiel dera,** das von den Hausa übernommen wurde. Dazu werden mit dem Finger mehrere mit Linien verbundene Löcher in den Sand gebohrt, welche die Lebenswelt der Tuareg darstellen sollen. In die Löcher werden Steine (oder auch Kamelköttel) gelegt. Nun benennen die Spieler diese Steine je nach ihrer Lage nach verschiedenen Viehtypen (Schafe, Ziegen, Kamele), nach Hirtenaktivitäten (Weiden, Tränken, Karawane ...), Bewegungen (Weidewechsel ...) und Strategien zur Erringung besserer Weidepositionen. Ziel des Spiels ist es, möglichst viele Spielsteine des Gegners zu erlangen, um dadurch die eigene Herde und die Weidegüter zu vergrößern, bis einem das gesamte Spielfeld „gehört". Unter besonders strengen *ineslemen* und stark islamisierten Tuareg gilt *dera* als ein **Spiel des Teufels,** weil man sich darin so sehr verlieren kann, dass man sogar die Gebetsstunden vergisst.

Bei dem aus der Tuareg-Kultur hervorgegangenen **Spiel izgag** werden im Sand zwei parallele Linien zu je drei Löchern gezogen. Jedes Loch wird mit sechs Kamelkötteln gefüllt. Der erste Spieler nimmt nun den Inhalt eines Lochs in die Hand, den er auf alle übrigen Löcher in der Weise verteilt, dass sich in allen Spielfeldern eine ungerade Anzahl an Steinen befindet. Gelingt das nicht, muss er aus einem Loch mit einer geraden Anzahl an Spielsteinen all diese an sich nehmen. Befinden sich in den Löchern nur noch Steine in ungerader Anzahl, dann darf der aktive Spieler die Steine in seiner Hand seinem Gegner überlassen, und dieser ist nun an der Reihe. Gewonnen hat schließlich jener Spieler, dem es als erstes gelingt, sämtliche Steine so zu verteilen, dass auf allen Feldern Steine in ungerader Zahl liegen und somit kein Stein übrig bleibt.

Auch ein sportliches Spiel wird bei den Tuareg gespielt: das *karey,* **eine Art „Sandhockey".** Dabei jagen zwei Gruppen mit Stöcken bewaffnet einem Ball aus Leder nach. Unter städtischen Tuareg-Jugendlichen ist der Fußball populär.

# Bekleidung und Schmuck

Die Tuareg-Handwerker, *enaden,* sind nicht nur technisch, sondern auch künstlerisch sehr begabt. Obwohl ihre Produkte in erster Linie zum Gebrauch bestimmt sind, weisen sie stets ein Äußeres von ungewöhnlicher Schönheit auf, unabhängig von den verwendeten Materialien. Am berühmtesten ist zweifellos der bei Europäern als Souvenir begehrte Silberschmuck.

Wegen der enormen Vielfalt der Produkte aus Leder, Holz, Metall und Stein wird hier nur eine Auswahl jener Handwerksprodukte näher vorgestellt, die entweder eine große Rolle im Alltagsleben der Tuareg spielen oder die aufgrund der großen Nachfrage durch Touristen am häufigsten hergestellt werden. Dies sind vor allem Kleidungsstücke, Schmuck und gewisse Lederprodukte. Das Interesse der Touristen an Tuareg-Produkten verstanden Entwicklungshilfe-Organisationen zu nutzen, indem sie die Herstellung hochwertiger Waren gezielt durch Lehrgänge, Kredite, Unterstützung bei der Organisation oder Marketingmaßnahmen förderten.

## Lederprodukte und ihre Herstellung

Das Leder hat bei den Tuareg einen hohen Stellenwert. Der Ethnologe und Tuareg-Spezialist *Edmond Bernus* nennt die *kel tamaschek* gar eine **Zivilisation des Leders.** Selbst bei den banalsten Gebrauchsgegenständen aus Leder kommt ein hoch entwickelter, ästhetischer Sinn für Form, Dekor und Farbe zum Ausdruck. Die künstlerische Wirkung des jeweiligen Objekts spielt auch für traditionelle Abnehmer und nicht nur für Touristen eine große Rolle.

Die Bandbreite an traditionellen Lederprodukten ist groß und umfasst Satteltaschen, Reisesäcke oder auch Brieftaschen mit bestimmten markanten Grundmustern und Verarbeitungstechniken. Ursprünglich trugen Sklaven und einfache Tuareg überwiegend **Lederkleidung** in Form einfacher Umhänge oder Schürzen, die jedoch schon längst durch billigere und komfortablere Baumwollkleidung aus importierten Stoffen ersetzt wurde. Zu den modernen Lederprodukten zählen mittlerweile kunstvoll verzierte CD-Boxen, Spiegel mit Tuareg-Motiven, Damenhandtaschen, Sitzpolster und vieles mehr.

Sehr beliebt bei Männer und Frauen sind **Umhängetaschen,** die wie Brustbeutel getragen werden und zumeist die Funktion von Geldbörsen haben. In jeder Region gibt es dafür eigene Erscheinungsformen. Besonders beliebt ist das *enefed,* das von Portemonnaie-Spezialistinnen hergestellt und wegen seiner auffälligen Schönheit während besonderer Festtage getragen wird. Hier umfasst eine reich mit Applikationen verzierte Lederhülle die darunter liegenden, gefalteten und mit Fransen bestückten Taschen. Zu diesen gelangt man, indem man die „Hülle" entlang der Trageriemen nach oben zieht.

Ebenfalls weit verbreitet ist das *etabu,* eine kästchenförmige **Brieftasche** aus rotbraunem Leder mit Überschlagkappe.

Die „Tasche" mit der größten Verbreitung ist der **Amulettbehälter,** den es in den unterschiedlichsten Formen gibt. Die einfachsten und häufigsten Amuletttäschchen sind rechteckig oder quadratisch und aus rotbraunem Leder gefertigt. Besonders wirkungsvoll sollen sie sein, wenn gefaltete Koranseiten darin eingenäht wurden. Solche Amulette werden Neugeborenen unmittelbar nach der Geburt umgehängt. Auch Kamele tragen ganze Bündel dieser magischen Täschchen.

Das wohl wichtigste Kleidungsstück aus Leder, das auch heute noch zumindest während der Festtage getragen wird, ist die aufwendig verzierte **Sandale** *(eratimen).* Produziert wird sie allerdings von spezialisierten Hausa-Handwerkern.

Die Lederprodukte werden fast ausschließlich **aus Ziegenleder herge-stellt.** Dieses Material gilt als „wertneutral", weshalb es durch verschiede-ne Applikationen und Muster „magisch aufgewertet" wird. Früher wurden für bestimmte Artikel **besondere Ledersorten** verwendet: Für Bänder von Amuletten verwendete man die Haut des Klippschiefers (ein Murmeltier) oder der Hyäne. Für den *tamzak,* den Kamelsattel, wurde das Fell des Ge-pards bevorzugt, um die Schnelligkeit des Kamelreiters zu signalisieren. Für Sandalen war das Leder von Giraffen begehrt, um den majestätischen Gang zu signalisieren, und die Kampfschilde wurden mit Antilopenhaut überzogen. Viele der Hautlieferanten sind mittlerweile fast ausgestorben und bis auf Amulettbänder werden die entsprechenden Waren nicht mehr nachgefragt.

Lederprodukte werden **von den Schmiedefrauen in Heimarbeit** herge-stellt. Sie kaufen am Markt das fertig gegerbte und zum Teil auch schon gefärbte Ziegenleder, schneiden es zurecht und vernähen die Teile. In ab-gelegenen Regionen behandeln die Frauen die frische Ziegenhaut selbst. Dazu wird das Leder mit pflanzlichen Beizmitteln enthaart und dann durch das Einlegen in eine mit Akazienschoten versetzte Gerberlohe ge-gerbt. Diese Schoten enthalten das Gerbmittel Tannin. Die wichtigste Arbeit der Schmiedefrauen ist jedoch die **Verzierung** der Produkte mit aufgenähten, aufgemalten und geschabten Linien, Dreiecken, Vierecken, Rauten und Baumwollfäden. Eine besonders beliebte Verzierung bei Brief- und Satteltaschen sind bunte Lederfransen. Typisch für die *kel aïr* sind auch Ausschneide- und Applikationstechniken sowie die Kunst des Posa-mentierens. Dazu werden helle Lederstreifen in eine dunklere obere Le-derschicht eingearbeitet.

Die **Lederfarben** werden aus Naturprodukten gewonnen:
- Rot entsteht durch eine Mischung aus Wasser, Teilen der Sorghum-Pflanze und Natronsalz,
- mit Rost versetztes Wasser färbt schwarz,
- Gelb wird durch eine Mischung aus Milch, Salz, Hirsemehl und Anilin-puder gewonnen,
- die grüne Lederfarbe erhält man durch eine Mischung aus Kupfer- oder Bronzepuder, Sulfat und Zitrone. Doch wird grünes Leder nur von we-nigen Spezialisten hergestellt und meist in Kano gekauft. Grünes Leder symbolisiert die Raffinesse, weshalb es ausschließlich zur Zierde ver-wendet wird.

Ein Schmiede-Ehepaar misst Ziegenleder für eine Tasche zu

# Kleidung

Obwohl die Tuareg ein unglaublich reiches Repertoire an Kunsthand-
werksarten und -formen hervorgebracht haben, sucht man Webereipro-
dukte vergeblich. Dennoch spielt die Herstellung der Kleidung für die Tuareg eine bedeutende Rolle, definieren sie sich doch ganz wesentlich über
ihre Ausstattung. Sie ist auch ein ansehnlicher **Posten im Familienbudget,**
denn die Menschen pflegen sich zu großen Festen, insbesondere zu
Hochzeiten, neu einzukleiden. Dafür muss beispielsweise eine Frau (oder
ihre Eltern) mit umgerechnet 300–400 Euro rechnen. Da Nomaden üblicherweise nicht „flüssig" sind, muss eine Neuausstattung durch den Verkauf von 30 bis 40 Ziegen oder 10 bis 15 Kamelen finanziert werden.

Nachdem die Tuareg selbst keine Stoffe weben, müssen diese importiert
werden. So kommen etwa die schwarz-blau glänzenden **Indigostoffe aus
dem Norden Nigerias.** Die meisten leichteren Baumwollstoffe stammen
mittlerweile aus China, werden jedoch in Westafrika bedruckt. Geschnei-
dert werden die Gewänder von spezialisierten Tuareg-Handwerkern, mithilfe von fußbetriebenen Singer-Nähmaschinen.

Auch bei den Kleidungsstücken der Tuareg zeigt sich die große Bedeutung der Äußerlichkeit, des guten Geschmacks und der Prachtentfaltung.
Alles wird verziert und soll schön aussehen.

## Frauenkleider und Schönheitspflege

Bei den traditionellen Kleidungsstücken der Frauen lassen sich grob
zwei Stile unterscheiden. Im Norden und Westen wird **eine Art gewickelte Tunika,** *teserrnest,* aus einem einfachen indigoblauen Tuch von
vier Metern Länge und 1,5 Metern Breite getragen. Dazu wird das Tuch
zweimal gegen den Uhrzeigersinn um Körper und Kopf gewickelt, sodass
es gleichzeitig auch als Kopftuch dient. In das Ende des Tuches, den Zip-
fel, wird zur Stabilisierung dieser Konstruktion ein schwerer Gegenstand
geknotet.

Im Süden tragen die Tuareg-Frauen üblicherweise die *tekamist,* **ein weites Übergewand ohne Verzierungen,** das lediglich aus einem rechtecki-
gen Tuch besteht, in dessen Mitte ein Schlitz für den Kopf angebracht ist.
In manchen Regionen werden zusätzlich noch weite Ärmel an das Tuch
genäht. Mit der *tekamist* wird üblicherweise das Kopftuch *(aleschu)* kombiniert, das Pendant zum *tagelmust.* Dieses ca. zwei Meter lange und
1,20 Meter breite Indigotuch besteht aus zahlreichen, einen Zentimeter
breiten Baumwollstoffbahnen, die aneinander genäht sind. Das Tuch wird
einfach über den Kopf gelegt und ein Ende wie ein Schal über die Schulter geworfen.

Ebenfalls im Süden verbreitet sind **Blusen** *(aftek)*, die dem Schnitt nach lediglich Kurzformen der *tekamist* sind. Dafür werden zumeist schwarze oder weiße Stoffe verwendet, verziert mit weißen oder roten Ornamenten.

Die kurze Bluse erfordert als Ergänzung einen **Rock** *(asedschebes)*: ein rechteckiges indigoblaues Baumwolltuch, das um die Hüften gewickelt wird und bis zu den Knöcheln reicht.

Eine große Auswahl an schöner Kleidung zu haben, ist nicht nur für shoppingsüchtige Westeuropäerinnen erstrebenswert. Auch Tuareg-Frauen stellen sich das „gute Leben" so vor, dass sie sich gelegentlich ein paar schöne neue Kleider anschaffen können. Heutzutage wird tatsächlich mehr Kleidung gekauft, als noch vor der Rebellion. Ermöglicht wurde das im Wesentlichen durch die **Veränderung der Mode.**

Die jungen Mädchen ziehen mittlerweile die **bunt bedruckten Hausa-Stoffe** dem traditionellen Tuareg-Stil vor. Sängerinnen, die beim abendlichen *tam-tam* zur Gitarre ihren Tuareg-Blues singen, gelten erst in Paillettenblusen als perfekt gekleidet. Auch die 45-jährige Handwerkerin *Rahmata* meinte, sie schätze die heutige Zeit, weil mit ihr die schöne, moderne Kleidung Einzug nehme. Die älteren Frauen hingegen halten immer noch an der traditionellen Indigokleidung fest, die jedoch, wenn sie alt und ausgetragen ist, schwarz erscheint.

Der Preis spielt natürlich auch eine Rolle, denn im Vergleich zu den handgefertigten Indigostoffen sind die bunten Hausa-Stoffe **extrem günstig.** Und sie sind leicht zu bekommen: Mittlerweile bieten Händler aus den Städten ihre Importware in allen größeren Dörfern an.

In der Poesie huldigen die Tuareg der schönen Frau und auch in Partnerschaften ist gutes Aussehen wichtig. Um diesen hohen Ansprüchen zu entsprechen und auch um die Haut vor Sonne und Austrocknung zu schützen, **schminken sich Tuareg-Frauen** bei jeder Gelegenheit. Besonders wichtig ist der Lidstrich aus schwarzem Antimon am Rand des Ober- und Unterlids. Er soll die Augenform unterstreichen und auch Infektionen verhindern. Weil derartige Leiden wegen des staubigen Windes häufig sind, ist der Lidstrich auch bei Männern üblich.

Bei kleinen Kindern beiderlei Geschlechts und unverheirateten jungen Frauen spielen **kunstvoll geflochtene Frisuren** eine wichtige Rolle. Die Haare werden mit einer Seifenlauge gewaschen, zu langen Zöpfen gebunden und mit parfümierter Butter imprägniert.

### Das „Tuareg-Kreuz" und anderer Schmuck

Schmuck spielt für Tuareg-Frauen eine bedeutende Rolle. Selbst die ärmste Frau putzt sich wenigstens mit einer Halskette aus billigen, selbst aufgefädelten Plastikperlen heraus. Wann immer Mittel verfügbar sind,

werden sie in schöne Kleider und Schmuck investiert. Letzterer dient im Übrigen auch dem Schutz vor dem bösen Blick, vor Geistern und anderen Übeln. Produziert werden die Schmuckstücke von den Schmieden, deren wichtigste Kundschaft inzwischen die Touristen sind. Tuareg-Schmuck findet man heute in allen europäischen Schmuckläden mit ausgefallener Produktpalette.

In die Zeit vor der Kolonisation lassen sich **vier Grundformen von Anhängern** zurückverfolgen, die zumeist auf Kamelhaarschnüren aufgefädelt um den Hals getragen wurden: das *taneghelt* („Kreuz von Agadez"), das *teinfuk* („Kreuz von Ingal"), das *zakkat* („Kreuz von Iferouane") und das *zenalett* („Kreuz von Zinder"). Aufgrund des großen Interesses der französischen Offiziere an Tuareg-Schmuckstücken wurden diese Grundformen seit Beginn der Kolonialzeit zu verschiedenen Varianten weiterentwickelt. Um 1960 fasste man die damals verbreiteten Ausführungen in der „Sammlung der 21 Kreuze" zusammen. Gleichzeitig setzte sich die Fantasieübersetzung „Kreuz von..." durch, obwohl es diese Bezeichnung im Tamaschek nie gegeben hatte. Seit dem Tourismusboom der späten 1990er-Jahre lässt sich eine beträchtliche Vervielfältigung und Verfeinerung der Anhängervarianten feststellen, wenn auch das am häufigsten produzierte und verkaufte Repertoire der Schmiede nur ein Dutzend Formen umfasst. Dazu zählen die besonders beliebten „Kreuze" von Agadez, von Iferouane, von Ingal und das 1995 kreierte „Kreuz von Mano Dayak".

Die **Tuareg-Werkstatt** enthält nur wenig Werkzeug, das für die Produktionsweise „die verlorene Form" nötig ist. So wird das Gießverfahren genannt, bei dem im ersten Schritt eine gewünschte Form aus Wachs modelliert und mit Lehm umgeben wird. Dann wird aus der Lehmform das Wachs durch Erhitzung entfernt und stattdessen geschmolzenes Silber hi-

Reich geschmückte Kel-ewey-Hirtin trägt
alte taneghelt („Agadez-Kreuze") als „Wertanlage"

neingegossen. Nach dem Erkalten des Silbers wird der Lehmmantel vorsichtig zerschlagen: Die Form geht somit letztlich „verloren", daher der Name der Methode. Als nächstes erhält der Anhänger einen Feinschliff und wird dann mittels Stichel und Punzen mit Mustern verziert. Typisch sind Wellenlinien, Liniendekors und geometrische Figuren wie das gleichschenklige Dreieck. Die Dekorationen symbolisieren die Tierwelt („Auge des Chamäleons", „Spur des Schakals" ...) oder auch Himmelskörper (Sonne, Mond, Sterne).

Als Material für die Stücke wurde schon immer Silber verwendet, so dienten sie zugleich als leicht transportable Wertanlage für schlechte Zeiten. Auch gilt Silber als „reines", heilendes Metall, wogegen **Gold** verpönt ist, weil es den „bösen Blick" anziehen soll. Durch den Hausa-Einfluss in den Städten gewinnt das Gold inzwischen zunehmend an Bedeutung. Im Aïr werden auch Schmuckstücke aus **Speckstein** hergestellt, der geschnitten, gefeilt, gefettet, im Feuer geschwärzt und mit eingeritzten Ornamenten verziert wird. Ein unter Tuareg-Frauen beliebtes Material ist der **Achat,** der beispielsweise für das „Kreuz von Ingal" verwendet wird. Dieses „Kreuz" ist eigentlich ein Ring mit einem eingefassten Achat bzw. einem *mekkawi,* einem Dreieck aus rotem Glas, das Mekkapilger als Andenken

### Zur Symbolik der Tuareg-Kreuze

*Über den Symbolgehalt der Tuareg-Kreuze wurde von jeher viel spekuliert. Ein Zusammenhang mit dem christlichen Kreuz scheint ebenso eine Wunschvorstellung zu sein, wie die angebliche Verwandtschaft mit dem altägyptischen Symbol „ankh". Auch eine Verbindung mit dem Zeichen der Tanit, der Stadtgöttin von Karthago (phönizisch: Astrate), wonach das Kreuz von Agadez eine Sonnenscheibe zwischen dem Hörnerpaar auf dem Kopf der Göttin darstellen soll, gilt als abwegig. Wahrscheinlich stellen die Kreuze nichts anderes als Varianten des gleichschenkligen Dreiecks dar, die Grundform fast aller Tuareg-Objekte. Lediglich über das Agadez-Kreuz ist bekannt, dass es als Amulett mit magisch-heilender Wirkung betrachtet wurde. Mittlerweile muss es gleichsam als Symbol für alles herhalten, was irgendwie mit der Wüste zu tun hat. So findet sich das Agadez-Kreuz als Werbegag sowohl auf Berberteppichen im Maghreb als auch auf Lederprodukten im Sahel. Damit wandelte sich das ursprüngliche Amulett zum zweckfreien, sinnentleerten Ornament.*

mitbrachten. Wahrscheinlich war der Achat in vorkolonialer Zeit als Schmuckmaterial verbreiteter als Silber. Wertvolle Achat-Schmuckstücke werden im Aïr auch heute noch von Mutter zu Tochter vererbt.

Neben den „Kreuzen" gibt es eine **Vielfalt an weiteren Schmuckstücken.** Hier eine Auswahl der wichtigsten Varianten:

- Bei den *kel adrar n'Ifoghas* und den *kel ahaggar* findet sich die **chomeissa,** die dort wohl eine ähnliche Bedeutung hat wie das *taneghelt* im Südosten. Dabei handelt es sich um einen Anhänger aus fünf Rauten aus Muscheln oder Silberblech, die in Dreiecksform auf einer dicken, vielschichtigen Lederunterlage angeordnet sind. Getragen wird die *chomeissa* an einer Halskette aus schwarzen Glas- oder Karneolperlen. Sie ist ein Amulett gegen den bösen Blick, ihre Form soll die Hand der Prophetentochter *Fatima* symbolisieren.
- Bei den *kel ajjer* verbreitet ist ein **monumentaler Brustschmuck** aus zahlreichen silbernen Dreiecken, der nur an besonderen Festtagen angelegt wird.
- **Halsketten** finden sich in größter Formenvielfalt. Unter den Nomadinnen beliebt sind schlichte, bunte Ketten aus Glas- oder Kunststoffperlen, die sie neben dem Ziegenhüten selbst herstellen. Nur Perlen und Faden werden aus den größeren Städten besorgt.
- Ein sehr beliebtes und verbreitetes Schmuckstück ist der variantenreiche **Fingerring** *(tisek).* Er dient als kleines Geschenk, um bei einer Herzensdame Eindruck zu schinden, aber er zählt auch zu den wenigen Schmuckstücken, die auch Männer tragen.

Außerdem gibt es noch **aus Silber gefertigte Amulettbehälter** in Gestalt eines kleinen Döschens, in das Koranseiten gelegt werden. Männer tragen dieses Schmuckstück auf dem Kopf als krönenden Abschluss eines aus weißem und indigofarbenem Tuch gewickelten *tagelmust.* Amulette sollen vor dem bösen Blick und vor Verhexung schützen, aber auch vor Sterilität, Liebeskummer oder Armut und vor der Verwundbarkeit durch Waffen. So erzählen die *kel ewey* von ihrem legendären Stammeschef *Bolhou* aus dem 19. Jahrhundert, dass er sich im Kampf dank seines Amuletts habe unsichtbar machen können.

### Männerkleider

Die traditionelle Männerkleidung besteht im Wesentlichen aus drei Teilen, dem Schleier *(tagelmust),* dem Überwurf *(tekamist)* und der Hose *(akerbey).* Der *tagelmust* wurde im Kapitel „Typisch Tuareg?" ausführlich beschrieben.

**Der tekamist** ist im Sahara-Raum unter der arabischen Bezeichnung *gandura* und im Sahel unter dem Hausa-Namen *bubu* bekannt. Dabei handelt es sich um ein rechteckiges Tuch aus schwerer Baumwolle, in dessen Mitte wie bei dem Kleidungsstück der Frauen eine Öffnung für den Kopf geschnitten wird. In manchen Regionen werden an der Seite auch lange breite Ärmel angebracht. Der *tekamist* reicht bis zu den Waden. Es wird mit der Nähmaschine mit aufwendigen Stickmustern versehen und in die Falten werden Taschen eingearbeitet, in denen die Tuareg empfangene Geschenke wort- und spurlos „verschwinden lassen" können.

Von den Tuareg gern getragen wird die *akerbey,* eine sehr weit geschnittene, bis zu den Knöcheln reichende **Hose.** Zumeist wird sie aus leichtem schwarzem Baumwolltuch gefertigt. An den Außennähten werden Zierstickereien aus weißen oder gelben Schnüren angebracht. Die Vorlage dafür stammt ursprünglich aus Agadez und hat sich im Laufe der Zeit über das gesamte Tuareg-Gebiet verbreitet. Zur kompletten Bekleidung gehörten früher die **Ledersandalen,** die *eratimen.*

Mittlerweile hat sich das Erscheinungsbild der Tuareg stark verändert. Unter dem finanziellen Druck, aber auch wegen der sich wandelnden Mode neigen die Tuareg-Männer im Alltagsleben verstärkt dazu, westliche Kleidung und nicht etwa indigoblaue Festtagsgewänder zu tragen. Hier findet sich die gesamte Palette von **Jeans, T-Shirts und Hemden,** Parkas und Sportjacken, Pullover, Mützen und Schildkappen (bei den Frauen hingegen setzt sich eher die Hausa-Mode als der westliche Stil durch). Einmal begegnete ich in der Ténéré einem Karawanier, der ein T-Shirt mit dem Konterfei von *Bin Laden* und eine runde Stoffmütze mit dem Aufdruck „Bild-Zeitung" trug. Ich bezweifle, dass er über die Bedeutung dieser Symbole Bescheid wusste.

Als **Schuhwerk** beliebt sind Sportschuhe oder Trekkingschuhe. Solcher Luxus ist für die meisten Nomaden jedoch genau so unerschwinglich wie die traditionellen Eratimen-Sandalen. Ein ungewöhnliches und verbreitetes – weil billiges – Schuhwerk sind Überzieher aus reinem Plastik. Sie erfüllen zumindest den Zweck, den Fuß notdürftig vor Dornen zu schützen.

## Die Grundausstattung eines Hirten

Über die Kleidung hinaus bedarf der Tuareg-Nomade einer gewissen Grundausstattung, die ihn in die Lage versetzt, sowohl sich und seine Herde gegen Gefahren zu verteidigen als auch sein Kamel zu reiten. Er benötigt somit Waffen aus Metall und einen Sattel aus Holz und Leder. Beides wird von Spezialisten unter den Handwerkern, den Schmieden, hergestellt.

## Bewaffnung

Das wichtigste Verteidigungsmittel ist **das zweischneidige Schwert** *(takuba)*. Es war früher die Standardwaffe der noblen Tuareg und wurde im Nahkampf eingesetzt. Im späten 19. Jh. wurden die Klingen aus Europa geliefert, während die modernen Versionen oft von alten Karosserieteilen stammen. Eisen gilt als „unreines" und unheilvolles Metall. Zum Schutz des Besitzers werden darum alle eisernen Gegenstände mit „Segen bringenden", heilenden Metallen wie Messing oder Kupfer versehen. Beim *takuba* werden der Griff und der Knauf sowie die kunstvoll verzierte Scheide aus „reinem" Material gearbeitet.

Heute dienen Schwerter den Hirten nur noch als Prestigesymbol oder um Schakale zu vertreiben und Schlangen zu töten. Vor die Wahl gestellt würde ein moderner Hirte dem Schwert wohl ein Radio vorziehen. Darum werden Schwerter aus Geldnot gern an Touristen verkauft.

Die zweite wichtige traditionelle Waffe der *imajeghen* war die rund **zwei Meter lange Lanze** *(allar)* aus Vollmetall, die als Wurf- und Stichwaffe verwendet wurde. Heute wird sie nur noch bei Festen für den Tanz der *imajeghen*, den *deremmage*, eingesetzt.

Die traditionelle Ausstattung des noblen Kriegers vervollständigte ein mit Antilopen-Leder überzogener **Metallschild** *(aghar)*. Leider sind die Schilde mittlerweile sehr selten geworden, da sie auch in traditionellen Zeremonien nicht mehr benutzt werden.

## Tamzak – der Kamelsattel

Für jeden erwachsenen Tuareg-Nomaden ist es eine Frage der Ehre, einen *tamzak* zu besitzen. Sein **Prestige** beruht wohl auf seiner herausragenden Schönheit, zusätzlich signalisiert er einen gewissen Reichtum. Denn einen eigenen *tamzak* kann sich nur leisten, wer über eine hinreichend große Kamelherde verfügt.

Die besten und schönsten Tuareg-Sättel werden von berühmten **Spezialisten in Agadez** hergestellt und bis nach Algerien und Libyen exportiert. Das Gerüst des *tamzak* besteht aus Holz, der Überzug aus Leder. Der Schaft des gegabelten Vorderteils wurde früher mit Gepardenfell überzogen, um Schnelligkeit, Kraft und Dynamik zu symbolisieren. Heute wird dazu Ziegenfell verwendet. Die Rückseite der Lehne und der Zierspitz unter dem Vordergriff sind mit Metallblechen, -fäden und -punzen verziert. Für die prächtige Dekoration werden raffinierte Techniken eingesetzt.

Mit dem tamzak gesattelte meharis (weiße Kamele)

Über die Formen des dreifach gegabelten Griffs und der spitz zulaufenden Lehne wurde viel spekuliert. Am plausibelsten ist die Ansicht, dass sich dahinter auch wieder die weit verbreitete **Grundform des gleichschenkligen Dreiecks** verbirgt, wenn auch auf stilisierte Weise. Dieses Symbol repräsentiert gleichsam die rhythmische und zyklische Ordnung der Tuareg-Welt. Wie im Kapitel „Das Weltbild vom steten Ringen um Balance" dargestellt, stellt der *imuhar* das ideale Gleichgewicht zwischen der Welt Allahs und dem Wirkungskreis der Geister dar. In Anlehnung an das Symbol vom reitenden Tuareg ließe sich demnach formulieren: Wer in einem *tamzak* auf dem Rücken eines Kamels reitet, stellt nicht nur selbst das optimale Gleichgewicht der Welt dar, er sitzt auch in einer idealen Ordnung.

### Alltägliche Gebrauchsgegenstände

Neben seinen Waffen benötigt der Hirte auch heute noch gewisse Kleingeräte zur Erleichterung seiner Arbeit. Dazu zählen Feuerzeuge und Pinzetten. Als **Feuerzeug** *(enefed)* wurden früher Schlageisen, Feuerstein und Baumwollfäden als Zunder verwendet. Dieses „Gerät" wurde mittlerweile selbst in den abgelegensten Winkeln von Streichhölzern und Wegwerf-Feuerzeugen verdrängt.

**Pinzetten** *(iremdan)* sind für die Arbeit im „Busch" absolut unentbehrlich, denn der Boden ist voller Dornen, die sich schnell in Hirten- und

Kamelfüße bohren. *Iremdan* ist eigentlich ein eisernes Kombi-Gerät, bestehend aus einem langen Dorn auf der einen Seite und einer kräftigen Pinzette auf der anderen. Doch auch dieses sehr roh geschmiedete Instrument wird zunehmend durch westliche Industrieprodukte wie Taschenmesser verdrängt.

Interessanterweise werden von den *enaden* kaum **Messer** geschmiedet. Bei den Nord-Tuareg werden nur Zierdolche, die eine verkleinerte Form der *takuba* darstellen, für Touristen hergestellt. Die Hirten hingegen bedienen sich für ihren Arbeitsalltag der Messerproduktion benachbarter Ethnien. Bei den *kel aïr* etwa sind die einfach gestalteten, aber sehr scharfen und preisgünstigen Dolche der Tubu beliebt. Sie werden für die Schlachtung von Vieh, für das Schneiden von Futterpflanzen oder das Kappen von Seilen verwendet.

Komplett ausgestattet ist ein Nomade jedoch erst mit dem **Teegeschirr,** bestehend aus einem Wasserkessel, einem Teekännchen, einem Tablett, mehreren Gläsern und einem Drahtherd. Vor der Zeit des Kristallzuckers war auch der Zuckerhammer unentbehrlich. Der Kessel wird zumeist aus Algerien importiert, das Kännchen kommt aus Nigeria, Marokko oder China, das bunt verzierte Blechtablett aus dem Maghreb und die Gläschen aus Frankreich.

# Wohnformen

Die Wohnform einer Nomadengesellschaft ist zugleich auch ihre Lebensform, denn Mobilität ist die Bedingung dafür, dass die Tuareg ihre Weiden nachhaltig nutzen können. Hirten müssen mit einem **Minimum an Wohnsubstanz** auskommen, weil unnötiger Ballast das häufige Siedeln erschwert. Wir Sesshaften pflegen umso mehr Besitz anzusammeln, je länger wir an einem Ort leben. Dadurch werden wir immer unbeweglicher. Der einzige anzuhäufende Besitz der Nomaden hingegen ist ebenfalls mobil: das Vieh! Dennoch sind die Tuareg in gewisser Hinsicht von den Sesshaften abhängig. Sie können zwar für viele Monate ausschließlich mit und von ihren Kamelen oder Ziegen leben, aber möglich wird dies erst durch eine **Grundausstattung** mit Ausrüstungsgegenständen wie Schwertern oder Indigotüchern. Diese können jedoch nur unter sesshaften Bedingungen produziert werden. Der Nomadismus steht somit zur Kultur der Sesshaften in einem Abhängigkeitsverhältnis.

Wie die Menschen wohnen, hängt in Selbstversorger-Gesellschaften von der Verfügbarkeit brauchbarer Materialien ab. Da die Tuareg mittlerweile eine große Bandbreite an Lebensstilen aufweisen, wuchs auch die

**Vielfalt an Wohnformen.** Man findet einfachste Lager, die kaum Windschutz bieten, genauso wie vollklimatisierte Villen. Traditionellerweise leben die Tuareg in Zelten oder Hütten.

## Wohnform Zelt

Wenn ein Nomade seine Familie besuchen will, so wird er stets fragen: „Wo stehen die Zelte?", niemals aber „Wo befindet sich meine Familie?", denn das Zeltlager *(aghiwan)* ist der Mittelpunkt der Familie. *Aghiwan* bedeutet im übertragenen Sinne „Zuhause" oder „Wohnsitz". Das materielle, einzelne Zelt in seinen verschiedenen Formen wird dagegen *ehan* genannt. In der Regel besteht ein *aghiwan* aus mehreren Zelten und bildet somit eine kleine Zeltsiedlung. Es ist gleichsam der gemeinsame **Lagerplatz der gesamten Familie:** Hier kommen alle Familienmitglieder während der Regenzeit zusammen, wenn die sprießenden Gräser erlauben, die Kamel- und Ziegenherden auf relativ engem Raum zu weiden. Während der Trockenzeit leben hier nur die selbstständige Mutter als „Herrin der Zelte", die Kinder, die zum Hüten der Ziegen noch zu klein sind, Geschwister, die noch keinen eigenen *aghiwan* haben und im Haushalt helfen, sowie unterstützungsbedürftige Eltern. Die älteren Töchter hingegen müssen nun weit umherstreifen, um genug Nahrung für die Ziegenherde zu finden. Ehemann und Söhne weiden die Kamele oder sind „auf Karawane".

Die **Herstellung der Zelte ist Frauenarbeit.** Wenn das *aghiwan* versetzt wird, transportieren die Frauen die Zeltmaterialien auf ihrem Esel und bauen das Zelt auch selbst wieder auf. Es verbleibt ihr Leben lang in ihrem Eigentum. Die Zelte werden aus Leder oder Matten gefertigt. Das **Lederzelt** *(ehaket)* ist der häufigste Zelttyp bei den Tuareg. In der trockenen Zentralsahara (bei den *kel ajjer* und *kel ahaggar)* werden die Lederzelte ganzjährig, im Sahel nur während der Regenzeit genutzt, da sie wasserdicht sind. Während der kalten Trockenzeit werden hier **leichte Zelte aus Flechtmatten** bevorzugt, weil der Lagerplatz wegen der dürren Weiden häufiger gewechselt werden muss. Die Größe eines Lederzeltes ist vom Wohlstand der Familie abhängig. „Normale" Zelte sind etwa vier mal fünf Meter groß und nur um die 130 cm hoch. Sie dienen nur als Schlafgemach und als Lagerraum, das aktive Leben (Kochen, Empfang von Gästen ...) spielt sich außerhalb des Zeltes ab. Die Lederplane besteht aus 30 bis 50 Ziegen- oder Schafhäuten, doch gibt es auch „Zeltpaläste", die aus 150 Häuten bestehen und deren Plane mannsschwer wiegt.

Neue Zeltplanen werden hergestellt, sobald die Heirat einer Tochter vereinbart ist. Die Herstellungsprozedur ist ein **wichtiges soziales Ritual,**

das die Familienbande festigt. Die Häute werden innerhalb der Verwandtschaft gesammelt und gemeinsam imprägniert und zusammengenäht. Die
zukünftige Zeltherrin sorgt für die Verpflegung der Näherinnen. Imprägniert werden die Häute mit Butter und Ocker, so werden sie wasserdicht
und widerstandsfähig gegen die Sonnenstrahlung. Dann werden sie mit
Lederfäden zusammengenäht und über verzierte, fest verankerte Zelt-
pfosten gezogen. Das Zelt wird in Nord-Süd-Ausrichtung aufgestellt, mit
der Zeltöffnung nach Westen.

Im Inneren des Zeltes herrscht eine **geschlechtsspezifische Raumauf-
teilung.** Im Zentrum steht ein Bett mit der Fußseite nach Westen zum Eingang gerichtet. Das im Aïr übliche Bettgerüst *tadabut* ist eine aufwendige
Konstruktion aus vier Hockern, auf denen zwei verzierte Querrollen
aufliegen, die wiederum Längsbalken tragen. Darauf befindet sich der
„Lattenrost" aus Dumpalmen- und Grasmatten. Die *kel ahaggar* schlafen
nur auf Wolldecken. Rechts des Bettes, auf der **Männerseite,** deponieren
die Männer Schwert, Sattel und Zaumzeug, links die Frauen ihre Koch-
utensilien. Babys schlafen in aufgehängten, geflochtenen Körben, Kleinkinder neben dem elterlichen Bett auf dem Boden, der mit Matten, Baum-
wollteppichen und Lederkissen dekoriert ist. Während der Vater mit den
Kamelen unterwegs ist, kriechen die Kinder auch gern ins Bett der Mutter.
Die Aktivitäten des Alltags und der Empfang von Gästen finden in der Regel vor dem Zelt statt. Damit Gäste den Intimbereich der Familie nicht ein-

sehen können, wird dieser durch eine Lederplane oder eine Matte abgeschirmt.

Die *kel gress* (Südniger) und die *kel aïr* (Nordostniger) bevorzugen **Mattenzelte** aus Blättern der Dumpalme, denn das Rohmaterial ist billiger als Ziegenhäute und überall im Aïr und im Süden verfügbar. Dazu flechten Hirtinnen aus den Dumblättern 10 cm breite Bänder und nähen daraus ovale oder rechteckige Matten. Je nach Größe der Matten werden 6 bis 10 Stück auf ein kuppelförmiges Gerüst aus geflochtenen Ästen gelegt, um ein Zelt von vier Metern Durchmesser und zwei Metern Höhe zu bauen. Wird ein Lager verlegt, bleibt das Gerüst bis zur Rückkehr stehen, während die Matten mitgenommen werden. Am neuen Lagerplatz wird dann wieder ein Gerüst aufgebaut. Das Innenleben eines Mattenzeltes ist dem eines Lederzeltes vergleichbar.

## Wohnform Hütte

Wenn ein *aghiwan* an einem versorgungstechnisch günstigen Ort steht, kann daraus eine auf Dauer eingerichtete Siedlung entstehen. Dann werden die Zelte zunächst befestigt und dann schrittweise durch Hütten ersetzt, die aus dem jeweils verfügbaren Material (Schilf, Matten, Holz, Lehm oder Stein) gebaut werden.

- **Schilfhütten** *(ekeber)* sind in der Zentralsahara üblich, werden aber wegen der zurückgehenden Schilfbestände seltener. Diese Hütten bestehen aus einem Holzgerüst von einigen Metern Seitenlänge, das mit Schilf verkleidet wird. Das ungeschnittene Schilf verleiht den Hütten ein buschiges Aussehen und verursacht ein typisches Rauschen.
- Für **Hütten aus geflochtenen Matten** wird ein Gerüst aus Stangen konstruiert, die im Boden verankert werden. Damit keine Ziegen in diese „Zelthütte" gelangen, ist dieses feste Lager oft von einem Zaun aus Ästen und Dornsträuchern umgeben.
- **Hütten aus festen Materialen** werden z. B. im Aïr aus aneinander gelegten Ästen gebaut. Diese Bauweise verbraucht extrem viel Holz, woran in der Wüste wegen des langsamen Wachstums der Bäume ohnedies Mangel herrscht. Um der steigenden Nachfrage nach Unterkünften – infolge des enormen Bevölkerungswachstums – ohne Schädigung

Gerüst eines Mattenzelts

des Baumbestandes nachkommen zu können, wird heute mit **Lehm und Stein** gebaut. So wurden beispielsweise die Hütten in Assode, dem einstigen Zentrum der *kel ewey* im Aïr, aus Stein errichtet. Als Baumaterial beliebter sind luftgetrocknete Lehmziegel *(banco)*, weil sie leicht zu bearbeiten sind. Weil aber Lehm für Regen anfällig ist, müssen die Hütten nach jeder Regenzeit wieder repariert werden. Lehmhütten sind wie ein Schuhkarton geformt, mit wenigen kleinen Fenstern, die mit aufklappbaren Brettern versehen sind. Die Dächer bestehen aus halbierten Dumpalmenstämmen, bedeckt mit geflochtenen Matten und Lehm. Die Eingänge sind offen oder werden mit Holztüren verschlossen. Den Hof solcher Hütten umgeben Schilf- oder Lehmzäune.


## Timia – ein „Bilderbuchdorf" im Aïr

*„Timia" - schon der Name ist pure Poesie und verheißt Schönheit im schlichten Gewand, Eleganz ohne Pomp und Glitter. Das Dorf der „kel ewey" im Herzen des Aïr-Massivs erscheint als perfekte Inszenierung eines touristischen Höhepunktes, der errungen werden will, anstatt sich anzubiedern. 220 holprige Pistenkilometer hinter Agadez, vorbei an kahlen Mondlandschaften, stößt man auf die **„Cascade", das Wahrzeichen des Dorfes:** Ein kühles Rinnsal an einer Basaltwand nährt ganzjährig einen kleinen klaren See. Abseits warten geduldig Schmuckhändler aus dem Dorf auf Reisende. Oberhalb der Basaltbarriere verläuft das breite Wadi entlang grüner Gärten, wo unter einem Baldachin aus Dattelpalmen süße Pampelmusen, leuchtende Orangen, duftende Mandarinen und knackige Granatäpfel gedeihen. Dann schließlich brandet das üppige Grün der Gärten auf die kahle Flanke des Hügels Tawadu, auf dessen Kuppe das alte „Fort Massu" steht, ein Relikt aus der Kolonialzeit. Von hier eröffnet sich ein sagenhafter Rundblick auf die umliegenden Weiden, Gärten, Berge - und das Dorf.*

*Auf 1200 Metern Seehöhe gelegen, schmiegen sich Hunderte **Lehmhütten der „kel ewey"** schachbrettartig aneinander, überragt vom kahlen Fels des knapp 2000 Meter hohen Adrar Egalah. Die Geschlossenheit der Siedlung und der Kontrast der prallen Gärten zu dem kargen Umland begeistern von jeher europäische Reisende, die sich hier in einem grünen Hafen inmitten eines mondhaften Universums wähnen. Vor dem weiten, gleißend hellen Wadi wirken die dicht gedrängten braunen Lehmhäuser wie eine Festung gegen Bedrohungen aus der Wüste.*

Zur Schonung des Holzbestandes wurde im Aïr die sogenannte „Holz-los-Bauweise" entwickelt und verbreitet. Dabei werden beliebig viele quadratische Räume **mit Kuppeldächern aus Lehmziegeln** kombiniert. Diese vornehmlich in Agadez zu findende Architektur passt sich wunderbar ans Landschaftsbild an, erfordert aber einiges an Know-how.

In den alten Karawanenstädten Ghadamês, Timbuktu und Agadez war Lehm das zentrale Baumaterial. Menschen mit geringen finanziellen Mitteln bauen heute noch mit Lehm, während moderne Familien zu Beton und Klimaanlagen neigen, obwohl Lehm besser isoliert. So ziehen die Menschen in Ghadamês während des Sommers die kühleren Lehmbauten der Altstadt ihren modernen Betonwohnungen vor.

*Wegen der exponierten Lage des Dorfes kamen die „kel timia" erst relativ spät mit Europäern in Berührung. Heinrich Barth hatte nur vom Tal „Tchimmia" und dessen wunderbaren Palmenhainen gehört. Als **erster Europäer** besuchte der Deutsche Erwin von Bary im Jahr 1877 das Dorf und berichtete von blühenden Gärten, in denen damals Tabak und Pfeffer gezogen wurden. Während der Kolonialzeit verführte das Dorf Offiziere zum Schwärmen: „Seine Höhenlage, seine grandiose und wilde Umgebung, der grüne und harmonische Gürtel seiner Palmenhaine und Gärten, seine verschlossene Bevölkerung und der fanatische Charakter seines Islam machen Timia zu einem einzigartigen Ort im Aïr." Von Forschern wurde das Dorf lange Zeit ignoriert, weil es sich bei den „kel ewey" doch um „schwarze" und somit keine „richtigen" Tuareg handelte. Erst im Jahr 1976 entdeckte der deutsche Ethnologe Gerd Spittler die „kel timia", bei denen er einige Jahre verbrachte und die Bevölkerung in vielerlei Hinsicht unterstützte.*

*Während der Rebellion war das Dorf weitgehend von der Außenwelt abgeschnitten. Nach den Kämpfen kehrten die ersten Touristen nach Timia zurück, unter ihnen der Normanne Michel Bellevin. Die Gastfreundschaft der „kel timia" berührte ihn so sehr, dass er die Gründung eines Hilfsvereins beschloss, den er **„Freunde von Timia"** nannte. Eine ihrer zahlreichen Aktionen zur Dorfentwicklung war die Renovierung des verfallenen „Fort Massu", das seither Besuchern als Museum, Teestube und Herberge offen steht, in der man hoch über dem Dorf die süßesten Pampelmusen Afrikas genießen kann.*

# Wohnform Hirtenlager

Hirtinnen ziehen die meiste Zeit mit ihren Ziegen von Weide zu Weide, während Hirten entweder ihre selbstständig weidenden Kamele zusammensuchen oder mit einer Karawane unterwegs sind. Darum sind deren Lager äußerst einfach und nur auf einige Tage bis zum nächsten Weidewechsel angelegt. Entsprechend den unterschiedlichen Anforderungen an die Hirtenarbeit gibt es **unterschiedliche Lagertypen.**

- Das **Lager eines Hirten** (*edaw,* wörtl. „Busch") wird an einem Ort errichtet, der von günstigen Weiden umgeben, nicht zu weit von einem Wasserloch oder Brunnen entfernt ist und der einen Baum und einen Felsen aufweist. Der Baum dient als „Schrank", um Wassersäcke, Schwerter, Teegeschirr und Seile aufzuhängen. Unter dem Felsen werden die Hirsevorräte gelagert und so vor der Sonne und notdürftig vor Tieren geschützt. Mörser (*tende,* dient mit Haut bespannt auch als Trommel), Stößel, Kochtopf, Kalebassen, hölzerne, verzierte Esslöffel und Behälter für die Kamel- oder Ziegenmilch vervollständigen das Lager. All diese Gegenstände sollten auf dem Baum aufbewahrt werden, um sie vor den *kel essuf,* den bösen Geistern, und somit vor Tieren oder vor dem Verlust zu schützen. Denn tagsüber, wenn der Hirte seine Kamele sucht, die sich auf der eigenständigen Suche nach Futter zu weit entfernt haben, bleibt das *edaw* unbeaufsichtigt zurück. Doch zumeist sind Hirten achtlose „Hausmänner", die ihren Hausrat nachlässig auf dem Boden liegen lassen. Geschlafen wird unter freiem Himmel auf einer Matte oder einer Decke im Schutze des Felsens, wo auch gekocht und gegessen wird. Das *edaw* bietet somit **keinerlei Schutz,** dafür aber große Mobilität. Es gilt als auch nicht als „Zuhause" (*aghiwan),* denn dazu gehört eine Frau. Zumeist nächtigt ein Hirte allein in seinem *edaw.* Vorübergehend können aber auch bis zu zehn Hirten zusammen lagern, etwa nachdem sie die Salzkarawane von Bilma ins feuchtere Hausa-Land geführt haben und dort gemeinsam die kalte Trockenzeit „überwintern".
- Das **Lager einer Ziegenhirtin,** *garra,* besteht äußerlich lediglich aus einem Windschutz. Während der Regenzeit bauen die Hirtinnen zusätzlich ein einfaches, grasbedecktes Pfahlgerüst. Vor der Winterkälte schützt eine Hütte aus Matten oder Baumrinde. Am wohnlichsten ist die *bukka,* ein mit Matten bedecktes Gerüst aus gebogenen Ästen. Dieser „Luxus" ist solchen Hirtinnen vorbehalten, die regelmäßig vom Ehemann besucht werden. Ein Hirtinnenlager unterscheidet sich von einem *edaw* durch **Sauberkeit und Ordnung,** weil andernfalls die Ziegen sämtliche herumliegenden Gegenstände anknabbern würden. Sauberkeit ist auch für die **Käsezubereitung** wichtig. Ein mit Gras bedecktes

Gerüst dient dem Trocknen der Käselaibe. Für deren Herstellung sind hölzerne Melkkübel, eine Kalebasse für den Labmagen, Fasern aus Dattelpalmen als Milchsieb und das Geflecht *tesabar* nötig, mit dem der Käse geformt wird. Auf einem weiteren Ständer werden Vorräte und die notwendigsten Haushaltsgegenstände gelagert. Dazu zählen Mörser, Stößel, Reibestein, Kochtopf, Kalebassen, Löffel und Teegeschirr. Eine Feuerstelle aus Steinen und ein Gatter aus Dornengeäst für die Zicklein vervollständigen ein Hirtinnenlager. Eine Hirtin schläft normalerweise allein in ihrem *garra,* so wie sie auch ihre Ziegen tagsüber allein weidet. Dennoch ist eine Hirtin nicht völlig der Einsamkeit ausgesetzt, denn normalerweise befinden sich **mehrere *garra* in Rufweite zueinander.** Dadurch können die Hirtinnen einander in Notfällen beistehen und der Weg zur abendlichen Plauderei ist nicht so weit. Andererseits sollen sich die Ziegenherden der Hirtinnen, die abends im Umfeld des *garra* lagern, nicht vermischen. Die nächste Wasserstelle sollte höchstens sieben Kilometer vom Lager entfernt sein, mehr schafft kein Zicklein. Die Qualität der direkt umliegenden Weide spielt für das *garra* keine Rolle, weil die Herden tagsüber zu den guten Weiden geführt werden. Das ist weniger anstrengend, als jeden Tag das Lager zu einer neuen Weide zu verlegen. Gewechselt werden solche Lager erst, sobald das Umfeld voller Ziegenkot ist. Und weil Tuareg die Einsamkeit hassen, werden die Hirtinnen aller benachbarten *garra* möglichst gemeinsam umziehen.

Hirtenlager sind nur mit dem Notwendigsten ausgestattet. Ein familiäres Lager hingegen erlaubt einen gewissen Luxus, hier will man es gemütlich haben und die Zeit mit der Familie und den Gästen genießen. Hier wird Wert auf Sauberkeit und Ordnung gelegt, weshalb sich ein *aghiwan* stets durch einen umgrenzten, aufgeräumten und sauberen Platz auszeichnet, vor allem aber durch mehr Inventar und Vorräte.

## Städtische Zentren der Tuareg

### Mythos Timbuktu

Timbuktu steht für die große Sehnsucht nach Schätzen, die europäische Regierungen teure Expeditionen finanzieren ließen. Es verkörpert den **Klang von Exotik und Abenteuer,** der ungeahnte Erfahrungen verspricht. Es steht aber auch für die herbe Enttäuschung jener, die ihre Reise durch die Wüste mit den räuberischen Tuareg überlebten und ein verfallenes, verdrecktes Dorf vorfanden. Und Timbuktu ist das einstige geistige Zentrum der muslimischen Sahelvölker. Diese Verbindung aus Mythos, Geschichte und Architektur erhebt Timbuktu zu einer der bedeutendsten UNESCO-Kulturstätten Afrikas.

Im 14. Jahrhundert war die Stadt **der Mittelpunkt des Salz- und Gold-handels** des Königs von Mali, *Kan-kan Musa,* dessen legendärer Reichtum überliefert ist. In dieser Epoche wurden die Djinger-ber-Moschee und die große Sidi-Yahia-Moschee erbaut. Der arabische Reisende *Leo Africanus* schilderte die Stadt als eine reiche Metropole, in der Gold, Seide, Elfenbein, Schmuck und Sklaven gehandelt wurden und in deren Universität Sankóre astronomische und anatomische Studien betrieben wurden. Ab dem 17. Jh. aber geriet Timbuktu zwischen die Fronten rivalisierender Stämme und versank in Bedeutungslosigkeit. Doch die Stadt blieb ein Ort der Begegnung, in dem Tuareg, Mauren, Songhai, Mandinka, Fulbe und Bambara miteinander lebten, wenn auch in eigenen Vierteln.

Im Jahr 1988 wurde Timbuktu wegen seiner zahlreichen Moscheen aus der Songhai-Periode zum **UNESCO-Weltkulturerbe** erhoben. Die Bibliotheken der Stadt beherbergen über 100.000 kostbare alte arabische Schriften. Doch was bleibt jenseits der historischen Relikte vom Mythos? Die letzte große Karawane aus Marokko traf im Jahr 1937 ein. Heute wird nur noch der lokale Salzhandel mit Taoudenni betrieben.

**Berühmte Söhne Timbuktus** sind der Blues-Musiker *Ali Farka Touré* (1939–2006) und der internationale Stardesigner *Alphadi* (*1957).

Agadez – das Tor zur Wüste

1500 km östlich von Timbuktu liegt Agadez, das der Forschungsreisende *Ibn Battuta* (1304–1377) als die „größte, schönste, stärkste Stadt" der Sahelregion schilderte. Im 16. Jahrhundert war die Handelsstadt so **wohlhabend,** dass sie sich den jährlichen Tribut von 150.000 Dukaten an das Songhai-Reich leisten konnte. Damals dürfte die Stadt einen Umfang von fünf Kilometern und rund 10.000 Einwohner gehabt haben. Dann erlitt Agadez das gleiche Schicksal wie Timbuktu als Verlierer zwischen kriegführenden Tuareg-Stämmen.

Agadez war stets ein Ort des Austausches zwischen verschiedenen Bevölkerungsgruppen. Im 16. Jahrhundert wurden hier Tamaschek, Hausa und Songhai gesprochen. In den 1950er-Jahren war Agadez vornehmlich von dunkelhäutigen Hausa besiedelt, doch auf den Märkten trafen sich auch **Tuareg, Wodaabe und Araber.** Aus diesem Kultur-Mix erklärt sich die kulturelle Kraft, die Agadez auch heute zu einer vitalen Stadt macht, die fast wie ein lebendiges Museum wirkt. Erst seit dem Ende der Rebellion erlebt die Stadt eine merkliche **Modernisierung.** Heute ragt aus der Mitte der Altstadt ein gigantischer GSM-Sender und die meisten Tuareg in

Märchenerzähler in Agadez, im Hintergrund das berühmte Lehm-Minarett

Agadez tragen anstelle ihrer Schwerter Mobiltelefone. Dennoch dreht sich hier das Rad der Zeit langsamer. Immer noch wandeln Nomaden durch die staubigen Gassen zwischen den Lehmgebäuden und auch die Feste werden noch genauso ausgelassen und farbenfroh gefeiert wie früher.

## Essen und Trinken

Zu den Tuareg reist man nicht, um eine Genusskultur kennenzulernen, denn die Speisekarte der Nomaden ist äußerst karg und variationsarm. Im Vordergrund der nomadischen Esskultur steht, überspitzt formuliert, die **„würdevolle Sättigung".** Für feine Geschmacksnuancen ist hier wenig Raum. Dies ändert sich freilich mit zunehmendem Abstand vom Nomadenland. Die von Tuareg geführten Restaurants in den Städten, wie auch die Küche der Tuareg-Reiseagenturen bieten ein äußerst schmackhaftes Essen, das im Vergleich zur Speisekarte der Nomaden auch recht variantenreich ist. Der westliche Gast hingegen muss seine Erwartungen deutlich herunterschrauben.

In den städtischen Zentren werden zunehmend westliche Gepflogenheiten übernommen. Hier isst die Familie gemeinsam an einem Tisch mit Besteck und im Hintergrund läuft der Fernseher ...

Doch wie sehen die Regeln und Sitten der ländlichen Bevölkerung hinsichtlich ihrer Esskultur aus?

# Zur Esskultur

## Wer isst mit wem?

Wie in zahlreichen traditionellen Gesellschaften üblich, pflegen auch bei den Tuareg die **Männer und Frauen getrennt** voneinander zu essen. Als besonders unehrenhaft gilt es für einen Mann, eine Mahlzeit in Gegenwart seiner Schwiegermutter einzunehmen. Gibt es keine getrennten Räume, wie etwa in einem Nomadenlager, dann werden zuerst die Männer, dann die Frauen und zuletzt die Kinder verköstigt. Früher aßen die Sklaven zuletzt. Wenn Frauen in einem abgetrennten Raum essen, dann füttern sie auch gleich ihre Kinder mit. Gemeinsam gegessen wird üblicherweise nur in jungen Kleinfamilien.

## Wie wird gegessen?

Für das gemeinsame Essen hocken die Männer **auf dem Boden** um die Schüssel herum, die zumeist mit Hirsebrei *(eshink n enele)* gefüllt ist. Das „Büfett" gilt als eröffnet, sobald der Hausherr die Segensformel *„bismillah"* ausspricht, was so viel wie „mit Gottes Segen" bedeutet. **Gegessen wird mit Löffeln,** die mit der rechten Hand zum Mund geführt werden. Die linke Hand gilt als „unrein", auch weil sie für die Toilette verwendet wird. Wenn ältere Männer in Gesellschaft anderer Personen speisen, nehmen sie auch währenddessen den Schleier nicht ab und führen etwas umständlich den Löffel darunter her zum Mund. Gemeinsames Essen wird nach traditioneller Vorstellung oft als peinlich empfunden.

Gegessen wird im Nomadenlager **rasch und schweigend.** Hier hat die Mahlzeit weniger mit einem Ritual des sozialen Austausches als vielmehr mit der notwendigen und – glücklicherweise möglichen – Aufnahme von Nahrung zu tun. Dies gilt in besonderem Maße während einer Karawane, wenn keine Zeit zu verlieren ist. Diesen hastigen Essstil habe ich überall dort erlebt, wo der Hirsebrei das Hauptnahrungsmittel darstellte, so auch in Timia oder in Agadez bei einfacheren Menschen. Je stärker sich Tuareg an das städtische Leben gewöhnen, desto mehr wird das Essen zu einem Ritual des sozialen Austausches. Etwa bei Schmieden in Timia, bei denen nicht nur abwechslungsreicher gegessen wurde, sondern auch fröhlicher und unterhaltsamer.

## Verteilung der Speisen

Gibt es ein Gericht, in dem sich besondere Leckerbissen wie Gemüse- oder Fleischstücke befinden, so schiebt der Hausherr diese dem Gast zu. Ansonsten pflegt jeder aus seiner „Region" der gemeinsamen Schüssel zu essen, um dem Nachbarn nicht in die Quere zu kommen. Hat man genug, dann spricht man die Dankesformel *„alhamdullilah"*, was so viel wie „gelobt sei Allah" bedeutet. Den guten Sitten folgend, wird man versuchen sich zurückzuhalten und das Essen möglichst frühzeitig zu beenden, um den größeren Teil der Speisen **für Frauen und Kinder** übrig zu lassen. Sind jedoch Gäste anwesend, so werden diese aus Höflichkeit immer wieder zum Essen angehalten, bis sie selbst *„alhamdullilah"* sagen.

Unter Nomaden ist es auch üblich, zum Mahl Ziegen- oder wenn verfügbar Kamelmilch zu trinken. Dazu wird eine Schüssel im Kreis herumgereicht und ein wenig davon getrunken, damit jeder zu seinem Teil kommt. **Wasser** gibt es üblicherweise erst nach dem Essen. Dazu wird wiederum eine Schüssel mit Wasser gefüllt und im Kreis herumgegeben. Vom Wasser kann man so viel trinken, wie man möchte, denn daran herrscht normalerweise kein Mangel. Allerdings trinken Tuareg im Vergleich zu Europäern relativ wenig, da sie sich behutsamer bewegen und insofern einen geringeren Flüssigkeitsverbrauch aufweisen.

Als „komplett" wird ein Essen sogar während einer Karawane erst dann empfunden, wenn der *ashahi,* die **drei Runden grünen Tees,** serviert wurde. Mit dem Teezeremoniell verändert sich aber auch die Stimmung. Nun ist die „notwendige" Nahrungsaufnahme vorüber und der angenehme, unterhaltsame Teil kann beginnen. (Näheres zum Teezeremoniell im Kapitel „Typisch Tuareg?".)

### Was ist tabu?

Während in vielen Kulturen Aufstoßen als Anerkennung des guten Essens gilt, ist dies bei den Tuareg verpönt. **Rülpser** werden als Teil des Atems und somit als Mittel zur Übertragung von bösen Geistern betrachtet. Dies gilt erst recht für **Darmwinde,** deren Entweichen als extrem unhöflich empfunden wird.

Die **Handwäsche** vor und nach dem Essen ist im Nomadenmilieu unüblich. Einerseits verwendet man zum Kochen und Essen nur die rechte Hand, während die als unrein geltende Linke ausschließlich zur Körperreinigung nach der Toilette verwendet wird. Andererseits wird zum Essen der Löffel benutzt, weshalb man mit der Hand in keinen direkten Kontakt mit dem Essen gerät. Die Hände wäscht man sich üblicherweise mit Sand vor dem Gebet oder mit Wasser, wenn man zu einem Brunnen kommt.

## Speisen und Getränke

*„Aman iman – ach assuder"* lautet das Grundprinzip der Tuareg, wenn es ums Essen geht: „Wasser ist Leben, Milch ist Nahrung". Ohne Wasser ist kein Überleben möglich. Wo es aber Wasser gibt, dort gibt es Weiden

und wo es Weiden gibt, dort können Ziegen und Kamele gedeihen und wo diese Tiere leben können, dort gibt es auch Milch.

## Ziegen- und Kamelmilch

Tuareg-Nomaden **leben von Milch,** sofern sie welche haben. Dann wird sie, ob von Ziegen oder Kamelen, frisch getrunken. Das ist jedoch nur dann möglich, wenn die Weiden saftig genug sind. Während der heißen Trockenzeit, die von März bis Juli dauert, müssen vor allem die Hirtinnen oftmals darben und auch hungern. Denn dann geben die Ziegen keine Milch mehr und auch ihre zweite Nahrungsgrundlage, die Hirse, wird knapp.

Die überragende Rolle der Kamelmilch als Nahrungsgrundlage der Nomaden beschreibt der kel-ewey-Forscher *Gerd Spittler,* indem er deren Aufnahme als **Hirtenglück** beschreibt. Eine Schale fetter, warmer Kamelmilch an den Mund zu setzen und in großen Zügen zu trinken, stellt einen Höhepunkt im kargen Leben eines Hirten dar. Auch für Hirtinnen ist es ein erlösender Genuss, wenn sie tagsüber im Schatten einer Akazie Erholung suchen und sich dann eine Schale Ziegenmilch gönnen. Die Hirten der *kel ahaggar* leben manchmal für Monate ausschließlich von Kamelmilch. Dabei konsumieren sie bis zu **fünf Liter täglich.** Weil die Milch sehr vitamin- und enzymreich ist, leiden die Hirten zwar unter keinerlei Mangelerscheinungen, aber ihr Haar bleicht aus und nimmt einen rötlichen Ton an. Die dunke Pigmentierung des Haars stellt sich jedoch wieder ein, sobald der Betroffene auch wieder Getreide zu sich nimmt.

OSehr Foto: hf

## Butter und Käse

Während Kamelmilch ausschließlich frisch getrunken wird, kann aus überschüssiger Ziegenmilch Butter gewonnen werden, die monatelang haltbar ist. Verwendung findet sie als Zugabe zu diversen Speisen, insbesondere zur Hirsepolenta (siehe unten), aber auch als **Pflegemittel für Haut und Haar** und als Imprägnierungsmittel für Ziegenleder.

Eine viel wichtigere Rolle spielt hingegen der **Ziegenkäse** (*takammart),* der die Spezialität der Aïr-

Nomaden schlechthin ist, hatte doch schon *Heinrich Barth* davon geschwärmt. „Wir waren höchst begierig, von dem berühmten Aïr-Käse zu kaufen, nachdem wir auf der ganzen Reise durch die Wüste lebhafteste Sehnsucht getragen und mit dessen Vorspiegelung wir oft unsere sinkenden Lebensgeister aufgemuntert hatten." *Barth* bedauert aber, nicht imstande gewesen zu sein, „auch nur einen einzigen kleinen Käse" erstanden zu haben. Der Grund dafür lag in seiner unpassenden Reisezeit. Der Käse wird überwiegend während der Regenzeit hergestellt, weil in dieser Periode das Nahrungsangebot für Ziegen größer ist und sie dann mehr Milch geben.

Zur **Käsegewinnung** wird die frische Ziegenmilch fermentiert, wozu der Magen einer neugeborenen, eigens geschlachteten Ziege verwendet wird. Die fermentierte Masse wird in kleinen Mengen in einem Bastgeflecht ausgepresst. Dadurch erhält der Käse die typisch quadratische Form und die Linien auf seiner Oberfläche. Er schmeckt im frischen Zustand nach Mozzarella, im fortgeschrittenen Reifestadium nach Parmesan. Am liebsten essen die Tuareg den Ziegenkäse **zum Tee.** Weil der *takammart* gut lagerfähig ist, dient er als Vorrat für „magere" Zeiten, wenn die Ziegen keine Milch mehr geben, und als eine der wenigen Einnahmequellen der Hirtinnen. Wegen seiner Haltbarkeit spielt der Käse sogar eine gewisse Rolle als Geldanlage. Für die alten Leute in den Dörfern, die kaum Zugang zu frischer Ziegenmilch haben, ist es eine wichtige Ergänzung zur täglichen Hirse. Den Karawaniers dient er als **Reiseproviant** und er ist ein wichtiger Bestandteil des „Wüstenmüslis" *eghale* (siehe unten).

## Hirse

Weil die Ziegen- und Kamelherden immer kleiner und die Weiden immer magerer werden, gibt es immer weniger Milch. Schon allein darum bedürfen die Tuareg einer anderen, verlässlichen und lagerungsfähigen **Nahrungsgrundlage.** Diese Anforderungen erfüllt die Hirse, genauer gesagt die trockenheitsresistente Kolbenhirse. Weil dieses Getreide sehr viele lebensnotwendige Stoffe wie Kohlehydrate, Eiweiße, Mineralstoffe und Spurenelemente, ungesättigte Fettsäuren und Vitamine enthält, spielt es als Nahrungsgrundlage für die Sahel-Tuareg eine ähnliche Rolle wie lange Zeit die Kartoffel für die irische Bevölkerung, der Mais für die Mexikaner oder der Reis für Südostasiaten. Zudem ist die Hirse im Sahel das preis-

Ein Hirte teilt takammart (Ziegenkäse) in mundgerechte Stücke

werteste Getreide. Eine achtköpfige Familie verzehrt im Monat etwa **150 Kilogramm Hirse.** Angebaut wird sie in den südlichen Gebieten im Regenfeldbau. Im Aïr wird sie im Austausch gegen Salz über die Bilma-Karawane bezogen. Mittlerweile wird das Getreide in kleineren Mengen auch in bewässerten Gärten in der Sahara gezogen.

Es wird meist als **Hirsebrei** (*eshink n enele*) gegessen, der aus Hirsemehl und Wasser zubereitet wird. Hirsemehl fermentiert sehr rasch, wodurch es einen muffigen, unangenehmen Geschmack annimmt. Deshalb wird das Korn gelagert und erst kurz vor seiner Verwendung gemörsert. Mittags und abends, oft aber auch schon am Morgen, hört man in der Nähe von Dörfern und Lagern den typischen, rhythmischen Klang des Stampfens. Diese Arbeit wird von Kindern oder Frauen erledigt – von Männern nur dort, wo sie allein sind. Das Mehl wird mit Wasser zu einer festen, klumpigen Masse gekocht. Wenn verfügbar, wird dem „Brei" frische oder saure Milch oder auch Butter hinzugefügt. In dieser Form schmeckt *eshink* für den europäischen Gaumen etwas fade. Salz macht das Ganze für uns schon bekömmlicher.

Zur köstlichen **Süßspeise** wird *eshink,* wenn man Zucker und importiertes, in Dörfern erhältliches Milchpulver hinzufügt. Doch habe ich noch nicht beobachtet, dass Tuareg diese Kombination zu sich nehmen, zumal Milchpulver recht teuer ist.

### Andere Grundnahrungsmittel

Für die Tuareg besteht eine Hauptmahlzeit zumeist aus nichts anderem als Hirsebrei. Erst seit wenigen Jahren entdecken auch sie Alternativen zur Hirse, die teurer in der Beschaffung, ohne Eigengeschmack, aber dennoch beliebter sind. Dazu zählt **Reis,** der aus Thailand, China und Libyen importiert wird. Besonders begehrt sind *pates,* importierte **Nudeln** aus Hartweizen in beliebigen Formen.

Reis und Nudeln wird eine Soße beigemengt, die aus etwas Öl, einer geschmorten Zwiebel, einem Suppenwürfel, Tomatenmark und etwas Salz besteht. Suppenwürfel und Tomatenmark werden aus Algerien eingeführt und in kleinsten Mengen in dörflichen „Boutiquen" verkauft. Beim **Öl** handelt es sich überwiegend um Sonnenblumenöl aus Libyen, das in kleinen Kunststoffflaschen transportiert wird. **Salz** stammt nur selten aus den eigenen Minen, die primär zur Produktion von Tiersalz genutzt werden. Zumeist handelt es sich um raffiniertes Meersalz aus Algerien, Nigeria oder Frankreich.

Eine Delikatesse bei den nördlichen Tuareg ist **Couscous** aus Weizengrieß. Damit dieses Gericht schön locker und krümelig wird, bedarf es jedoch einer sehr aufwendigen Zubereitung, für die man etliche Küchengeräte benötigt. Darum wird Couscous auch eher in wohlhabenden urbanen Haushalten zubereitet und mit Fleisch- und Gemüsesoßen serviert.

Eine wichtige Nahrungsergänzung für Nomaden (insbesondere in Dürrezeiten) sind **Wildgräser,** weil sie sehr nahrhaft und voller wichtiger Inhaltsstoffe sind. Die Ähren des Wildgetreides werden während des Weidens systematisch gepflückt oder vom Boden aufgesammelt und später der Hirse beigegeben oder notfalls als Hauptnahrungsmittel gemörsert, gekocht und verzehrt.

## Eghale – das Tuareg-Müsli

Eine besondere Spezialität ist das „Tuareg-Müsli" *eghale,* im Norden *areschira* genannt. Dabei handelt es sich um ein Gemisch aus gestampfter **Hirse, Käse, Datteln und Wasser** oder Milch, wodurch *eghale* alle wichtigen Nährstoffe beinhaltet, die ein Mensch zum Leben braucht. Normalerweise fermentiert Hirse in gestampfter Form sehr rasch, doch in Form des *eghale* ist es recht lange haltbar. Darum ist dieses „Müsli" ein idealer Reiseproviant. Üblicherweise wird es morgens in viel Flüssigkeit aufgelöst und als Frühstück getrunken. Von Karawaniers wird es auch gern unterwegs als Trockenprodukt verzehrt. *Eghale* hat einen angenehm süßlichen – wenn auch etwas gewöhnungsbedürftigen – Geschmack und ist in jedem Fall eine Kostprobe wert ...

## Taguella – Weizenfladen

Weizenmehl gilt bei den Tuareg wegen seiner weißen Farbe als „rein" und ist darum sehr beliebt. Wegen des vergleichsweise hohen Preises ist es jedoch eine selten genossene Delikatesse. Ernährungsphysiologisch gesehen ist das auch gut so, denn das raffinierte Weizenmehl enthält keine Ballaststoffe, Vitamine oder sonstige nahrhafte Inhaltsstoffe mehr und besteht nur noch aus Kohlehydraten.

Die Tuareg bereiten **Weizenfladen** *(taguella)* aus dem Mehl: Nach einer Variante wird ein Mehl-Wasser-Gemisch in eine Pfanne mit heißem Fett gegossen und darin gebacken, bis es goldbraun ist. Im heißen Zustand sind diese knusprigen Fladen äußerst schmackhaft. Weil aber der gute Geschmack bei den Tuareg eine untergeordnete Rolle gegenüber dem „richtigen sozialen Zeitpunkt" für eine Mahlzeit spielt, bekommt man die Fladen meistens nur noch als kalte fettige Lappen serviert. In den Genuss heißer, knuspriger *taguella* kam ich nur in Timia, wenn mich meine „Ersatzgroßmutter" *Mariema,* eine alte Ziegenhirtin, während meiner Forschungsarbeit bei Kräften halten wollte.

Eine andere Möglichkeit, Weizenmehl zu verarbeiten, geschieht in einer Art „Wüstenbackofen". Dazu wird **Brotteig** geknetet, in den heißen Sand unter eine Feuerstelle gelegt und mit Glut bedeckt. Nach 30–40 Minuten wird die Glut zur Seite geschoben und der Sand vom knusprigen Brot gekratzt.

Eine neuere Variante ist der **Buschofen:** Der Teig wird auf ein Blech in die Glut gelegt und mit einer großen Schüssel bedeckt. Die Schüssel wird mit Glut überhäuft, wodurch im Inneren der Schüssel Temperaturen wie in einem Backofen entstehen. Auf diese Weise bleibt das Brot frei von Sand.

Die Tuareg pflegen das Brot zu kleinen, mundgroßen Happen zerteilt mit einer dicken **Fleischsuppe,** ähnlich einem Gulasch, zu übergießen. Sobald die Brotstücke durchweicht sind, ist die original *taguella* perfekt.

## Fleisch

Nomaden betrachten ihr Vieh entweder als Milchlieferant (Ziegen, Kamele), als Arbeitsmittel (Kamele, Rinder und Esel) oder als Kapitalanlage. Es ist somit eine Lebensgrundlage. Als **Fleischlieferant** dienen in erster Linie Ziegen, und zwar nur zu besonderen Anlässen, etwa wenn außergewöhnliche Gäste angekündigt sind. Für große Feste, etwa zum Tabaski-Fest und zu Hochzeiten, werden **Hammel** bevorzugt. (Vgl. das Kapitel „Feste und Feiertage".) Dem Tier wird gemäß den Koranvorschriften mit einem scharfen Messer die Kehle durchgeschnitten, wodurch der Körper binnen kürzester Zeit ausblutet. Dann wird die Haut abgezogen und die Innereien entfernt. Gegessen werden neben dem Fleisch auch gewisse Innereien, etwa die Luftröhre, die als ausgesprochene Spezialität gilt. Kamelfleisch würden Tuareg aus einem ähnlichen Grund niemals essen, wie wir vor dem Genuss von Pferdefleisch eher zurückschrecken: Kamele gelten als treue Persönlichkeiten, denen im Alter das Gnadenbrot gewährt wird.

Fleisch wird entweder in gebratener oder gekochter Form gegessen. Bei Festen werden Ziegen oder Hammel auch im Ganzen als *meshoui* **über der offenen Glut gegrillt.** Einmal ließ ich in Timia ein solches *meshoui* für meine Reisegruppe vorbereiten. Leider wurde die Ziege zu früh vom Feuer genommen und bis wir endlich essen konnten, war sie kalt und zäh. Ein Abenteuer war das Essen in jedem Fall.

In den Städten gibt es, ähnlich unseren Imbissbuden, Ziegen- und **Hammelgrillstände,** wo knusprige, frisch zubereitete Fleischscheiben verkauft werden: serviert auf einem Stück Papier, versehen mit einer Gewürzmischung aus Piment (Nelkenpfeffer) und Salz.

Eine geschlachtete Ziege wird gehäutet und ausgenommen

Für Hochzeiten werden ganze Hammel in mannsgroßen Gefäßen, die an Miraculix' Zaubertrankkessel erinnern, zu einer dicken Fleischsoße zerkocht und dann mit Reis serviert. Die Innereien werden separat zubereitet und als Delikatesse serviert.

Als ausgesprochene Spezialität, die nur sehr selten genossen wird, gilt **Trockenfleisch.** Dazu wird das Fleisch von Wild, etwa von Gazellen, bevorzugt. Allerdings dürfen diese Tiere mittlerweile nicht mehr gejagt werden, da sie vom Aussterben bedroht sind.

Eher unüblich ist der Genuss von Hühnerfleisch und Eiern. Darum werden in den Dörfern auch kaum Hühner gehalten.

### Gemüse, Salat und Obst

Tuareg bauen in ihren Gärten eine **Vielzahl von Gemüse- und Obstsorten** an. Im Aïr findet man grünen Salat, Tomaten, Zwiebeln, Kartoffeln, Kräuter, Limonen, Orangen, Mandarinen und äußerst süße Pampelmusen sowie Granatäpfel. Doch sind die Tuareg beim Genuss dieser Produkte sehr zurückhaltend. Für die Nomaden im Busch sind solche Delikatessen praktisch nicht verfügbar und in den Dörfern konnte ich lediglich Schmiede beim regelmäßigen Verzehr von Salat beobachten. Dabei wird ein Dressing aus Salz, Limonen und Maiskeimöl verwendet. Die Gartenbau-

213

ern selbst ziehen es vor, ihre Produkte auf den Märkten der großen Städte und an Reiseagenturen zu verkaufen.

**Orangen** sind bei der heimischen Bevölkerung durchaus beliebt, doch wegen ihres Preises von 25 Cent pro Stück sind sie für eine einfache Familie ein unerschwinglicher Luxus. Die einzige Frucht, die auch von den Einheimischen regelmäßig konsumiert wird, ist die **Dattel** *(teyne)*. Sie ist vitaminreich und darum eine wichtige Nahrungsergänzung. Hauptsächlich wird sie als Bestandteil des *eghale* (Müsli) verzehrt. Außerdem sind Datteln ein wichtiges Produkt für den Handel mit den Salzoasen.

### Genussmittel

Das wichtigste Genussmittel der Tuareg ist **der grüne Tee,** der mit viel Zucker möglichst nach jedem Essen und zu jeder anderen nur erdenklichen Gelegenheit aus kleinen Gläsern getrunken wird. (Näheres im Kapitel „Typisch Tuareg?".) Verbreitet ist auch der **Kautabak,** der mit Natronsalz vermengt sowohl von Männern als auch von Frauen verwendet wird.

Geraucht hatten vor der Kolonialzeit nur die westlichen Stämme. Dazu wurden Röhrenpfeifen verwendet, eine Tradition, die wahrscheinlich aus dem nahe gelegenen Mauretanien stammte. Unter den jüngeren Tuareg, insbesondere den *ischomar,* sind dagegen „Marlboro"-Zigaretten sehr beliebt. Hier greift zum einen die Modernisierung, zum anderen aber auch der Umstand, dass **Zigarettentabak eines der wichtigsten Schmuggelgüter** aus den Sahelländern nach Algerien und Libyen darstellt.

**Alkohol** wird zwar grundsätzlich abgelehnt, doch gönnt sich mancher *ischomar,* der im Tourismus arbeitet und sich in einer Bar in der Großstadt unbeobachtet fühlt, schon mal einige Bierchen – auch wenn er es niemals zugeben würde ...

### Verpönt ist ...

Aufgrund der kargen und spärlich gewürzten Ernährung ist der Geschmackssinn der Tuareg sehr sensibel. Wohl aus diesem Grund sind Gewürze wie Knoblauch verpönt. Im traditionellen Milieu wird auch kaum Fisch gegessen, wogegen Thunfisch in Dosen zumindest auf touristischen Rundreisen recht häufig zum Einsatz kommt. Gänzlich abgelehnt wird Schweinefleisch, sowohl aus religiösen als auch aus geschmacklichen Gründen. Doch ist davon auszugehen, dass hier der „schlechte" Geschmack kulturbedingt ist. In ähnlicher Weise können auch wir uns nur wenig für die Luftröhre eines Hammels begeistern, die gekocht oder gebraten bei den Tuareg als Delikatesse gilt.

# Sprache und Literatur

## Die Berbersprache Tamaschek

Die Berbersprache Tamaschek gehört der **hamito-semitischen Sprachfamilie** an, zu der auch das Semitische, das Tschadische und Ägyptisch gezählt werden.

Aus dem Tamaschek haben sich über die Jahrhunderte hinweg zahlreiche **regionale Dialekte** entwickelt, die sich durch die jeweilige Betonungen, die grammatikalische Struktur und auch durch den Wortgebrauch unterscheiden. Heute sprechen die meisten Tuareg, die sich selbst *kel tamaschek* nennen, mehrere Sprachen, um mit ihren benachbarten Ethnien Handel treiben zu können. Das sind **Arabisch** im Norden, Hausa im Süden und im Südwesten Songhai. Darüber hinaus wird im gesamten ehemaligen französischen Kolonialgebiet **Französisch** und in Nordnigeria **Englisch** gesprochen.

Zwischen dem Arabischen und Tamaschek besteht eine besondere Beziehung. Diese miteinander verwandten Sprachen kamen durch die Islamisierung seit dem 7. Jahrhundert wieder in Kontakt miteinander. Ihre Gemeinsamkeiten sind der Drei-Konsonanten-Stamm und die übliche Reihenfolge von Verb, Subjekt und Objekt im Satz. Zudem wurden zahlreiche **Begriffe aus dem Arabischen** übernommen, für die es kein Tamaschek-Wort gab. Dabei handelt es sich zumeist um religiöse Begriffe sowie um technologische und abstrakte Ausdrücke. In arabischen Universitäten wurden schon früh theoretische Studien durchgeführt, während die nomadische Tuareg-Gesellschaft von einer praktisch-konkreten, „begreifbaren" Lebenswelt umgeben war und daher keine Worte für abstrakte Zusammenhänge kannte.

## Tifinagh-Schrift

Die Tuareg verfügen mit dem *tifinagh* über ein **eigenes Alphabet,** das von der antiken libysch-punischen Schrift abstammt. Das *tifinagh* ist eine reine Konsonantenschrift, die je nach Region aus 21 bis 27 geometrischen Zeichen besteht. Tifinagh-Texte können in jede beliebige Richtung geschrieben werden: von oben nach unten, von rechts nach links oder auch umgekehrt. Dies macht die Schrift sehr schwer lesbar.

*Tifinagh* wurde üblicherweise nur für kurze Nachrichten auf Felsen oder für Signaturen auf Silberschmuck genutzt. Einheitliche Schriften wie Arabisch oder Latein waren in städtischen Kulturen mit zentralen Bibliotheken entstanden, was im Nomadismus nicht gegeben war. Stattdessen herrsch-

te unter den Tuareg eine Form der **Ritualkultur:** Wichtige Vereinbarungen erhielten ihre Allgemeingültigkeit durch den Vollzug bestimmter
zeremonieller Akte und Rituale vor mehreren Personen. In einer Gesellschaft, in der Lüge als etwas zutiefst unehrenhaftes gilt, zählt nur das
**Zeugnis der Anwesenden,** etwa bei einer Eheschließung. Schriftliche Ver-
träge waren lange Zeit völlig irrelevant.

Heute schreiben nur noch wenige Menschen in *tifinagh,* was die Be-
fürchtungen nährte, die Tuareg-Kultur sei vom Untergang bedroht. In
jüngster Zeit wurden daher Vorstöße zur Einführung von **tifinagh in den
Schulunterricht** unternommen. Der Tuareg-Poet *Hawad* (siehe unten)
verfasst seine Gedichte ausschließlich auf *tifinagh* und fördert dadurch die
Entwicklung einer neuen Bedeutung der Schrift für die Tuareg-Identität.

## Tuareg-Lyrik – Heldenlieder und „Minnegesang"

Die *kel tamaschek* sind ausgesprochene **Sprachkünstler** und Poeten. In
vorkolonialer Zeit war die Herausbildung einer gewissen **Kultiviertheit**
ein zentrales Lebens- und Erziehungsziel der *imajeghen.* Sie lernten reiten

### Die Tifinagh-Schrift

| | | | | | |
|---|---|---|---|---|---|
| a | • | j | # | r | ○ |
| b | ⦶ | k | ∴ | s | ⊙ |
| c | ß | l | ‖ | t | + |
| d | E | m | ⌐ | c (tch) | T |
| e | < | n | ǀ | u | " |
| f | ⟧⟦ | o | -- | v | Y |
| g | Ï | p | ⌐ | w | = |
| η | ≠ | q | ⋮ | y | ⋛ |
| h | ⋮ | x (kh) | ∷ | z | ⵣ |
| i | ⵉ | ɣ (gh) | ∴∶ | | |

und kämpfen, aber auch „ritterliches" Benehmen. Sie mussten Reiterheere befehligen, Recht sprechen und den Stamm führen – und sie mussten sich beim *ahal,* dem poetischen Treffen zwischen heiratsfähigen Frauen und Männern, als wortgewandte Künstler beweisen.

## Lieder der imajeghen

Bei diesen Treffen, wie sie in abgewandelter Form auch heute noch unter Hirten üblich sind, spielten sich regelrechte Wettkämpfe ab, in denen die Herren gegeneinander antraten und die schönen Frauen mit ihren Versen zu unterhalten versuchten. Zentrale **Themen dieser Balladen** sind die Beziehung zwischen Mann und Frau, die Sehnsucht nach der reinen Liebe, die Schönheit der geliebten Frau – oder auch ihre Wankelmütigkeit, die mit erschütternden, mitreißenden Worten beklagt wird. Sie erzählen von Helden, die ihre Geliebte im letzten Moment einem Rivalen entreißen können. *Rosamunde Pilcher* auf Tamaschek …

Das zweite Lieblingsthema der Lieder sind die Sänger selbst, indem sie sich als Helden preisen und **ihre eigenen Ruhmestaten verherrlichen.** Hier spielen der Kampf gegen den Feind und das Bestehen harter Prüfungen eine wesentliche Rolle. Diese Heldenlieder dienen heute der Forschung über die Geschichte der Tuareg als wichtige Quelle. *Charles de Foucauld* hatte mehr als sechstausend solcher Gedichte und Balladen gesammelt, die einen Eindruck von den traditionellen Wertvorstellungen der „Noblen" vermitteln. Diese mündlichen Überlieferungen sind sehr vorsichtig zu interpretieren, weil darin jeweils der eigene Stamm in ein vorteilhaftes Licht gestellt wird. Da werden verlorene Schlachten kurzerhand in Siege umgemogelt und den eigenen Ruhm beeinträchtigende Ereignisse „vergessen". Schließlich dienen die Gesänge dem Publikum ja auch weniger der „Wahrheitsfindung" als vielmehr der Unterhaltung.

Dies gilt auch heute noch. In den modernen Liedern geht es weiterhin um die Liebe und das Heldentum – nur wurden die Schwerter schwingenden Ritter auf ihren Kamelen durch Kalaschnikow bewehrte Tuareg auf Toyota-Pick-ups ersetzt. Gesungen wird zur Elektro-Gitarre, deren Verstärker per Autobatterie mit Strom versorgt wird, anstatt zur *imzad.*

## Märchen der Hirtinnen

Wenn die Hirtinnen am abendlichen Feuer im Ziegenlager zusammensitzen, vertreiben sie sich die Zeit mit der Erzählung von Märchen *(imayyan).* Sie schildern Schöpfungsmythen und Herkunftslegenden, in denen Tiere Menschengestalt erlangen. Die am häufigsten vorkommende Märchenfigur ist der **Schakal,** dem besondere Klugheit zugesprochen wird, denn auch im richtigen Leben fallen viele Zicklein seinen geschickten

Raubzügen zum Opfer. Die **Hyäne** wird hingegen als äußerst dumm betrachtet. Mit dem Schakal gemein hat sie lediglich ihre Fressgier. Sehr beliebt sind Handlungen, in deren Verlauf Schakale und Hyänen verprügelt werden. Auf diese Weise können die Hirtinnen an ihren „Lieblingsfeinden" und den „Mördern" ihrer Zicklein wenigstens symbolisch Rache nehmen. Insofern dienen solche Geschichten auch der spielerischen Aufarbeitung von unangenehmen Erlebnissen.

Neben diesen „fabel-haften" Märchen werden auch gern **Geschichten über die bösen kel esssuf** (die Geister) erzählt, die unter dem knorrigen Baum rascheln, oder über *kumbultu,* den fremden Mann, der sich in eine Art Werwolf verwandelt und den Hirtinnen Angst einjagt. Am Höhepunkt solcher Geschichten, wenn ein bemitleidenswertes Wesen von Hyänen oder Geistern bedroht wird, erscheint plötzlich ein schöner, heldenhafter Hirte als Retter ... Wie ähnlich sind doch die Wünsche und Bedürfnisse von Männern und Frauen in aller Welt.

## Bestseller-Poeten

Die Konfrontation mit der modernen Welt hat die Tuareg vor neue Probleme gestellt, die nicht nur neue Lösungen, sondern auch neue Strategien der kulturellen Verarbeitung dieser Schwierigkeiten erfordert. Sprache ist nicht nur ein Instrument der Kommunikation, sondern sie erlaubt uns auch, unsere Seele zu ergründen, um Licht ins Dunkel unserer Identität zu bringen. Große Literatur entsteht darum zumeist dort, wo Menschen um ihren Platz in dieser Welt – oder mehr noch ums Begreifen dieser Welt – ringen. Solche „Identitätssucher" von großer literarischer Bedeutung haben mittlerweile auch die Tuareg hervorgebracht und es ist wohl nur noch eine Frage der Zeit, bis uns Stockholm den ersten Tuareg-Nobelpreisträger für Literatur bekannt gibt.

### Ibrahim al-Koni

Der im deutschen Sprachraum bekannteste Tuareg-Schriftsteller ist *Ibrahim al-Koni.* 1948 in Ghadamês geboren, begann der *kel ajjer* schon früh Gedichte und Erzählungen zu verfassen. Seit 1978 arbeitet er für die Libysche Botschaft als Presseattaché, zunächst in Warschau, dann Moskau und nunmehr in Bern. Daneben veröffentlichte er mehrere Bände mit Kurzgeschichten und seinen Debüt-Roman „Blutender Stein". Weitere Erzählungen und Romane folgten, darunter **sein Hauptwerk Al-Majûs (Die Magier. Das Epos der Tuareg).** Darin behandelt er den ewigen Widerspruch zwischen Nomadismus und Sesshaftigkeit. 1996 erhielt er den Literaturpreis der Stadt Bern, 1997 den libyschen Staatspreis für Kunst und

Literatur. Weitere Preise in Frankreich und Marokko folgten, gekrönt von dem „Großen Literaturpreis des Kantons Bern" im Jahr 2005.

In seinen Werken ringt der Autor um die nomadische Tuareg-Identität und umkreist den **Konflikt zwischen Tradition und Fortschritt** sowie die Spannung zwischen der Zugehörigkeit zu einer sozialen Klasse und dem Individualismus. Dabei bedient er sich poetischer Bilder und Metaphern, die einen sprachlichen Brückenschlag zwischen der Welt der Nomaden und der europäischen Realität schaffen. So vermittelt *al-Koni* dem Leser die „exotische" Tuareg-Welt in vertrauten Bildern, was seine Texte gut verständlich macht.

Dadurch befindet sich *al-Koni* an einem Ende des Spektrums von großen Tuareg-Poeten, an dessen anderem Ende *Hawad* steht.

### Hawad

Der *kel aïr Hawad* wurde um 1950 im Norden von Agadez geboren und wuchs als Hirte auf. Sein Großvater lehrte ihn Rhetorik und seine Mutter Poesie und Philosophie, indem er am *ahal* teilnehmen durfte. Mit sieben Jahren floh *Hawad* nach dem Tod seines Großvaters aus Trauer in die Wüste und fand Zuflucht bei Sufi-Mönchen (Anhänger einer mystisch-islamischen Gruppierung, die den Weg der Erleuchtung in Meditation und Tanz sehen). Sie lehrten ihn Arabisch und die Philosophie der Weltreligionen. Mit 17 Jahren vagabundierte er einige Zeit lang durch die Welt, bis er Anfang der 1970er-Jahre ins Aïr zurückkehrte und die Mythologie seines Volkes für sich entdeckte. Damals begann er, **Gedichte ausschließlich in tifinagh** zu verfassen. In den 1990er-Jahren heiratete er die französische Tuareg-Anthropologin *Heléne Claudot* und verfasste mit ihr zahlreiche Werke über die Tuareg. Seit Mitte der 1990er-Jahre ist *Hawad* zunehmend auch als Maler und als Herausgeber von Tifinagh-Literatur tätig.

*Hawads* Werk spiegelt das ständige Ringen des menschlichen Individuums um seine Selbstbestimmung gegenüber einer übermächtigen Gesellschaft wider, die selbst von Wandel und Untergang bedroht ist.

Unter den *kel aïr* gilt *Hawad* als *sage*, als „Weiser", der nur schwer verstanden werden könne. Unnahbar gibt sich seine Lyrik, die zugleich Mitgefühl für die Leidenschaften und die **Verzweiflung der entwurzelten ischomar** vermittelt. Im Gegensatz zu den Werken *Ibrahim al-Konis* erscheinen *Hawads* literarische Texte als Versuch, die Bruchstücke seiner eigenen Vergangenheit zu etwas Neuem zusammenzufügen. Er, der selbst *ischomar* ist, biedert sich nicht an, sondern geht seinen Weg als ewig Suchender zwischen den Welten. Seine Waffe aber ist die Poesie – nicht die Kalaschnikow.

**Für den Sohn des Nomaden – Gedicht von Hawad**

*Nimm deine Sandalen und tritt fest in den Sand,*
*Den noch kein Unfreier berührt hat.*
*Wecke deine Seele und schmecke den Ursprung,*
*Den noch kein Schmetterling gestreift hat.*
*Entfalte deine Gedanken zu den milchweißen Spuren,*
*Die noch kein Unbesonnener zu träumen gewagt hat.*
*Atme den Duft der Blumen,*
*Dem noch keine Biene gehuldigt hat.*
*Entferne dich von den Schulen und Dogmen.*
*Lausche den Geheimnissen der Ruhe,*
*Die dir der Wind ins Ohr flüstert. Sie genügen dir.*
*Entferne dich von den Märkten und Menschen.*
*Stelle dir die Muster der Sterne vor,*
*Wie Orion sein Schwert gürtet,*
*Wie die Plejaden um den Hof des hellen Mondes lachen.*
*Dort, wo kein Phönizier seine Spur hinterlassen hat.*
*Pflanze dein Zelt weit an den Horizont,*
*Dort, wo kein Strauß je daran gedacht hat,*
*Seine Eier zu verstecken,*
*Wenn du frei aufwachen willst.*

# Tuareg-Musik

Musik und Literatur lässt sich bei den Tuareg schwer trennen, denn einige der wichtigsten Musikformen sind jene gesungenen Balladen, die im Zuge eines **ahal** von Männern vorgetragen werden, begleitet von imzadspielenden Frauen. Daneben gibt es noch das **tende,** bei dem die Frauen beisammensitzen. Eine Vorsängerin trommelt auf dem mit Ziegenhaut bespannten Hirsemörser, der Tende-Trommel, die übrigen Frauen klatschen den Rhythmus und trällern schrill dazu und die Männer umrunden die Frauengruppe auf ihren Kamelen. (Näheres dazu im Kap. „Feste und Feiertage".)

Junger Hirte vertreibt sich mit Flötenspiel die Langeweile

Das moderne Pendant zum *tende* ist **esele,** eine Art „Wüstendisco". Junge Frauen fordern die Männer mit rhythmischem Gesang zum Tanz auf. In den Dörfern und Städten wird als Begleitinstrument die Gitarre immer beliebter.

Das einzige traditionelle Musikinstrument, das auch von Männern gespielt wird, ist die unter Hirten verbreitete vierlöchrige Flöte.

## Imzad – die Geige der Tuareg

Die *imzad* ist eine Art Geige mit nur einer Saite, die ursprünglich nur von noblen Frauen der *imajeghen* gespielt wurde. Sie dient als begleitendes Musikinstrument bei Unterhaltungen und als Heilwerkzeug in der Therapie von Kranken.

Mit der *imzad* untermalen die Spielerinnen beim *ahal,* dem „Balzritual", die gesungenen Gedichte der Männer, in denen sie ihre eigenen Heldentaten und die Schönheit der verehrten Hirtin preisen. Damit ist die *imzad* ein wichtiges Instrument für die Aufrechterhaltung der Tuareg-Kultur, denn zu ihrem Spiel wird **erlebte Geschichte mündlich weitergegeben.** Sie ist ein Kommunikations- und Bildungsmittel in einer nomadischen Welt, in der Schulen oft unerreichbar sind. Ursprünglich durften die *imzad* und die von ihr begleiteten Lieder nur von den Kriegern vor einem

OSBir Fotos: hf

„edlen" Publikum gespielt und gesungen werden. Heute werden diese traditionellen Gesänge von wenigen talentierten Imzad-Spielerinnen interpretiert und weiterentwickelt. Sie gelten als Botinnen des kulturellen Tuareg-Erbes.

Als **Heilwerkzeug** wird die *imzad* auch heute noch bei der **Behandlung psychisch Kranker** eingesetzt, wobei Geisteskrankheit als die Besessenheit von einem bösen Geist verstanden wird. (Details dazu vgl. das Kap. „Gesundheit und Hygiene".) Dazu wird abends in einem Zelt ein Musikritual durchgeführt, bei dem das Spiel der *imzad* eine intime, meditative Atmosphäre schafft. Oft wird zusätzlich das Harz eines bestimmten Baumes verbrannt, um durch den Rauch die psychedelische Wirkung der Musik zu verstärken. Die kranke Person lässt sich in diesem stimmungsvollen Strom dahintreiben, bis sie gänzlich mitgerissen wird und in Trance fällt. Durch das Gefühl der völligen Aufgehobenheit in der Vertrautheit mit den Anwesenden, in der Geborgenheit des Zeltes und in der Musik durchleben die Patienten eine heilsame „Krise" *(agelled),* die zur Vertreibung des bösen Geistes führen soll.

Heute beherrschen nur noch einige noble Frauen die *imzad* und die alten, „wahren" Imzad-Gesänge, doch auch von diesen renommierten Expertinnen leben immer weniger und die traditionellen Anlässe für die „richtigen" Lieder, die Ahal-Zusammenkünfte, werden auch kaum noch gefeiert. Gleichzeitig greifen immer häufiger Frauen aus anderen sozialen Schichten zur *imzad,* um diese aus bloßem Vergnügen auf Festen zu spielen und dabei neue Lieder zu erfinden. Diese „Demokratisierung" des Imzad-Spiels wird von **Traditionalisten** mit dem Argument kritisiert, dadurch würden die alten Lieder verändert werden und letztlich ganz in Vergessenheit geraten.

Diese traditionsfixierte, auf „Kulturerhalt" gerichtete Kritik übersieht jedoch die Veränderung der Tuareg-Welt und die damit verbundenen, neu entstehenden kulturellen Bedürfnisse der Menschen. Moderne Tuareg-Musikerinnen entwickeln die kraftlos gewordenen Traditionen der Vergangenheit auf kreative Weise zu etwas Lebendigem weiter. Denn lebendige Kultur ist wie eine Schlange, die immer wieder ihre alte Haut abstreifen muss, um weiterleben zu können.

Allen Fürsprechern der *imzad* ist die Haltung gemein, dass dieses Instrument als Schlüssel zum Verständnis des poetischen Charakters der Nomadenkultur gilt. Doch mehren sich jene, die eine offenere Sichtweise vertreten und darum den „demokratischen" Gebrauch der *imzad* als einzige Chance sehen, damit dieses Instrument langfristig als Kulturelement „überlebt". Seither gibt es zahlreiche Initiativen zur **Revitalisierung der Imzad-Kultur,** indem etwa Imzad-Kurse in Agadez und Tahoua für alle Interessentinnen angeboten werden. Für die Zukunft sind sogar Fördermittel für Imzad-Poetinnen und die Veranstaltung von Musikwettbewerben im Rahmen des „Festival de l'Aïr" geplant.

## Tuareg-Blues und die Popstars der Wüste

Während der Tuareg-Rebellion hatten musikalisch begabte Männer in ihren nächtlichen Lagern auf ihren Gitarren gezupft und dazu leidenschaftliche Lieder über das Leid ihrer Bevölkerung und den bewaffneten Kampf

### Abdallah ag Oumbadougou – Vater des Tuareg-Blues

*Der Gitarrist Abdallah gilt als einer der „Erfinder" des Tuareg-Blues. Geboren 1962 bei Agadez, brachte er sich im Alter von 16 Jahren selbst das Gitarrenspielen bei. 1984 floh er vor der großen Dürre nach Tamanrasset, wo er verhaftet und in den Niger abgeschoben wurde. Daraufhin schloss er sich Gaddafis islamischer Armee an. Im Trainingslager unterhielt er gemeinsam mit anderen Musikern seine Lagergenossen mit selbst komponierten und selbst getexteten Songs. Das war die Geburtsstunde der Gruppe* **Takrist n'Akal** *(Das Land erschaffen). 1987 kehrten die Bandmitglieder aus ihrem Exil zurück und nahmen mit ihren kritischen Liedern an einem Musikwettbewerb teil, worauf sie verhaftet wurden. Direkt nach seiner Freilassung floh Abdallah abermals nach Libyen. 1990 schloss er sich der Rebellion im Aïr an, ohne mit dem Komponieren zu pausieren. Seine leidenschaftlichen Melodien und Texte wurden rasch berühmt. Wer aber beim Lauschen seiner Songs erwischt wurde, landete wegen Konspiration im Gefängnis.*

*Nach dem Friedensschluss 1995 kehrte Abdallah offiziell in den Niger zurück, wo er von unzähligen Fans begeistert empfangen wurde. Seit damals erschienen zahlreiche Platten des unermüdlichen Komponisten. Heute fördert Abdallah die Tuareg-Kultur gezielt durch die Finanzierung einer Imzad-Schule und durch die Gründung des Musikprojekts* **Desert Rebel** *(www.desertrebel.com), eine Vereinigung von herausragenden Künstlern aus dem Tuareg-Milieu und aus verschiedensten französischsprechenden Regionen der Welt. Zweck dieses Projektes ist die Entwicklung gemeinsamer Initiativen zur Überwindung von globalen Handels- und Standardisierungszwängen in der Musikindustrie. Mittlerweile wurden bereits mehrere erfolgreiche Konzerte in Frankreich, Kanada und im Niger realisiert und es wurde eine DVD produziert.*

gegen die Unterdrückung gesungen. Daraus entwickelte sich ein eigenständiger Musikstil, der Elemente von **Rock und Blues mit traditioneller Tuareg-Musik** verband. Mit einfachsten Mitteln auf Kassette aufgenommen, wurden diese Songs unter der Hand weitergegeben. Sie wurden zum klingenden und einigenden Symbol der Rebellen, das die Regierungen in Mali und Niger erfolglos zu unterdrücken versuchten, indem sie das öffentliche Spielen und den Verkauf dieser Musik verboten.

Nach dem Ende der Rebellion erlebten die Schöpfer dieses Stils steile Musiker-Karrieren. Mittlerweile gibt es zahlreiche international bekannte Tuareg-Musikgruppen. Ihre Texte behandeln den Konflikt zwischen Tradition und modernen Herausforderungen, aber auch Themen wie Liebe, Ehre und Leidenschaft. Damit führt der Tuareg-Blues viele **Funktionen des traditionellen Imzad-Spiels** auf zeitgemäße Art weiter. Er thematisiert das alltägliche Leben, dokumentiert Ereignisse und überliefert sie damit der Nachwelt – und er pflegt die Kultur der gesungenen Poesie, wenn auch auf moderne Weise.

### Taghreft Tinariwen

In den frühen 1980er-Jahren trafen sich im libyschen Ausbildungslager spontan einige Männer des Abends, um mit E-Gitarren und Drumkit Musik zu machen. Die Gruppe nannte sich einfach *Taghreft Tinariwen* („Die Gruppe der Wüsten"). Während der Rebellion betätigten sich die Männer

**tagsüber als Kämpfer und abends als Entertainer** für ihre Kampfgenossen. Diese Doppelrolle als Musiker und Freiheitskämpfer entspricht in hohem Maße dem klassischen Heldenideal der *imajeghen,* die in ihren Versen die Schwerter tanzen lassen.

Die heutige Band besteht aus acht Personen. Ihr erstes Album, „The Radio Tisdas Sessions", wurde in einem solarbetriebenen Studio in der Wüste aufgenommen und thematisiert den Verlust des goldenen Zeitalters der *imajeghen* sowie die hoffnungsvolle neue Zukunft. In manchen Songs rufen die Musiker zum einzig lohnenden Aufstand auf: zur **Rebellion gegen die eigene Apathie.** Die Zeiten, in denen die Mitglieder von *Taghreft Tinariwen* über der einen Schulter ein Gewehr und über der anderen eine Gitarre trugen, sind vorbei. Heute haben sie den Inhalt ihrer Lieder auf Wiederaufbau und Zukunft abgestimmt, sind die musikalischen Helden auf Hochzeiten und Kindstaufen und spielen gelegentlich auch in Europa. Seit 2005 betreibt die Musikgruppe in Kidal ein überregionales Kultur- und Bildungsprojekt (http: //keltinariwen.org), das auch die regelmäßige Organisation des „Festivals von Essouk" umfasst. (Vgl. das Kap. „Moderne Festivals".)

## Tartit

Mit *Tartit* („Vereint") betraten nun auch Frauen die Bühne des Tuareg-Showbiz. Die Gruppe bildete sich ebenfalls in den Wirren der Rebellion, wenn auch in einem **Flüchtlingslager,** in dem einige Frauen abendliche Singtreffen organisierten. Von diesen Treffen beeindruckt, lud eine belgische Entwicklungshelferin die Damen zum Festival „Stimmen der Frauen" in Liège ein. Hier begann eine regelrechte Karriere mit internationalen Auftritten. Ihren Erfolg nutzte die Gruppe, um sich für die Verbesserung der Lage der Tuareg-Frauen einzusetzen.

In der Musik der Gruppe *Tartit,* die heute aus fünf Frauen und vier Männern besteht, verschmelzen **traditionelle Singstile der Tuareg mit modernen Elementen.** Die Frauen schlagen die Tende-Trommeln und spielen die *imzad,* begleitet werden sie vom Spiel der Männer auf der dreisaitigen Gitarre *tehardent* und der E-Gitarre. Das wichtigste Element ihrer Musik ist das Zusammenklingen des hellen, fünftönigen Gesangs der Frauen.

Die Texte **thematisieren die Lage der Frauen:** ihren schweren Stand gegenüber den Männern, die vor den Alltagsproblemen flüchten, indem sie in den Krieg ziehen, den Helden spielen und dabei Frau und Kind ih-

Modernes Fest mit Sängerinnen, Blues und Gitarrenbegleitung

rem Schicksal überlassen. Sie singen von der Stärke und der Selbstständigkeit der Tuareg-Frauen, die sich der Verantwortung gegenüber ihren Kindern stellen und dennoch selbst nicht untergehen. Manche Lieder sind auch nostalgische Träumereien von der großen Liebe.

## Agadez Nomade FM 101,9 – der Tuareg-Radiosender

Um den „Desert Blues" zu hören, benötigt man in Agadez nur ein Taschenradio. Auf FM 101,9 erklingen täglich ausgewählte Tuareg-Songs zwischen politischen und kulturellen Informationen über Rechte und Pflichten der Bürger von Agadez. Gesendet wird in den Sprachen Tamaschek, Hausa und Französisch. Diesen ersten **Radiosender von und für Tuareg** gründete der Halb-Tuareg *Serge Hilprons*. Anlass dafür war eine islamistische Sendung eines öffentlichen Radiosenders, in dem die schockierende Behauptung vertreten wurde, ein Mann habe das Recht seine Frau zu schlagen. *Hilprons* erkannte den Bedarf der Tuareg-Gesellschaft an modernen Massenkommunikationsmitteln, um über bestehende Rechte und Pflichten aufklären und gegen gefährliche kulturelle Entwicklungen wie die Verbreitung eines radikalen Islam vorgehen zu können. In der Gründung von „Radio Nomade FM 101,9" sah er die Chance für moderne Tuareg, auch über weite Distanz miteinander in Kontakt zu bleiben. Mittlerweile wird dieser einstige „Kultursender" vom Staat gefördert. Je nach Tageszeit und nach Hörergruppe beinhaltet das Programm **politische, soziale und moralische Themen** aus dem gesellschaftlichen Leben in Agadez, aus der fernen Hauptstadt Niamey und sogar aus Europa. Auf diese Weise kommen die Tuareg in und um Agadez in direkten Kontakt mit der ganzen Welt. Durch Leserbriefe an die Redaktion, können auch Nomaden auf ihrer fernen Weide zu Wort kommen und sich Gehör verschaffen.

# Gesundheit und Hygiene

## „Gesunde Wüste"

Die Wüste ist wegen ihrer Trockenheit einer der saubersten Plätze der Erde. Die Menschen leben in der Wüste relativ gesund, vorausgesetzt sie haben genügend Wasser und Nahrung. Schon *Heinrich Barth* schwärmte von dem bekömmlichen Klima und befand das Aïr als **„eines der gesündesten Länder der Erde".** Diese Meinung teilen auch die Tuareg. In ihren Augen ruht auf der Aïr-Region *baraka*, göttlicher Segen, weshalb der trockene Norden für Mensch und Tier als besonders zuträglich gilt.

**Im feuchten Süden** hingegen, wohin die *kel ewey* mit ihren Salzkarawanen zur Überdauerung der Trockenzeit ziehen, sterben alljährlich viele Hirten im besten Alter. Denn wo es häufiger regnet, finden auch die **Überträger zahlreicher Tropenkrankheiten** wie Malaria, Typhus, Cholera, Polio, Bilharziose und Flussblindheit einen guten Nährboden. In ihren trockenen Gebieten blieben die Tuareg für lange Zeit vor solchen scheußlichen Krankheiten verschont, doch im Schlepptau größerer Ansiedlungen breiten sich die Überträger langsam, aber unaufhaltsam nach Norden aus. In den Städten und Dörfern sammeln sich Abwässer auf der Straße, in denen die Krankheitswirte prächtig gedeihen können.

Darum gilt *edaw*, der „Busch" außerhalb der Dörfer, als die gesündeste Umgebung. Hier sind nahrhafte Ziegen- und sogar Kamelmilch verfügbar und **Infektionskrankheiten treten praktisch nicht auf.**

## Hygiene bei wenig Wasser

*Aman iman* – Wasser ist Leben. Diese Tuareg-Wahrheit ist zweischneidig: Einerseits steigt dort, wo es viel Wasser und viele Menschen gibt, das Risiko der Verbreitung von Infektionskrankheiten – andererseits benötigt man sauberes Wasser für die Körperpflege, um sich vor Infektionen zu schützen. So würden zumindest wir Europäer denken. Die Lebenswelt der Tuareg sieht hingegen anders aus.

### Anpassung

Permanenter Wassermangel zwingt zur Anpassung des gesamten Lebenswandels an diesen Umstand. Dies gilt auch für die **Hygienemethoden** der Hirten, die im Alltag fast kein Wasser verbrauchen. Der simple „Trick" besteht darin, möglichst nicht schmutzig zu werden. Tuareg bewegen sich sehr langsam, um nicht unnötig zu schwitzen und dadurch Flüssigkeit zu vergeuden. Natürlich schwitzen auch die Nomaden in der Sahara-Hitze, aufgrund der extrem geringen Luftfeuchtigkeit verdunstet der Schweiß sofort und es kommt kaum zur Entwicklung von Körpergeruch. Auf den Punkt gebracht, betreiben die Tuareg eher wenig Körperpflege, ganz einfach weil es in ihrer Lebenswelt an entsprechenden Mitteln fehlt. Dies führt dazu, dass Nomaden in ihrer staubigen Umwelt auch oft staubig sind, frei nach der Devise: Wozu den Staub abwaschen, wenn er gleich wiederkommt?

Der Eindruck dieser Haltung drängt sich einem besonders bei Kindern in den Hirtenlagern und Dörfern auf. Äußerlich wirken sie schmutzig und verwahrlost, mit Krusten an Nase und Mund und mit dicken Brocken eingedickter Tränenflüssigkeit in den Augenwinkeln, zur großen Freude der zahlreichen Fliegen. Erst wenn man selbst Kleinkinder hat, spätestens aber dann, wenn man längere Zeit in einem Lager zugebracht hat, beginnt man zu verstehen, dass **westliche Sauberkeitsvorstellungen** hier völlig fehl am Platz wären. Die Fliegen wird man nicht los, genauso wenig wie den Staub und noch weniger kann man die rinnende Nase der Kinder stoppen. Da hilft nur, sich schlicht anzupassen.

## Hygienemethoden

Hat ein Tuareg die Möglichkeit zu baden, dann wird er diese Chance sofort und intensiv nutzen. Im Aïr etwa gibt es im Unterlauf der Tamgak-Schlucht einige schöne Bassins mit Fließwasser, wo man wunderbar **ein Bad nehmen** kann. Heutzutage verwenden die Tuareg für ihre Körperpflege in der Regel Industrieseife. Manche Nomaden produzieren jedoch ihre Hygieneprodukte noch selbst.

- **Seife** wird aus den Samen der Wüstendattel *(tiboraq,* lat. *Balanites aegyptiaca)* gewonnen, deren Öl einen hohen Saponingehalt aufweist.
- **Shampoo** stellen die Tuareg aus Blättern der Afagag-Akazie (lat. *Acacia raddiana)* her, indem diese zerstoßen und mit Wasser gemischt werden. Das ergibt ein Fett lösendes Gel.
- **Zähne** und Zahnfleisch werden mit den jungen Zweigen des „Zahnbürstenbaums" (lat. *Salvadora persica)* gepflegt. Die Zweige dieser Pflanze enthalten wichtige Mineralstoffe, Rohfasern, Proteine und antibiotisch wirkende Substanzen sowie einen hohen Anteil an Fluorid.

Eine wichtige Hygienestrategie ist das **Vermeiden von schlechtem Wasser.** Brunnen und Wasserlöcher werden möglichst sauber gehalten. Auf den Weiden wird kein Oberflächenwasser als Trinkwasser genutzt, sondern in Wadis an deren tiefster Stelle ein Loch gegraben. Schon bald stößt man auf Grundwasser, das durch den Sand zwar trüb, aber bestens gefiltert ist.

Mögen Nomaden auch gewisse Techniken zur Schmutzvermeidung beherrschen, eines bleibt auch „Wüstenrittern" nicht erspart: Sie müssen gelegentlich urinieren. Für eine Gesellschaft, in der Würde und Scham eine so große Rolle spielen, ist **Notdurft ein Tabuthema.** Ein älterer Tuareg würde niemals mitteilen, dass er „austreten" müsse. Vielmehr würde er sagen, er müsse „zum Schmied gehen". Dann wird abseits des Lagers oder am Dorfrand ein ruhiger Platz gesucht und ein Loch gegraben, über das

Fliegen finden sich im Nomadenlager – und in Kindergesichtern – überall

man sich mit heruntergelassener Hose hockt. Durch das rockartige Über-gewand geschützt, kann nun das Bedürfnis erledigt werden. Abschließend werden die Spuren diskret mit Sand bedeckt.

## Krankheiten

Der Legende nach hatte es in alter Zeit keine Krankheiten gegeben. Der biblische König *Salomon* gilt im Koran als der „Herr der Geister" (34,12). Nach der Tuareg-Vorstellung hielt *Salomon* die Krankheitserreger in Ge-stalt böser Geister in einem irdenen Topf gefangen. Eines Tages ruhte er sich aus, wobei er sich auf seinen Stock stützte. Da überredeten die bösen Geister die Termiten, den Stock zu zernagen. Der Stock wurde immer dünner, bis er einknickte, wodurch *Salomon* stürzte und starb. Der Topf zerbrach auf dem Boden und die Geister entflohen. Seither fügen sie den Menschen Schaden zu und lassen sie erkranken.

## Die Geißeln der Nomaden

Mögen die Nomaden in der Wüste auch vor bösartigen Krankheitserregern verschont bleiben, so plagen sie doch auch körperliche Leiden, die entweder durch das jahreszeitliche Klima oder durch die besonderen Umstände des jeweiligen Berufs bedingt sind. Während der kalten Jahreszeit leiden die Menschen armutsbedingt unter dem Mangel an warmer Kleidung. Oft weht ein kalter Wind und die Temperaturen können nachts bis unter Null Grad fallen. Geheizt wird überhaupt nicht, denn der wertvolle Brennstoff Holz dient nur zum Kochen. Darum sind bei Erwachsenen und Kindern **Erkältungen bzw. grippale Infekte** sehr verbreitet, verbunden mit Kopf- und Bauchschmerzen wie auch mit Durchfällen.

In der trockenen und heißen Jahreszeit machen Wind und Hitze den Menschen zu schaffen. Der ständige Wind wirbelt Staub auf, wodurch manchmal ein regelrechter dichter Staubnebel über dem Land liegt. Dann sind **Bindehautentzündungen** besonders häufig. Die Behandlung der Augenlidränder mit Antimon bietet hier ein wenig vorbeugende Hilfe. Der dauernde Wind verursacht auch **Kopfschmerzen.** Die extreme Hitze kann bei Nomaden, die nachts auf dem aufgeheizten Boden schlafen müssen, zu Darmbeschwerden *(ezez)* führen. Auch Beschwerden wie **Hitzschlag und Abszesse** kommen im Sommer oft vor.

Hirten leiden während ihrer Karawanenzüge besonders häufig unter Durchfällen, wahrscheinlich aufgrund der großen körperlichen und mentalen Belastung, verbunden mit Schlafentzug und mit einer ungesunden Ernährung: Während ihres täglichen 16-Stunden-Marsches essen sie im Gehen und nachts schlingen sie die Hirse rasch in sich hinein, um möglichst schnell schlafen zu können.

Typische Leiden der Hirtinnen und Hirten, die auf unwegsamem Gelände große Strecken zurücklegen müssen, sind **Beinverletzungen** wie eingetretene Dornen, Risse und Schnitte oder gar Knochenbrüche. Seltener sind hingegen **Schlangenbisse** oder Skorpionstiche. Auch ein mentales Leiden ist unter Hirten weit verbreitet. Es ist die **Abstumpfung durch Einsamkeit,** Kälte, Hitze und Monotonie im *edaw,* dem „Busch", womit die Hirten über Jahre hinweg konfrontiert sind. Dies führt zuweilen zu Menschenscheue, Wortkargheit, Gefühllosigkeit und Gleichgültigkeit gegenüber Freunden.

Die typische Zivilisationskrankheit der Tuareg, die zunehmend zu einem epidemischen Problem wird, ist die Zahnfäule. **Karies** ist direkt verknüpft mit dem wachsenden, wenn auch immer noch sehr bescheidenen Wohlstand, der sich im häufigen Zuckerkonsum in Form von stark gesüßtem Tee äußert. Bei Kindern sind dies die Folgen der Bonbon-Geschenke freigiebiger Touristen. Gleichzeitig nimmt die traditionelle Zahnpflege in den

Dörfern und Städten ab, denn hier ist der „Zahnbürstenbaum" nicht verfügbar.

Mit der wachsenden Mobilität der Tuareg steigt auch die Verbreitung von neuen Krankheiten aus dem Süden. So mehren sich Poliofälle, die **Malaria** breitet sich immer weiter nach Norden aus, gelegentlich erschüttern Rötelepidemien die Tuareg-Regionen und fordern zahlreiche Todesopfer. Im einstmals so gesunden Aïr sind mittlerweile in manchen stehenden Gewässern Bilharzioseerreger nachweisbar.

## Das Elend in den Städten

Im Gegensatz zu den Dörfern, die noch ein wenig von der „Sauberkeit der Wüste" profitieren, werden in den rasch und ungeordnet wachsenden Städten die Infektionskrankheiten zu einer ernsthaften Bedrohung. Während der trockenen und heißen Zeit fordert die **Meningitis** (Hirnhautentzündung) alljährlich ihre Todesopfer. Zunehmend werden auch **Typhus** und **Tuberkulose** zum Problem. Geradezu epidemisch breiten sich in den Städten Erkrankungen der Atemwege und des Verdauungssystems aus.

Die **Durchfallerkrankungen** beruhen wesentlich auf der ungelösten Entsorgungsproblematik. So gibt es in Agadez, einer Stadt mit knapp 100.000 Einwohnern, nur 700 Meter Abwasserkanäle und 14 registrierte Endlagerstätten. Von einer jährlichen Abwasserproduktion von 50.000 m³ werden lediglich 4 % sachgemäß entsorgt. Der Großteil der privaten Abwassergruben wird nachts auf die Straße entleert. Diese Methode ist zwar billiger, führt aber zur **Verunreinigung des Grundwassers** mit Fäkalien und dadurch schließlich zu Cholera- und Typhuserkrankungen und auch zu Malariaepidemien. In den Abwasserpfützen gedeihen die Moskitos prächtig. Mittlerweile gilt Malaria als eine der häufigsten Todesursachen im Sahel, allein in der Region Agadez erkranken pro Jahr an die 40.000 Menschen.

Die **schlechte Gesundheitslage** der Bevölkerung beruht im Wesentlichen auf fünf Faktoren: Armut, Unterernährung, unzureichender Zugang zu sauberem Trinkwasser, ungenügende Gesundheitsvorsorge und geringer Bildungsgrad insbesondere der Frauen. Der letzte Punkt beruht auf dem Umstand, dass Mädchen immer noch viel seltener in die Schule geschickt werden als Knaben. Dadurch mangelt es vielen Mädchen an grundlegenden Kenntnissen über Gesundheitsvorsorge, aber auch an jeglicher Chance auf einen Beruf, mit dem sie sich und ihre Kinder in der Stadt gut ernähren können. Das zeigt sich deutlich anhand der fünf wichtigsten Todesursachen bei Kindern: Unterernährung, Röteln, Malaria, Durchfall und Atemwegsinfektionen. Rund die Hälfte der Bevölkerung gilt als mangelhaft ernährt, der Großteil der Betroffenen sind Kinder unter zehn Jahren. Bei Frauen führt Unterernährung zu Blutarmut, ausgelöst durch Eisen- und Vitamin-A-Mangel, was bei Schwangeren eine Missbildung ihrer Babys verursachen kann.

Angesichts dieser Zustände in den Städten der Tuareg-Regionen rückt der Anspruch auf Gesundheit, von der Weltgesundheitsorganisation (WHO) als ein „Zustand kompletten physischen, mentalen und sozialen Wohlbefindens" definiert, in weite Ferne. Die Städte erlauben bestenfalls einen „unperfekten" Lebensstil, geprägt vom Bemühen, das Leid möglichst gering zu halten ...

## Traditionelle Heilmethoden

### Magie und Exorzismus

Die traditionellen Tuareg-Gesellschaften haben eine **spirituelle Vorstellung von Gesundheit,** als Ausdruck eines Gleichgewichts zwischen der reinen göttlichen und der unreinen Geisterwelt. Dieses dualistische Weltbild findet sich auch im animistisch geprägten Islam wieder, in dem der Koran als medizinische Enzyklopädie verstanden wird: „Wir haben dir nun vom Koran offenbart, was dem Gläubigen Heilung und Gnade bringe." (17. Sure, Vers 82). Heilung bedeutet hier eine enge Verknüpfung von Magie, Religion und das Erfahren von „Heil", *baraka.* Nicht von ungefähr bedeutet das arabische Wort *tibb* sowohl „Magie" als auch „Medizin".

Unheilbare Krankheiten wie **Krebs oder Geisteskrankheiten** werden bösen Geistern, den *kel essuf,* zugeschrieben und können nur von religiösen Spezialisten, den *marabouts,* geheilt werden. Dazu werden mit löslicher Tinte Koransprüche auf eine Holztafel geschrieben und gleich darauf wieder abgewaschen. Das verwendete Wasser wird dem Patienten zu trinken gegeben, wodurch die heilsame Wirkung dem Magen zugeführt wird, wo die bösen Geister vermutet werden.

Formen von traditioneller „Gruppenpsychotherapie" werden bei den Tuareg ebenfalls praktiziert. Beim *igumatan,* einer Art **Besessenheitstanz,** singt und „tanzt" sich eine seelisch kranke Frau in Begleitung des rhythmischen Trommelns und Singens einer Frauengruppe in Ekstase. Bei dieser Art von **Exorzistenritual** bewegt sich die Kranke so heftig und so lange, wobei sie sich meist unkontrolliert auf dem Boden wälzt, bis sie von den *kel essuf* „befreit" ist. Im *igumatan* kommt die befreiende und zugleich die sozial verbindende Kraft des Singens und Tanzens zum Ausdruck. Durch die gemeinsame Bewegung entsteht ein intensives Gefühl der Verbundenheit und Geborgenheit, ein völliges Sich-Einlassen auf die Bewegungen des Gegenübers. Dabei lösen sich innere „Verspannungen", worauf verdrängte und unverarbeitete seelische Schmerzen und Ängste ausgedrückt werden können. *Igumatan* wird nur von Frauen praktiziert: Das Selbstverständnis und der Wertekodex eines *imuhar* wäre mit einer solchen kollektiven Therapieform in keinster Weise zu vereinbaren.

## Psychohygiene und sozialer Frieden

Heilwissen ist bei Tuareg-Nomaden meist nur lokal verbreitetes Wissen, weil es durch die Lehre bei erfahrenen Kräuterexpertinnen, bei *enaden* (Schmieden) oder *ineslemen* (Korangelehrten) sowie durch persönliche Erfahrungen im Umgang mit Kräutern der jeweiligen Region erworben wurde. Dieses Wissen und auch die mit Heilung verbundenen magischen Vorstellungen sind noch heute bei vielen Tuareg eng mit den Gegebenheiten ihrer sozialen Lebenswelt verflochten. Krankheit, insbesondere Geisteskrankheit, nehmen sie als Ausdruck einer gestörten Beziehung zur sozialen Welt wahr, etwa als **Folge von amoralischem Verhalten.** Darum kann Heilung nur erlangt werden, wenn die Ursachen für diese Spannungen gemeinsam von bzw. zwischen allen Beteiligten aufgelöst werden. Einen ähnlichen Ansatz verfolgen auch systemische Therapieformen wie etwa die Familientherapie, die Gestalttherapie und die Kurztherapie.

Wo es an Wohlstand und an technischem Überfluss fehlt, ist die Abhängigkeit von gegenseitiger Unterstützung umso größer. Wird in einem Dorf ein Brunnen gebaut, so arbeitet üblicherweise die ganze Dorfgemeinschaft mit. Dadurch entsteht die Verpflichtung des Brunnenbesitzers, sich bei den Helfern entsprechend zu revanchieren. Tut er das nicht, so wird er den Unmut und das Misstrauen seiner Mitmenschen auf sich ziehen, was sein Leben in dem kleinen Dorf zur Hölle – und seinen Körper sehr wahrscheinlich krank – machen würde.

Vor diesem Hintergrund ist auch die **Hexerei** zu verstehen, über die jedoch nur hinter vorgehaltener Hand gesprochen wird. So wurde mir von einem Fall in Agadez erzählt, wonach eine Frau Opfer eines Fluches geworden sei, denn keine Medizin konnte ihr Leiden lindern. Schließlich wurde eine Frau „ausfindig" gemacht, die als verantwortlich für diese Verhexung betrachtet wurde. Die mutmaßliche „Hexe" weigerte sich aber, den Fluch aufzuheben, worauf sie vom Sultan der Stadt verwiesen wurde. Erst danach ging es mit der „verfluchten" Frau wieder bergauf.

Vor dem Hintergrund solcher Erfahrungen wird es nachvollziehbar, dass viele Verhaltensweisen, die oberflächlich gesehen auf die Abwehr von übernatürlichen Mächten gerichtet sind, eigentlich unnötige **soziale Spannungen und Konflikte verhindern** sollen. Tuareg nennen dies die Vermeidung des „bösen Blicks".

Traditioneller Schmuck etwa wurde niemals aus Gold hergestellt, weil dieses wertvolle Metall den „bösen Blick" anziehe, wodurch **Neid und**

**Missgunst** gestiftet würden. Auch gilt es unter Tuareg als verpönt, Kinder oder Hab und Gut eines Menschen als besonders schön zu loben, weil dies die Aufmerksamkeit böser Geister anlocken könnte. Aus diesem Grund verlassen und betreten Karawanen Oasen nur bei Nacht, wenn weder Geister noch Mitmenschen die mit wertvollen Waren beladenen Tiere sehen können. Auf diese Weise wird die Provokation von Neid verhindert. Dies wird auch heute noch so praktiziert. Bei all diesen Regeln handelt es sich letztlich um einfache, aber wirkungsvolle Strategien, um Anlässe für Neid und andere negative Gefühle zu verringern.

## Naturheilkunde

In einer Welt, die von einem Mangel sowohl an Medikamenten als auch an medizinisch-technischer Hilfe geprägt ist, sind Kenntnisse der traditionellen Naturheilkunde überlebensnotwendig. Es sind zumeist **Hirtinnen,** die über solches Wissen verfügen, denn aufgrund ihrer langen Abgeschiedenheit auf den Weiden mussten sie lernen, Verletzungen, Erkältungen oder Koliken selbst zu behandeln.

Als **Heilmittel** finden u. a. Früchte, Blätter, Blüten, Wurzeln und Baumharze Verwendung. So wird etwa die Milch des Oscher-Strauches (*Calotropis procera,* ein Wolfsmilchgewächs) als Zugsalbe bei eingetretenen Dornen verwendet. Dieses Mittel ist jedoch so giftig, dass es bei Kontakt mit den Augen zur Erblindung führen kann. Rheumatismus wird durch das Auflegen von **Straußenfett** behandelt, gegen Erkältungen wird heißes, fettes, stark gesalzenes und gewürztes Ziegenfleisch gegessen. Zur Prävention gegen Erkältungskrankheiten werden bestimmte Blatt- und Kräutermischungen (wie etwa die „Grüne Soße vom Bagzan") zusammengestellt, die zur Vitaminanreicherung dem Hirsebrei beigegeben werden.

## Westliche Medizin und Krankenversorgung

Wie wichtig der Erhalt der traditionellen Heilkunde für die Tuareg ist, zeigt sich angesichts der schwierigen medizinischen Versorgungslage in den südlichen Tuareg-Regionen. In Agadez kommt, statistisch betrachtet, auf über 1000 Patienten nur ein Krankenbett. Die wenigen und schlecht ausgestatteten Ärzte sind dem Ansturm der Kranken und Verletzten einfach nicht gewachsen. Das **Krankenhaus Agadez** ist aufgrunddessen und wegen seiner mangelhaften Hygienebedingungen derart verrufen, dass jene, die es sich finanziell und körperlich irgendwie leisten können, die Fahrt ins 1000 km entfernte Niamey vorziehen. Im Vergleich zum Süden ist die Situation in den Zentren der nördlichen Tuareg, in Algerien und Libyen, geradezu luxuriös.

Obwohl kaum vorstellbar, so ist die **medizinische Versorgung** außerhalb der Städte noch um vieles schlechter. In der Region Kidal, dem Lebensraum der *kel ifoghas,* gibt es auf einer viertel Million Quadratkilometer kein einziges Krankenhaus und keine voll ausgestattete Apotheke. Hier müssen die Tuareg mit vier bescheidenen „Gesundheitszentren" vorlieb nehmen, in denen Krankenschwestern und manchmal ein Apotheker zur Verfügung stehen. In vielen Regionen der Republik Niger ist die Situation ähnlich. Für die Nomaden sind darum traditionelle Heilmethoden oft die einzige Rettung, vorausgesetzt, es befinden sich geschulte Hirtinnen in der Nähe. Bei schweren Verletzungen oder Erkrankungen müssen die Betroffenen per Kamel zum nächsten „Gesundheitszentrum" transportiert werden, in der Hoffnung, dort ausreichende Hilfe zu bekommen. Wer an Zahnproblemen leidet, muss sich entweder den „bösen" Zahn vom Schmied ziehen lassen oder sich über viele Hundert Kilometer mit dem Lastwagen ins nächste Hospital fahren lassen.

Mehr Glück haben da die Menschen in Timia, wo seit Kurzem alle paar Monate ein Kieferchirurg aus Agadez praktiziert. Dann müssen Hunderte von Patienten binnen einer Woche behandelt werden. Finanziert wird diese Einrichtung durch den französischen Hilfsverein **„Les Amis de Timia".** Diese Organisation führte nunmehr auch eine Art **„Heilmittelversicherung auf Gegenseitigkeit"** ein: Jede Familie zahlt regelmäßig einen bescheidenen Betrag in einen Fonds ein, aus dem die tatsächlich benötigten Medikamente bezuschusst werden. Auf diese Weise sinken die individuellen Kosten für Arzneimittel, wodurch eine viel größere Bevölkerungszahl Zugang zur Medikamentenversorgung erhält. Besondere Aufmerksamkeit wird auch der Bekämpfung von Unterernährung bei Kindern gewidmet. 2006 ließen die „Amis de Timia" eine Landebahn für kleine Transportflugzeuge bauen, um Schwerverletzten die qualvolle Fahrt per LKW über 200 km holprige Piste zu ersparen. Die jüngste Errungenschaft ist die Installation eines Satellitentelefons im Nachbarort, wodurch erstmals sofort auf Notfälle reagiert werden kann. Eine derartig gute Ausstattung ist auf dem Land jedoch die Ausnahme.

Die Einheimischen setzen **große Hoffnungen** in die westliche Medizin. Viele Nomaden glauben im Übrigen, Weiße würden generell über medizinische Kenntnisse verfügen. Das war schon zu *Heinrich Barths* Zeiten so und *René Gardi* berichtete in den 1950er-Jahren davon, dass sich die Tuareg alle möglichen Vorwände einfallen ließen, um an westliche Medikamente zu gelangen. Leider neigen Touristen und auch manche Hilfsorganisationen heute dazu, Medikamente leichtfertig und willkürlich weiterzugeben. Dies fördert den Glauben an die scheinbare Überlegenheit der westlichen Medizin und den verbreiteten **„Modekonsum" von Medika-**

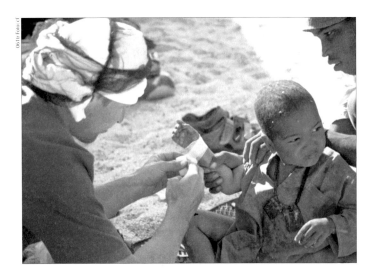

**menten.** Um an Arzneimittel zu gelangen, werden beliebige Leiden vorgetäuscht, meistens Kopfschmerzen oder Erkältungen. Ich persönlich begegne diesem Problem, indem ich für die Abgabe von „harmloseren" Tabletten (z. B. Aspirin) kleine Gegenleistungen wie Ziegenkäse einfordere. Dadurch lässt sich das Bewusstsein um den Wert des Medikaments stärken. (Näheres zur Problematik der Medikamentenabgabe siehe das Kap. „Medizinische Hilfe kann töten" in meinem Praxis-Band „Respektvoll reisen", REISE KNOW-HOW Verlag.)

Dorfbewohner werden normalerweise im lokalen „Gesundheitszentrum" gegen ein geringes Entgelt mit staatlich subventionierten Medikamenten versorgt. Doch selbst diese minimalen Kosten können sich arme Familien nicht leisten. Zudem gerät das gesamte System infolge der andauernden Finanzkrise der Sahelstaaten Mali und Niger in Gefahr. Manche Dörfer erhalten von Reisegruppen oder Hilfsorganisationen **gespendete Arzneimittel,** die dann kostenlos vom Apotheker abgegeben werden können. Darum animiere ich meine Reiseteilnehmer schon vor Antritt einer Niger-Tour, zusätzliche Medikamentenvorräte für die Dorfapotheken mitzunehmen, die dann direkt an den Apotheker übergeben werden können.

Verletztes Nomadenkind wird von einem Touristen versorgt

Hilfsorganisationen versuchen durch Aufklärung zu vermitteln, wie **aktive Gesundheitsvorsorge** unter den extremen Lebensbedingungen in der „gesunden" Wüste betrieben werden kann. Dabei geht es um Themen wie den bewussten Einsatz von Medikamenten, um einfache, aber effektive Hygienevorkehrungen und um Empfängnisverhütung. Wichtige Maßnahme sind auch **Impfaktionen** gegen Tetanus, Röteln und Polio sowie die Einrichtung von „Getreidebanken". Diese längerfristigen Vorratslager für Hirse und Reis werden in guten Erntejahren aufgebaut, um die Sahel-Tuareg in Dürrezeiten vor humanitären Katastrophen zu bewahren. Doch auch der Kampf gegen den täglichen Hunger, insbesondere gegen die **Unterernährung von Kindern,** ist ein wichtiges Anliegen. Dahinter steht die Überzeugung, dass nur ein richtig und gut ernährtes Kind sich zu einem erwachsenen Tuareg entwickeln kann, der gesund und kräftig genug ist, um für sein unabhängiges Überleben in der Wüste zu arbeiten.

### Verhütung – immer noch ein Tabu?

*Vor 35 Jahren lebten in Timia kaum 1000 Nomaden. Heute sind es über 6000 - ein jährliches Bevölkerungswachstum von rund 6 %, eines der höchsten auf der Erde. Angesichts dieser Entwicklung befragte ich die „kel timia" zu ihrer Meinung über Verhütung. Das war nicht einfach, denn das Thema Sexualität ist weitgehend tabuisiert. Wohl darum sieht ein Viertel der Befragten eine Schwangerschaft als den Willen Gottes an und hält Verhütung für einen inakzeptablen religiösen Verstoß. Viele würden sich schämen, in der Apotheke nach Kondomen zu fragen.*

*Rund die Hälfte der befragten Männer und Frauen sprach sich für Verhütungsmittel aus. Die Männern bevorzugen allerdings, wenn ihre Ehefrauen heimlich verhüten würden. Relativ pragmatisch gehen jüngere Tuareg mit dem Thema um: Souleyman, ein 23-jähriger Musiker und „chassetouriste", ist bereits verheiratet, will aber aus Geldmangel und Freiheitsliebe noch keine Kinder. Er verhütet - und bat mich um Kondome ...*

*Der 67-jährige Karawanier Achmoudiou lehnt Verhütung ab, weil nur mit vielen Nachkommen die Ernährung der Eltern garantiert sei. Dilliou, eine 54-jährige Lederhandwerkerin, findet es zwar wunderbar, viele Kinder zu haben, aber während einer Dürre würden kinderreiche Familien am meisten leiden. Dieser weitsichtigen Meinung schließen sich mittlerweile auch zahlreiche Hilfsorganisationen an und sensibilisieren die Bevölkerung für Verhütungsmethoden und versorgen sie mit Verhütungsmitteln.*

# FEIERTAGE UND FESTE

Die Tuareg meistern nicht nur das Überleben am Rande der Wüste, sondern sie sind auch **Künstler und Genießer,** wenn es um das Feiern geht. Es zählt zu den großen Glücksfällen für einen Reisenden, Tuareg-Festlichkeiten beiwohnen zu dürfen, denn hier entfaltet sich die ganze äußere Pracht dieser Kultur.

Die Menschen ziehen ihre schönsten Gewänder an und präsentieren sich von ihrer „besten Seite". Die Kamelhirten beweisen ihre Reitkünste auf den Kamelen *(areggan),* die mit dem verzierten Prunksattel, dem *tamzak,* und den prächtigen, mit zahlreichen Lederfäden behangenen Sattelsäcken geschmückt sind. Gleiten dann die indigofarben gekleideten Hirten auf ihren tänzelnden Tieren vor der staunenden Menge über ein trockenes Flussbett, dann erscheint die Tuareg-Welt für einige Stunden **wie in einen Zauber gehüllt.** Dann schlagen die Schmiede stundenlang die Trommeln und die Hirten werden nicht müde, die Trommler zu umkreisen ...

Höhepunkt des tabaski in Agadez: Reiterspiele um die „Große Moschee"

# Die Bedeutung von Festen

Während der schweren Dürre der frühen 1970er-Jahre erlebte der deutsche Tuareg-Forscher *Gerd Spittler* im Bergdorf Timia, wie die dortigen Kel-ewey-Tuareg das Gani-Fest anlässlich des Geburtstags des Propheten *Mohammed* vorbereiteten. Dabei schlug die Stimmung unter den Menschen plötzlich **von Not und Elend in Vorfreude** auf das nahe Ereignis um. Als würde es plötzlich keine Hungersnot mehr geben, wurde ein Festmahl vorbereitet und alsbald gefeiert. Kaum war das Fest vorbei, als Kummer und Tod in den Alltag zurückkehrten.

Durch das Fest wird im Zeitbewusstsein der Menschen ein Ankerpunkt gesetzt, die Zeit bekommt wieder einen Sinn und es kann Hoffnung auf eine bessere Zukunft aufkeimen. In Abhängigkeit von den jeweiligen Festen kann das die Hoffnung auf das Ende der Trockenzeit und damit auf Regen, fette Ziegen und süße Milch sein oder auf das Ende der Kindheit, um endlich heiraten zu können. Diese Erwartungen – wie auch die Feste selbst – sind stets in einen religiösen Bedeutungsrahmen eingebettet. In dieser besonderen Zeit gelten **besondere Regeln,** die zugleich auch Pflichten darstellen. So darf man sich an einem Festtag schön anziehen, zugleich wird die angemessene Kleidung auch erwartet. Gegessen wird ausnahmsweise einmal Fleisch, zugleich ist die rechtzeitige Beschaffung eines fetten Hammels auch eine Pflicht.

Feste fördern den **sozialen Zusammenhalt,** indem die Menschen gemeinsam etwas vorbereiten und dann die Feier in immer gleicher, freudvoller Weise gemeinsam begehen. Wer als Gast an einem Tuareg-Fest teilnimmt, muss sich außerdem revanchieren. Eine solche Gegenveranstaltung mit Reiterspielen und gutem Essen für viele Menschen ist eine Investition ins eigene Ansehen, in die eigene Beliebtheit – aber auch in die Bereitschaft der Menschen, ihrerseits wieder ein Fest zu organisieren. Auf diese Weise entstehen dauerhaft wirkende und stetig erneuerte soziale Beziehungsnetze auf Gegenseitigkeit.

Vergleicht man die verschiedenen Tuareg-Feste miteinander, so erscheinen sie geradezu als monoton: „Höhepunkte" sind fast immer Reiterspiele und Frauengesänge sowie das gemeinsame Festmahl. Um die enorme Bedeutung solcher „Höhepunkte" für Angehörige einer Nomadengesellschaft nachvollziehen zu können, müssen wir uns deren Lebensalltag vor Augen führen, der von harter Arbeit, Einsamkeit und Gleichförmigkeit auf der Weide geprägt ist und bei dem es um die Sicherung eines minimalen

In ihrer Festtagskluft warten die jungen Festgäste auf das nächste Spektakel

Lebensstandards geht. Vor diesem Hintergrund empfinden Hirten jeden Anlass, bei dem sie mit der Familie zusammenkommen, sich festlich kleiden, unter allgemeiner Anerkennung mit dem Kamel stolzieren und zusammen fettes Hammelfleisch essen können, als überwältigend. Da will jeder Augenblick möglichst lang ausgekostet werden. Darum empfindet ein Hirte selbst eine ganze Woche „Kameltanz" und Hammelgelage mit Freunden als kurzweiliges, höchstes Glück.

## Welches Fest zu welcher Zeit?

Bei den Tuareg gibt es **vier Grundformen** von festlichen Ereignissen:

1. **religiös motivierte, persönliche Feste** wie Namensgebungs- und Hochzeitsfeste. Sie orientieren sich am Lebenszyklus, sind an eine konkrete Person geknüpft und richten sich an die Familie.
2. **religiös motivierte Feste** wie das Tabaski-Fest, das Ende des Ramadan und das Gani-Fest am Geburtstag *Mohammeds.* Sie wiederholen sich im islamischen Jahreszyklus und werden von der gesamten Dorfgemeinschaft gefeiert.
3. **regionalspezifische traditionelle Feste** wie die *cure salée* („Salzkur", zum Ende der Regenzeit in Ingal, Region Agadez). Sie sind mit der Hirtenarbeit verknüpft, folgen dem Rhythmus des Sonnenjahres und rich-

ten sich an die gesamte umliegende Bevölkerung. Manche Feste wie das *banoui* (lokales, karnevalsartiges Fest) in Agadez beziehen sich auf ein besonderes historisches oder mythisches Ereignis.

4. **neu eingeführte Folklore- und Kultur-Festivals,** die für die heimische Bevölkerung und die Touristen veranstaltet werden. Sie hängen von der touristischen Saison ab.

Innerhalb des Lebenszyklus finden zu allen wichtigen Abschnitten und Übergangszeiten Feste statt. Damit soll der gefeierten Person Anerkennung gezollt werden und gleichzeitig wird der **Kontaktpflege innerhalb der Großfamilie** gedient.

Zu diesen Festen zählen:
- das **Namensgebungsfest** am achten Tag nach der Geburt,
- die **Beschneidung** der Knaben im Alter von fünf bis sieben Jahren und das erstmalige Anlegen des *tagelmust* beim Knaben bzw. des *aleschu* beim Mädchen im Alter von ca. 16 Jahren,
- die **Hochzeit** und
- das **Begräbnis.**

# Hochzeitsfeiern in Stadt und Land

Die Hochzeit ist wohl das wichtigste Ereignis im Leben der *kel tamaschek,* weshalb die beteiligten Familien lange vorher schon darauf sparen müssen. Allein die komplette Ausstattung für eine Braut kostet bis zu 1000 Euro, je nach Qualität des Indigotuches. Das Fest ist mit zahlreichen Vorbereitungen verbunden, wofür **die Schmiede die Verantwortung tragen:** Honoratioren und Familienmitglieder müssen eingeladen werden, Köche, Unterkünfte und Reis müssen organisiert, Hammel gemästet und die Hirten benachrichtigt werden, damit ein prachtvolles *ilugan* („Kamelkarussell") „getanzt" werden kann.

## Eine Dorfhochzeit in Timia

Ich möchte von meinem eigenen **Hochzeitsfest in Timia** erzählen, das ich im Februar 2000 gemeinsam mit meiner Grazer Gefährtin nach Tuareg-Brauch gefeiert habe. Die Hochzeit fand im damals neu renovierten „Fort Massu" auf dem Hügel Tawadu hoch über dem Dorf statt. Dazu kamen am frühen Morgen Frauen vom Dorf, um **die Braut** einzukleiden. Mehrere Schichten weißer Baumwollgewänder sowie eine schwarze Bluse *(aftek)* wurden meiner Auserwählten übergestreift und zu guter Letzt bekam sie das schwere Indigotuch *(aleschu)* um den Kopf gewickelt. Dann nahmen die Frauen die Braut in ihre Mitte und stimmten Hochzeitsgesänge an, begleitet von kleinen Handtrommeln *(tende)* und vom schrillen Trällern der Frauenstimmen. Währenddessen ritten zehn festlich geschmückte Reiter, ausgestattet mit Schwert und Speer, auf herausgeputzten weißen Kamelen den Berg hoch, begleitet von geschäftigen Schmieden, die sich um **den Bräutigam** kümmern sollten. Nach einem langwierigen Begrüßungsritual wurde auch er in feinste Indigotücher gekleidet, mit Sandalen versehen und mit Schwert und Speer ausgerüstet.

Nun wurden **Braut und Bräutigam** von einem Hirten zusammengeführt, der eine Art Weihrauchofen um das Paar schwenkte, während er rituelle Formeln murmelte. Damit sollten die Geistermenschen vertrieben und dem Brautpaar reicher Kindersegen beschert werden. Während dieser Zeremonie wartete ein ganzes Dutzend alter Tuareg-Damen vor dem Fort, um die Geister von der Braut auf sich abzulenken. Auf die offizielle „Legalisierung" der Hochzeit durch einen *marabout* verzichteten wir. Dazu müssten die Familien der Vermählten die Eheschließung feierlich bezeugen, dann würde der *marabout* den göttlichen Segen für diese Verbindung erbeten und eine Koransure rezitieren. Ein amtlicher Eintrag würde im Nomadenmilieu wenig Sinn ergeben, weil hier Lesekundige selten, *marabouts* meist fern und die Gefahren des Verlustes eines Dokuments durch Unwetter, Überfall oder Ähnliches groß sind. Viel wichtiger ist darum die **Anerkennung der Eheschließung** durch die Zeugen, eine Funktion, die in modernen Staaten stellvertretend vom „anerkannten" Standesbeamten erfüllt wird. In größeren Siedlungen der Sahel-Tuareg allerdings setzt sich langsam das staatliche Verwaltungssystem mit dem gesetzlich vorgeschriebenen Eintrag durch, das in Algerien und Libyen schon lange Pflicht ist.

Nun traten die **Hochzeitsbegleiter** vor das Tor hinaus und stellten sich den Gästen, die sich dort inzwischen versammelt hatten, nacheinander einzeln vor, indem sie ihre Berufsinsignien präsentierten, etwa den Speer oder das Schwert der *imajeghen.* Dann bewegte sich die Festgemeinde an den Rand des Flussbetts hinab, wo die Schmiede auf ihren Trommeln den Rhythmus für die *ilugan,* **den Kameltanz,** zu schlagen begannen. Dazu umkreisten die Tiere mit ihren Reitern in eleganten Bewegungen die Musiker. Für die Schaulustigen war dies zweifellos der Höhepunkt des Festes, das mit der *deremmage,* dem **Tanz der imajeghen** abgeschlossen wurde. Dazu stellten sich die Hirten mit den Speeren in den Händen in einer Reihe auf und begannen, sich zum Trommelschlag der Schmiede im Stand würdevoll zu bewegen. Dazu hoben sie ein Bein leicht an, streckten es zaghaft schräg nach unten aus und setzten es wieder auf den Boden zurück, um dieselbe Bewegung mit dem zweiten Bein durchzuführen – und dieses immer und immer wieder.

Schließlich zog sich die Festgemeinde zur **Mittagsruhe** wieder in ihre Unterkünfte zurück. Nur der Bräutigam, seine nahen Freunde und Angehörige sowie einige Schmiede versammelten sich beim *ashahi,* dem grünen Tee, zum Plaudern, während das Festessen noch auf sich warten ließ. Indes wurde die Braut von den Frauen neu eingekleidet und an Händen und Füßen mit Hennamalerei verziert, um gegen böse Geister geschützt zu sein. Damit die Hennapaste nicht verwischt, musste sie zwei Stunden lang auf die Haut einwirken, wobei sich die Braut nicht bewegen durfte.

Vom **späten Nachmittag** bis zur Dämmerung fand der zweite „Durchgang" des *ilugan* und des Hirtentanzes statt. Diese Wiederholung der immer gleichen Rituale beginnt Europäer rasch zu langweilen. Für eine Nomadengesellschaft hingegen stellen diese Festakte Höhepunkte in ihrem Alltag dar, weshalb die mehrmalige Wiederholung der an sich recht monoton ablaufenden „Kameltänze" und Frauengesänge immer wieder aufs Neue als spektakulär empfunden wird. Dann stand endlich das große **Festessen** gemeinsam mit den Dorfbewohnern bevor. Dazu wurden wir zu einer kleinen überdachten Terrasse geführt, auf der bereits die Honoratioren des Dorfes, der Dorfchef, der Schuldirektor und der *marabout,* Platz genommen hatten. Die übrigen Gäste, an die 200 *kel timia,* hatten sich auf einige Häuser verteilt, wo sie eng aneinander gekauert auf ihren Anteil am Festmahl warteten. Die Verköstigung begann sogleich mit dem Höhepunkt des Hochzeitsmahles: **gekochte Innereien eines Hammels.** Das Brautpaar erhielt den besten Leckerbissen: die gummiartige Luftröhre, während sich die Honoratioren mit Leber, Herz und Nieren begnügten. Als zweiter Gang wurde mit ein wenig Fleischsoße angefeuchteter Reis aufgetischt, der in einem riesigen Kessel über dem offenen Feuer zubereitet worden war. Gekrönt wurde das Festmahl von den drei Runden *ashahi,* dem Tee. Dann endlich durfte sich das Brautpaar zurückziehen ...

## Heiraten in der Stadt

Die städtischen Hochzeitsfeiern sind den modernen Gegebenheiten angepasst worden. In Agadez nahm ich an einer Hochzeit teil, die **auf dem Fußballplatz** gefeiert wurde, um die zahllosen Gäste unterzubringen. Diese waren in bunte, topmodische Hausa-Gewänder und teure Schleier gekleidet und machten ihre Aufwartung dem Brautpaar, das in der Mitte einer Spielfeldhälfte saß. Die Menschen plauderten hauptsächlich miteinander und irgendwann wurde auch getanzt. Dazu trafen sich je ein

Mann und eine Frau in der Mitte des Platzes, wo sie in der Art der *imajeghen* tanzten: mit wenigen würdevollen, behutsamen Bewegungen – begleitet von einer E-Gitarre.

Allerdings erlebte ich in Agadez auch Hochzeiten mit poppigen Bands, die „fetzig" abliefen. So gibt es auch hier immer mehr Varianten, je nach Geschmack. Das **Kernelement** bleibt jedoch gleich: Zwei bislang getrennte Bezugsgruppen (die Familie und Freunde der beiden Brautleute) verbringen eine gute Zeit miteinander und knüpfen eine gesellschaftliche Verbindung, damit die Beziehung des neuen Paares eine gute soziale Basis bekommt.

# Islamische Feste

Während ein großes Hochzeitsfest in der Regel nur einmal im Leben gefeiert wird, wiederholen sich Jahr für Jahr die großen Feiertage des Islam. Sie haben bei den Tuareg eine ähnliche Bedeutung wie für uns Weihnachten oder Ostern. Diesen großen Tag vor Augen wird gefastet und gespart, um dann einen Hammel als besonderes Festmahl für die Familie zubereiten zu können. Je näher ein solches Fest rückt, desto aufgeregter werden die Menschen und versuchen, noch rasch irgendwie das Geld für das Schlachttier zu beschaffen.

## Tabaski

Das *tabaski* wird am 10. Tag des Wallfahrtsmonats, am Ende der Pilgerfahrt nach Mekka, in **Erinnerung an Abraham** und die (Beinahe-)Opferung seines Sohnes aus Gehorsam zu Gott begangen (Koran 22,38). Man kann es mit dem jüdischen Passahfest und dem christlichen Osterfest vergleichen. Das *tabaski* gilt als einer der höchsten Festtage des Jahres (2008: 8. Dezember, 2009: 27. November, 2010: 12. November).

In Agadez wird es auf ganz besondere Weise gefeiert. Schon am Vorabend des großen Tages setzt das Trommelschlagen vor dem Sultanspalast ein. Am Morgen wartet die Bevölkerung vor dem Palast auf die Musikanten mit ihren gellenden, trompetenähnlichen alten Blasinstrumenten und großen Trommeln. Märchenerzähler unterhalten die Menschenmenge mit ihren Geschichten. Höhepunkt des farbenfrohen Festes sind die **Reiterspiele zu Pferd vor dem Palast.** Sobald der alte Sultan *Ibrahim Oumarou* seinen Palast verlassen und in seiner Audienzhütte Platz genommen hat, reiten geschmückte Männer im wilden Galopp mit ihren Pferden mehrmals um die in unmittelbarer Nachbarschaft liegende Moschee.

Nach dieser Vorführung ziehen sich die Menschen zurück und bald färbt sich in den Gassen der Sand rot, denn vor jedem Haus wird ein Schaf geschächtet. An diesem Tag lassen allein im Niger **fast zwei Millionen Hammel** ihr Leben, die dann aufgespießt über großen Feuern entlang der Straßen schmoren. Auf diese Weise kommen auch jene zu einem guten Stück Fleisch, die an diesem Tag fernab ihrer Familien sind, wie etwa Karawaniers.

**In Timia** sammeln sich anlässlich des *tabaski* die Männer im Flussbett vor dem Dorf und marschieren in einer langen, eindrucksvollen Prozession zum gemeinsamen Gebet. Auf einem gesäuberten Platz im Norden lassen sie sich in langen, parallelen Reihen vor dem *marabout* auf die Knie nieder. Die Frauen nehmen diskret in den letzten Reihen am Gebet teil. Anschließend besuchen die Männer am Friedhof die Gräber ihrer Ahnen und plaudern bei der Gelegenheit ausgelassen miteinander. Allmählich ziehen sich die Männer dann in ihre Häuser zurück, wo die Frauen bereits die Vorbereitungen für die Schlachtung des Hammels getroffen haben, der anschließend gebraten und gemeinsam verspeist wird.

Gemeinsames Gebet der Dorfbewohner am Ende des Ramadan

# Das Gani-Fest

Am *mouloud,* dem Geburtstag des Propheten *Mohammed,* wird das Gani-Fest gefeiert. Es ist mit dem christlichen Weihnachtsfest vergleichbar und ist von ähnlich großer Bedeutung wie das Tabaski-Fest. In Agadez umrundet der Sultan im Zuge eines rituellen Ausritts dreimal den Palast, dann trifft man sich in der Moschee zum gemeinsamen Gebet und geht schließlich nach Hause, um gemeinsam den Hammel zu schlachten und zu verspeisen.

Für die Hirten von Timia gilt das Gani-Fest als **der wichtigste Festtag,** weil sie – im Gegensatz zum *tabaski* – ihren großen Auftritt mit Reiterspielen und Kamelwettrennen haben, dem das ganze Dorf beiwohnt. Die Krönung einer solchen festlichen Vorführung ist stets das *ilugan,* das Kamelkarussell. Besonders kunstfertige Hirten lassen ihr Kamel sogar eine bestimmte Strecke auf den Knien rutschen.

# Der Ramadan ist zu Ende!

Der Ramadan ist die große **Fastenzeit des Islam,** in welcher der Mensch in sich gehen und sich seiner Sünden bewusst werden soll. Besonders wichtig ist diese Zeit auch zur Vertiefung der sozialen Bande.

Dreißig Tage lang wird **tagsüber nichts gegessen** und nichts getrunken. Dafür darf nach Sonnenuntergang und vor Sonnenaufgang umso mehr im Kreis der Familie und Freunde gefeiert werden. In der Regel essen die Menschen während des Ramadan sogar mehr als normal – aber eben nur nachts. Das ist anstrengend und bringt den Lebensrhythmus durcheinander, besonders wenn der Ramadan in die heiße Zeit des Jahres fällt (2008: 1. September bis 1. Oktober, 2009: 22. August bis 22. September, 2010: 11. August bis 11. September).

Danach wird das Ende der Fastenperiode als wahre Erlösung empfunden. Das Abschlussfest wird jedoch unspektakulär gefeiert. Die Menschen ziehen sich schön an und treffen sich zum gemeinsamen Gebet. Anschließend wird viel und gut gegessen, bevorzugterweise Hammelfleisch.

Einst fiel das **Ende des Ramadan** in die Zeit einer meiner Wüstentouren. Unsere Tuareg-Begleiter hatten rechtzeitig für das Fest von einem Nomaden ein Schaf gekauft, es geschlachtet, abgehäutet und einige Tage auf dem Dach des Transporters mitgeführt. Als endlich der große Tag kam, verrichteten sie gewissenhaft ihre alltägliche Arbeit, versorgten die Reisegruppe – und verschwanden ... Am nächsten Tag waren die jungen Männer furchtbar bleich und kaum ansprechbar, weil sie enorme Mengen vom Hammelfleisch in sich hineingestopft hatten. Aber, so rechtfertigten sie sich, das müsse bei diesem Fest eben so sein.

# Regionale festliche Traditionen

Bei den Tuareg im Sahel beruhen die regionalen Feste auf der nomadischen Tradition. Die Nomaden wandern mit dem Vieh mit der anbrechenden Trockenzeit nach Süden und kehren mit der bevorstehenden Regenzeit wieder zurück. Während der Regenzeiten gibt es immer genug Weidefläche für alle, es ist die Zeit des Friedens und des Überflusses. Jetzt kommen die Familien zusammen, Hochzeiten werden gefeiert und alte Bande verstärkt und neue geflochten.

Regionale Feste finden **stets gegen Ende der Regenzeit** statt. Bis in jüngste Zeit trafen sich die Nomaden auf den fetten Weiden und während die Tiere auf sich allein gestellt glücklich grasten, arrangierte man gemeinsam ein Fest. Heute werden diese Ereignisse aus touristischen und politischen Gründen zeitlich geregelt, damit sie berechenbar und für die touristische Planung genutzt werden können.

## Cure salée in Ingal, Niger

Seit mehr als Hundert Jahren findet alljährlich zwischen Ende Juli und Anfang September, sobald der Regen gefallen ist, die *cure salée* (die „Salzkur") für das Vieh der Nomaden statt. Dazu wandern die Azawagh-Tuareg von Tahoua einige Hundert Kilometer nach Norden in die Region von Ingal und Teggida-n-tesemt, wo die Erde dank der hiesigen Mineralquellen einen hohen Natrongehalt hat und die Weiden proteinreich sind. Durch diesen Weidewechsel, der unserem Almauftrieb vergleichbar ist, haben die Tiere Gelegenheit, das während der heißen Zeit verlorene Salz wieder aufzunehmen – darum der Name „Salzkur". Die *cure salée* dient aber auch dem Austausch zwischen den regionalen Kulturen, weil sowohl Tuareg- als auch Fulbe-Hirten hierher kommen. Bei der *cure salée* gibt es das jährliche Wiedersehen der Clans, es ist die Zeit der Spiele, der Feste und oft auch der Hochzeiten.

Die *cure salée* gilt mittlerweile als ein **offizielles Ereignis von nationalem Interesse** und Stolz, dessen Termin amtlich festgesetzt und zur Verkündung von Botschaften des Präsidenten an das nigrische Volk genutzt wird. Gleichzeitig findet eine Nomaden- und Kunsthandwerksmesse statt und es werden Impfaktionen für Tiere und Nomadenkinder durchgeführt. Das sieben Tage dauernde Fest wird von Tausenden Schaulustigen, aber auch von Delegationen aus den Nachbarstaaten besucht. Seit dem Jahr 2001 wurden zusätzliche touristische Aktivitäten sowie Modeschauen und Sensibilisierungskampagnen für den Kampf gegen AIDS und Armut in das Programm integriert.

## Wie die „kel ferouan" zu ihrem Weideland kamen

*Die Legende erzählt davon, dass vor vielen Jahren eine junge Frau auf einem Kamel zur Oase Iferouane kam, wo sie den Dorfchef Azerezer um das Gastrecht bat. Bezaubert von ihrer Schönheit hielt der Mann sogleich um ihre Hand an. Sie akzeptierte das Angebot unter der Bedingung, dass sie als Morgengabe so viel Land bekomme, wie ihr Kamel ohne zu ermüden durchqueren könne. Der Mann schlug sofort ein, meinte er doch, dass es ihn nicht viel kosten würde. Die Frau aber ritt auf ihrem Kamel weiter nach Süden, bis nach Tagdofat, das beträchtlich hinter den Aïr-Bergen und hinter Agadez gelegen ist. Hier stieg sie vom Kamel und steckte ihren Speer in den Sand. Wie versprochen übergab der Bräutigam seiner Verlobten das ausgedehnte Weideland, wo sich die Nachkommen der schönen Reiterin ansiedelten, die später Königin Osabanass genannt wurde. Der Name bedeutet „Die ihr treu sind", denn die Königin war so gerecht und so offen für die Sorgen ihrer Untertanen, dass sie sehr respektiert und geliebt wurde. Aus ihrem Stamm ging das große Geschlecht der „kel ferouan" hervor.*

Freilich hat die *cure salée* durch all das ihren ursprünglichen Charme verloren, den man höchstens noch abseits der großen Tribünen an den Brunnen findet, wo die Herden das tun, wozu sie schon seit Jahrhunderten hergekommen sind: die Salzweiden abgrasen, während die Hirten miteinander plaudern, lachen und singen ...

## Ashihar der kel ferouan, Niger

Das *ashihar* findet alljährlich in Aderbissanet, etwa 160 km südlich von Agadez, in der dritten Septemberwoche statt. Es erfüllt eine ähnliche Funktion wie die *cure salée,* hat aber, da relativ unbekannt, seinen traditionellen Charme noch weitgehend erhalten. Das Tamaschek-Wort *ashihar* bedeutet sinnigerweise „Treffen" oder „Begegnung", da die verschiedenen Fraktionen der Kel-ferouan-Tuareg hier am Ende der Regenzeit zusammenkommen, Verbindungen auffrischen und neue durch Heirat eingehen. Das betrifft fast dreißig Stämme, die als Nomaden über die Region Aïr im Norden, Irhazer im Süden und Tadress im Westen verteilt leben. Auch heute noch geht es bei diesen Zusammentreffen darum, im ashihar-Forum aktuelle Probleme zu diskutieren und gemeinsame Lösungen für die Zukunft der Föderation zu besprechen.

Nach den geistigen und sozialen Bemühungen folgt der festliche Teil mit Kamelkarussell, traditionellen Tänzen und Kamelrennen. Eine Besonderheit ist hier der **Schönheitswettbewerb** für die am hübschesten geschmückten Kamele und Esel, die Besitzer können attraktive Geldpreise gewinnen.

## Bianou in Agadez

Das *bianou* wird nur in Agadez und Ingal gefeiert. Es beginnt vierzig Tage nach dem *tabaski* und endet nach 23 Tagen am 9. Tag des islamischen Monats *moharem,* der in Agadez „Monat des *bianou"* heißt.

Gefeiert wird das **Andenken an das Ende der Sintflut.** Weil *Noah* mit seiner Arche bei Agadez gelandet sei und dabei wichtige Pflanzen gerettet habe, schmücken die Menschen ihre Häupter mit Palmwedeln. Nach anderen Deutungen wird das *bianou* in Erinnerung an das Ende eines Krieges zwischen einigen Stämmen gefeiert. Für manche Agadeziens wiederum kennzeichnet es *Mohammeds* Flucht nach Medina. Während der 23 Festtage feiern die Bewohner von Agadez jeden Abend von Sonnenuntergang bis Mitternacht in den Gassen, wo gegnerische Gruppen um die Wette trommeln und tanzen. Zeitweise sind dabei die jungen Burschen aufgewühlt und rennen unter johlendem Geschrei und drohendem Stockschwingen von Viertel zu Viertel.

Dieses wilde Treiben ist – ähnlich unserem Karneval – eine Art vorübergehender planmäßiger Ausnahmezustand, bei dem die Regeln umgekehrt werden und normalerweise Verbotenes erlaubt ist. Dies dient dem symbolischen Ausgleich sozialer Ungleichheiten und damit verknüpfter Konflikte, ist somit eine Art rituelle Konfliktprävention.

Den **Höhepunkt des bianou** bildet am Vorabend des letzten Tages der vereinte Auszug von Trommlern und Maskierten nach Alarses, sieben Kilometer nordöstlich von Agadez, wo *Noahs* Arche angeblich gelandet ist. Für die Maskerade ist erlaubt, was gefällt. Zierrat aus Konserven oder Palmwedeln, Schmuck und verrückte Sonnenbrillen, bunte Schirme und natürlich beste Indigotücher verwandeln die vormals „Noblen" plötzlich in gockelartige blaue Figuren oder wandelnde Weihnachtsbäume. Nach der Übernachtung im Freien bewegt sich der Umzug am nächsten Tag wieder in die Stadt zurück und löst sich hier allmählich auf.

## Kleine spontane Feste

Die Tuareg feiern gern und wann immer es möglich ist. Für Hirtinnen aber, die abseits der Dörfer leben, ergibt sich meist nur ein bis zwei Mal im Jahr eine Gelegenheit dazu. Denn entweder müssen sie die Reise zum Festort gemeinsam mit ihren Tieren unternehmen oder irgendwie eine „Vertretung" fürs Ziegenhüten organisieren. Da haben es die Kamelhirten leichter, denn einerseits überlassen sie die Kamele sowieso gelegentlich sich selbst und sammeln sie nur von Zeit zu Zeit wieder ein; andererseits stehen ihnen ihre Kamele jederzeit als Transportmittel zur Verfügung. Um trotzdem dann und wann zu ein wenig Vergnügen zu kommen, das im Übrigen fast nichts kostet, organisieren die Hirten bzw. Hirtinnen kleine spontane „Partys" zum persönlichen Gaudium.

**Irawayan** sind nächtliche Spiele der Hirten und Hirtinnen, zu denen sie sich nach der Versorgung ihrer Tiere zusammenfinden. Anlass kann eine Geburt oder ein Namensgebungsfest sein, meistens ist der Grund aber schlicht Vergnügen und Spaß. Dann werden die Hirsemörser kurzerhand zu Trommeln *(tende)* umfunktioniert, die Frauen singen und trällern und die Männer tanzen.

**Elawag** werden die Reiterspiele während der Regenzeit genannt, zu denen sich Hirtinnen und Kamelreiter nach Gewittern auch tagsüber spontan zusammenfinden. Denn **wenn der Regen fällt,** ist die Freude unermesslich und will geteilt werden. Dann strömen alle Hirtinnen der Umgebung herbei, singen und trillern und benutzen ihre Wassergefäße als Trommeln. Das lockt wiederum die in der Nähe befindlichen Kamelreiter an, die sich formieren und in rhythmischer Gangart mit ihren Tieren den *ilugan* „tanzen". Es läuft alles ab wie bei einem großen Fest in den Dörfern, nur dass die Beteiligten keine schöne Kleidung tragen und die spontane „Festgemeinde" im Busch leider auf Leckereien verzichten muss.

Eine **besondere Form der Gesangstreffen** ist das *igumatan,* bei dem Frauen auf engem Raum zusammensitzen, die Trommeln schlagen und singen, um eine vermeintlich besessene Person (meist ebenfalls eine Frau) von Geistern zu befreien. (Näheres dazu im Kap. „Gesundheit und Hygiene".)

Eine weniger therapeutische, eher sozialhygienische Wirkung hat das abendliche **tam-tam,** wenn die Frauen und Schmiede ihre Mörser und Kalebassen schlagen und dazu trällern. Dann haben die jungen Männer Gelegenheit, ihre Tanzkünste und ihre Energie unter Beweis zu stellen. Dazu löst sich jeweils ein junger Mann aus dem umstehenden Kreis und hüpft mit stampfenden Schritten vor die Trommler. Manchmal schwingt er auch das Schwert, reißt die Arme hoch und springt in die Luft, als wollte er fliegen. Je wilder der Tänzer sich aufführt, je lauter er stampft und je höher er springt, desto mehr Prestige erwirbt er. Dies ist auch ein geeigneter Anlass für Gäste (besonders auch für Touristen), Sympathien zu gewinnen, aus der Anonymität der Zuschauer hinaus in den Kreis zu treten und seine Wildheit unter Beweis zu stellen. Denn wer zum Vergnügen der Anderen beiträgt, macht sich überall auf der Welt beliebt.

# Moderne Festivals

In der kalten Jahreszeit, zumeist Ende Dezember, finden in den verschiedenen Tuareg-Regionen diverse Kulturfestivals statt. Sie entstanden aus dem Bedürfnis der Tuareg nach dem „Erhalt" traditioneller, ausdrucksstarker Rituale und aus dem Wunsch, möglichst viele Besucher daran teilhaben zu lassen, die diese Sympathie für die vergangene Tuareg-Welt teilen.

Die Grundform der verschiedenen Festivals ist meist sehr ähnlich: Im Mittelpunkt stehen die prachtvollen Kameltänze der geschmückten Tuareg-Hirten, die Kamelrennen und die Gesänge der Hirtinnen. Doch entwickelt jedes Festival auch eine kulturelle Eigendynamik und bringt neue Elemente hervor, wie Theaterstücke, Modeschauen, Misswahlen, Lyriklesungen und Popkonzerte. So wird aus einer „Museumspräsentation" rasch ein lebendiger Teil der gegenwärtigen Tuareg-Kultur.

Eines der traditionsreichsten Festivals ist wohl das **tafsit kel ahaggar,** das im April zwei Tage lang **in Tamanrasset** gefeiert wird. Es ging aus den traditionellen, alljährlichen Treffen der Stämme der Zentralsahara hervor, die der Bekräftigung von Bündnisverträgen und der Feier von Hochzeiten dienten.

Im Jahr 1991 wurde das *tafsit* „modernisiert" und in das „Fest des Frühlings" umbenannt. Im Vordergrund soll die Begegnung zwischen Nomaden, Städtern, Touristen und Beamten stehen, um drei Tage lang miteinander zu plaudern, zu musizieren, aber auch um Handel zu treiben und gemeinsam die Reiterspiele zu bestaunen. Zum Rahmenprogramm gehört eine große Eröffnungsprozession, an der Sportler verschiedenster Disziplinen, Kameltruppen und Sängergruppen teilnehmen. Auf zahlreichen Ausstellungsständen präsentieren Handwerker und landwirtschaftliche Kooperativen ihre Produkte: Flechtwerke, kunstvolle Teppiche aus dem Norden, Silberschmuck, aber auch knackiges Gemüse und Datteln. Die Höhepunkte des Festivals sind auch hier der beeindruckende „Kameltanz", ein Kamelrennen und der nächtliche Wettbewerb der Sängerinnen.

In der Region Djanet wird jeden November anlässlich des Jahrestages der Algerischen Revolution das **Illizi-Festival** organisiert. Seine Besonderheit liegt wohl in der außergewöhnlichen Ausstattung der Sängerinnen: dunkelblaue Indigogewänder werden mit rosafarbenen und anderen grell gefärbten Stoffen kombiniert. Die Sängerinnen und Tende-Spielerinnen sind stark geschminkt, ihre Hände mit Henna verziert, die Fingernägel

Sieger und Zweiter des Kamelrennens auf dem Ghat-Festival

vom Henna rot gefärbt und sie sind über und über mit Silberschmuck behängt. Hintergrund dieser Aufmachung ist die **Wahl der „Miss Illizi",** zu der sich bis zu Hundert Mädchen aus der gesamten Region einfinden. Bei den Kandidatinnen wird großer Wert auf traditionelle Kleidung gelegt. Der Anblick von so viel Indigo und Silberschmuck auf so engem Raum ist überwältigend. Es knistert und klirrt regelrecht, wenn die Mädchen teils stolz, teils scheu und verlegen über den Laufsteg schreiten. Sie tragen natürliches Make-up, Kajal an den Augenrändern, Indigo als Schönheitszeichen auf den Lippen sowie auf Kinn, Wangen und zwischen den Augen. Seit dem Jahr 2000 sind auch Männer als Zuschauer bei dieser Wüstenmisswahl gestattet, was den Zulauf an Besuchern beträchtlich steigerte.

Das größte Ereignis für die libyschen Tuareg ist das **mahrajan ghat,** das stets Ende Dezember stattfindet. Mit seiner Gründung im Jahr 1994 durch die Bewohner von Ghat sollte die große Vergangenheit der kel ajjer als Touristenattraktion wiederbelebt werden. Auf dem Festival, das in der dekorierten Altstadt von Ghat stattfindet, werden Traditionen und **Rituale der kel ajjer** nachgespielt, etwa Namensgebungsfeste, Beschneidungen, Hochzeiten und Begräbnisse. Einen großen Raum nimmt die Präsentation von traditionellem Handwerk ein, auch wenn viele dieser Töpfe, Flecht- und Webwaren heute so nicht mehr produziert werden. Die größten Attraktionen sind natürlich wieder die „lebendigen" Darstellungen von regionalen Tänzen, Gesängen und „Konzerten" sowie das ilugan.

Aufgrund seines großen Erfolgs wird das Festival mittlerweile von einer staatlichen Behörde organisiert, was seinen Glanz erfreulicherweise kaum beeinträchtigte. Inzwischen wird anlässlich des *mahrajan ghat* eine arabische **Zeitung mit englischer Beilage** herausgebracht, um Touristen über die Hintergründe des Festes und über die Stadt zu informieren.

Mit dem zunehmenden Erfolg des Tourismus im Aïr seit dem Ende der Rebellion wuchs unter den *kel aïr* das Bewusstsein für die Bedeutung ihrer Kultur als touristische Attraktion. Darum wurde im Jahr 2001 das **„Festival de l'Aïr"** als ein Mittel der aktiven, jedoch kultursensiblen Tourismusförderung, aber auch als Gegenpol zur verpolitisierten *cure salée* eingeführt. Das Event versteht sich als ein klares Signal der kulturellen Lebendigkeit der *kel aïr*, weshalb die Festivalparole lautet: „Kämpfen wir gegen das Vergessen! Retten wir unserer Kultur! Öffnen wir uns der Moderne, ohne die Kultur zu untergraben!" Das Festival findet zwischen Weihnachten und Neujahr statt.

Jährlich beteiligen sich mehr Menschen aus dem Aïr an der Gestaltung des Festivals, sei es mit einem Imzad-Gesang aus vergangener Zeit, sei es mit neu entwickelten Silber-„Kreuzen", sei es mit süßen Pampelmusen aus Timia oder lila Zwiebeln aus Tabelot. Alte Traditionen werden präsentiert, neu interpretiert und weiterentwickelt, etwa in Form von Theaterstücken und literarischen Lesungen. Wettbewerbe sollen besonders Jugendliche ansprechen und ihre Liebe zur Tuareg-Kultur wachrufen. Es gibt Veranstaltungen für traditionelle Tänzer und für die schönsten Mädchen. Schon immer hatte jedes Dorf besonders hübsche, talentierte Sängerinnen, die als „Botschafterinnen" ihres Dorfes galten und die nun hier auftreten. Wer sich mehr zu ideellen Werten hingezogen fühlt, kann auf dem Festival z. B. einen kostenlosen Tifinagh-Kurs besuchen.

Seit 2003 veranstalten die *kel ifoghas* ein Musikfestival: **die „Sahara-Nächte von Essouk"** *(Nuits Sahariennes d'Essouk)*. Essouk liegt am Rande der Hoggar-Ausläufer in Mali und ist ein historischer Kreuzungspunkt für Karawanen. Dem Gedanken der Begegnung trägt das Festival Rechnung, indem über die gewohnten Kamelparaden und Tänze hinaus auch Konzerte berühmter zeitgenössischer Tuareg-Blues-Gruppen wie „Tinariwen" oder „Tarit" stattfinden. Im Karey-Turnier wetteifern die besten „Sand-Hockeyspieler" um den Sieg und Hirtinnen konkurrieren um den Titel der besten Schneiderin von Lederzelten.

Die eigentliche Besonderheit der „Sahara-Nächte" liegt jedoch in der Veranstaltung eines dreitägigen politischen Diskussionsforums, bei dem sich regionale und nationale Abgeordnete, Botschafter und andere hohe Politiker offenen Debatten stellen. Diskutiert werden so brisante Themen wie Schulunterricht für Nomadenmädchen, AIDS-Prävention und Wege

## Das „Festival au Désert" – Malis Wüstenwoodstock

*Das **innovativste Tuareg-Event** ist das „Festival au Désert", das seit 2003 alljährlich im Januar in Essakane stattfindet, zwei Fahrstunden nördlich von Timbuktu. Dieses Musikfestival gilt heute als renommierter Ort der Begegnung von westafrikanischen Künstlern, allen voran Tuareg-Popgruppen. Es entstand aus dem Bedürfnis der Menschen, die traditionelle Idee der alljährlichen Stammestreffen am Ende der Regenzeit wieder aufzugreifen und in zeitgemäßer Weise weiterzuführen. Auch erkannten viele Menschen, dass sich in der Darbietung provokanter Lieder und satirischer Theaterstücke ein Weg bietet, die trennenden Erlebnisse der Rebellion gemeinsam aufzuarbeiten und sich in friedlicher Weise näherzukommen.*

*Das von der EU und der Regierung Malis unterstützte Kulturtreffen entfaltete eine produktive Eigendynamik und ging bereits 2003 als **eines der größten Musikfestivals Afrikas** in die Geschichte ein. Neben zahlreichen Tuareg-Popbands zählten damals internationale Stars wie die Afro-Blueslegende Ali Farka Touré oder Robert Plant von „Led Zeppelin" zu den Gästen. Doch auch Musiker aus jenen malinesischen Bevölkerungsgruppen, mit denen sich die Tuareg-Rebellen im Krieg befunden hatten, wagten sich in das einstmalige Feindesgebiet und spielten nunmehr friedlich und begeistert mit- und füreinander: Musiker der Bambara- und Mandinke-Volksgruppen aus dem Westen sowie Sänger der Fulbe-Nomaden und der Songhai aus dem Süden. Diesen Sensationserfolg konnten die nachfolgenden Festivals zwar nicht mehr erreichen, sie glänzten aber dennoch durch die hohe Qualität von Musik und Performance.*

aus dem Klimakollaps, aber auch der Kampf gegen Terrorismus. Dieses Forum ist Ausdruck der Überzeugung, dass neben den „schönen Künsten" auch Politik als elementarer Teil der gelebten Tuareg-Kultur kultiviert und weiterentwickelt werden muss.

Ökofoto: hf

# ALS FREMDER BEI DEN TUAREG

Nach dem Überblick über die verschiedenen „Innenaspekte" der Tuareg-Gesellschaften verschiebt sich nun das Augenmerk auf die Art und Weise, wie Tuareg uns Europäer betrachten und wie wir in einen möglichst gelingenden Kontakt mit ihnen treten können.

## Der Blick auf das Fremde

Die Tuareg-Nomaden des Sahel versuchten lange Zeit, jeden Kontakt zu Fremden tunlichst zu vermeiden. Seit der Unabhängigkeit der National-staaten erwiesen sich die seltenen Begegnungen mit „Angehörigen der Macht", den Beamten der Forst- oder Zollbehörden oder den Soldaten, zumeist als äußerst unangenehm. *Gerd Spittler* berichtet davon, dass sich die Tuareg im Aïr beim Geräusch eines sich nähernden Gefährts zu ver-stecken pflegten. So kam es auch erst sehr spät zu den ersten Begegnun-

Trekkingtouristen auf dem Weg zum Tamgak-Pass im Aïr-Massiv

gen zwischen Nomaden und Touristen, denn die Touristenfahrzeuge wurden ebenfalls als „feindlich" eingestuft.

Dagegen lernten die Nomaden in Algerien schon recht früh, den **Tourismus als Einkommensquelle** zu nutzen: Oft stellten sie ihre Zelte in der Nähe der Piste auf, spielten „Gastfreundschaft" und erhielten dafür Wasser- und Sachspenden.

Seit dem Ende der Rebellion vollzieht sich unter den Tuareg im Sahel ein grundlegender Sinneswandel. Fremde werden, vereinfacht gesagt, zunehmend positiver wahrgenommen. Dies mag mit dem wachsenden Tourismus zusammenhängen, ganz wesentlich aber auch mit dem Engagement der staatlichen und privaten **Hilfsorganisationen aus dem Westen.** Unter diesen war und ist primär die „Deutsche Gesellschaft für Technische Zusammenarbeit" (GTZ) präsent, aber auch zahlreiche private Vereine von „Tuareg-Freunden".

Wie aber nehmen die Tuareg die reisenden Europäer wahr und was denken sie über uns, wenn sie uns in Toyotas vorbeibrausen oder auf dem gemieteten Kamel durch Dünen und Felslandschaften reiten sehen? Zu diesem Themenkomplex habe ich in den letzten Jahren zahlreiche **Gespräche mit Männern und Frauen** verschiedener Alters- und Berufsgruppen aus dem Aïr durchgeführt. Im Folgenden lesen Sie eine Zusammenstellung der Antworten und Meinungen.

## Was ist ein „Tourist"?

*Tchindjadam,* eine 57-jährige Hirtin, betrachtet Touristen als **Leute, „die zu viel Geld haben** und nichts damit anzufangen wissen". Die meisten Tuareg unternehmen Reisen entweder aus beruflichen Gründen, in Notfällen oder um Verwandte zu besuchen. Dann reisen sie zu Fuß, per Kamel oder Esel oder sie fahren auf der Ladefläche eines LKW mit. Allein die Miete eines Allradfahrzeuges wäre unerschwinglich. Darum erscheint in ihren Augen jemand als sehr reich, der nur zum Vergnügen einen Toyota benutzt. Für viele Nomaden sind Menschen in vorbeifahrenden Toyotas das einzige, was sie von Touristen zu Gesicht bekommen, daher meint *Tchindjadam* wie viele andere Tuareg, das „Toyotafahren" sei für Touristen ein seltsamer, unverständlicher Selbstzweck.

*Fitita,* eine 33-jährige Hirtin, sieht Touristen als **großzügige, nette Menschen** an, weil sie ihr gelegentlich „leere Konservendosen geschenkt" haben. So unvorstellbar es uns Europäern auch erscheinen mag: Für eine Nomadin, der es im Busch stets an Behältnissen mangelt, ist eine schlichte Blechdose ein großer Gewinn. *Daboun Taralou,* der 61-jährige „Stammeschef" der Region Timia, wundert sich über die Neigung der Touristen, „vor allem jene alten Sachen kaufen zu wollen, die wir als alt und nutzlos empfinden", etwa löchrige, alte Ledertaschen. Was Europäer mit diesem „Abfall" anfangen wollen, ist ihm ein Rätsel.

Zusammenfassend lässt sich das Bild, das sich Tuareg von Touristen machen, wie folgt skizzieren: Touristen reisen viel herum, und zwar grund- und ziellos, sie schauen sich „Dinge" zum bloßen Vergnügen an, geben viel Geld für nutzlose Dinge aus und fotografieren alles, was ihnen gefällt. Manche Touristen suchen außergewöhnliche Erfahrungen, doch sind sie dabei meist in Eile.

## Warum Touristen reisen

Was Menschen freiwillig und zum Vergnügen in die Wüste treibt, ist besonders für ältere Tuareg häufig **unbegreiflich,** da sie selbst nur aus beruflichen oder gesellschaftlichen Gründen reisen. Viele schließen darum von sich auf andere und vermuten, dass Touristen den Kontakt zu den Menschen, also zu den Tuareg, suchen würden. Das widerspricht jedoch den Tatsachen, denn der Großteil der Sahara-Besucher sucht in erster Linie die Begegnung mit der Wüste, während der Kontakt zur Bevölkerung von untergeordneter Bedeutung ist.

Die jüngeren Tuareg können dies wiederum nachvollziehen, wenn sie bereits Erfahrungen im Tourismus gesammelt haben. Sie wissen über die **Sehnsucht der Europäer nach Dünen** und der endlosen Weite der Wüste, also nach unbekannten, unvorstellbaren, „abenteuerlichen" Landschaften. Dass aber Touristen auch Stille und Abgeschiedenheit in der Wüste suchen könnten, ist ihnen nur schwer verständlich, denn sie selbst hassen die Einsamkeit.

## Der „Nutzen" von Touristen

Wie stehen die Tuareg zu denTouristen? Wie bewerten sie, was sie von den „eiligen, fotografierenden Menschen" sehen? Erstaunlicherweise ist die **positive Haltung der Tuareg gegenüber Touristen** weit verbreitet. Tatsächlich fand ich bei meinen zahlreichen Gesprächen nur sehr wenige Menschen, die sich dem Tourismus gegenüber kritisch äußerten – und selbst sie sahen ihn als unverzichtbare neue Einnahmequelle an.

Von den unterschiedlichen Meinungen lassen sich **vier wesentliche Überzeugungen** zusammenfassen:

- Die ältere Generation ist noch tief in ihrer nomadischen Welt verwurzelt und hat wenig Erfahrung mit Touristen, deren Welt jedoch im Widerspruch zu ihren eigenen Werten zu stehen scheint. Darum beurteilen sie die Regsamkeit der Touristen weitgehend als fremd, unverständlich und zum Teil als unsinnig. Dies gilt besonders für **das nutzlose Umherziehen aus bloßem Vergnügen,** das unter Hirten generell verpönt ist. *Tchindja-dam,* eine 57-jährige Hirtin, würde niemals zur Unterhaltung reisen, sondern das Geld lieber für ihre Familie aufwenden. *Tschibril,* 36-jähri ger Besitzer einer Boutique, würde einen Berg nur besteigen, um ein Kamel zu suchen. „Die Touristen müssen davon irgendwie profitieren, sonst würden sie nie freiwillig da hinaufklettern." Völlig erstaunt äußern sich auch Karawaniers, wenn ihnen Touristen bei der Durchquerung der Té-néré begegnen: Kein Nomade würde sich freiwillig der Wüste aussetzen.

- Jüngere Menschen, vor allem junge Männer, sind oft bereits durch ihre intensiven Erfahrungen mit Städten und dem Wüstentourismus geprägt, wodurch sie bereits manche der westlichen Denkweisen und **Sehn-süchte übernommen** haben. Sie beginnen, sich mit der Vorstellung vom Reisen als bloßes Vergnügen anzufreunden. Für *Jousoufa,* den 37-jährigen Touristenkoch, machen westliche Menschen mit ihrem Geld einfach nur das, worauf sie Lust haben. Hätte er das nötige Geld, würde er sich ebenso verhalten und auch reisen.

- Noch stärker von Europäern geprägt sind die „romantischen Kritiker". Sie leben meist in großen Städten in einem bescheidenen Wohlstand, zuweilen sogar in Europa. Zu ihrem gewohnten Wohlstand gehören auch gelegentliche touristische Reisen „ins Grüne aufs Land" oder zum Vergnügen in die nächste Großstadt. Dadurch haben sie sich so weit von der Lebensrealität der Tuareg-Nomaden entfernt, dass sie diese Welt zur „guten, alten Zeit" verklären, die es vor dem Tourismus zu schützen gilt. So kritisiert der 30-jährige Geograf *Adouma* die Touristen als **„Leute, die Blödsinn treiben,** Müll verursachen, nackt herumgehen und keine Zeit haben, sich nach den Leuten (nämlich den Einheimischen, d. A.) zu erkundigen". Trotzdem sieht auch er den wirtschaftlichen Nutzen und erinnert sich an sein Glücksgefühl, als er vor zwanzig Jahren von einem Touristen Kugelschreiber geschenkt bekommen hatte.

- Die zahlenmäßig größte Gruppe sieht die Touristen als **segensreiche Geldbringer** an, wobei manche Vorstellungen doch recht unrealistisch sind. So hält der 20-jährige Karawanier *Rissa* die Touristen für „besser" als die Forscher oder Projektbetreiber, weil „Touristen so viel kaufen" und die Bevölkerung deshalb viel mehr von ihnen profitieren würde, als von den Projektverantwortlichen. *Fiches,* ein junger Schmuckhändler, meinte: „Touristen bringen Geld. Ich liebe sie!" Weit pragmatischer

„Fremde" mit jungem Dolmetscher zu Besuch
bei befreundeten Hirtinnen in Timia

brache *Achmed,* der 42-jährige Schmied und Chef der Schmiedekooperative in Timia, das Verhältnis der Tuareg zu Urlaubern auf den Punkt: Touristen haben Geld, um ihre Neugier zu befriedigen. „Diese Geldquelle müssen wir nutzen!"

## Welcher „Fremde" ist kein Tourist?

Die Tuareg unterscheiden sehr wohl zwischen Touristen und solchen Menschen, die zwar auch der westlichen Kultur entstammen, aber nicht die „typischen Eigenschaften" von Urlaubern aufweisen. Darunter fallen vor allem westliche **Forscher und Mitarbeiter von Hilfsprojekten,** die aus Sicht der Tuareg daran zu erkennen seien, dass sie eine konkrete Arbeit verrichten wollten, wofür sie sich viel Zeit nehmen würden. Dabei gingen die „Fremden" auf die Einheimischen ein, interessierten sich für deren Belange anstatt für Attraktionen, vor allem aber ließen sie, wenn sie wieder gingen, etwas zurück: längerfristige Projekte und damit nachhaltig wirkende Einkommensmöglichkeiten für die Bevölkerung.

Nun sollte man meinen, Forscher und Projektmitarbeiter seien bei allen Tuareg beliebt. „Das ist ein Irrtum.", erklärte *Daboun Taralou,* Stammeschef der *kel timia:* „Forscher beschäftigen sich vor allem mit der Vergangenheit. Für uns Nomaden ist das völlig unsinnig! Die Vergangenheit ist vorbei. Was soll man mit ihr noch anfangen, wie kann man mit ihr Geld verdienen? Würden ein Forscher und ein Tourist gleichzeitig in einem Dorf ankommen, dann würden alle Leute zum Touristen laufen und ihm ihre Produkte anbieten!" Für Menschen, die starken materiellen Zwängen unterliegen, erscheint historische Forschung, wie sie *Heinrich Barth* oder *Gerd Spittler* betrieben hatten, als **überflüssiger Luxus,** es sei denn, der Forscher bringt Hilfsprojekte mit sich, wie *Spittler* es mehrmals getan hat.

## Europa und Europäer aus Sicht der Tuareg

Wenn wir über fremde, „exotische" Menschen nachdenken, dann unterscheiden wir zwischen jenen, mit denen wir konkrete Erfahrungen teilen, und jenen, die wir nur vom Hörensagen kennen. Für unser westliches Bild von den Tuareg spielen die Medien und somit Erzählungen aus zweiter Hand eine wesentliche Rolle. Was aber denken die Tuareg über uns Menschen in Europa? Welche Art von Menschen vermuten sie hinter dem eiligen, fotografierenden Wesen im Kaufrausch? Welche Bilder und Vorstellungen verbinden sie mit den Ländern, aus denen diese Menschen kommen?

### Europäer – Sünder und Genies

Naturgemäß kann es unter den Tuareg keine übereinstimmende Vorstellung von uns Europäern geben, weil auch die Menschen in der Sahara über unterschiedliche Erfahrungen verfügen. Dennoch lassen sich einige Meinungstrends erkennen.

- Den **Europäer als offenen, kompetenten und humanitär engagierten Menschen** sehen vor allem Frauen und jüngere Männer, die Europäer selten und nur aus sicherer Distanz „erlebt" haben. So meinte die 54-jährige Handwerkerin *Dilliou,* Europäer würden die Tradition der Tuareg lieben, weshalb sie in die Wüste kämen und die Tuareg-Kultur förderten. Die 17-jährige Schülerin *Fatimata* hält Europäer für „viel intelligenter als die Leute von hier", weil sie komplizierte Technologien beherrschen würden und schwierigste Probleme lösen könnten. *Fitita,* eine 33-jährige Hirtin, begeistert sich für Europäer, weil sie „gut gewachsen und parfümiert" seien.
- Tuareg, die bereits über eine solide Erfahrung im Umgang mit Europäern verfügen, beurteilen sie eher neutral als Angehörige einer anderen Kultur, die von Werten wie Individualität, Effizienz, Sauberkeit und Rechtsstaatlichkeit geprägt sei, in der es aber den Menschen **an zwischenmenschlicher Wärme fehlen** würde.

- Ältere Tuareg ohne persönliche Erfahrung mit Europäern sehen diese oft noch als *akafar* (Pl.: *ikufar*) an, als **Heiden,** weil sie nicht dem Islam angehören. Allerdings wurde dieser Begriff früher sowohl für Fremde benutzt wie auch als Schimpfwort für ein böses Kind, einen störrischen Esel oder eine gefährliche Hyäne.

## Europa – Hölle und Paradies

Ansichten über Menschen stehen zumeist in einem Zusammenhang mit Vorstellungen von deren Lebenswelt. Darum sind die Bilder interessant, welche die Tuareg mit den Herkunftsländern der Touristen verbinden. Die breite Mehrheit sieht in Europa **eine enorm reiche Region,** in der sehr viel Regen fällt und in der unzählige Fahrzeuge viel Verkehr erzeugen.

- Einfache, in ihren traditionellen Werten stark verwurzelte Menschen betrachten den enormen Reichtum mit erstaunten Augen. So meint *Jemana,* eine 46-jährige Handwerkerin, dass die Leute deswegen aus dem schönen Europa in die kahle Wüste kämen, weil sie nichts Besseres mit ihrem Reichtum anzufangen wüssten.
- Gebildete Tuareg jüngeren Alters sehen zwar die florierende wirtschaftliche Entwicklung und den **technischen Fortschritt,** wissen aber auch um die dadurch ausgelösten Probleme wie die Umweltverschmutzung.
- Wenig gebildete Tuareg neigen dazu, Europa in den rosigsten Farben zu malen. Für die 36-jährige Hirtin *Lolo* kommt „alles Gute und Schöne von Europa".

Diese Begeisterung verwundert nicht, verfügen doch nur die wenigsten Tuareg über konkrete Europaerfahrungen. Zumeist sind es gebildete Tuareg, die im Laufe ihrer Karriere in den Westen kommen, oder Schmiede, die in Europa ihren Schmuck verkaufen wollen. Das Interesse an einem **Besuch Europas** ist eher unter den Männern verbreitet, während die Frauen diesbezüglich zurückhaltender antworten. Als Grund für eine Europareise nannten viele pures „Interesse", um „all den Reichtum zu sehen", wie es der 47-jährige Karawanier *Ibrahim* nannte. Simple Neugier als Motiv würde ein *amajegh* niemals zugeben, weil dies dem Tuareg-Wert *asshak* widerspräche. *Hadda,* ebenfalls Karawanier, würde es einmal reizen, „Kühe auf den grünen Weiden zu hüten." Männer mit politischer Verantwortung zeigten besonderes Interesse an der politischen und wirtschaftlichen Funktionsweise des Westens. Der Hirte *Achmoudiou* würde in Europa „Werbung für die Tuareg-Kultur machen, um Hilfsprojekte herbeizuschaffen", wogegen der Schmied *Ilies* davon überzeugt ist, in Europa würden alle Menschen ein Auto als Geschenk bekommen.

### Europäische „Freunde" als Sprungbrett in eine bessere Zukunft?

Die Ansicht über den märchenhaften Reichtum Europas, die ich in abgewandelter Form häufig hörte, verdeutlicht die Verbreitung des Mythos von **Europa als Paradies.** Diese Vorstellung trägt wesentlich dazu bei, dass viele Menschen in einer Reise nach Europa, zumindest aber in Kontakten zu Europäern eine wichtige Chance auf bessere Zukunftsperspektiven sehen.

Die Mehrheit der Nomaden verfügt kaum über direkte Erfahrungen mit Europäern. Zwar haben die meisten Tuareg im Zuge von Hilfs- und Forschungsprojekten schon einmal **Kontakt zu Europäern** gehabt, doch war das nur vorübergehend und oft auch in ferner Vergangenheit. Derzeit wächst die Zahl derer, die aus vertieften Begegnungen mit europäischen Touristen beständige Bekanntschaften entwickeln konnten. Viele Tuareg wünschen sich ernsthafte Kontakte zu Europäern. Dabei denken die älteren Menschen eher an kommerzielle Aspekte wie gesteigerte Verkaufschancen oder eine Einladung nach Europa. Jüngere Tuareg hingegen, besonders Hirtinnen, erhoffen sich vor allem geistigen Austausch durch Gespräche und Korrespondenz.

Diese Sichtweisen verdeutlichen, dass die *kel tamaschek* andere Probleme haben, als „von Touristen verdorben zu werden." Im Gegenteil, viele Tuareg denken bereits in sehr kreativer Weise „global" und „postmodern", indem sie in der „Vernetzung" mit dem Westen wichtige **Chancen und**

**Vorteile** zu erkennen glauben. Sie verstehen es, ihre Trümpfe – die „Schönheit" ihres Lebensraums und die „Offenheit" ihres Wesens – gezielt einzusetzen, um die Sehnsüchte der Europäer zu befriedigen. Auf diesem Weg gelingt es manchen von ihnen, das „Herz" eines Touristen und damit seine Brieftasche für den Kauf regionaler Produkte oder gar für die langfristige Unterstützung eines Projekts zu öffnen.

# Unterwegs in der Wüste

In nur wenige Saharagebiete kann man **auf eigene Faust** reisen, weil in den meisten Tuareg-Regionen ein Führer verpflichtend ist. Für die Einreise nach Libyen benötigt man zusätzlich noch die Einladung einer Reiseagentur. **Organisierte Reisen** werden hingegen zunehmend bevorzugt behandelt. Ziel dieser Maßnahmen ist die Sicherheit der Reisenden, aber auch ein besserer Schutz der jeweiligen Kultur- und Naturschätze.

In den meisten Regionen müssen die Reiserouten bei der Behörde hinterlegt werden, um im **Notfall** einen Anhaltspunkt für die Suche nach einer vermissten Gruppe zu haben. Außerdem dürfen Touristenfahrzeuge aus Sicherheitsgründen generell nur in Begleitung von mindestens einem weiteren Gefährt die offene Wüste durchqueren. Für den Besuch von Tuareg-Siedlungen gibt es derzeit keine behördlichen Besuchseinschränkungen.

## Zum Umgang mit Bettlern

### Almosen
Die Verteilung von Geschenken ermöglicht verarmten Einheimischen am Tourismus teilzuhaben. Dabei kommt es jedoch darauf an, wen man mit Almosen begünstigt und unter welchen Umständen. **Alten, Blinden oder körperlich Behinderten** ein paar kleine Münzen zu geben, wie es Einheimische auch tun, ist immer empfehlenswert. Dies lindert auch ein wenig den Stress, den wir als westliche Besucher empfinden, wenn wir mit gravierender Armut konfrontiert sind.

In den Städten sieht man auch **Kinder,** die mit Blechschüsseln um Nahrung betteln. Ihnen die Speisereste vom eigenen Teller zu geben, ist für die hungernden Kinder ein Segen und weit sinnvoller, als eventuelle Reste fortzuwerfen. Allerdings sollte man keine außergewöhnlichen Versor-

---

Projektbüro für Kinderlähmungsbetroffene in Agadez

gungsaktionen starten, denn sonst könnte das System des Almosengebens kippen, indem die Kinder zur organisierten Berufsbettelei animiert werden.

Verteilt man **Geschenke zur Unterstützung von Dörfern** oder Schulen willkürlich an einzelne Personen, dann besteht die Gefahr der persönlichen Bereicherung der Beschenkten. Gleichzeitig könnten dadurch neidbedingte Konflikte unter der Bevölkerung gefördert werden. Dagegen fördert die kontrollierte Übergabe von Gaben an anerkannte Verantwortungsträger des Dorfes die Entstehung von Sympathie der Bevölkerung gegenüber westlichen Besuchern. Darum empfiehlt es sich, Geschenke wie Kleidung oder Unterrichtsmittel gesammelt an den Dorfchef oder den Schuldirektor zu übergeben.

Eine **gezielte Unterstützung von Einzelpersonen** oder Einzelgruppen, etwa von Behinderten, kann ebenfalls „kippen", wenn dadurch die bestehende Solidarität der Dorfbevölkerung untergraben wird. Denn durch externe Formen karitativer Zuwendung kann aus einstiger nachbarschaftlicher Solidarität leicht Missgunst werden. Mag lokale Unterstützung noch so gering sein und nur das bloße Überleben sichern, so wirkt sie doch aufgrund intakter sozialer Netzwerke nachhaltiger als einmalige Zuwendungen wieder abreisender Europäer. Ganz anders sind Unterstützungen zu bewerten, die planvoll, reflektiert und in Zusammenarbeit mit der betroffenen Bezugsgruppe geschehen.

Bei manchen Besuchern löst eine Reise zu den Tuareg ein umfassendes und auch dauerhaftes soziales Engagement aus. So wurde etwa die französische **Hilfsorganisation „Les Amis de Timia"** von *Michel Bellevin* gegründet, nachdem der pensionierte Elektriker das Dorf Timia im Zuge einer touristischen Reise kennengelernt hatte. Heute ist diese Organisation einer der wichtigsten Kooperationspartner des Dorfes.

### Chasses-touristes – Touristenjäger

Überall, wo sich Touristen aufhalten, versuchen junge Männer, sich ihren Lebensunterhalt als **inoffizielle Souvenirhändler** zu verdienen. In den größeren Städten konzentriert sich wegen der Infrastruktur (Flughäfen, Hotels) zumeist auch das Aufkommen „lukrativer" Urlauber. Dort finden sich dann auch die meisten „Touristenjäger", die gegenüber einzelnen Reisenden äußerst zudringlich werden können. Der Grund dafür liegt im Aufeinandertreffen von hoher Arbeitslosigkeit und potenziellen, kaufkräftigen Kunden. Doch das Los der *chasses* ist hart, denn die Reiseveranstalter versuchen, „ihre" Touristen abzuschirmen. Auf die wenigen Reisenden, die eigenständig eine Stadt durchstreifen, stürzen sich zwangsläufig alle Touristenjäger zugleich.

Der einfachste und konstruktivste Weg, um einem solchen „Überfall" zu entgehen, ist das **Engagement eines „Jägers"** als persönlichen Führer. Für ein paar Euro hält er zudringliche Händler ab und wird zudem kurzzeitig in den „formellen" Tourismus integriert, was zu einer Entschärfung der Situation beiträgt. Es fördert auch die Motivation der *chasses*, sich entsprechend ausbilden zu lassen, um dann als qualifizierter Ortsführer zu arbeiten. Zuweilen erlebt man mit dieser Lösung glückliche Überraschungen: Als ich in Agadez einen behinderten Jungen namens *Paschir* anheuerte, erwies sich dieser als äußerst kompetent und engagiert. Er erläuterte soziale Hintergründe zum Leben in der Stadt und zeigte mir reizvolle, versteckte Winkel von Agadez.

### „Donne-moi un cadeau!" – aggressive Stadtkinder

Aggressive Kinder, die in scharfem Ton von Touristen Geschenke fordern, sind eine unangenehme Folgeerscheinung des sozialen Wandels in städtischen Zentren. In abgelegenen Gassen können diese Kinder unglaublich zudringlich werden. Ich selbst wurde in Agadez wiederholt von schreienden Kindern beschimpft und sogar mit Steinen beworfen. Dafür wird gern **der Tourismus verantwortlich** gemacht, weil Touristen Bonbons und Kugelschreiber verteilt und somit Begehrlichkeiten geweckt hätten. Wahrscheinlicher ist aber, dass den Rangen einfach nur langweilig war, denn seit immer mehr Kinder die Schule besuchen, sinkt das aggressive Verhalten spürbar. Außerdem berichtete *Ludwig Zöhrer* schon in den frühen 1950er-Jahren, lange vor dem Tourismusboom, über dieses Phänomen. Vermutlich tragen auch die mangelnde Kontrolle der Kinder durch ihre Eltern und ihr wachsender sozialer Spielraum in den Städten zur „Verwilderung" bei.

Um sich zu „schützen", sollte man sich **möglichst unauffällig bewegen** und darauf verzichten, Wertgegenstände offen zur Schau zu stellen. Mit einem einheimischen Führer steht man unter anerkanntem Schutz. Manchmal hilft auch die freundliche, aber bestimmte Antwort „babou cadeau", was auf Hausa-Französisch bedeutet, „wir haben kein Geschenk". Das würdigt die Französischkenntnisse der Kinder und Anerkennung ist meist ein guter Weg, um Aggressoren zu entwaffnen.

## Einheimische Tourguides

Die meisten Staaten schreiben für Reisen in die offene Wüste die **Mitnahme qualifizierter Führer** vor, die sich meist auch gleich als Chauffeur betätigen. Die meisten Führer sind ehemalige Nomaden mit guten Kenntnissen der Region. Leider sind „typische" Reiseführer-Kompetenzen wie das Halten von Vorträgen und die Vermittlung von Zusammenhängen den Tuareg-Führern meist fremd. Beherrschen sie etwas Französisch oder Englisch, dann beantworten sie jedoch gern Fragen. In den letzten Jahren verbessert sich diese Situation, weil das Angebot an professionellen Ausbildungen steigt und die Führer erfahrener werden.

Üblicherweise wird zwischen regionalen und überregionalen Führern unterschieden. Nur letztere dürfen Touristen in die offene Wüste begleiten. Es empfiehlt sich, als **Ortsführer** einen *chasse-touriste* (siehe oben) zu engagieren.

## Trinkgeld

Trinkgeld ist ein wichtiges Einkommen für die Führer und Mitarbeiter von Reiseagenturen, die zwar im Vergleich zu anderen Berufen recht gut verdienen, doch nur während einer kurzen Saison. Außerdem ist Trinkgeld ei-

### Houiah – vom Kamelhirten zum Profi-Führer

*Einer der interessantesten Ortsführer in der Ténéré ist Houiah. Geboren um das Jahr 1965 im nördlichen Aïr, hütete er Ziegen, bis er mit 8 Jahren als einziges von sechs Geschwistern von Soldaten geholt und zum Schulbesuch gezwungen wurde. Dank seiner profunden Orts- und Englischkenntnisse wurde er im Jahr 1984 als Sekretär des örtlichen Tourismusleiters angestellt. Als seine Stelle wegrationalisiert wurde, erwarb er die Lizenz als Aïr- und Ténéré-Führer und arbeitete bis zum Ausbruch der Rebellion im Tourismus. Außerhalb der Reisesaison weidete er weiterhin seine Kamele im Aïr. Nach der Rebellion investierte er sein Erspartes in einen gebrauchten Allrad-Toyota. So konnte er als Führer und Chauffeur arbeiten und zusätzlich seinen Wagen verchartern.*

*Houiah beurteilt den Tourismus als wichtige wirtschaftliche Chance. Seine fünf Geschwister arbeiten als Hirten und Gärtner, doch im Vergleich zu ihnen geht es ihm wirtschaftlich am besten. Er sieht allerdings auch die Risiken einer zu großen Abhängigkeit, weshalb er sein Kapital in die Viehzucht und neuerdings auch in einen Garten in Iferouane investiert, den ein Verwandter bearbeitet. Houiah ist sich auch der Gefahren bewusst, die der Tourismus und der dadurch beschleunigte soziokulturelle Wandel mit sich bringt. Heute würden viele junge Menschen rauchen und Alkohol*

Der renommierte Ténéré-Führer Houiah

ne **Form der Anerkennung** für besondere Leistungen. Dazu sollte man die einheimischen Betreuer zum Abschlussabend bitten, da sie sonst gleich nach der Ankunft im Abflugort zu ihren Familien zurückfahren.

Als Richtwert für Reisegruppen gelten **zwei Euro pro Tag** und Gruppenmitglied. Das gesammelte Geld kann dem Reiseführer am letzten Abend offiziell übergeben werden, der es gerecht auf alle Crewmitglieder aufteilen wird. Hat der Agenturchef als Chauffeur oder Führer die Tour begleitet, so behält er üblicherweise nichts vom Trinkgeld für sich. Will man auch seine Leistung anerkennen, überreicht man ihm am besten ein separates Kuvert. Generell können einzelne Crewmitglieder, die besonders hilfreich waren, persönlich beschenkt werden. Dazu eignen sich neben Geldscheinen auch **Gebrauchsgegenstände,** auf die man verzichten kann, die aber für Tuareg von hohem Wert sind, wie z. B. Schlafsäcke, Kleidungsstücke, Schuhe oder Taschenlampen.

*trinken, was er selbst aufgrund des traditionellen Ethos ablehne. Überhaupt ist Houiah trotz seiner Schulbildung und seines häufigen Kontakts mit Touristen sehr religiös und durch traditionelle Werte geprägt geblieben, was ihm in kritischen Situationen zu ungewöhnlicher Gelassenheit verhilft.*

War die Leistung mangelhaft, dann sollte man den Verantwortlichen ein entsprechendes **Feedback** geben, damit sie aus ihren Fehlern lernen können. Dies gilt auch für Restaurants und Hotels, wo Trinkgelder noch wenig üblich sind. Bei guter Bedienung gebe ich in der Regel 5–10 % des Rechnungsbetrages.

## Tuareg-Reiseagenturen

Der Tourismus ist der einzige Erwerbszweig in der Zentralsahara, in dem Tuareg aufgrund ihrer Qualifikationen als Wüstenführer dominieren. Der Gründungsboom der letzten Jahre führte zu einer unüberschaubaren Vielfalt an Agenturen unterschiedlichster Qualität in Algerien und im Niger. Dabei lassen sich folgende Typen von Agenturen unterscheiden:

- **Alteingesessene Agenturen** verfügen über langjährige Erfahrung und über gute Beziehungen vor Ort sowie auch nach Europa, sie werden häufig für Expeditionen von Forschungs- und Redaktionsteams herangezogen.
- Die meisten Agenturen bieten schlichten **„Abenteuer-Tourismus"**, bei dem Transport und Verpflegung der Kunden im Vordergrund stehen, während kaum über Land und Leute informiert wird. Verständnis für die Lebens- und Vorstellungswelt der Nomaden oder gar eine aktive Unterstützung bei Kontakten ist nur bedingt zu erwarten.
- Einige wenige Agenturen haben sich der **Förderung der Tuareg-Kultur** verschrieben. Sie wollen Touren möglichst umwelt- und sozialverträglich durchführen, unterstützen die Begegnung mit der ländlichen Bevölkerung und vermitteln Aufenthalte in Tuareg-Lagern. Leider gibt es keinerlei Erkennungszeichen für solche Agenturen. Am besten holt man mehrere Angebote ein und spricht mit den Agenturbetreibern über ihre Vorstellungen und Empfehlungen.

## Verkehrsmittel in der Wüste

Auf den großen Verkehrsadern für Überlandstrecken werden zumeist **staatlich betriebene Reisebusse** eingesetzt. Sie sind preisgünstig, komfortabel und verkehren zu festen Zeiten. Reservierungen sind zu empfeh-

Begrüßung zwischen zwei „LKW-Besatzungen" im Aïr

len. Das am häufigsten genutzte Verkehrsmittel sind private Minibusse, die starten, sobald sie übervoll sind. Solche Fahrten sind extrem ungemütlich, aber preiswert. Die Busse fahren überall dort hin, wo „Straßen" ohne Allradantrieb befahrbar sind. In größeren Städten gibt es auch Taxis, die einen Gast mitnehmen, solange sie noch Plätze frei haben. Für bestimmte Wegstrecken gelten Festpreise.

Abgelegene Tuareg-Siedlungen sind **per LKW** erreichbar. Diese Transportfahrzeuge werden häufig von dörflichen Genossenschaften betrieben und fahren in unregelmäßigen Abständen. Die Fahrpreise sind gering, dafür fehlt auf der Ladefläche jeglicher Komfort. Für Proviant, Wasser und die Ausrüstung für eine Übernachtung im Freien ist man selbst verantwortlich. Solche Fahrten sind eine gute Möglichkeit, um den Menschen „auf Augenhöhe" zu begegnen, vorausgesetzt man spricht etwas Französisch.

Rasch, flexibel, jedoch teuer ist der **Allradwagen,** den man mitsamt Fahrer tageweise bei Agenturen mieten kann. Die billigere Variante sind **Kamele,** die auch in größeren Siedlungen zu mieten sind. Diese Reiseform ist umweltfreundlich und sie fördert die regionale Wirtschaft sowie den Kontakt zu Nomaden. Dafür muss man sich dem Rhythmus der Kamele unterwerfen, die nachts zum Fressen freigelassen und am nächsten Morgen wieder eingefangen werden. Und das kann dauern ...

## Restaurants, Garküchen und Lagerfeuer

In **Libyen und Algerien** gibt es in den Städten einfache Imbissstuben, die schnell und billig schmackhaftes „Fastfood" anbieten. Daneben gibt es in größeren Hotels Restaurants mit einem recht luxuriösen Ambiente, deren Angebot an arabischen Gerichten jedoch begrenzt ist.

Im **Niger** ist dagegen die Auswahl beträchtlich größer. In Bäckereien kann man Croissants und feine Backwaren erstehen und es gibt eine recht große Bandbreite an Restaurants. An gehobene Ansprüche richten sich italienische und französische **Spezialitätenrestaurants** sowie die Lokale der luxuriösen Hotels, wo auch Spezialitäten wie der Nigerfisch „Kapitän" und regionale Cocktails serviert werden. Besonders empfehlenswert ist der alkoholfreie „Le Tagui" aus Orangen-, Mango- und Ananassaft mit Grenadinesirup.

Die üblichen heimischen, preisgünstigen Restaurants bieten wenige und einfache, aber wohlschmeckende Speisen wie Reis oder Nudeln mit Gemüse und Fleischsoßen, gebratene Fleischspieße *(brochettes)* und Salate. Daneben gibt es zahlreiche **Garküchen,** deren Inventar aus einer Kiste als Tisch und einem Topf besteht. Hier bekommt man gebackene Teigbällchen mit scharfer Soße oder Reis- und Bohnengerichte auf Plastiktellern zu geringsten Preisen. An Verkehrsknotenpunkten wird in Bretterbuden auch **„Frühstück"** serviert, bestehend aus bloßem Weißbrot und „Lipton" (Schwarztee) oder „Nescafé" mit Milchpulver und Zucker, je süßer desto beliebter. Grillstände, die Spieße mit knusprigem Ziegenfleisch anbieten, werden besonders gern von Tuareg aufgesucht. Auf **Rundreisen** bereiten talentierte Tuareg-Köche eine abwechslungsreiche Verpflegung zu: würzige Suppen, Fleisch- und Gemüseeintöpfe sowie Salatkompositionen. Das Brot wird in der heißen Asche frisch gebacken.

## Wohin mit dem Müll?

Wilde Müllkippen an touristischen Lagerplätzen in der Wüste sind ein häufig anzutreffendes **Umweltproblem.** Der Abfall, den organisierte Rundreisen hinterlassen, besteht zumeist aus leeren Konservendosen, Gläsern, Zigarettenverpackungen, mit Aluminium beschichteten Folien sowie Plastiksäcken und abgelaufenen Medikamenten, also weder verbrennbare noch verfütterbare Materialien. Ein besonderes Problem stellen **Batterien** dar, die in keiner Tuareg-Region sachgerecht entsorgt werden können. Leider ist es hier unter der Bevölkerung üblich, Batterien und jeden anderen Abfall einfach fortzuwerfen. Umso wichtiger ist es, dass Reisende ihre leeren Batterien wieder mit nach Europa nehmen.

Bei manchen örtlichen Reiseagenturen ist es üblich, den **eigenen Müll einzusammeln und zurückzubringen.** Leere, gesäuberte Konservendosen in gutem Zustand nutzen Nomaden als Behältnisse für Kleinmaterialien. Problematisch ist es hingegen, den Restmüll zu vergraben, denn bei Sturm oder Regenflut wird er wieder freigelegt und unkontrollierbar forttransportiert. Die bei Agenturmitarbeitern übliche Praxis, Kunststoffe und Pappe zu verbrennen, hinterlässt hässliche Rückstände. Organische Abfälle wie Knochen und Obstschalen einfach „für die Tiere" liegen zu lassen, bereitet dort Probleme, wo aufgrund der Trockenheit kaum Tiere leben und dann z. B. verdorrte Orangenschalen für Jahre liegen bleiben.

### Kein Licht ohne Schatten? Umweltbombe Batterie

*Nur gelegentlich wird die stockfinstere Neumondnacht in der Wüste von Lichtstrahlen aus Taschenlampen erhellt. Sie werden mit chinesischen Kohle-Zink-Batterien betrieben, die zwar nur wenige Cent kosten, dafür aber auch bloß ein paar Stunden halten. Dann werden sie im Lager, im Flussbett oder auf der Weide „entsorgt". Während der Regenzeit rosten die Batteriehüllen, wodurch die darin befindlichen **Schwermetalle ins Trinkwasser** gelangen. Ohne Aussicht auf eine sachgerechte Entsorgung dieses Sondermülls droht diese Umweltbombe langfristig zu explodieren. Im Schnitt benötigt eine Person pro Jahr etwa 50 Batterien. Für einen Ort wie Timia bedeutet dies alle drei Jahre eine Million Altbatterien, die im Flussbett landen. Darum ist es so wichtig, dass Touristen wenigstens ihre eigenen Batterien wieder nach Europa mitnehmen.*

*Der Hamburger Arwed Milz geht viel weiter. Er entwickelte ein **nomadentaugliches Solarmodul**, mit dessen Hilfe Akku-Batterien wieder aufgeladen werden können. Dadurch könnten 95 % des Sondermülls eingespart und die Modulkosten binnen zwei Jahren amortisiert werden. „Nomadentauglich" bedeutet möglichst klein, leicht und widerstandsfähig sowie billig und einfach zu bedienen. Ein technisches Problem stellt etwa die sensible elektronische Steuerung des Ladevorgangs dar, wodurch das Überladen der Akkus verhindert und damit deren lange Lebensdauer erhalten werden kann. Für die Testphase im Jahr 2007 wurden Nomadenfamilien aus fünf Orten im Aïr mit Solarmodulen und Akkus ausgestattet. Von lokalen Agrarkooperativen betreut, sollen die Akkus später gegen geringe Leih- und Ladegebühren an die Dorfbevölkerung vermietet werden. Für den Transport der Module von Europa nach Afrika sollen Reisegruppen gewonnen werden.*

Gegenwärtig ist die Situation bei den südlichen Tuareg noch nicht gravierend. Die Erfahrungen in Algerien und mittlerweile auch in Libyen mit Müllhaufen aus unverrottbaren Konservendosen zeigen, dass bei Ausweitung des Tourismus **mit ernsthaften Entsorgungsproblemen** zu rechnen ist. Dies gilt besonders für die schönsten Plätze, zu denen natürlich die meisten Touristen kommen, die dann die größten Müllberge hinterlassen.

### Wasser ist Leben

*Aman iman* – Wasser ist Leben. So lautet das wichtigste Überlebensprinzip der Tuareg, denn die Wüste wird erst mit entsprechenden Wasservorräten nutzbar. Das Gleiche gilt für Reisegruppen, die ebenfalls regelmäßig ihre Wasservorräte auffrischen müssen. Darum spielen **Brunnen und Wasserlöcher** mit sauberem, trinkbarem Wasser eine lebenswichtige Rolle. Tierkot, der über den Rand in den Brunnen fällt, Rückstände von Waschmitteln, Seife oder Shampoo können das kostbare Nass verderben. Shampoo kann aber in solchen Wasserlöchern verwendet werden, die auch die Einheimischen zu Waschzwecken nutzen oder die über reinigende Zu- und Abflüsse verfügen.

Ein zunehmendes Problem ist besonders im Sahel die **„Übernutzung" des Grundwassers,** indem durch die rasch wachsende Zahl der bewässerten Gärten mehr Grundwasser verbraucht wird, als bei normalen Sommerregen nachfließt. Verschärft wird diese Situation zusätzlich durch den vermehrten Einsatz von Motorpumpen für die Bewässerung, weil dadurch viel größere Mengen Wasser hochgepumpt werden können als bei kamelbetriebenen Ziehbrunnen. Das gleiche Phänomen zeigt sich auch in der libyschen Wüste, wo über den „Man-Made-River", *Gaddafis* gigantische Kanalanlage, fossile Grundwasservorkommen für die Versorgung der Großstädte Tripolis und Benghazi ausgebeutet werden. Als Folge dieses Kanalprojekts sind im Fezzan bereits viele traditionelle **Brunnen versiegt.** Heute muss Wasser aus 400 Metern Tiefe emporgepumpt werden.

Um Wasser zu sparen, sollte auf Hotels mit Pools und großzügigen Rasensprenganlagen verzichtet und das **Duschen** möglichst kurz gehalten werden. In der Wüste „duscht" man normalerweise, indem man den Inhalt einer Wasserflasche über sich ergießt. Um dabei das Wasser von Brunnen oder Wasserlöchern nicht zu verunreinigen, sollte man einen hinreichenden Abstand von mindestens fünf Metern einhalten. Dann schmeckt das Brunnenwasser auch weiterhin nach Wasser und nicht nach Seife.

## Toiletten

Bei den Tuareg ist es selbstverständlich, sich zur Verrichtung seiner Notdurft etwas vom Lager zu entfernen, um den unmittelbaren Lebensraum sauber zu halten. Aufgrund der großen Trockenheit stellt diese Art der „Entsorgung" kein Problem dar. Wichtig ist nur, dass sich der gewählte Abort weit genug **entfernt von einer Wasserstelle** befindet. Dass man optisch geschützt sein möchte, versteht sich von selbst. (Näheres im Kapitel „Gesundheit und Hygiene".)

Problematisch ist jedoch die Benutzung von **Toilettenpapier,** da es in dieser heißen Zone nicht verrotten kann. Beim nächsten Windstoß könnte es im benutzten Zustand einem Mitreisenden ins Gesicht fliegen. Vergraben bringt ebenfalls nicht viel, denn der nächste Regen oder Sandsturm legt die „Bescherung" wieder frei. Toilettenpapier sollte darum nach Gebrauch stets verbrannt werden. Die einfachste und auch sauberste Lösung wäre jedoch, eine kleine Menge Wasser statt Papier zu verwenden.

## Feuerholz

Die „Übernutzung" der Holzbestände durch Verfeuern stellt in Sahara und Sahel ein gravierendes Problem dar. Einerseits ist Holz für Nomaden der **wichtigste Bau- und Brennstoff.** Andererseits wachsen Bäume in der Wüste extrem langsam, während Feuer- und Bauholz in immer größerer Menge benötigt wird. Holzraubbau wiederum beschleunigt die Ausbrei-

Straßenreinigung in Agadez

tung der Wüste. Darum ist der Holzeinschlag in den geschützten Zonen auch für Nomaden restriktiv geregelt. Zusätzlich wird im Aïr die holzlose Hüttenbauweise auf Basis getrockneter Lehmziegel gefördert.

**Reisegruppen** benötigen Holz zur Essenszubereitung, doch findet zunehmend Erdgas Verwendung, mit dem man auch viel rascher kochen kann. So bleibt noch das abendliche **Lagerfeuer** als „Holzfresser". Wüstenabende ohne Feuer sind kalt, dunkel und ungemütlich, was die Reiseteilnehmer nach dem Essen schnell in die warmen Schlafsäcke treibt. Dabei wäre dies die beste Gelegenheit zur Muße, um die Erlebnisse des Tages gemeinsam mit den Tuareg-Begleitern zu reflektieren und über Landes- und Kulturfragen zu diskutieren. Ein Lagerfeuer ist somit ein beträchtlicher Komfortgewinn und fördert die Gruppenkommunikation. Zur Lösung dieses Dilemmas wird rechtzeitig in dichter bewachsenen Zonen Holz geladen und in baumlosen Gebieten oder bei Holzknappheit schon mal auf das Lagerfeuer verzichtet. Letzteres kommt besonders im Einzugsgebiet von Siedlungen vor, wo die Einheimischen selbst großen Bedarf an Holz haben.

## Tier- und Pflanzenschutz

In der Wüste lebenden Wildtieren zu begegnen, ist stets ein besonderes Erlebnis. Ob Dornschwanzagamen, Hornvipern, Paviane oder Chamäleons – immer sind diese Gesellen die absoluten „Fotostars". Das an Tierarten reichste Gebiet ist das **Aïr-Ténéré-Reservat,** in dem auf rund 80.000 km$^2$ an die 150 Vogelarten und 30 Säugetiergattungen leben, darunter Addax-Antilopen, Strauße und Wüstengeparde.

Leider kann die „Begeisterung" für wilde Tiere zu gravierenden Problemen führen, beispielsweise wenn etwa Gazellen für ein gutes Foto mit dem Wagen gejagt werden. Die Tiere können nach einer solchen Hetzjagd an Flüssigkeitsverlust oder Stress sterben.

Die Tuareg haben ein anderes Verhältnis zu Tieren als urbanisierte, der Natur entfremdete Europäer. Sie betrachten die Geschöpfe als Konkurrenten, Feinde oder im besten Fall als Fleischlieferanten, weshalb sie nur **wenig Verständnis für den Schutz wilder Tiere** aufbringen. Noch heute gilt getrocknetes Gazellenfleisch als Spezialität, während Schlangen, Skorpione oder Spinnen als Gefahr empfunden und getötet werden. Auch das Verhältnis zu den Haustieren ist eher funktionell. Eine Ausnahme bildet hier die emotionale Beziehung zwischen der jungen Hirtin und ihrem Lieblingszicklein, das in der Einsamkeit des „Busches" als tröstender Gesellschaftsersatz dient. Die Beziehung zwischen dem „Kamelhirten und seinem weißen Lieblingskamel" hingegen, wie sie z. B. der Tuareg-Dichter *al-Koni* in „Goldstaub" beschreibt, ist eher die Ausnahme, weil Kamele äußerst widerspenstige Charaktere sind. Das Verhältnis des Reiters zum Kamel ist darum eher von Respekt oder Stolz gekennzeichnet.

Die größere Bedrohung der Tiere rührt jedoch von der **illegalen Jagd** durch Militärangehörige und Rebellen mit Schnellfeuerwaffen her. Die Einführung des Gewehrs in den 1920er-Jahren führte u. a. zur Ausrottung der Löwen. Südlich des Aïr lebten noch bis in die 1950er-Jahre Antilopen und Giraffen und vor der Rebellion waren Strauße in Gruppen bis zu 20 Vögeln keine Seltenheit. Heute gelten die meisten Großtierarten in der Sahara als gefährdet.

## Unterkünfte

**Hotels** sind in der Sahara **verhältnismäßig teuer,** ohne jedoch einen entsprechenden Komfort zu bieten. Bessere Unterkünfte gibt es zumeist nur in den Hauptstädten und urbanen Zentren der Tuareg-Regionen. Lohnend sind Häuser, die aus regional-typischen Materialien und in traditioneller Architektur erbaut wurden. Die meisten Hotels haben den Vorteil, dass man sich von den aufdringlichen *chasses-touristes* zurückziehen kann. Außerhalb der größeren Städte gibt es nur wenige, äußerst bescheidene Hotels. Eine Besonderheit ist das „Café du Fort", eine renovierte Festungsanlage rund hundert Meter hoch über Timia. Der Blick auf das Dorf und die umliegende Bergwelt ist fantastisch.

Die angepasste Form in der Wüste zu nächtigen, ist das **Lager.** In vielen Orten und Dörfern finden sich **Campingplätze,** die zumeist ein paar schattige Stellen und recht gut gepflegte sanitäre Anlagen bieten. In Städten ohne Campingplatz erlauben manche Hotels das kostenpflichtige Campieren im Hof. Auf dem Dorf bieten sich dafür private Gärten an.

In Ländern wie Niger oder Libyen ist es offiziell verboten, **Quartier in Privatunterkünften** zu beziehen. In den kleinen Dörfern spielt diese Regelung jedoch keine Rolle. Hier ist die Einkehr im Lehmhaus einer Familie ein besonderes Erlebnis. Ist man mit einer Reiseagentur unterwegs, dann muss man als Kunde die Führer meist nachdrücklich zu einer Übernachtung bei Einheimischen drängen, weil die Agentur den – ohnedies lächerlich geringen – Preis lieber einspart. Tatsächlich ist dieser „Urlaub auf dem Bauernhof à la Tuareg" eine der besten Möglichkeiten, mit Einheimischen näher in Berührung zu kommen und sie zugleich vom Tourismus profitieren zu lassen. Wer allein unterwegs ist, erhält in einer „Boutique" (kleiner Laden) Auskunft über private „Vermieter".

Auch manche Nomaden nehmen gern einen europäischen Gast bei sich auf. Solche Kontakte erhält man am besten über lokale Reiseagenturen, die auch preisgünstige Privatunterkünfte für längere (Forschungs-

oder Projekt-)Aufenthalte vermitteln. Als Faustregel gilt: Je rascher man gute Kontakte zu lokalen Vertrauenspersonen aufbaut, desto besser und preiswerter wird das Angebot. Vorsichtig sollte man bei Offerten „tuaregisierter" Europäerinnen sein, die sich ein Zubrot mit der Vermietung ihrer Häuser verdienen: Der Anschein westlicher Vertrautheit schlägt sich häufig in überzogenen Preisen nieder.

## Schatzsuche in der Wüste?

Neben den Naturlandschaften sind prähistorische Artefakte und Felsgravuren wesentliche Attraktionen in der Wüste, gilt doch die Sahara als das **größte Freilichtmuseum der Welt.** Die Faszination der Besucher äußert sich leider auch in rücksichtsloser Sammelleidenschaft, wodurch das kulturelle Erbe der Saharabewohner unwiederbringlich geschädigt wird. Das ist allerdings kein neues Phänomen. *Henri Lhote,* der selbst ernannte „Entdecker" der Felszeichnungen im Tassili n'Ajjer, hatte prähistorische Artefakte systematisch gesammelt und außer Landes gebracht. Was er nicht verkaufen konnte, kam in seine Privatsammlung. Französische Paläontologen hatten viele Tonnen Saurierfossilien von ihren Expeditionen nach Paris transportiert.

Mittlerweile gelangen immer mehr Touristen an abgelegene Fundstätten, wo sie anscheinend der Versuchung, historische Gegenstände zu sammeln, kaum widerstehen können – obwohl die Ausfuhr in den meisten Saharastaaten streng verboten ist. Nachdem Mitarbeiter des Tassili-Nationalparks im Jahr 2004 zahlreiche **neolithische Artefakte bei deutschen Touristen** entdeckt hatten, wurden die Urlauber zu Haftstrafen von 3 Monaten, einer Geldstrafe von 5000 Euro und einer Entschädigungszahlung von 30.000 Euro pro Person verurteilt. Lange zählten auch die Mitarbeiter von Tuareg-Reiseagenturen zu eifrigen Sammlern, doch mittlerweile werden die einheimischen Führer für den Schutz der Fundstätten sensibilisiert.

Wenn die Sehnsucht nach einem „echten" Steinzeitsouvenir unbezwingbar erscheint, dann wäre es die bessere (wenn auch illegale) Alternative, **Pfeilspitzen** bei den Nomaden zu kaufen. Dadurch bliebe der „wissenschaftliche" Schaden vernachlässigbar. Vor allem ist dies eine der wenigen Möglichkeiten, dass Nomaden, die solche Pfeilspitzen während ihrer Hirtenarbeit finden, vom Tourismus profitieren können. Der Kauf

Touristenführer untersuchen einen Saurierknochen, der in der Ténéré gefunden wurde

größerer, außergewöhnlicher Artefakte, wie sie gelegentlich von flie-
genden Händlern angeboten werden, ist jedoch rigoros abzulehnen.
Derartige Funde sind als touristische
Attraktion in lokalen Museen besser
aufgehoben, wo sie auch zur regionalen Wertschöpfung beitragen
können. Die Nachfrage würde andernfalls die kommerzielle Suche
nach solchen Stücken fördern und
noch mehr Schaden anrichten.

   Grundsätzlich sollte man lokale
Führer dabei unterstützen, die Grundlage ihres zukünftigen Arbeitsplatzes
zu beschützen, indem wir Mitreisen-
de und andere Sahara-Fahrer für den Verzicht auf prähistorische Schätze
sensibilieren. Dies ist eine Frage des Respekts gegenüber den Einheimischen als rechtliche Eigentümer dieser Fundstücke.
   Unproblematisch ist dagegen der **Handel mit alten Gebrauchsgegenständen** wie Ledertaschen, Musikinstrumenten oder Waffen. Diese Waren sind für die Nomaden funktionslos und somit wertlos geworden und
können auf diese Weise noch zur Versorgung der Familie beitragen. Touristen, die sich für ein altes Schwert interessieren, werden somit zu lukrativen „Abfallverwertern".


# Ist die Sahara sicher?

In der Sahara herrschte nur während der Kolonialzeit eine gewisse Sicherheit, abgesehen von vereinzelten Überfällen und Kameldiebstählen. In
den postkolonialen Staaten herrschte dann eine Art „Friedhofsruhe", wofür die Geheimpolizei sorgte. Mit der Schwächung der Regimes brach in
Nordalgerien der Bürgerkrieg und im Sahel die Rebellion aus. Seit damals
gibt es regelmäßig Überfälle, wobei jedoch die Entführung der 54 Sahara-
Touristen im Jahr 2003 lediglich ein inszeniertes Spiel der algerischen
Machthaber war. Unsere Sensibilität für solche Zwischenfälle steigt mit
der leichteren Erreichbarkeit der Sahara und mit dem zunehmenden In-
formationsfluss. Ein Überfall auf Europäer im hintersten Winkel der Sahara erscheint sofort in unseren Medien, während die täglichen Morde in
New York niemanden rühren. Ist die Sahara also sicher?

## Ewige Rebellen

Sowohl in Mali als auch im Niger drohten die Ex-Rebellen mehrmals mit einer „Renaissance der Rebellion", überfielen militärische und private Ziele und veröffentlichten Kommuniqués. Darin riefen sie wegen der unzureichend umgesetzten Friedensverträge der 1990er-Jahre immer wieder zum bewaffneten Aufstand auf.

Tatsächlich leben viele Ex-Rebellen immer noch in **Armut und Ausgrenzung** und der Nordosten Malis gilt als extrem unterentwickelt. Im Aïr ist die Situation ähnlich. Geringe Regenfälle verschärfen die Situation.

Die Rebellen hatten nie etwas anderes gelernt, als sich mithilfe des Maschinengewehrs durchzusetzen. Auch untereinander wurden Konflikte „gelöst", indem sich eine Gruppe teilte und sich die Aufrührer gegenseitig bekämpften. Dadurch war die Rebellenbewegung schließlich in ein gutes Dutzend ethnisch und regional definierter Fronten zerfallen. Hinter dieser Vorgehensweise steht die **Persönlichkeitsstruktur der ischomar.** Entwurzelt und unerwünscht, meinen sie nur mit Gewalt ihr Ziel zu erreichen. Die Kalaschnikow ist die Krücke, mit deren Hilfe sie den Mangel an Selbstwertgefühl und Identität ertragen können. Das hielt sie immer dann aufrecht, wenn sie sich benachteiligt fühlten. Darum richteten sich viele **Überfälle gegen andere Ex-Rebellen,** die im Tourismus Erfolg hatten. Dass die breite Bevölkerung im gesamten Sahel ebenfalls Armut leidet, ist für diese Leute irrelevant: Wer tief in der Seele verletzt ist, spürt nur sein eigenes Leid. Und wer niemals irgendwo hingepasst hat, außer hinter den Abzug einer Kalaschnikow, fühlt sich auch nur dort wohl.

## Der sich selbst erfüllende Mythos vom Frieden

Dennoch war es dem nigrischen Tourismusminister und Ex-Rebellen *Rhissa ag Boula* nach der Rebellion gelungen, viele Fronten „umzuprogrammieren": Statt Fahrzeuge zu überfallen, sollten sie lieber am touristischen „Goldrausch" teilhaben. Damit diese Rechnung aufgehen konnte, konzentrierte sich *Rhissa* auf die Förderung des Friedens, indem er in aller Welt die **Republik Niger als sicheres Reiseland** propagierte. Sobald europäische Reiseveranstalter dieser Botschaft vom idyllischen Frieden in der Wüste glaubten, würden viele Saharasüchtige kommen, damit Arbeitsplätze sichern und zur sozialen Stabilität beitragen – und schwups!

Jugendlicher in Tahoua mit Osama bin Laden verherrlichendem T-Shirt

Der Friede in Agadez wäre gesichert. Im Vergleich zu Nordmali und Süd-algerien, wo seit dem Ende der Rebellion ein Dutzend Menschen bei Überfällen getötet worden war, stimmte das sogar.

Dennoch griff die Strategie nur oberflächlich, denn **die alten Probleme brodelten im Untergrund weiter:** Es gab zu viele gewaltbereite, bewaffnete Personen, zu große wirtschaftliche Not und zu viel Misstrauen der Tuareg-Bevölkerung gegenüber den aus dem Süden stammenden Militärs. Auch *Rhissas* Einfluss auf seine ehemaligen Gefährten bestand nur so lange, wie er ihnen nützlich war. Fehlten ihm die Mittel für „Brot und Spiele", so wandten sich die enttäuschten Männer unweigerlich gegen den „Verräter an der eigenen Sache". *Rhissa* hatte somit nie wirklich Macht über die Ex-Rebellen, die wandelnde Zeitbomben blieben. Im Sommer 2006 in Mali und im Frühling 2007 im Niger explodierten sie in Form einer neuen Rebellion.

## „Moderne" Kriminelle

Der globale Modernisierungsprozess führt in traditionellen Kulturen zur Auflösung überlieferter Wertsysteme und zum Verlust sozialer Kontroll-mechanismen. Dadurch neigen besonders junge Menschen dazu, den Halt in ihrem sozialen Umfeld zu verlieren und kriminell zu werden. Arbeitslosigkeit, Verarmung und **fehlende Entwicklungsperspektiven** steigern diese Gefahr. Unter solchen Umständen kann der Tourismus Begehrlichkeiten wecken, die zur „schnellen" Geldbeschaffung mittels Gewalt führen können.

Die südliche Sahara mit ihren schwer kontrollierbaren Bergregionen bietet Ex-Rebellen hervorragende Möglichkeiten, als „freiberufliche Sahararäuber" ein Auskommen zu finden. Aber auch junge „Neuzugänge" kommen zunehmend auf den Geschmack, ihr Glück zu versuchen. Die **jungen Täter** der vergangenen Jahre hatten sich in der Regel spontan einem Überfall angeschlossen. Dabei handelte es sich durchweg um höchst labile Persönlichkeiten, die aus einem zerrütteten familiären Umfeld stammten.

## Sicherheitsfaustregeln für Saharareisen

*Saharareisende können das Risiko eines Überfalls beträchtlich mindern,
wenn sie einige Grundregeln befolgen:*
- *eine **Reisegepäckversicherung** gegen Sachschäden abschließen*
- ***Informationen zur aktuellen Sicherheitslage** im geplanten Reisegebiet
unter www.auswaertiges-amt.de einholen*

*Während der Reise:*
- *Geld und **Wertsachen verborgen halten***
- *niemals **Unbekannten** von der geplanten Route erzählen*
- *bei den Behörden vor Ort die aktuelle **Sicherheitslage erkunden***
- *sich für eine Reise ins Hinterland stets einheimischer Fahrzeuge, **Fahrer
und Führer** bedienen*
- *Agenturen bevorzugen, deren Mitarbeiter **mit der Region verbunden**
sind (Sie kennen die gefährdeten Landstriche und die aktuelle Sicher-
heitssituation am besten.)*
- *möglichst alte, **unauffällige Fahrzeuge** nutzen (Schnelle, benzinbetrie-
bene Allradwagen sind gefragt!)*
- *in unsicheren Gebieten möglichst **in Dörfern übernachten,** um den
Schutz der Dorfgemeinschaft genießen zu können. Ist das nächste Dorf
zu weit entfernt, dann sollte man sichtgeschützte Stellen abseits von
Pisten oder Touristenattraktionen bevorzugen und auf ein Feuer verzichten, um keine unliebsamen Gäste anzulocken.*

Diese Art von Kriminalität richtet sich jedoch nicht nur gegen Touristen,
sondern gegen alle Personen und Behörden, bei denen sich ein Überfall
lohnt. Bevorzugtes Objekt der Begierde ist der Allradwagen: So gesehen
sind diese Vergehen „nur" die Fortsetzung der alten **Tradition des Kamel-
diebstahls.** Das Motiv ist Gewinnsucht bzw. Habgier, verbunden mit der
leichten Verfügbarkeit von Handfeuerwaffen.

Die große **Verbreitung von Feuerwaffen** ist ein weltweites Problem. In
die Zentralsahara und nach Westafrika gelangen solche Gewehre durch
Schmuggel. Während der Tschad-Kriege wurden die Waffen überwiegend
von Frankreich und Libyen aus in den Sahel eingeführt. Weitere Waffen
brachten die *ischomar* Ende der 1980er-Jahre mit, als sie von *Gaddafis*
Kriegen zurückkehrten. In den frühen 1990er-Jahren tauschten die unterlegenen Soldaten des tschadischen Präsidenten *Habré* große Mengen an
Gewehren bei den Tubus im Niger gegen Kamele und Nahrung ein.

- *unsichere Gebiete entweder im Konvoi oder auf wenig befahrenen Routen möglichst **rasch durchqueren***
- *Schmuggel-Routen und **suspekte Fahrzeuge meiden,** um ungewollten Zusammentreffen mit Schmugglern oder anderen Kriminellen möglichst zu entgehen*
- *nur **offizielle Grenzstationen** benutzen (Illegale Übergänge sind beliebte Hinterhalte!)*
- ***Nachtfahrten** abseits der Straßen unterlassen! (Man könnte vom Militär für einen Schmuggler gehalten werden.)*

*Im Falle eines Überfalls sollten Sie folgende Regeln beherzigen:*
- ***Keinen Widerstand** leisten! (Straßenräuber müssen flüchtenden Fahrzeugen nachfeuern, um „ihr Gesicht zu wahren".)*
- *Zumindest äußerlich **möglichst ruhig,** verbindlich und trotzdem selbstsicher bleiben. Versuchen, Opfer und Täter zu beruhigen!*
- ***Kenntnisse der lokalen Sprache** anfangs vertuschen! Die Banditen könnten ihre Identifikation befürchten und den unerwünschten Zeugen beseitigen wollen.*
- *In jedem Fall **Ruhe bewahren,** das Vertrauen der Täter gewinnen und sich kooperativ zeigen! Damit steigen die Chancen, am Leben zu bleiben und wenigstens die Freiheit wiederzuerlangen.*

Zur besseren **Kontrolle** illegaler Waffen riefen die Vereinten Nationen im Jahr 2000 ein Projekt zur Sensibilisierung der Bevölkerung ins Leben. In den Folgejahren konnten mehrere Tausend Handfeuerwaffen in Niger und Mali eingesammelt und vernichtet werden. Doch es bleiben noch genug Gewehre im Umlauf, die junge, arbeitslose Männer zur Beschaffung von „schnellem Geld" nutzen.

## Vorkehren statt Nachsehen

Im Niger wurden große Reiseagenturen häufiger überfallen als kleine, denn offensichtlicher Erfolg zieht Neid auf sich. Ein besonderer Risikofaktor sind **egoistische unternehmerische Strategien.** Manche Agenturen versuchen, durch Dumpingpreise die Konkurrenz zu unterbieten. Diese Taktik zerstört das Preisniveau, ruiniert kleine Firmen und schafft dadurch böses Blut.

Die wenigsten Überfälle fanden auf solche Betriebe statt, die in der Region über ein weites und dichtes **Beziehungsnetzwerk** verfügten. Durch diese Verbundenheit mit den Einheimischen steigt die Chance, rechtzeitig vor möglichen Gefahren gewarnt zu werden.

Noch wichtiger sind konkrete Maßnahmen zur wirtschaftlichen **Einbindung der Bevölkerung entlang der Reiserouten.** Die Mitarbeiter der Reiseagenturen können Produkte von Gartenbauern, Nomaden und Schmieden kaufen oder Gemeinde-Campingplätze nutzen. So kann der Missgunst entgegengesteuert und das Überfallsrisiko reduziert werden. Die breite Streuung des Tourismuseinkommens fördert die sozioökonomische Stabilität, was bei der Bevölkerung zur Akzeptanz des Tourismus und somit zur Kriminalitätsprävention beiträgt.

## Frauen allein unterwegs

Für lange Zeit galt die Welt der Tuareg als **Reiseparadies für Frauen,** die sich hier auf eigene Faust und ohne männliche Begleitung frei und gefahrlos bewegen konnten. Dies hing mit dem traditionellen Verbot der Gewalt gegenüber Frauen und mit dem hohen Ansehen zusammen, das Frauen bei den Tuareg generell entgegengebracht wird. Darüber hinaus fällt es westlichen Frauen aufgrund ihrer sozialen Prägung tendenziell leichter als Männern, sich auf eine Kultur gefühlsmäßig einzulassen, in der Frauen ei-

07 kr Foto: hf

ne ausgeprägte Rolle spielen. Männliche Touristen neigen eher dazu, die Wüste als Herausforderung und Abenteuer zu betrachten.

Seit den 1980er-Jahren reisten zahlreiche europäische Frauen in die Zentralsahara, knüpften **persönliche Bande zu Tuareg** und machten sich zum Teil sogar einen Namen als engagierte Förderin. Manche erwarben auch einen Wohnsitz bei den Tuareg und wurden so zu einem gewachsenen Kettenglied zwischen der westlichen und der Tuareg-Kultur.

Die Rebellion führte jedoch zu einer grundlegenden Einstellungs- und **Verhaltensänderung der jungen Männer** gegenüber Frauen. Tuareg-Männer sind heute „selbstbewusster" und sexuell offensiver. Uneheliche Kinder sind keine Seltenheit mehr. Darum sollten allein reisende Frauen stets auch **wachsam und skeptisch bleiben.** Viele Tuareg haben mittlerweile gelernt, das Wunschbild vom „edlen Wüstenritter" zu instrumentalisieren, um ihren Vorteil aus einer Beziehung mit einer westlichen Frau zu gewinnen. In ihren Augen sind weiße Frauen wohlhabend und bieten aussichtsreiche Kontakte nach Europa. Sie gelten als potenzielle Einnahmequellen zur Versorgung der eigenen Familie, sogar eine Eheschließung scheint denkbar. Eine (sexuelle) Beziehung mit weißen Frauen hat für junge Tuareg einen hohen Prestigewert. Allein das macht die Frau bereits attraktiv. Gibt sie sich zudem auch noch besonders offen und „begeistert" für alles, was mit Tuareg zu tun hat, dann bietet sie sich als Opfer geradezu an.

Frauen werden von Einheimischen umso besser und respektvoller behandelt, je vertrauter den zukünftigen Gastgebern der Mittelsmann ist, mit dem die fremden Gäste ins Dorf oder ins Lager kommen. In der Regel werden diese Mittler Vertreter kleiner Reiseagenturen sein. Wichtig ist auch, über faire Gegenleistungen für den Aufenthalt offen zu verhandeln. Denn mit einem Besuch bei den Nomaden entstehen Kosten für Transport und Nahrung, die ausgeglichen werden müssen.

Probleme treten erfahrungsgemäß meist dann auf, wenn Frauen versuchen, ihren Aufenthalt bei den Hirten **auf eigene Faust und ohne Tamaschek-Kenntnisse** zu organisieren. Dann findet sich rasch ein freundlicher Helfer, der sich ihr Vertrauen als Übersetzer und Vermittler erwirbt und dafür irgendwann unverschämt hohe Gegenleistungen als „Unterstützung für arme Familienmitglieder" verlangt. Irgendwann wird der Bogen überspannt und eine solche „Freundschaft" endet mit Streit und hohen Kosten.

Die in Agadez lebende Wienerin Eva Gretzmacher mit einem Tuareg-Gast

Diese „Helfer" handeln keineswegs aus Bosheit, sondern aus schlichter Notwendigkeit, jede Chance auf ein zusätzliches Einkommen nutzen zu müssen. Und schließlich erfüllen sie lediglich den Wunsch ihrer „Kundin" nach „authentischen" Begegnungen mit „echten" Tuareg und dem Gefühl, den „armen Nomaden" helfen zu können. Das kann im Übrigen durchaus zu beglückenden Erlebnissen führen – bevor die **Enttäuschung** kommt. Auch ich machte vergleichbare Erfahrungen, war anfangs vertrau-

### Europäische Tuareg-Frauen oder „tuaregisierte" Europäerinnen?

*Ende der 1980er-Jahre entdeckte die 1951 geborene **Schweizerin Marianne Roth** im Zuge einer Kamelreise in Südalgerien die Welt der Tuareg, woraufhin sich ihr Leben radikal änderte. Sie machte ihre Liebe zur Sahara zu ihrem Beruf und führte in den Folgejahren fast 80 Touren in Algerien und im Niger durch. Im Jahr 2001 heiratete sie ihren langjährigen Tuareg-Gefährten Adem Mellakh, einen „kel aïr", mit dem sie die Stiftung „Bildungs- und Kulturzentrum Iferouane" zur Förderung der Nomaden gründete (www.kamelkarawanen.ch). Im Jahr 2004 verunglückte sie tödlich in der Sahara.*

*Eine der bekanntesten „Tuareg-Deutschen" ist die Schriftstellerin und **Fotografin Désirée von Trotha.** 1961 in Augsburg geboren, wurde die gelernte Grafikdesignerin 1991 vom „Tuareg-Virus" befallen. Seit damals pendelt sie zwischen München und der Sahara und verbringt mehrere Monate im Jahr bei Tuareg-Familien. Mittlerweile ist sie von „ihrem" Dorf als vollwertiges Mitglied anerkannt. Ihre Erfahrungen flossen in das 1997 erschienene Buch „Die Enkel der Echse" ein, dem mittlerweile zwei Bildbände folgten.*

*Eine österreichische „Tuareg-Karriere" machte **Eva Gretzmacher.** Die 1951 in Wien geborene Kindergärtnerin hatte die Sahara in den 1980er-Jahren entdeckt und bald eine tiefe Zuneigung zu den Tuareg entwickelt, die sie ausleben konnte, indem sie Reisen organisierte und führte. Nach der Rebellion förderte sie als eine der ersten den Wiederaufbau des Tourismus im Niger, wurde in Agadez teilsesshaft und baute ein geschmackvoll eingerichtetes Lehmhaus. Hier empfängt sie Reisende und Künstler aus Europa. Mittlerweile hat sie im Herzen von Agadez das Kulturzentrum „ART.E-Agadez" (www.art.e-agadez.org) gegründet, eine Kombination aus Kaffeehaus, Kunstgalerie, Konferenzzentrum und Internet-Center. Hier werden Alphabetisierungskurse durchgeführt und Werke von Tuareg-Künstlern präsentiert.*

ensselig und begeistert, bis irgendwann die Illusion der „selbstlosen Freundschaft" an unerwarteten Forderungen zerbrach.

Solches Verhalten fordern wir Europäer mit unserer naiv-romantischen Vorstellung von dem Paradies in der Wüste geradezu heraus. Der beste Schutz ist darum eine **gesunde Portion Selbstironie** und Selbstdistanz, um das „Traumhafte" der eigenen Ansichten über Tuareg im Auge zu behalten. Dadurch steigt die Chance, nach einer enttäuschenden Erfahrung eine reifere, weniger euphorische, aber dennoch zugeneigte Beziehung zu den Nomaden zu entwickeln. Denn Tuareg sind in erster Linie Menschen, die überleben, indem sie das Beste aus ihrer Lebenssituation herausholen.

## Schutz vor Krankheiten

In der Wüste bestehen für Reisende nur **wenige ernsthafte Gesundheitsrisiken,** die sich zudem mit wenigen Vorkehrungsmaßnahmen kontrollieren lassen.

Klassische **Impfungen** sind Tetanus, Polio und Hepatitis A und B. Länder wie Mali und der Niger schreiben die Gelbfieberimpfung zwingend für die Einreise vor. Während der heißen Perioden steigt auch das Meningitisrisiko. Gegen Typhus und Cholera lasse ich mich beispielsweise nur impfen, wenn ich in ausdrücklich gefährdete Gebiete reise. Das Malariarisiko ist differenziert zu betrachten. Da es in der Zentralsahara und während der Trockenzeit im Sahel praktisch keine Malaria gibt, nehme ich höchstens vorübergehend Malariaprophylaxemittel ein, abhängig von der Jahreszeit, der Region und von der Reisedauer. Wichtiger ist die physikalische Vorbeugung gegen Malaria, indem man sich gar nicht erst stechen lässt: Allein durch das Bedecken der Haut, das Auftragen eines starken Insektenschutzmittels und durch das nächtliche Schließen von Fenster und Türen in der Unterkunft sinkt die Infektionsgefahr beträchtlich.

Eine große Gefahr geht in der Sahara vom Klima aus. Der Körper muss durch lange Gewänder und Kopftücher vor **Sonnenbrand** geschützt werden. Die Augen werden mit Gletscherbrillen vor Licht und Staub bewahrt. Um die Mittagszeit gehen nur Esel in die pralle Sonne. Die Hitze, gepaart mit geringer Luftfeuchtigkeit, birgt auch die Gefahr der **Dehydrierung,** weshalb so oft wie möglich Wasser getrunken werden sollte. Es empfiehlt sich, abends stark gewürzte Suppen gegen den Verlust von Elektrolyten zu essen. Nach Sonnenuntergang kühlt die Luft rasch ab, dann bewahrt ein warmer Pullover vor Erkältungen.

Sauberes **Trinkwasser** ist die Voraussetzung für eine gelungene Tour. In der Regel ist das Wasser in Brunnen und Wasserlöchern von bester Qualität. Im Sahel wird zu Beginn einer Tour stets Wasser aus dem örtlichen Netz in Kanistern mitgeführt. Im „Busch" werden die Trinkwasservorräte aus sauberen Nomaden- oder Dorfbrunnen und in der Wüste aus Wasserlöchern aufgefrischt. Um ganz sicher zu gehen, empfiehlt sich dennoch die Filterung oder chemische **Desinfektion des Wassers.**

Krankheiten durch verdorbene Lebensmittel sind in der Wüste selten, weil Käse und Fleisch in der Sonne rasch trocknen. Auch Frischmilch von Ziegen und Kamelen ist hygienisch einwandfrei, jedoch verträgt nicht jeder die natürliche Milchflora. Die auf Touren servierten Salate werden nur unter Verwendung von Grundwasser gezogen und mit Trinkwasser gereinigt und sind darum ungefährlich. Typische Ursachen von **Durchfallerkrankungen** sind Überanstrengung, Wasser- und Elektrolytverlust, der Genuss von zu kaltem Bier, vor allem aber Stress durch die Klimaumstellung und die Anpassung an die örtlichen „normalen" Keime.

Gefährlich können aber auch bestimmte Tiere sein. **Giftig** sind die Bisse der Hornvipern, diverser Skorpionarten und der Walzenspinnen. Jedoch habe ich in all meinen Saharajahren nur insgesamt drei Schlangen, zwei Skorpione und eine Walzenspinne gesehen. Um dennoch sicherzugehen, sollte man den Lagerplatz mit festen Schritten abschreiten, um versteckte Schlangen durch die Erschütterungen zu vertreiben. Skorpione verbergen sich gern in Hohlräumen, weshalb man die Schuhe nachts mit ins Zelt nehmen sollte. Walzenspinnen suchen nachts die Wärme des Feuers, also Augen auf am abendlichen Lagerfeuer! Angesichts der Seltenheit dieser Tiere sind Kamele weit gefährlicher: Sie können zutreten oder den Reiter aus dem Sattel werfen.

# Kontakte in der Wüste

## Begrüßungsrituale

Die Begrüßung ist ein wichtiger sozialer Vorgang, durch den zwei Menschen, die sich zum ersten Mal oder auch nach langer Zeit wieder begegnen, sozusagen abtasten. Sie müssen sich gleichsam aufeinander einstellen und ihr Gegenüber als freundlich oder als gefährlich einschätzen. Man darf nicht vergessen, dass die Tuareg ein Nomadenvolk waren und zum Teil noch sind, dass diese Menschen somit für lange Zeit allein im Busch leben müssen, ohne mit anderen kommunizieren zu können. Kommuni-

kation ist jedoch die Voraussetzung für die zutreffende **Einschätzung eines anderen Menschen.** In der Wüste kann von dieser Bewertung einer zufällig auftauchenden Person das eigene Überleben abhängen. Handelt es sich bei jenem Menschen um einen Freund, der mich besuchen will, oder um einen Dieb, der meine Kamele stehlen will, oder gar um einen Banditen, für den mein Leben keinen Wert hat und der es daher möglicherweise nicht respektiert? Ist er „einer von uns", unterliegt er somit unseren Regeln, Gesetzen und Werten, oder ist er ein Fremder, der sich alles erlauben könnte?

Durch das **Begrüßungsritual** wird gleichsam ein Einverständnis darüber „durchgespielt", dass man gemeinsame Werte und Regeln teilt, so als würde durch das Ritual ein unsichtbares Band der Gemeinsamkeiten zwi-

## Die Begrüßungsformel

*Normalerweise beginnt die besuchte Person A mit dem Begrüßungsritual. Das „gh" des Wortes „ghas" wird immer als „r" gesprochen, wie beim Wort „imajeghen".*
*A: „oyy-ik?" – „Wie geht es Dir?"*
*Darauf antwortet die besuchende Person.*
*B: „alher ghas" – Wörtlich übersetzt „Gutes nur", sinngemäß „Danke, gut."*
*A: „ma tole?" – Wörtlich „Wie du warst ähnlich?", sinngemäß „Wie geht es Dir?"*
*B: „alher ghas" – „Danke, gut."*
*A: „mani aghiwan?" – Wörtlich „Wie das Lager?", sinngemäß „Alles in Ordnung zu Hause?"*
*B: „alher ghas" – „Danke, gut."*
*A: „mani eddas?" – Wörtlich „Wie die Müdigkeit?", sinngemäß „Bist Du erschöpft?"*
*B: „agôdeya i yalla" – Wörtlich „ich gelobe, gehen", sinngemäß „Ich lobe Gott dafür, es geht.", bzw. „Danke, es geht."*
*A: „mani bararan?" – Wörtlich „Wie die Kinder?", sinngemäß „Wie geht es Deinen Kindern?"*
*B: „alher ghas" – „Danke, gut."*
*A: „mani esamed?" – Wörtlich „Wie die Kälte?", sinngemäß „Wie geht es Dir mit der Kälte?"*

schen den sich Grüßenden geflochten. Es ist kein Wunder, dass das Begrüßungsritual, wie es unten näher beschreiben wird, dort noch besonders ausgeprägt ist, wo auch der Nomadismus noch wesentlich den Alltag der Tuareg prägt: nämlich im Niger. *Frank Donath* weist in seinem wunderbaren Kauderwelsch-Sprachführer „Tamaschek – Wort für Wort" darauf hin, dass es „einen eigenen, leider aber fast ausgestorbenen Gruß" gebe. Ich nehme an, dass *Donath* diese Erfahrung in Algerien und Libyen gemacht hat, wo nur noch recht wenige Tuareg nomadisieren und die Modernisierung, Urbanisierung und Arabisierung sehr stark greift. Im Niger und zum Teil auch in Mali ist jenes Ritual, wobei sich die Begrüßenden regelrecht „abtasten", immer noch üblich.

Begegnen sich zwei männliche Tuareg, so werden sie, sobald sie einander wahrgenommen haben, ihren **Gesichtsschleier bis über die Nase**

*B: „alher ghas" – „Danke, gut."*
*A: „mani aweslu?" – Wörtlich „Wie die Reise?", sinngemäß „Wie war Deine Reise?"*
*B: „alher ghas" – „Danke, gut."*
*A: „isalan?" – Wörtlich „Neuigkeiten?", sinngemäß „Gibt es irgendetwas Neues zu berichten?"*
*B: „alher, wer egarat" – wörtlich „Gut, nichts Neues", sinngemäß „Alles in Ordnung!"*

*Dieser Ablauf mit den gleichen Fragen durch die gleiche Person kann **mehrfach wiederholt** werden. Hier geht es schließlich nicht um einen Akt der Erkundigung, sondern um ein Ritual der Annäherung. Interessant ist, dass zwar nach den Kindern, den Kamelen oder den Geschäften gefragt wird, keinesfalls aber nach der Ehefrau. Dies gilt als eine unzulässige Intimität. Das Ritual wird seitens des Besuchten beendet, indem er den Besucher einlädt.*
*A: „awed eseger" – Sinngemäß „Nimm Platz."*
*Nun kann man als Europäer darauf antworten:*
*B: „tanemmert" – Das bedeutet „Danke", doch ist es unter Nomaden unüblich, sich zu bedanken.*
*Möglicherweise wird einem Besucher nun Wasser angeboten:*
*A: „aman da" – „Hier, nimm das Wasser!"*

**ziehen,** um für alle Fälle „gewappnet" zu sein. Diese Handlung lässt sich mit der Überprüfung des Sitzes der Krawatte in unserem Kulturkreis vergleichen: Man will sich „ordentlich" präsentieren. Dann bewegt man sich langsam, mit leicht gesenktem Kopf und Blick aufeinander zu, bis man in einem Abstand von einer Armlänge Halt macht.

Nun fährt man mit der rechten Hand auf die Hand des Gegenübers zu, wie für einen Händedruck. Tatsächlich aber streichen die Finger nur über die preisgegebene Handinnenfläche. Dies wird mehrere Male wiederholt, während leise die Begrüßungsfloskeln gemurmelt werden. Dabei bleibt der **Blick stets zu Boden geneigt** oder schweift herum, sodass er nicht die Augen des Gegenübers fixiert. Seitens eines Tuareg würde das direkte Anschauen als unhöflich, aufdringlich oder gar als Aggressivität aufgefasst werden. Einem Fremden wird hier sehr viel mehr Nachsicht entgegengebracht.

Sobald die **Begrüßungsformel** einmal oder auch mehrmals gemurmelt wurde, sind die Grüßenden aufeinander eingestimmt und können darum „näher treten". Dies äußert sich darin, dass sie ihre Köpfe heben und nun einander kurz direkt in die Augen sehen (dauerndes In-die-Augen-starren gilt als respektlos), oft auch bereits lachen, was an den Lachfältchen um die Augen zu erkennen ist. Zugleich wird auch die Stimme angehoben und eine freudige, persönliche Begrüßung gerufen: Die Unterhaltung wird jetzt spontaner. Gleichzeitig fassen die Grüßenden mit einer leicht ausholenden Bewegung der rechten Hand, die Finger gespreizt, endlich nach der Hand ihres Gegenübers und drücken sie fest. Beide spüren, dass sie einander vertrauen können. Ein ausgelassenes Gespräch kann beginnen.

Begegnen sich **ein Mann und eine Frau** oder zwei Frauen, so werden die Bewegungen und Berührungen der Hände unterlassen, weil dies als unschicklicher Austausch von Intimität gälte. Die sich Begrüßenden stehen nur beieinander, blicken zu Boden und murmeln die Begrüßungsfloskeln. Anschließend bestimmt die jeweilige Vertrautheit der Personen und das aktuelle soziale Umfeld den weiteren Umgang miteinander. Treffen sich Hirtinnen unbeobachtet auf der Weide, so werden sie sich umarmen, kichern und miteinander scherzen. Begegnen sich Eheleute im Dorf, dann werden sie, den Blick voneinander abgewandt, leise miteinander sprechen.

## Namen und Anrede

Bei den Tuareg findet man **zwei „Sorten" von Namen bzw. Vornamen.** Unter Nomaden sind **Kel-tamaschek-Namen** berberischen Ursprungs verbreitet. Dazu zählen Namen wie *Abambacho, Aghali* (gespr.: *Aráli*), *Aoutchiki, Birgie, Dayak, Efad, Feltou, Ghabdou* (gespr.: *Rabdu*), *Gwada, Ibra, Khadda* (gespr.: *Hadda*), *Houiah, Ixa, Matachi, Rhissa* und noch viele mehr. Bei den Frauen sind dies Namen wie *Assulo, Azahra, Fitita, Khadijita* (gespr.: *Hadidschita*), *Lolo, Mina, Saghaidou* (gespr.: *Saraidu*) oder *Tahedag*. Viele dieser Namen haben eine poetische Bedeutung. *Tahedag* etwa bedeutet sinngemäß „Sie ist gut, wo sie ist".

Mit der Islamisierung der Tuareg finden **arabische Namen** zunehmend Verbreitung: Männernamen wie *Achmed, Boubakar, Ibrahim, Ioussouf, Khader, Mohammed, Moussa, Moustapha, Souleyman* und viele andere. Manche Namen werden „tuaregisiert", aus *Mohammed* wird dann *Mokhamed*. Bei den Frauen findet man häufiger Namen wie *Aicha* (gespr.: *Aíscha*), *Fatima* bzw. *Fatimata, Mariema* oder *Rahmata*. Auch bei den Frauen finden sich tuaregisierte Vornamen aus dem Arabischen: So wird etwa aus *Aicha* dann *Ghaysha*.

Einen **Nachnamen** im westlichen Sinne gibt es bei den Tuareg nicht, sondern man trägt **nach dem eigenen Vornamen den des Vaters,** verbunden durch das Wort *ag* für „Sohn von". Ein Mann heißt dann z. B. *Alhousseini ag Ibra: Hussein, Sohn des Ibra.* Der männliche Zusatz verschwindet jedoch in der Alltagspraxis zunehmend. Bei Frauen steht anstelle des *ag* das Wort *ult* („Tochter von"). Korrekterweise hieße eine Frau dann *Rahmata ult Ahmed.* Allerdings wird dieser Zusatz bei Frauen in der Praxis nicht verwendet.

Der **Rufname** bei den Tuareg lässt sich mit dem bei uns gebräuchlichen Spitznamen vergleichen. Dieser wird mit dem französischen Zusatz *dit* (genannt) angekündigt. Während der Vorname im Zuge des Namensgebungsfestes vom *marabout* ausgewählt und verkündet wird, wählt zumeist die Mutter des Kindes den Rufnamen aus, der dann von der Familie und den Freunden übernommen wird. Solche Namen können sein *Akli* oder *Houché* (gespr.: *Huschi*). Ein voller Name könnte dementsprechend lauten: *Alhousseini ag Ibra dit Houché.*

Im Tamaschek gibt es weder besondere Anredeformeln, noch eine besondere Höflichkeitsform. Wäre man des Tamaschek mächtig, würde man eine Person ganz **einfach mit ihrem Vornamen ansprechen.** Beherrscht man die französische Sprache, so wählt man die im Französischen übliche Höflichkeitsform der Anrede *(vous)* und kann allenfalls noch vor den Vornamen ein *Monsieur* oder *Madame* setzen. Das ist jedoch nur unter städtischen Tuareg üblich, die bereits einen Umgangston mit westlichen Umgangs- und Höflichkeitsformen pflegen.

## Begegnungen

Tuareg lieben es, miteinander zu tratschen. Sie können kaum verstehen, warum Europäer stattdessen lieber allein auf einer Düne sitzen, denn der Hirtenalltag ist geprägt von Einsamkeit. Die schönste Abwechslung für einen Tuareg ist ein gutes Essen und die Begegnung mit Menschen, denn das bedeutet Unterhaltung, Neuigkeiten, Spannung und Vertrautheit. Darum interessieren sich die meisten Tuareg auch für Europäer, die Frage ist nur, wie sich Tuareg und Fremde am besten begegnen können: **Asshak** verbietet es den Hirten, offen wie Kinder auf Fremde zuzugehen. Wenn eine Reisegruppe auf Nomaden trifft, dann werden die Nomaden von sich aus nur die einheimischen Führer und Fahrer begrüßen und die Touristen „ignorieren", um keinen Fehler im Umgang mit den Fremden zu begehen. Würde hingegen ein Tourist einen Nomaden auf der Weide antreffen und ihn ansprechen, dann wird der Nomade gern antworten – ohne sich der Gefahr eines „Fettnäpfchens" auszusetzen.

Am einfachsten ist der **Umgang mit Kindern,** die noch außerhalb der Asshak-Regeln stehen und darum relativ zugänglich sind. Über den Kontakt mit den Kindern lässt sich auch gut eine Brücke zu ihren reservierten Angehörigen schlagen. Wer etwa die Kleinen zum Lachen bringt, gewinnt schnell auch das Herz der Erwachsenen. Ein bewährtes Mittel ist der Einsatz der Kamera, indem man Kinder durch den Sucher blicken lässt und dabei das Zoomobjektiv bewegt. Für Zurückhaltung plädiere ich hingegen bei leichtfertig verteilten Geschenken. (Näheres dazu im Kap. „Gastfreundschaft".)

**Die Schmiede** *(enaden)* vermitteln von jeher zwischen Tuareg und anderen Kulturen. Sie etablierten sich auch als erste im Tourismus. Ein Schmied bzw. Handwerker eignet sich ideal als Kontaktperson zum Milieu der *imajeghen.* Bei den *enaden* sind im Wesentlichen unsere eigenen Grundregeln der Höflichkeit und einer angemessenen Distanz zu beachten, denn Schmiede können auch aufdringlich sein.

**Tuareg-Frauen** sind sehr viel offener als in den meisten Kulturen des Orients. Hirtinnen lieben die Abwechslung und mit Gartenbäuerinnen habe ich schon die schönsten gemeinsamen Lachanfälle erlebt. Dabei befanden wir uns stets außerhalb des Dorfes, denn sobald *imajeghen* hinzutreten, reagieren die Hirtinnen wieder zurückhaltend.

**Angehörige der imajeghen** verhalten sich Fremden gegenüber distanziert: Als Zeichen wird der *tagelmust* bis zur Nasenwurzel hochgezogen.

Hier muss der Fremde große Zurückhaltung üben, um sich annähern zu können. Je näher der Kontakt zu einem „Freien" wird, desto tiefer rutscht der *tagelmust*. Dabei können Europäer im Grunde genommen gar nicht viel falsch machen, denn sie werden als Fremde erkannt, die außerhalb des Asshak-Ethos stehen. Darum wird etwaigen Fehltritten ihrerseits stets mit Nachsicht begegnet.

## Ruhe und Haltung bewahren

In einer Welt, in der Zeit das wichtigste Kapital ist, geht mit Eile gar nichts. Die „würdevolle" Ausstrahlung der Tuareg ist ja eine wesentliche Strategie, um den wechselhaften Bedrohungen seitens der Wüste Stabilität und Sicherheit entgegenzusetzen. Mag auch die Herde verhungern und die Ernte verdorren – was dem Nomaden immer bleibt, sind seine Haltung und sein Ansehen. Das erscheint angesichts unserer auf Schnelligkeit, Kommunikation, Wirkung und Erlebnis ausgerichteten Kultur schwer nachvollziehbar. Sobald man sich aber an das „Leben" in der Wüste gewöhnt hat, beginnt man zu spüren, dass Langsamkeit, Ruhe und Haltung die nötige Kraft vermitteln, um in der Weite, Hitze und Einsamkeit überhaupt bestehen zu können.

### Zeit nehmen

Manche Hirtinnen haben Angst vor Touristen, weil diese **stets in Eile** zu sein scheinen und mit ihren Fahrzeugen nicht stehen bleiben, wenn sie eine Gruppe von Nomaden sehen. Im Busch, wo Begegnungen mit Menschen ohnedies selten sind, erscheint solch ein Verhalten widersinnig, unfreundlich und darum unbegreiflich. Das kann durchaus zur Verunsicherung der Nomaden führen. Woher sollte eine Hirtin auch wissen, dass ein Tourist unter dem Zeitdruck eines teuren, knapp geplanten Reiseprogramms steht? Kommt es darum in abgelegenen, verkehrsarmen Regionen zu **Sichtkontakt mit Hirten,** so gebieten es sowohl Höflichkeit als auch das „Gesetz der Wüste", dass man anhält, die Menschen begrüßt und sich nach ihrem Befinden erkundigt.

Tuareg-Führer, die ihre Tradition noch bewusst leben, tun dies von sich aus. Auf einer Rundreise kann es mitunter Konflikte mit Reiseteilnehmern geben, die ihre innere Uhr auf das Reiseprogramm eingestellt haben und berechtigterweise nicht den Sonnenuntergang in den Dünen verpassen

Für einen Plausch anzuhalten, ist selbstverständlich

wollen. Als Reiseleiter gerät man hier in ein Dilemma, denn die **Erfordernisse der hiesigen Höflichkeitsregeln** finden nicht immer das nötige Verständnis. Und schließlich ist man ja auch an einen Reisevertrag mit deklarierten Fixpunkten gebunden. Manche Tuareg-Führer stoßen hier ebenfalls an ihre Grenzen: Wie kann man ihnen vorenthalten, eine vertraute Person, die sie lange nicht mehr gesehen haben, „kurz" zu begrüßen? Das Problem ist tatsächlich nicht lösbar, weil an eben diesem Punkt zwei **unterschiedliche Wert- und Erlebniswelten** aufeinander prallen. Die Situation lässt sich bestenfalls durch Gespräche und Beschwichtigungen entspannen. Tuareg haben ganz einfach mehr Zeit als wir und erleben täglich einen Sonnenuntergang hinter den Dünen.

Der Faktor Zeit ist besonders wichtig für die Kontaktanbahnung. Kommt ein Besucher zu einem **Nomadenlager,** dann setzt er sich in einem gehörigen Abstand vor das Zelt hin und wartet. Er ruft allenfalls den Gruß *„Asalem aleikum"* („Der Friede sei mit Dir") und wartet, bis jemand auf ihn zukommt, um das Begrüßungsritual durchzuspielen. Dann wird der Fremde zum Zelt geführt – aber fast nie hinein. Auf diese Weise wird verhindert, dass die Familie, die in der Wildnis in der Regel mit keinem Besucher zu rechnen braucht, bei einer peinlichen Situation (etwa beim Essen ...) überrascht wird.

Für uns Europäer ist hier die oben getroffene Unterscheidung zwischen der jeweiligen sozialen Tuareg-Klasse wichtig. Gegenüber *imajeghen* gilt höchste Zurückhaltung und Behutsamkeit, wogegen man bei Kindern und Schmieden wenig falsch machen kann. Und an Kindern und Schmieden mangelt es in Dörfern nie. Trifft man hingegen Hirten **allein auf der Weide,** dann wird sogar erwartet, dass man als Fremder anhält und die Person begrüßt.

### Das Gesicht wahren

Auch unter den friedlichsten Tuareg gibt es natürlich Konflikte, doch dringen diese fast nie nach außen. Ob sich die Mitglieder einer Tuareg-Gruppe gut verstehen oder gerade Meinungsverschiedenheiten austragen, lässt sich am „Stand" des *tagelmust* erkennen. Je tiefer dieser sinkt, desto ausgelassener ist die Stimmung. Steigt er höher Richtung Nasenwurzel, dann wird es ernst. Dies gilt auch für die Gespräche mit Fremden.

Der **grundlegende Unterschied zwischen Tuareg und Europäern** liegt meines Erachtens darin, dass Tuareg eher auf Dinge reagieren, während „Westler" dazu neigen, die Dinge aktiv zu gestalten und voranzutreiben. Europäer sind „Macher", Tuareg hingegen „Balance-Manager". Das mag wohl der Grund dafür sein, dass die westliche Kultur, geprägt durch Forschung, raschen Fortschritt und Wachstum, heute fast die ganze Welt dominiert. Zugleich ist diese Haltung aber auch verantwortlich für weltweite Auswirkungen wie Klimawandel, Kriege und Hunger. Die meisten Europäer leben von der Natur getrennt und beeinflussen sie gewaltig. Sie können in der Wüste überleben, jedoch nur so lange, wie Benzin, Wasser und andere Vorräte zur Verfügung stehen. Tuareg dagegen leben (zum Teil noch) in langfristiger Anpassung an ihre herausfordernde Umwelt. Ihre Haltung ist Ausdruck dieser Anpassung.

Haben Nomaden **Meinungsverschiedenheiten** untereinander, dann gehen sie einfach ihrer Wege – oder sie unterwerfen sich der Meinung dessen, der am „längeren Hebel" sitzt. Einem *madugu,* dem Führer einer Salzkarawane durch die tödliche Ténéré, zu widersprechen, wäre sinnlos, denn schließlich wird niemand gezwungen, sich ihm anzuschließen. Deshalb macht der *madugu* auf jeden Fall das, was er aufgrund seiner Erfahrung für *seine* Karawane für richtig hält. Ein unerfahrener Karawanenführer würde sich in der Wüste verirren und sterben, weshalb er es vorzieht, sich der Führung des erfahrenen *madugu* zu unterwerfen.

In der Welt der Tuareg bestimmt letztlich immer die Wüste, wer Recht hat. Darum pflegen Nomaden sich in Situationen ohne echte Alternative anzupassen und zu schweigen, um ihr Gesicht zu wahren. Europäer neigen eher dazu, ihrer Enttäuschung und ihrem Ärger Luft zu machen, wenn ihnen eine Situation in der Wüste nicht recht passt, eben weil es für sie keine so große Rolle spielt, das Gesicht zu bewahren.

In unserer Zeit ändert sich vieles aufgrund der neuen Lebensbedingungen. Die Zahl der Menschen in der Wüste wächst, Weiden und Wasser werden knapp, weshalb viele Nomaden den Ausweg in der Sesshaftigkeit suchen. In den Siedlungen aber sind die Menschen stärker aufeinander angewiesen. Gleiches gilt für das Leben in einem staatlichen Gefüge. Mit der wachsenden Bevölkerungsdichte in einem Land mehren sich auch die Spannungen zwischen unterschiedlichen sozialen Schichten und zwischen Angehörigen unterschiedlicher Bevölkerungsgruppen mit unterschiedlichen Lebensformen, beispielsweise Hirsebauern und Kamelhirten. Hier bedarf es neuer **Kompetenzen zur friedlichen Konfliktaustragung,** weil es nicht mehr so einfach möglich ist, sich wie früher im Konfliktfall „aus dem Weg zu gehen".

Jüngere, westlich geprägte Tuareg neigen mittlerweile eher dazu, die Grenzen der traditionellen Haltung zu durchbrechen und „auszuflippen". Der Griff zur Kalaschnikow und jedwede Form von Kriminalität gehören zu dieser veränderten Lebensart, wie auch der lautstarke Umgang mit Spannungen.

Als Tourist gerät man hoffentlich nicht in eine derartig explosive Situation. Wenn es irgendwie mit den eigenen Interessen zu vereinbaren ist, sollte man sich – gleich dem unerfahrenen Hirten gegenüber seinem *madugu* – gleichfalls hinter den „Schleier" eines freundlichen, distanzierten Lächelns **zurückziehen und Raum geben,** die Stimme unter Kontrolle behalten und den Blick schweifen lassen (der längere, direkte Blick in die Augen eines Tuareg würde als Angriff empfunden werden). Schließlich sitzen wir als Fremde in dieser unwirtlichen Welt am kürzeren Hebel.

Ganz im Gegensatz zu dieser extrem beherrschten Umgangsform zwischen den meisten Tuareg steht die „Scherzbeziehung" *(tabubasa)* zwischen **Kreuzcousins und -cousinen** (ein Mann und die Tochter seines mütterlichen Onkels oder seiner väterlichen Tante): Sie „beflegeln" sich öffentlich mit den wüstesten Beschimpfungen. Dieses institutionalisierte Verhältnis stellt ein wichtiges Instrument zum Ausgleich der strengen Anstandsregeln dar. Ähnlich dürfen sich auch die Schmiede „aufführen", weil sie als einzige soziale Gruppe nicht den Regeln der Würde *(asshak)* und des Schamgefühls *(tekarakit)* der *imajeghen* unterliegen. Sie gelten als „würdelos" und dürfen entsprechend ihrem eigenen „Moralkodex" jedem ihre Meinung ins Gesicht sagen.

Tuareg sind geprägt von einer extremen Lebenswelt, die Schwächen und Fehler mit dem Tod bestraft. Darum verlangt die Wüste von den Menschen ein **hohes Maß an Anpassung** oder gar Unterwerfung unter die jeweiligen Gegebenheiten. Dies brachte eine Kultur hervor, in der das „Gesicht zu bewahren" und „Stärke zu zeigen" oberstes Gebot ist. *Asshak* verbietet es, um eine Sache zu bitten oder gar zu betteln – ja sogar sich für Geschenke zu bedanken, denn das **würde als Schwäche ausgelegt.** Vielmehr werden Geschenke wortlos entgegengenommen, wenn auch mit einem Gefühl der Dankbarkeit und Freude. Der Ausdruck für „danke", *tanemert ennek* (ich danke dir, wörtlich: danke dein), wird aber mittlerweile gegenüber Europäern häufiger verwendet, weil viele Tuareg gelernt haben, dass Europäer darauf Wert legen.

Besonders schwer fällt es Tuareg, einen **Fehler** oder einen Irrtum einzugestehen, etwa wenn ein Fahrer die Orientierung oder den Anschluss an die Gruppe verloren hat. Auch das kommt daher, dass die Wüste keinen Irrtum erlaubt. Die Reaktion auf Fehler, nämlich ein lachendes Überspielen oder bestenfalls ein betretenes Schweigen, wirkt noch sehr stark in den Alltag hinein. Oft kann es vorkommen, dass jemand mit einer Aufgabe überfordert war. Wer will das schon zugeben? Eine solche Situation ist nur **mit sehr viel Fingerspitzengefühl** zu entschärfen, um eine Beziehung

Frauen warten auf den LKW nach Agadez
und bekommen einen Imbiss spendiert

nicht nachhaltig zu zerrütten, indem man die Verantwortungsübernahme für diesen Irrtum einfordert. Ein Fehler, den die Wüste vergeben hat, so könnte man sagen, war kein Fehler. Für Europäer, die in präzisen Kategorien wie „richtig" und „falsch" denken, ist das manchmal schwer zu akzeptieren. Im Gespräch helfen hier Geschichten, Vergleiche und viel Humor und Toleranz, vor allem aber ein selbstkritischer Blick.

## „Ja", „Nein" und „die Wahrheit"

Was zählt der Wille eines kleinen Menschen in der Wüste, wenn Gott (Allah) anderes mit ihm vorhat? Die Erfahrung des Ausgeliefertseins wird auch im Umgang der Tuareg mit Plänen und Prognosen sichtbar. Alles wird stets unter dem Vorbehalt angegangen, dass auch alles klappt und nichts dazwischen kommt: *Insh' Allah* (so Gott will).

Fragen nach zeitlichen Abläufen in der Zukunft oder gar nach Gewissheiten wird ein Tuareg stets ausweichen. Woher soll auch jemand im Vorhinein wissen, ob eine Wagenachse hält, ein Sandsturm einsetzt oder die Reisegruppe von einem übergenauen Polizisten gefilzt wird? Zu viel kann in der Wüste passieren. Darum werden **konkrete Zeitangaben** meist umgangen und auch mit dem Wahrheitsanspruch bei Zahlennennungen nehmen es die Tuareg nicht sehr genau. Auf die Frage, wie weit der Weg bis zum Abendlager noch sei, wird ein Nomade in der Regel nur antworten „Nicht mehr weit, *Insh' Allah*."

Bei den *kel aïr* gibt es zwischen der **Wahrheit** *(tidet)* und der **Lüge** *(bahu)* auch die **Zwischenform des Verschweigens** *(ifur)*. *Tidet* spielt eine Rolle, wenn ein Hirte sein Kamel sucht und nach dessen Verbleib fragt. Dann werden – ähnlich wie in einer Verhörsituation – genaue und vor allem wahre Antworten erwartet, die dem Suchenden weiterhelfen. *Bahu* können jene Geschichten sein, die man sich am abendlichen Feuer zur Erheiterung erzählt: Sie sollen erheitern, weshalb man es hier mit der Wahrheit nicht so genau nimmt. *Ifur* betrifft Bereiche wie den persönlichen Besitz oder andere Intimitäten, die niemanden etwas angehen: Ihr Verschweigen wird allgemein akzeptiert.

Es gibt auch Situationen, in denen ein Tuareg nicht sagen kann, was er denkt oder für richtig hält, nämlich dann, wenn er sich in Gegenwart eines alten Menschen befindet, der anderer Meinung ist. Solches gilt – zumindest im ländlichen Raum – immer noch als Tabu. Darum sollte man klärende oder heikle Gespräche möglichst ohne „fremde Ohren" führen, am besten außerhalb von Siedlungen, damit der Gesprächspartner freier reden kann und nicht etwa das Gesicht verliert.

## Gesprächsform und Wahrheitsanspruch

Bei den Tuareg wird zwischen verschiedenen Gesprächssituationen unterschieden, die jeweils einen **eigenen Umgang mit der Wahrheit** erfordern.

- Bei der schlichten **Unterhaltung,** *edawane,* geht es nur um Tratsch und lustige Geschichten. Was erzählt wird, soll zwar wahr sein, doch wird es mit der konkreten Wahrheit nicht so genau genommen. Wagt man sich zu weit vor, sind Rückzieher erlaubt, indem man etwa sagt „Ich habe nur davon gehört".
- Berichtet man von alltäglichen **Neuigkeiten,** *iselan,* wird die Wahrheit erwartet und nicht die Verbreitung von Gerüchten.
- Sehr streng geht es beim **Fragen,** *asestan,* zu. Die Situation erinnert fast an ein Verhör: Dem Fragenden geht es um wichtige Informationen, etwa über den Verbleib seines Kamels. Hier werden klare Antworten erwartet. Nichts zu wissen ist in diesem Fall besser, als etwas Falsches zu sagen.
- Beim **Ausfragen,** *aseggeyi,* etwa wenn man sich als Fremder, ob Tourist oder Forscher, einem Tuareg gegenüber als besonders interessiert zeigt, ist mit großer Behutsamkeit vorzugehen, um nicht an Tabufragen zu rühren. Während es noch angemessen ist, sich nach dem Wohlergehen von Frau und Kindern zu erkundigen, sind Fragen nach Konflikten oder Besitzverhältnissen zu unterlassen, weil sie einen absoluten Intimbereich be-

rühren. Man darf nicht vergessen, dass bei den Tuareg die Vermeidung des „bösen Blicks" eine große Rolle spielt. Über den Besitz zu sprechen, kann Neid schüren, der wiederum den „bösen Blick" hervorrufen kann.

- Bei den **Geschichten,** *idamman,* handelt es sich um geschlossene Erzählungen, die in variierenden Darstellungen die Taten und Leiden konkreter Personen beschreiben. Sie erheben einen großen Wahrheitsanspruch, da diese Menschen als moralische Leitbilder dienen.
- **Scherze,** *irawayan,* sollen eine heitere und entspannte Atmosphäre schaffen. Dies ist besonders häufig zwischen Kreuzvettern und -cousinen erwünscht. Hier gilt es als harmlos, ein Mädchen als „faule, hässliche Hure" oder einen Mann als „stinkenden, schwanzlosen Ziegenbock" zu bezeichnen. In den Zuschreibungen schwingt immer ein kleines Quäntchen Wahrheit mit, denn die Scherze sollen das Verhalten der Betreffenden auf subtile Weise beeinflussen, indem sie einen wunden Punkt aufzeigen. Entsprechend heftig kann die Reaktion des Beschimpften ausfallen.
- **Streitgespräche,** *tamazagh,* kommen äußerst selten vor, denn sie bedingen den gleichen sozialen Stand der Beteiligten. So wäre es undenkbar, dass Junge mit Alten streiten – wohl aber Frauen mit Männern. Ein solcher Streit kann für die Anwesenden durchaus Unterhaltungscharakter haben, weil es dabei auch um die Form des Wettstreits geht. Auf kurzweilige Weise wird nach der Wahrheit gesucht, wobei eine Entscheidung für das „Richtige" zwar angestrebt, aber nicht unbedingt durchgesetzt wird.
- Im Gegensatz dazu steht die **Diskussion,** *shawara,* die auf ein praktisches Ziel gerichtet ist, etwa die Entscheidung über die beste Route für eine Reisegruppe oder über die Zukunft einer politischen Gemeinde. Hier geht es sehr viel ernster, aber auch sehr viel ruhiger und zurückhaltender zu, indem verschiedene Argumente über das Für und Wider eingebracht und miteinander verglichen werden. Es wird versucht, ein klares Ja oder Nein zu umgehen, um den Spielraum möglichst lange möglichst groß zu lassen. Das Ziel der Diskussion ist, den optimalen Konsens zu erreichen. Deshalb sollte im Zuge des Gesprächs auch niemandem zu nahe getreten werden – im Gegensatz zu unseren parlamentarischen Diskussionen.

Zusammenfassend lässt sich die Haltung der Tuareg zu „Ja" und „Nein" in der Weise auf den Punkt bringen, dass man weiter kommt und sich viele gefährliche Missverständnisse erspart, wenn man auf jeglichen Gewissheitsanspruch verzichtet, sich in Geduld übt und den Augenblick genießt – *Insh' Allah* – alles liegt in Gottes Hand ...

# Nonverbale Kommunikation

Normalerweise besteht zwischen Nomaden, von denen viele nur Tamaschek sprechen, und Touristen, die oft nicht einmal Französisch beherrschen, eine schwierig zu überwindende Sprachbarriere.

Obwohl die nonverbalen Gesprächstechniken der Tuareg in mancherlei Hinsicht den unsrigen widersprechen, funktioniert die Kommunikation besonders mit Kindern, Frauen und Schmieden auch ohne Worte bis zu einem gewissen Grad recht gut. Vorausgesetzt man beachtet einige Grundregeln.

Ziel des Austauschs sollte eine Annäherung im Sinne der Herstellung eines „guten Gefühls" sein. Folgt man den modernen Theorien, dann besteht Kommunikation ohnedies zum überwiegenden Teil aus Körpersignalen. Es geht somit nicht um den „Transfer" irgendwelcher konkreter Inhalte, als vielmehr um einen permanenten **Feedbackprozess.** Nach Ansicht des Kybernetikers *Heinz von Foerster* kann Kommunikation als eine Art gemeinsamer „Tanz" verstanden werden. Wichtig dabei ist, ob man sich gemeinsam in eine Richtung bewegt oder ob man auseinander driftet. Wenn hier eine gemeinsame Basis gefunden wurde, ist das bereits ein großer Erfolg und eine wichtige Voraussetzung, um in einem zweiten Schritt eventuell einen Übersetzer einzuschalten.

Am besten funktioniert die **Vermittlung elementarer Gefühle,** die über alle Kulturen hinweg vertraut sind: Interesse, Respekt, Vertrauen und Freude. Dabei helfen grundlegende körperliche Kommunikationsmittel wie ein zurückhaltendes Lächeln oder ein Zunicken. Dabei ist ganz wichtig, dem Tuareg-Gegenüber immer nur kurz in die Augen zu blicken, weil der bei uns als höflich geltende konzentrierte Augenkontakt bei Tuareg als aggressiv und respektlos empfunden wird.

Der Ausdruck von Fröhlichkeit ist selten unpassend. Selbst von einem *amajegh* wird man schlimmstenfalls für einen sympathischen Verrückten gehalten, doch auch die Noblen lachen gern, wenn auch etwas verhaltener. Bei Kindern eignen sich Faxen und andere Späße als Kommunikationsmittel. Erlaubt ist fast alles, was man selbst vertreten kann und was das Lachen der Kinder fördert. Dazu muss man sie und die umstehenden Erwachsenen einfach im Auge behalten. Auch Lieder sind ein hervorragendes Hilfsmittel zur Verständigung und Kontaktaufnahme. Daraus kann sich mit Kindern ein regelrechter, enthusiastischer Sängerwettstreit entwickeln.

Die Teilnahme an einem spontanen oder organisierten **tam-tam** führt ebenfalls zu Anerkennung und Sympathie seitens der Zuschauer, ausgedrückt in begeisterten, lachenden Gesichtern. Das kann so weit gehen, dass man von den Anwesenden zum Tanz aufgefordert wird. Solch eine großartige Kontaktchance sollte man nicht ungenutzt vergehen lassen, ganz abgesehen davon, dass eine Ablehnung als Affront empfunden werden würde. Als Fremder trägt man das Privileg der „Unkenntnis", weshalb man in einer solchen Situation nur gewinnen kann und für den Mut zum öffentlichen Auftritt viel Anerkennung erfährt.

Heikel kann es indes werden, wenn man anerkennend auf Gegenstände anderer zeigt. Hier kann es **grobe Missverständnisse** geben, beispielsweise zur fälschlichen Annahme, man wolle jemandem etwas schenken oder etwas käuflich erwerben. Das zeigte die Erfahrung einer meiner Reiseteilnehmerinnen, die überzeugt war, sie könne aufgrund ihrer großen Reiseerfahrung mit den Nomaden problemlos nonverbal kommunizieren. Während einer Mittagspause besuchte sie **auf eigene Faust** Hirtinnen, die in der Nähe lagerten und kehrte kurz darauf triumphierend zurück. Sie zeigte uns einen Ring, den ihr eine junge Frau „geschenkt" haben sollte. Kurz darauf erschien die Nomadin und ließ über ein Crewmitglied fragen, ob die Dame den Ring behalten und dafür bezahlen wolle, sonst möge sie ihn zurückgeben. Meine Versuche, die Teilnehmerin von ihrem Missverständnis zu überzeugen und sie zur Bezahlung der erbetenen fünf Euro für den Ring zu bewegen, führten dazu, dass sie den Ring wütend vor die Füße der Nomadin in den Staub warf. Die Hirtin hob ihn unter Tränen vom Boden auf. Wir konnten die Situation einigermaßen retten, indem unsere Crewmitglieder intervenierten und einige Gruppenmitglieder die weinende Nomadin mit aufmunternden Worten und kleinen Geschenken trösteten.

## Körperkontakt ist tabu

In der Öffentlichkeit berühren sich Tuareg nur sehr selten, etwa beim Begrüßungsritual. Ansonsten pflegt man stets eine gewisse **körperliche Distanz.** Der Austausch von Zärtlichkeiten in der Öffentlichkeit gilt als absolut tabu, auch für Paare. Eine gewisse Ausnahme gibt es wieder bei den Kreuzcousinen und -cousins, die sich im Scherz öffentlich „schlagen" und necken dürfen. Sobald die beiden aber heiraten, wird jede Berührung zur privaten Intimität.

Anders ist die Situation bei Berührungen zwischen **Personen gleichen Geschlechts.** So kann man in Städten beobachten, dass junge Männer, vor allem *ischomar,* Hand in Hand gehen. Dabei handelt es sich lediglich um den Ausdruck eines freundschaftlichen Verhältnisses, nicht etwa um eine homosexuelle Verbindung. Hier macht sich der Einfluss der arabischen Lebensweise bemerkbar, bei der diese Umgangsform sehr verbreitet ist.

Als Reisender genießt man das Privileg, außerhalb des Ehrenkodex zu stehen. Dennoch sollte man sich mit Berührungen sehr zurückhalten und sich mit dem Begrüßungsritual begnügen.

## Expressiv oder reserviert?

Das Auftreten der *imajeghen* ist darauf ausgerichtet, stets die **Kontrolle** über sich selbst zu bewahren, insbesondere in der Öffentlichkeit, gegenüber fremden Personen und in bestimmten sozialen Konstellationen, beispielsweise in Gegenwart der Schwiegereltern. Dann zieht der Mann den *tagelmust* bis zur Nasenwurzel und schweigt – die Frau richtet sich den Schleier und blickt zu Boden. Sie sind bemüht, sich möglichst unauffällig zu verhalten. Ein *amajegh* würde niemals in der Öffentlichkeit laut oder schroff werden. Konflikte werden stets verhalten und in der privaten Sphäre ausgetragen. Allerdings gibt es auch hier Ausnahmen, insbesondere unter den *ischomar*.

Je vertrauter man einander ist und je geringer die soziale Kontrolle wirkt (weil man etwa abseits des Dorfes lagert), desto mehr können die Tuareg **aus sich herausgehen** – manche entpuppen sich gar als wahre „Stimmungskanonen". In entsprechender Situation und wenn die soziale Stellung es erlaubt, kann das auch in der Öffentlichkeit vorkommen: Der *tagelmust* sinkt immer tiefer und gibt irgendwann ein breites Lachen preis.

Jugendliche zeigen, welches Temperament und welche Kraft in ihnen stecken, indem sie so richtig „ausflippen" und wild stampfend tanzen. Wird ein *amajegh* erwachsen, reduziert sich sein Tanz auf ein einfaches, dezentes Heben und Senken der Füße.

Viele Tuareg-Mädchen sind exzellente Sängerinnen. Während der Ziegenweide singen die Hirtinnen gern, um sich die Zeit zu vertreiben und um die Einsamkeit zu vergessen. Im Dorf würden sie jedoch niemals zum Vergnügen vor sich hinträllern, weil es sich „nicht schickt". Hier ist das Singen nur in einer Gruppe während eines Festes erwünscht und möglich.

Den Deutschen wird oft nachgesagt, sie seien reserviert und distanziert: Vielleicht ist dies der Grund, warum sich **Deutsche und Tuareg** recht gut verstehen, denn ihre Vorstellungen von Distanz ähneln einander sehr. Ob sich das so verallgemeinern lässt, ist freilich die Frage, denn Österreicher gelten wiederum als „charmant" und offen und sind bei der Kommunikation mit Tuareg nicht weniger erfolgreich. Letztlich muss aber jeder für sich

Verlegenheitsgeste während eines sensiblen Gesprächs

ein gewisses Gespür dafür entwickeln, wie sein persönlicher Stil in einer bestimmten Situation ankommt und ob eine Prise mehr oder weniger an Offenheit oder Reserviertheit zum gewünschten Erfolg führt.

## Typische Gesten

Das Spektrum der „typischen" Gesten, die auch Fremden gegenüber zum Einsatz kommen, ist bei den Tuareg recht eingeschränkt. Die wohl wichtigste Geste ist das Hochziehen und **Richten des tagelmust.** Dabei handelt es sich sowohl um eine Verlegenheitsgeste als auch um den Ausdruck der Distanzierung. Umgekehrt kommen mit dem Absinken des Schleiers die Gefühle zunehmender Sicherheit und Vertrautheit zum Ausdruck.

Will ein Tuareg jemandem deutlich machen, dass dieser sich annähern möge, so wird mit der nach unten offenen Hand bei leicht ausgestrecktem Arm nach unten gewunken, dabei werden die Finger ein wenig angewinkelt. Auf den ersten Blick wirkt dies für uns Europäer, als wolle der Betreffende uns verscheuchen.

Nicht zu verkennen ist das zumeist scherzhaft gemeinte „Nein", bei dem der **Zeigefinger** in die Höhe gestreckt und hin und hergeschwenkt wird. Dabei wird zur Unterstreichung der Verneinung gern auch das Wort *kai* oder *kal* wiederholt. Diese Geste wird jedoch üblicherweise nur dann verwendet, wenn es um nichts Wichtiges geht.

## Insh' Allah – Vom Umgang mit Zeit

Tuareg sind Risikomanager, neben dem Vieh ist ihr wichtigstes Kapital die Zeit. Je mehr Zeit vergeht, desto mehr „Zinsen" bringen ihre Herden in Form von Jungen. Mit der Zeit kommt – hoffentlich – auch der Regen. Gegen Risiken wie Klimakatastrophen, Krankheiten oder Unfälle wappnen sich die Tuareg, indem sie ihren Viehbestand langfristig aufbauen und zusätzlich in verschiedene andere Wirtschaftsbereiche investieren. Um aber die immer wieder eintretenden Verluste verschmerzen zu können, bedarf es auch des Gottvertrauens und großer Gelassenheit. Diese Haltung wirkt sich auf den Umgang mit Zeit aus. Es gibt keine Planungen und Erfolgsversprechen ohne das einschränkende *Insh' Allah* – denn letztlich kann man nie wissen, was kommt.

**Fixe Uhrzeiten** spielen nur in den Siedlungen eine Rolle: wenn es um das gemeinsame Gebet in der Moschee, um den Schulbeginn oder um die Öffnungszeiten von Ämtern geht. Pünktlichkeit als Kulturtechnik ist somit eine urbane Erscheinung.

### Kamele haben keine Uhren ...

Zeitvereinbarungen werden darum auch nur sehr bedingt ernst genommen. „Morgen" kann „irgendwann in der näheren Zukunft" bedeuten. Der „Nachmittag" wird im französischsprachigen Sahel nicht entsprechend *après-midi* genannt, sondern *soir* (Abend). Bereits ab 13.00 Uhr grüßt man sich daher mit *bon soir* (Guten Abend). Ein Treffen „am Nachmittag" *(le soir)* kann darum zwischen frühem Nachmittag und Sonnenuntergang stattfinden. Es könnte schließlich etwas dazwischen kommen, etwa ein launisches Kamel, das sich nicht einfangen lassen will. **Das Vieh bestimmt die Zeit** der Nomaden. Ein „guter" Hirte, der nach einem verirrten Kamel sucht, ist nicht einmal bereit, einer Einladung zum Tee zu folgen: Er will nur das Tier wiederfinden. Die Suche wird dann so lange dauern, wie sie eben dauert, *Insh' Allah*.

Diese an sich sinnvolle Haltung kann in der Zusammenarbeit mit einer Reisegruppe zu Konflikten führen, denn deren Reise folgt in der Regel einem vertraglich festgelegten Programm. Die Spannungen lassen sich nur in der Weise lösen, als die **Zeitkultur der Einheimischen** zu respektieren ist, umso mehr, je abgelegener und vom Tourismus unbehelligt sie leben. Denn bei Nomaden herrscht die Kamelzeit. Wenn jedoch eine Trekkingtour begonnen werden soll, halten die Tuareg die vereinbarten Treffpunkte und Zeiten verbindlich ein: Hier geht es schließlich ums Geschäft. Während der Tour hingegen gilt wieder: Erst kommen die Bedürfnisse der Kamele. Ein morgendlicher gemeinsamer Aufbruch von Wanderern und Gepäckkamelen um eine bestimmte Zeit ist nicht zu bewerkstelligen, schließlich müssen die Tiere erst eingesammelt und gesattelt werden. All das beansprucht ein unkalkulierbares Maß an Zeit. Ist die Karawane aber erst einmal unterwegs, so ist sie trotz ihrer gemächlichen vier km/h viel schneller als die interessierten Touristen, die immer wieder schauen, fotografieren, rasten und genießen. So ist ein zeitversetzter Abmarsch in der Regel kein Problem.

## Zeitkonflikte mit Reisegruppen

Auf motorisierten Rundreisen dominiert notwendigerweise die touristische Zeitkultur mit ihrem Zeitdruck. Doch obwohl sich ein Tuareg-Führer „vertraglich" verpflichtet hat, kommt es beim Zeitmanagement von Touren gelegentlich zu Diskrepanzen zwischen touristischer und Tuareg-Zeitkultur. Die Ursache liegt oft im überladenen **Tourprogramm,** wodurch eine Reise zum „Galopp durch die Attraktionen" wird. Da bleibt weder Zeit für die Begegnung mit Nomaden noch für Einkäufe. Dieser Fast-Food-Tourismus führt bei den Tuareg zu der Vorstellung, die Europäer wollten nichts mit den Einheimischen zu tun haben und würden darum einfach weiterfahren. Die sorgfältige Planung einer Rundreise mit zeitlichen Spielräumen ist daher die Grundbedingung für eine Annäherung an die Bevölkerung. Dies gilt besonders für die Einladung zum Tee, der man nur folgen sollte, wenn man genug Zeit für die obligaten drei Gläser hat: Davor aufzubrechen wäre eine schwere Beleidigung. (Näheres im Kapitel „Gastfreundschaft".)

Das **mangelnde Verständnis** der Führer für die Bedürfnisse der Touristen kann ebenfalls zu Problemen führen. So pflegen Tuareg während der Mittagshitze sehr lange Pausen einzulegen, die bei aktiven Reisenden zu Langeweile und Verdruss führen können. Wird dann nicht rechtzeitig zum Sonnenuntergang in den Dünen aufgebrochen, dem geplanten Höhepunkt der Tour, dann werden sogar eingefleischte „Tuareg-Fans" ungeduldig. Das Verständnis von Zeit als Faktor für das „richtige Fotolicht" ist unter Tuareg nicht sehr ausgeprägt. In solchen Situationen lässt sich nur Ruhe bewahren, Verständnis für die Zeitvorstellungen der Nomaden signalisieren, zugleich aber auch die eigenen Wünsche verdeutlichen.

# Werte respektieren

Obwohl die Tuareg sich stark über ihre Werte definieren und diese beispielsweise in Form ihrer Kleidung auch zum Ausdruck bringen, sind sie
sehr liberal. Die Erfahrung zeigt, dass Intoleranz erst dort an Einfluss gewinnt, wo Werte und Weltbilder ins Wanken geraten. Fundamentalismus
ist somit auch ein Ausdruck sozialer und kultureller Verunsicherung. Darum neigen bei den Nomaden vornehmlich zwei Gruppen zur Einforderung traditionsgemäßer Äußerlichkeiten:

- **Die marabouts und Lehrer:** Sie sind aufgrund ihrer gesellschaftlichen
  Stellung zu Vermittlern und zugleich auch „Wächtern" der Werte berufen. Eine kritische Haltung gegenüber unangemessenem Verhalten wird
  von ihnen geradezu erwartet.
- **Ischomar und urbanisierte Tuareg:** Sie haben sich bereits weit von
  den traditionellen Lebensformen und Werten entfernt, fühlen sich oft
  entwurzelt und sehnen sich nach verlässlicher Orientierung. Jene Tuareg, die in der „modernen Welt" Karriere machen, leben postmoderne
  Werte wie Individualität, Liberalität und Flexibilität, sehnen sich aber
  manchmal nach der „guten alten Zeit". Die Mitglieder dieser Diaspo-
  ra debattieren gern in Internetforen über die Veränderungen „ihrer"
  Tuareg-Welt und verurteilen das „ungebührliche" Verhalten mancher
  Touristen.

Die meisten traditionell lebenden Tuareg, die um ihren festen Platz in „ih-
rer" Welt wissen, stoßen sich in der Regel kaum am **Verhalten der Tou-
risten,** mag ihnen dieses auch noch so seltsam erscheinen. Unpassende
Kleidung der Touristen, aufdringliches Fotografieren und willkürliches
Verteilen von Geschenken sind den Nomaden weitgehend gleichgültig.
Dagegen möchten sie alle immer mehr vom Tourismus profitieren, ob
durch den Verkauf eigener Produkte oder durch Kontakte nach Europa.
Touristen stehen als „Fremde" natürlicherweise außerhalb der eigenen
Werteordnung, sodass man ihnen in der Regel mit großer Toleranz be-
gegnet.

Diese „Sympathie" gegenüber Touristen beginnt erfahrungsgemäß
erst dann zu kippen, wenn die Fähigkeit der Bevölkerung zur Integration
der Fremden überfordert wird. Dann reagieren die Menschen mit Ablehnung oder gar Widerstand. Davon ist man aufgrund des noch relativ
geringen Tourismusaufkommens bei den Tuareg weit entfernt, weshalb
hier die Begegnung mit einer gelebten, traditionellen Nomadenkultur
noch möglich ist.

Die hier empfohlenen Verhaltensweisen sollen dazu beitragen, die Kontaktchancen für die Reisenden zu mehren und Konflikt- und Reibungspunkte zu vermeiden. Je besser man sich anpasst, desto leichter fällt es den Einheimischen, auf die Fremden zuzugehen. So erspart man sich viele Probleme und gewinnt leichter Freunde. *Heinrich Barth* hat mithilfe dieser Strategie als einziger Forscher eine mehrjährige Forschungsreise durch die Sahara und den Sahel überlebt, während seine Kollegen nicht nur Krankheiten, sondern auch Überfällen und Mordanschlägen zum Opfer fielen.

## Angemessene Kleidung

„Falsche" Bekleidung gilt als typisches „Vergehen" unangepasster Touristen. Für Tuareg stellt es kein Problem dar, wenn ein weiblicher Busen zu sehen ist, weil er nicht als Sexualmerkmal betrachtet wird, sondern als „Versorgungsquelle" der Babys. Dagegen sind **unbedeckte Knie tabu.** Shorts werden von den Tuareg als Unterhosen angesehen. Darum sind weite, lange Röcke und Hosen den Miniröcken und Shorts vorzuziehen. Sie bieten gleichzeitig den Vorteil, die Haut vor der aggressiven Sonne zu schützen.

Aus Sicht der Tuareg verhalten sich Österreicher und Deutsche sehr sensibel gegenüber kulturellen **Kleidungsregeln,** neigen aber im Gegenzug zu Ungeduld, Neugier und Pedanterie, während Reisende aus Frankreich und Italien eher „locker" sind, was sich auch in ihrer sparsamen Bekleidung widerspiegelt. So beobachtete ich eine ältere Französin, die sich am „Pool" von Timia vor den Augen von Kindern und Schmieden splitternackt auszog. Sie versuchte sich damit zu rechtfertigen, dass sie ein Nomadenschulprojekt unterstützt hätte und nun Urlaub machen wolle.

Nur wenige Tuareg fühlen sich durch einen derartigen Anblick in ihrem religiösen Empfinden oder in ihrem Schamgefühl verletzt. Manche Tuareg-Frauen mögen zwar in der aufreizenden Kleidung der Touristinnen eine sexuelle Provokation ihrer Männer sehen, die meisten Tuareg aber spielen „Nacktheit" als notwendiges Übel oder akzeptablen Preis für lebenswichtige Verdienstchancen herunter. Dabei reagieren ältere *kel tamaschek* tendenziell sensibler als junge, die naturgemäß toleranter und auch neugieriger sind.

Als Faustregel gilt: **Nackte Beine** behindern im Allgemeinen die Entstehung gegenseitiger Sympathie, weil sie mangelnden Respekt gegenüber den traditionellen Werten der Nomaden signalisieren. Vor allem in den Siedlungen schadet es nicht (schon allein der Sonne wegen), Arme und Schultern ebenfalls zu verhüllen. Allerdings sieht man nackte Arme oft auch bei arbeitenden Tuareg-Frauen.

## Fotografieren

Entgegen der verbreiteten Kritik an der „Fotografierwut" der Touristen haben die Tuareg relativ **wenig Probleme** damit: Wer die Funktion von Kameras bereits kennt und gewisse Erfahrungen mit dem Fremdenverkehr hat, betrachtet schöne Fotos von gut aussehenden Nomaden als die beste Werbung für den Tuareg-Tourismus. Woran sich manche Tuareg sehr wohl stoßen, sind Bilder von nackten oder schmutzigen Kindern: Dadurch könnte der Eindruck entstehen, Tuareg würden ihre Kinder vernachlässigen. Im Übrigen ist der Verdacht verbreitet, Touristen würden mit ihren „schönen Tuareg-Fotos" Geschäfte machen, ohne die Abgebildeten in irgendeiner Weise am Gewinn zu beteiligen ...

Grundsätzlich kann die Kamera als ein hervorragendes **Mittel zur nonverbalen Kontaktvertiefung** und der freundlichen Verständigung eingesetzt werden. So können digitale Portraitaufnahmen dem „Modell" unverzüglich gezeigt werden, was stets große Freude bereitet. Kinder lieben es, durch das Zoomobjektiv blicken zu dürfen. Das setzt jedoch voraus, dass bereits ein gewisses Vertrauen zwischen Tourist und Einheimischen hergestellt wurde.

Leider wird die Kamera häufig in recht aggressiver Weise eingesetzt, beispielsweise indem das fotografische Interesse einer ganzen Reisegruppe in einem unkontrollierten **„Feuergefecht"** eskaliert. Dann dient die Kamera nicht mehr der Kommunikation, sondern behindert sie eher. In solchen Situationen ziehen sich Tuareg hinter ihren *tagelmust* zurück. Darum empfiehlt es sich, bei der Ankunft in einem Hirtenlager oder Dorf erst einmal die Kamera beiseite zu lassen und Kontakte aufzubauen, bis die Kommunikation fließt. Danach wird das Fotografieren eher als Anerkennung, denn als Überfall empfunden.

**Bei Festlichkeiten** sind Fremde als Gäste sehr willkommen. Die Menschen sind stolz auf ihre Kultur und die Reit- und Tanzkünste ihrer Angehörigen. Darum sehen es die Tuareg auch als normal an, wenn auf ihren Festen fotografiert wird. Diese (fotografische) Form der „Anerkennung" sollte jedoch nicht überstrapaziert werden, sodass die eigentlichen Akteure des Festes in der Menge der geschäftigen Fotografen untergehen.

Eine gewisse Vorsicht ist beim *bianou* in Agadez geboten. Bei diesem karnevalsartigen Fest kann es recht wild zugehen, weshalb man als Fotograf stets einen gewissen **Sicherheitsabstand** von der ausgelassenen Menge halten sollte. Sonst könnte schon mal die Kamera zu Bruch gehen.

## Besuch von Moscheen

Die berühmtesten Moscheen der Tuareg stehen in Timbuktu (Djinger-Ber und Sankoré) und in Agadez (Amiskini). Sie wurden im Mittelalter auf Geheiß von Lokalheiligen errichtet und sind heute die religiösen Zentren und Mittelpunkte der großen Feiern in diesen Städten. Die Einwohner sind sehr **stolz auf ihre Sakralbauten.** Europäern, ob Männern oder Frauen, ist der Besuch der Moscheen nicht nur erlaubt, er wird in gewisser Weise sogar erwartet. Denn zum einen wird ständig Geld für die Reparatur der Lehmbauwerke benötigt, weshalb für die Besichtigung manchmal ein Anerkennungsentgelt von 1–2 Euro pro Person erwünscht ist, – zum anderen fühlen sich manche Hausmeister oder Wächter der Moscheen vom Interesse der Europäer auch geschmeichelt.

Für einen Besuch der Amiskini-Moschee in Agadez muss eine offizielle Genehmigung des Sultans eingeholt und ein Obolus an den Moscheewächter entrichtet werden. Die Sankoré-Moschee in Timbuktu beherbergt zugleich die alte Universitätsbibliothek. Die **Minarette** der Djinger-Ber-Moschee (Timbuktu) und der Amiskini-Moschee können bestiegen werden. In Agadez führt eine Wendeltreppe auf die enge Plattform der Minarettspitze, wo kaum zwei Personen gleichzeitig Platz finden. *Ludwig Zöhrer* beschrieb in den 1950er-Jahren das Erklimmen der „beängstigend

Der fotografische Frontalangriff schüchtert eine Nomadenfamilie ein

steilen, engen und finsteren Treppen im Inneren des Minaretts" als ein Abenteuer, doch von oben bietet sich ein fantastischer Ausblick auf „das Wabenwerk der Lehmhäuser mit den Flachdächern (und) das Durcheinander der Gassen (...)".

Für den Besuch der Moscheen gilt dieselbe Regel wie für den Aufenthalt im Einzugsbereich von Siedlungen: Es sollte lange, den ganzen Körper **verhüllende Kleidung** getragen werden. Vor dem Betreten der Gebetsräume sind aus Hygienegründen die Schuhe auszuziehen. Besonders wenn Menschen im Gebet sind, sollte man sich ruhig verhalten, mit der Kamera höchste Zurückhaltung üben und den Anweisungen der Wächter Folge leisten.

Die in Nomadengebieten typischen „Moscheen" sind gesäuberte, von Steinen umrahmte Plätze sowie einfache Bethäuser aus Holz und Steinen. (Siehe auch das Kapitel „Der ‚typische' Islam bei den Tuareg".) Sie befinden sich oft an „heiligen Orten" und sollten nicht betreten werden, fotografieren dürfte jedoch kein Problem sein.

## Reisen während des Ramadan

Die Bedeutung des Ramadan wurde bereits in den Kapiteln über den Islam bei den Tuareg beschrieben. Wie aber wirkt sich dieser Fastenmonat auf das Reisen in Tuareg-Gebieten aus? In den Ortschaften ist das öffentliche Leben tagsüber stark reduziert. Alles verläuft in einem langsameren Rhythmus, man trifft sich in der Moschee zum gemeinsamen Gebet und wartet auf den Sonnenuntergang, um endlich ausgiebig essen, trinken und feiern zu können. Restaurants, Bars und sonstige Gaststätten verlängern ihre **Öffnungszeiten bis in die Nacht** hinein. Gegessen werden als Vorspeise Datteln mit Milch, um den Magen zu beruhigen (die im Orient verbreitete Ansicht, wonach der Prophet *Mohammed* damit das Fasten beendet habe, ist den meist koranunkundigen Nomaden unbekannt), und danach möglichst viel Hirsebrei. Bei den *kel ahaggar* wird eine traditionelle Gemüsesuppe serviert. Die Nomaden essen auch unabhängig vom Ramadan tagsüber selten etwas und nachts gibt es – wie sonst auch – nur Hirsebrei.

Fällt die **Reisezeit in den Ramadan,** so kommt man in den Ortschaften tagsüber nur schwer zu Nahrung, weil die wenigen Geschäfte und die seltenen Restaurants zumeist geschlossen haben. Darum sollte man sich entsprechend bevorraten. Brunnen sind hingegen jederzeit zugänglich und auch Trinkwasser wird einem niemals versagt werden, denn Reisende sind ja vom Fastengebot ausgenommen. Allerdings sollte man nicht unbedingt vor den Augen der Fastenden essen oder rauchen. Auf einer Pauschalreise wird man hingegen bestens versorgt. Auch die Crewmitglieder handhaben das Fastengebot zumeist sehr leger, sind sie doch „auf Reisen". Bemerkbar macht sich der Ramadan manchmal gegen Ende der Tour, wenn die Tuareg-Crew bei Nomaden einen Hammel kauft, schlachtet und ausnimmt, um sich nachts, sobald die Reisegruppe versorgt ist, gemeinsam richtig „voll" zu essen. Dann sollte man am nächsten Morgen Nachsicht mit den Männern üben.

## Konversation mit Feingefühl

Das direkte Gespräch erlaubt den intensivsten und interessantesten **Gedankenaustausch** mit Tuareg. Spricht man etwas Französisch, so stehen einem in Städten und bei jüngeren, etwas gebildeten Tuareg alle Türen offen. Im Nomadenlager ist man auf einen Tamaschek-Übersetzer angewiesen, der als eine Art „menschlicher Filter" vor Tabuverstößen bewahrt. Nun gilt man als Europäer ohnedies als *ikufar,* als Ungläubiger, der die Regeln des Islam nicht kennt. (Siehe dazu auch das Kap. „Der Blick auf das Fremde".) Um diese Meinung unnötig zu bestätigen, sollte man all jene Themen meiden, die die **Intimsphäre** betreffen: Sexualität, persönliche Hygiene und jegliche Konflikte. Über derartige Belange wird auch zwischen traditionellen Tuareg kaum gesprochen. Offener sind jüngere, urbane Tuareg und Reiseführer während einer Rundreise. Dennoch rate ich stets zu Fingerspitzengefühl und Behutsamkeit, um dem Gesprächspartner stets die Chance zu lassen, heiklen Themen ohne Gesichtsverlust auszuweichen.

Vor einigen Jahren zeichnete sich eine Dame in meiner Reisegruppe durch besonders intensive Kontaktaufnahme zu den Einheimischen aus. Während der Trekkingtour hielt sie sich oft in der Nähe unseres Führers *Kalala* auf, einem alten Karawanier. Eines Abends berichtete sie der Gruppe, *Kalala* habe ihr die unter Tuareg üblichen Methoden des Geschlechtsverkehrs und der Notdurftverrichtung erläutert. Ich war verblüfft, denn gerade diese Themen galten unter älteren Tuareg als **absolut tabu.** Als ich bei *Kalala* nachfragte, wie er, der nur Tamaschek spreche, sich mit jener Dame verständige, bedauerte er, dass er wegen zu großer Sprachschwierigkeiten gar nicht mit ihr gesprochen hätte. Als ich ihm schilderte, in welche Geheimnisse er die Dame eingeweiht haben soll, amüsierte er sich königlich. Dank seiner reichen Erfahrung im Umgang mit Touristen nahm er diese Episode mit Humor. Offensichtlich musste wohl die Touristin in ihrer großen Freude an der versuchten Kommunikation nonverbale Signale völlig missverstanden haben. Denn eher würde ein traditioneller Tuareg sich die Zunge abbeißen, als mit einer europäischen Frau über Sex zu plaudern …

Ein sehr offen diskutiertes Thema ist **der Islam.** Dabei wird von Europäern häufig angenommen, sie seien Atheisten. Dass man sich als Christ ausgibt, beeindruckt die Tuareg nicht sonderlich. Im Gespräch rate ich dennoch zur Zurückhaltung, denn nur wenige Tuareg verfügen über fundierte Islamkenntnisse. Im Zweifel empfiehlt es sich, eher zuzuhören, als eigene Meinungen kundzutun.

Problematisch sind die Bereiche **Politik und Identität** besonders bei jüngeren Menschen, die einem starken sozialen Wandel ausgesetzt sind. So findet die Rebellion der *ischomar* unter jüngeren, städtischen Tuareg großen Anklang. Viele von ihnen haben die Kämpfe unterstützt und sind darum diesem Thema emotional stark verhaftet. Im Zweifel sollte man den begeisterten Schilderungen kommentarlos, bestenfalls Verständnis signalisierend, lauschen, denn letztlich hat man als Außenstehender keinen wirklichen Einblick in das Erlebte eines Betroffenen. Auch ist die Rebellion durch die jüngsten Ereignisse in Mali und im Niger wieder aktuell, weshalb auch die Gefahr besteht, im scheinbar einvernehmlichen Gespräch an den „Falschen", etwa einen Vertreter der Behörden oder des Militärs, zu geraten. Eine offene Befürwortung der Rebellion könnte dann zu unangenehmen Schwierigkeiten führen.

## Männerwelten – Frauenwelten

Wie in den meisten traditionellen Gesellschaften herrscht bei den Tuareg weitgehende Geschlechtertrennung, die etwa in Moscheen oder bei Festen auch konsequent umgesetzt wird. Gegenüber Europäern wird jedoch so viel toleriert, wie es in anderen muslimischen Gesellschaften kaum vorstellbar wäre. Davon profitieren besonders **westliche Frauen,** die Zutritt sowohl zu den Frauen- als auch den Männerwelten haben. Die Forscherin *Ines Kohl* beschreibt in ihrem Buch „Tuareg in Libyen" den Prozess der Eingliederung in „ihre Familie" in Ghat. Während sie sich zu Beginn weitgehend frei in allen gesellschaftlichen Schichten bewegen konnte, wurde mit fortschreitender Zeit auch von ihr die Berücksichtigung der sozialen Normen und Beschränkungen erwartet, eben weil sie dann als eine *kel ghat* betrachtet wurde. Dennoch konnte sie sich als westliche Frau auch jetzt noch viel zwangloser im öffentlichen, den Männern vorbehaltenen Raum bewegen als die Tuareg-Frauen.

**Europäische Männer** sind im Vergleich zu westlichen Frauen etwas benachteiligt. Auch ich traf in Timia nur schwerlich Frauen ohne adäquate männliche Begleitung. Entweder waren dies ältere Hirtinnen, die mich nach einiger Zeit als eine Art Verwandten betrachteten , oder es waren Schmiedefrauen, die außerhalb des Asshak-Kodex praktisch „alles" dürfen.

Als Mann (ob Tuareg oder Europäer) eine Tuareg-Frau anzusprechen und umgekehrt ist – im Gegensatz zu anderen muslimischen Gesellschaften – keinesfalls verpönt. **Tuareg-Frauen** sind sehr selbstständig und treten recht selbstbewusst auf. Sie flirten auch gern und heftig. Davon berichtete *Heinrich Barth,* der in Agadez von sechs Mädchen in übermütiger Weise bedrängt wurde. Vergleichbares widerfuhr auch mir, als mich in Timia ein junges Mädchen besuchte, während ich ein Interview führte. In Parfum gehüllt und lächelnd umtänzelte sie mich, während sie ein hübsches Tuch schwenkte und mir zulächelte. Um meine Irritation zu verbergen, konzentrierte ich mich auf meinen Interviewgast. Möglicherweise habe ich die junge Dame damals gekränkt, aber auch ein *ikufar* (Fremder, Europäer) hat Anspruch auf den Respekt seiner Intimsphäre.

Versucht man – wenn auch in guter Absicht – **die Grenzen zwischen Männer- und Frauenwelten** aufzulösen, so kann dies zu peinlichen Situationen führen. Meine Frau und ich hatten im Bergdorf Timia aus Anlass unseres Weihnachtsfestes ein Festessen vorbereitet und die traditionell geprägte Tuareg-Familie eingeladen, in deren Lehmhütte wir zur Miete wohnten. Dazu versammelten sich Männer, Frauen und Kinder gemeinsam in einem Raum. Doch trotz der von uns servierten Leckereien wollte bei unseren Gästen keine rechte Stimmung aufkommen. In dieser Konstellation zu essen, widersprach ganz einfach ihrem Schamgefühl. Aber unsere Gäste übten Nachsicht. Wir waren eben doch nur *ikufar* ...

# Gastfreundschaft

„Dein Nachbar ist dein guter Engel", sagt ein Tuareg-Sprichwort, denn in der Wüste überlebt man auf Dauer nur mit gegenseitiger Hilfe. Bei den Nomaden ist der Begriff des Nachbarn sehr weitläufig und dem des Gastes ähnlich. Im Islam, der sich aus dem Nomadismus entwickelt hat, gilt darum das **Gastrecht als „heilige Pflicht".** Der Legende nach soll *Abraham* drei Engel Allahs bewirtet haben. Wer einen Gast nicht aufnimmt, droht Allah zu erzürnen und seinen Platz im Paradies zu verspielen.

**Gegenseitige Hilfsbereitschaft** und Gastfreundschaft erzeugen sozialen Zusammenhalt. Das Gastrecht ist eine Art Sozialversicherung auf Gegenseitigkeit: Nur wer bereit ist, seinerseits Fremden Hilfe zu gewähren, kann auch selbst im Fall der Fälle mit Unterstützung rechnen. Darüber hinaus kann in der Wüste das verwehrte Gastrecht, etwa der Zugang zu einem Brunnen, den Tod des Fremden verursachen.

Andererseits können sich Fremde auch als Räuber entpuppen und das Überleben des Gastgebers bedrohen. *Heinrich Barth* wurde beispielsweise während seiner Reise ins Aïr von Tuareg besucht, die sich erst großzügig bewirten ließen und dann die Europäer auszurauben versuchten. Darum muss der Gastgeber stets abwägen, ob ein unerwarteter **Gast eine Gefahr** darstellt oder ob er ihm einen „Mehrwert" verschaffen wird. Dieser Profit kann in Form von Gastgeschenken oder Handelsgewinnen erfolgen, aber auch ideell als Unterhaltung und Information, Integration und Prestige. Am wichtigsten ist jedoch der mittelbare und längerfristige „Mehrwert" in Form zukünftiger Gegeneinladungen oder dauerhafter Handels- oder Tourismusbeziehungen. Insofern ist die absolute Gastfreundschaft der Orientalen nur **ein Mythos** der romantisierenden „Sehnsuchtsliteratur": Unsere Sehnsucht nach einem friedvollen Paradies, in dem wir überall willkommen sind und geliebt werden, spiegelt sich hier wider.

## Herzlich willkommen

Tuareg lieben Besucher, denn diese sorgen für willkommene Abwechslung in einem monotonen Alltag. **Besucher bringen Neuigkeiten** und gestalten die abendliche Unterhaltung interessanter, selbst wenn es schwer zu verstehende Westler sind. In den Augen der Tuareg kommen wir aus einer fernen, sehr reichen und fortschrittlichen Welt und haben sicher viel zu erzählen. Einen Europäer zu beherbergen, ist auch mit Ansehen verbunden. Wird man etwa auf eine Hochzeit in einer fremden Tuareg-Familie eingeladen, sollte man dieses Angebot möglichst annehmen, denn die Gastgeber erwerben mit dem exotischen Gast Prestige.

Bei traditionell geprägten Tuareg verbirgt sich nutzenorientiertes Denken noch stark hinter allgemeinen **Verhaltensregeln.** Ähnlich wie ein „guter Christ" Hilfsbereitschaft offiziell aus „Mitgefühl" zu leisten hat, um nicht als berechnend zu gelten, so gewähren auch Nomaden das Gastrecht vordergründig aufgrund ihres Ehrenkodex und erst in zweiter Linie aufgrund der religiösen Regel im Islam. Würde das Gastrecht in Konflikt mit anderen Werten geraten, so greifen hierfür feste Regeln. Wurde etwa der besuchte Nomade gerade beim Essen überrascht, dann wird er den Schleier hochziehen und dem Gast den Rücken zukehren, als hätte er ihn nicht gesehen – oder er wird das Essen fort schieben. Denn es widerspricht dem Wertekodex der Scham, *tekarakit,* beim Essen von anderen beobachtet zu werden.

Ein Tourist nimmt am Tanz der imajeghen teil –
er stiftet dabei Freude und erhält Anerkennung

## Teerunden

Mit der Einladung zum Tee kann einem Gast eine große Ehre oder auch nur eine routinierte Höflichkeit zuteil werden. Der *ashahi* mit den obligaten drei Runden süßen grünen Tees ist das wichtigste **Zeichen der Gastfreundschaft** unter den Tuareg. Er dient als Vorwand, um den Reisenden zum Verweilen und zum angeregten Gespräch zu verpflichten. Es gilt als äußerst unhöflich, eine von Privatleuten ausgesprochene Einladung zum Tee abzuschlagen, wie auch vor dem dritten Glas aufzubrechen. Wird hingegen der ashahi in einem Geschäft angeboten, das sich auf Touristen spezialisiert hat, dann wird dort auch das „klassische Touristen-Gesetz" respektiert: die ewige Eile! Die Annahme einer Tee-Einladung verpflichtet übrigens keineswegs zu einem Kauf.

Auf Rundreisen, wo der *ashahi* in der Regel nach jedem Mittag- und Abendessen gereicht wird, ist es kein Problem, wenn jemand nur gelegentlich ein einzelnes Glas starken Tees genießt. Andererseits kann man durch das regelmäßige gemeinsame Ashahi-Ritual der Tuareg-Mannschaft ganz unkompliziert näher kommen.

## Einladung in ein Zelt oder Haus der Tuareg

Das Zelt stellt das Zentrum des Tuareg-Universums dar, den innersten und intimsten Bereich einer Nomadenfamilie, der für Fremde in der Regel tabu ist. Allerdings gibt es bei den Tuareg unterschiedliche Kategorien von Fremden – entsprechend des Vertrautheitsgrades –, für die jeweils unterschiedliche Verhaltensregeln gelten.

### Der Fremde

Ein **amagar** ist ein völlig Fremder, zu dem niemand eine Beziehung hat und über den man nichts weiß. Ein *amagar* wird normalerweise nicht ins eigene Haus oder Zelt eingelassen, außer wenn es sich um besondere, der Öffentlichkeit zugängliche Häuser handelt.

So gibt es beispielsweise in Agadez das **„Haus des Bäckers",** das über eine ungewöhnliche, wunderschön dekorierte Innenarchitektur verfügt. Dieses Gebäude wurde zu Beginn des 20. Jahrhunderts von einem senegalesischen Bäcker errichtet, daher der Name. Internationale Bekanntheit erlangte es im Jahr 1990 durch zahlreiche Filmaufnahmen mit *Debra Winger* für „Himmel über der Wüste" („Sheltering Sky") von *Bernardo Bertolucci*. Der öffentlich zugängliche Abschnitt ist durch den Innenhof eines Privathauses erreichbar. Hier sitzen die jungen Frauen des Hauses herum, schäkern miteinander und amüsieren sich über die Touristen. Der zu entrichtende Eintrittspreis ist recht hoch, dazu kommen noch die Kosten für die „Fotolizenz". Im privaten Innenhof ist das Fotografieren untersagt, es sei denn, die Damen fordern dazu auf. Man ist eben *amagar* und hat somit keinerlei Rechte und Ansprüche, außer zu zahlen, sich möglichst unauffällig und freundlich zu verhalten und wieder zu gehen.

### Der entfernte Bekannte

Grundsätzlich jeder Weiße, den man nicht persönlich kennt, wird **akafar** (wörtlich: der Ungläubige) genannt. Auch ein Tourist, der sich mit einem Tuareg oberflächlich angefreundet hat, gilt als *akafar*. Diese oberflächlich bekannten Menschen werden von Angehörigen der Schmiedezunft dennoch in ihre Häuser eingeladen, da sie als außerhalb des Asshak-Kodex Stehende mehr Intimität preisgeben dürfen. Es empfiehlt sich, kleine Gastgeschenke wie Zucker und Tee mitzubringen, außerdem gehen Schmiede davon aus, dem Gast irgendwann ihre Produkte zeigen und verkaufen zu können.

Für einen solchen Besuch sollte man **angemessene Kleidung** tragen, auch wenn Schmiede recht „hart im Nehmen" sind. Die Schuhe sind vor der Türschwelle auszuziehen. Im Haus grüßt man alle Personen, die einem begegnen, mit ein paar freundlichen Worten: Meist werden die Ehefrau und die Kinder präsentiert. Hier kann man ruhig das eine oder andere höfliche Kompliment über Kinder und Ehefrau anmerken. Wenn der Besucher Fotos von der Familie machen möchte, sollte er sie möglichst dem Gastgeber später zukommen lassen. Sehr bald werden Essen oder zumindest die drei Runden Tee serviert.

Vorausgesetzt man spricht eine gemeinsame Sprache (etwa Französisch) oder man hat einen Dolmetscher dabei, werden vom Besucher Beiträge zur Unterhaltung erwartet. Besonders interessieren Berichte über die eigene Lebenswelt: den Familienstand, Details über Kinder oder – wenn man selbst keine hat – die Kinder der Verwandten, den Beruf, das Klima und sonstige alltägliche Belange aus Europa, die den Tuareg jedoch außergewöhnlich erscheinen. Dazu empfiehlt es sich, eine Sammlung von Fotos der Familie und des eigenen Lebensraumes mitzuführen. Dies wird auf neugieriges und dankbares Echo stoßen. Erst nach dem dritten Glas Tee geziemt es sich üblicherweise, den Besuch zu beenden. Präsentieren Schmiedefamilien ihre Produkte, dann sollte man wenigstens ein Erzeugnis der Männer (z. B. ein Silberkreuz) und eines der Frauen (z. B. einen Schlüsselanhänger) für wenige Euro kaufen, um das eigene Gesicht zu wahren und sich für den Tee zu revanchieren.

Zu den Zelten der **imajeghen** gelangt man als *akafar* üblicherweise nur in Begleitung von Vertrauenspersonen. Dies kann beispielsweise der Führer der eigenen Reisegruppe sein, der mit dem Gastgeber verwandt oder befreundet ist. Doch auch dann muss ein Respektsabstand von zehn bis zwanzig Metern eingehalten werden. Hier bedarf es sehr viel mehr Zurückhaltung und Fingerspitzengefühl, ansonsten gilt das Gleiche wie für den Besuch einer Schmiedefamilie – nur dass sich bei den Hirten als Revanche für die Gastfreundschaft der Kauf eines Stückes Käse oder (im Fall einer Reisegruppe) einer Ziege anbietet, um die Fleischvorräte wieder aufzufrischen.

### Der Freund

Als **amiji** (Freund) wird man betrachtet, sobald man mit dem Gastgeber näher bekannt oder mit Personen aus dessen engem Freundes- und Verwandtenkreis befreundet ist. Ein *amiji* ist ein stets willkommener, gern gesehener Gast, dem man vertrauen kann, der zwar noch nicht zum engen Kreis der Familie gehört, aber schon größere Verhaltensfreiheiten genießt. Ein *amiji* kommt – wie überall auf der Welt – natürlich niemals mit leeren Händen (siehe unten). In festen Häusern wird man üblicherweise in den privaten Wohnraum geführt. Bei Nomaden befindet sich das „Wohnzimmer" draußen vor dem Eingang des Zeltes. Nur bei den *kel ifoghas,* wo es die großen Empfangslederzelte gibt, kann man das Glück haben, bereits als *amiji* ein solches Zelt von innen zu sehen.

Für besondere Gäste wird ein **Festessen** bereitet. Die Nomaden, die selten Besucher haben, schlachten dazu eine Ziege. Der wichtigste Teil eines solchen „Festes" ist, neben dem Zubereiten und Verspeisen der Ziege, das Gespräch vor und nach dem Essen. Mit einem *amiji* spricht man relativ offen und vertraulich über private Belange, etwa über die Kinder, aber auch über Politik, beispielsweise über die jüngsten Attacken der Rebellen und die möglichen Hintermänner. Dabei empfiehlt es sich, stets den *tagelmust* des Gastgebers im Auge zu behalten: Bleibt der Mund unverschleiert, dann fühlt er sich wohl, alles läuft bestens und man verhält sich „ok". Zieht er jedoch den Schleier hoch, dann fühlt er sich offensichtlich durch den Gesprächsverlauf oder durch ein bestimmtes Verhalten in die Defensive gedrängt. Dann sollte man mit etwas mehr Zurückhaltung reagieren und auf harmlosere Themen ausweichen.

### Der „Verwandte"

Zum **abobaz** (Vetter bzw. Verwandter) wird man, sobald man vierzig Tage bei einer Familie gewohnt hat. Ab diesem Zeitpunkt gehört man „dazu". Man gilt als integriert in den Alltag der Familie und weiß, was sich gehört und worauf es ankommt. Damit wird jedoch auch erwartet, dass man sich bis zu einem gewissen Grad dem herrschenden Verhaltenskodex der Familie unterwirft. Wem diese Ehre widerfährt, der braucht meine Ratschläge nicht mehr.

## „Tisch"-sitten

Gegenüber Fremden wird bei Tisch eine recht **große Toleranz** geübt, weil man von den gänzlich anderen Umgangsformen in Europa gehört hat. In manchen wohlhabenden Familien in den Städten setzen sich mittlerweile bereits westliche Tischsitten durch.

Üblicherweise sitzt man ohne Schuhe **auf dem Boden** im Kreis. Die Speise befindet sich in einer großen Emailschüssel, die ins Zentrum des Kreises gestellt wird. Nun bekommt jeder einen Löffel, man wünscht sich *Bism'Illah* (Im Namen Allahs) und beginnt zu essen. Dabei wird ausschließlich die rechte, „reine" Hand eingesetzt. Jeder isst in „seinem" Bereich der Schüssel und kommt so dem Nachbarn nicht in die Quere. Während des Essens wird üblicherweise nur wenig gesprochen. Als Gast wird man jedoch häufig animiert mehr und schneller zuzugreifen. Zudem werden dem Besucher gelegentlich besondere Leckerbissen mit dem Löffel zugeschoben, die man auch annehmen sollte. Gäste können so viel essen, wie sie wollen, doch empfiehlt es sich, zusammen mit den anderen aufzuhören. Dazu stecken die Tuareg ihren Löffel außerhalb der Schale verkehrt in den Sand oder lehnen ihn gegen die Schüssel und sprechen die Formel *Alhamdul'Illa* (Dank sei Allah). Nach dem Essen kommt die Zeit der Muße: Nun wird *ashahi* getrunken und geplaudert.

Als besondere **Unsitte** „bei Tisch" gelten unkontrollierte Darmwinde, wogegen das Aufstoßen nur bei manchen Tuareg-Gruppen als unhöflich empfunden wird. Im Zweifel sollte man sich zurückhalten.

## Geschenke machen

Reist man zu den Tuareg, so wird man zwei sehr typische, einprägsame Erfahrungen machen. Einerseits wird man mit einem Lebensstil konfrontiert, den wir als extreme Armut wahrnehmen – was emotional bereits sehr belastend sein kann. In dieser Situation macht man häufig eine weitere irritierende Erfahrung, nämlich die Konfrontation mit Einheimischen, die der festen Meinung sind, wir Europäer seien alle reich und verpflichtet, sie **an unserem Wohlstand teilhaben** zu lassen. Beunruhigend wirkt das Ganze, wenn diese Ansicht auf aggressive Weise verdeutlicht wird: So wird man im Sahel oft von Kindern umringt, die lauthals *cadeaux* (Geschenke) fordern. Doch auch Erwachsene können grußlos auf einen Europäer zustreben und beispielsweise Aspirin verlangen.

Auf solche alltäglichen Erfahrungen sollte man sich mental einstellen, um dann unterscheiden zu können, ob man lediglich als „reicher europäischer Geldsack" missbraucht wird oder ob der Anstand oder die Freundschaft ein Geschenk erfordern.

### Betteln um Geschenke – eine Würdelosigkeit?

Wer den Anblick des hier sichtbaren gewaltigen Wohlstandsunterschieds nicht verkraften kann, reagiert darauf entweder mit Verdrängung oder mit einer Überkompensation von Schuldgefühlen. Im ersten Fall wird kaltherzig auch dort gegeizt, wo eine kleine Aufmerksamkeit angemessen wäre, im zweiten Fall werden wahllos Geschenke an „arme Einheimische" verteilt. (Siehe auch das Kap. „Unterwegs in der Wüste".)

Den *imajeghen* untersagt ihr traditioneller Ehrenkodex das Betteln, um sich selbst nicht bloßzustellen. Diese Haltung ist auch heute noch oft zu finden, doch gibt es immer mehr Tuareg, die so **hartnäckig betteln,** als habe *asshak* für sie keine Bedeutung mehr. Dabei werden nicht nur Touristen um Gaben angegangen, sondern auch eigene Familienmitglieder, die ein Unternehmen betreiben und darum als wohlhabend betrachtet werden. Da wird um die Begleichung einer Arztrechnung, um das Schul-

geld für ein Kind oder um die Bezahlung des Hammels für das Mouloud-Fest gebeten. Das kann Tuareg-Unternehmer vor die schwierige Entscheidung stellen, entweder alle Wünsche zu befriedigen und sich dabei selbst zu ruinieren – oder aber die Gesuche auszuschlagen und dann als „Geizhals" das Gesicht zu verlieren oder gar aus Rache überfallen zu werden. Manche Tuareg versuchen, durch möglichst lange berufliche Reisen den Bittstellern zu entgehen.

Die gewachsene Bereitschaft der Tuareg, um Gaben zu bitten, hängt sowohl mit ihrer zunehmenden Verarmung als auch mit der verstärkten **Präsenz von Entwicklungsprojekten** zusammen. Viele Menschen sind inzwischen der Überzeugung, Probleme seien nur durch Hilfsprojekte lösbar. *„Il faut un projet"* (Wir brauchen ein Projekt!) ist heute unter den Tuareg ein geflügeltes Wort. Leider fördern viele gut gemeinte – aber undurchdachte – „Hilfsprojekte" von privaten Organisationen eher die Abhängigkeit der Menschen. (Siehe hierzu auch das Kapitel „Wirtschaft im Wandel".)

Nur wenige Tuareg sehen in der Bettelei ein großes Problem. Viele stoßen sich zwar an aufdringlichen Kindern, für die aber seien deren Eltern verantwortlich. Oftmals wird sogar befürwortet, wenn Kinder durch Geschenke **vom Tourismus profitieren,** solange die Gaben nicht zum Verstoß gegen religiöse Regeln verleiten, wie beispielsweise Konserven mit Schweinefleisch oder alkoholische Getränke.

Die Bettelei ist somit eher ein Problem für:

- überforderte Touristen, die den Anblick der Armut nicht ertragen und sich der Bettelei nicht erwehren können,
- für Touristiker, die sich um ihre irritierten Kunden sorgen,
- für westliche Verfechter des Mythos vom „edlen Tuareg", die nicht von ihrem Idealbild ablassen können
- sowie für westlich geprägte Tuareg, die sich in ihrer „Luxuswelt" nach der „guten alten Zeit" sehnen.

Die um Geschenke bittenden Menschen selbst, ob Kinder oder Erwachsene, streben lediglich danach, ein wenig von unserer Konsumwelt zu profitieren. Das entbindet uns nicht von der Verantwortung, mit der Problematik differenziert umzugehen.

### Drohende Abhängigkeit

Die wahllose Verteilung von Geschenken kann schwere soziale Schädigungen in **Form von Abhängigkeit** bei den Tuareg bewirken. Menschen, die ihre Existenz auf den unsicheren Segen von touristischen Gaben aufbauen, laufen Gefahr, beim Ausbleiben des Touristenstroms komplett zu verarmen. Diese Gefahr droht vor allem jungen Menschen, die leichter der Illusion vom schnellen Reichtum durch Kontakte mit Touristen erliegen. Sie werden *chasses-touristes,* verzichten auf eine Berufsausbildung und damit auch auf dauerhafte Beschäftigungschancen.

Der „Lockruf des Touristengoldes" hat einen Haken: Immer mehr Menschen buhlen immer intensiver um Touristen, die ihrerseits wiederum darauf reagieren, indem sie dem Druck auszuweichen versuchen – mit der Folge, dass diese Einnahmequelle möglicherweise gänzlich versiegen wird. So pflegen bereits viele Reiseagenturen vom Flughafen Agadez direkt in die Wüste zu fahren, um ihren Gästen den Ansturm der *chasses-touristes* in der Stadt zu „ersparen". Auch die Oase Fachi wurde einige Zeit von Agenturen „boykottiert", weil zu viele Kinder die Reisegruppen anbettelten. Erst nachdem der Sultan von Fachi unter Einbindung der Eltern und der Schulen eine spürbare Veränderung bewirkt hatte, fuhren die Agenturen die Oase wieder regelmäßig an.

Darum rate ich grundsätzlich zu **Zurückhaltung bei Geschenken** an fremde Menschen, die entweder offensichtlich nicht bedürftig sind, kei-

Eine Touristin schenkt einem Nomadenkind Bonbons

nerlei Gegenleistung erbracht haben oder zu denen man in keinem persönlichen Verhältnis steht.

Im Lebensumfeld von Nomaden empfiehlt es sich, nicht mehr benötigte **Kleidung** zurückzulassen. Das können sogar zerschlissene Hemden sein, die dann für Seile etc. wiederverwertet werden können. Solche Textilien hängt man am besten sichtbar über einen Strauch und ein neuer geeigneter Besitzer wird sich mit Sicherheit bald finden.

### Persönliche Geschenke

Unterwegs zu Tuareg sollte man stets einen großen Vorrat an Geschenken mit sich führen. Immer wieder gibt es passende Anlässe, wie Einladungen oder die Anerkennung der Leistung heimischer Führer. Tuareg machen selbst gern Geschenke wie Ringe oder andere Kleinigkeiten. Solche **Aufmerksamkeiten** zurückzuweisen, wäre eine schwere Beleidigung. Tuareg sind zwar arm, aber sehr stolz. Andererseits sollte man sich gegenüber einem Gastgeber mit Komplimenten über besonders schöne Stücke aus seinem Hab und Gut in Zurückhaltung üben. Der Gastgeber könnte sich sonst bemüßigt fühlen, diesen Gegenstand dem Gast sofort zu schenken. Ist eine solche Situation eingetreten, dann sollte man sich zumindest entsprechend revanchieren.

**Als Geschenke geeignet** sind Gegenstände, die für die Tuareg von hohem funktionellem Nutzen und die von einer gewissen Schönheit sind. Bei den Männern beliebt sind Taschenlampen, insbesondere Stirnlampen, Batterien, Sonnenbrillen, Parfum (auch kleine Gratisproben), Ledergurte, T-Shirts, Schlafsäcke, Taschenmesser, Werkzeug und andere Gebrauchsgegenstände. Frauen lieben schwere Parfumdüfte, parfümierte Seifen, Duftkerzen, farbigen Haarschmuck, Toilettenartikel, Haushaltsgeräte, weite Blusen und Kopftücher. Für Kinder eignen sich ebenfalls Kleidungsstücke, kleine Taschenlampen, Spielzeugautos, Kinderbücher, Hefte und Farbstifte und für Mädchen Schmuck aus Glasperlen.

**Sinnvolle Mitbringsel,** mit denen man immer richtig liegt, sind regionaltypische Nahrungs- und Genussmittel wie Reis, Nudeln, Zucker oder Tee. Viel Freude stiftet man, indem man der besuchten Familie ein Schaf oder eine Ziege abkauft und es für das gemeinsame Mahl zubereiten lässt. Solch ein Festessen ist für Nomaden selten und darum ein geschätzter Genuss.

Übergibt man Nomaden ein Geschenk, so zeigen sie normalerweise **keine Dankbarkeit.** Dies sollte kein Grund für Enttäuschung sein, denn das traditionelle Schamgefühl verbietet es den Menschen, Gefühle öffentlich zu zeigen. Üblicherweise werden verpackte Geschenke auch nicht vor anderen geöffnet. Worte und Gesten des Dankes wie *tanemert* wird man eher nur von solchen Tuareg erleben, die den Umgang mit Touristen bereits gewöhnt sind.

Für Gruppen sollten die Geschenke stets so gewählt werden, dass sich die Bedachten gerecht behandelt fühlen. Darum sollte man auf Gaben verzichten, die nicht fair aufgeteilt werden können. Im Aïr beobachtete ich ein Touristenpaar, das zwei Nomadenknaben mit nur einem T-Shirt beschenkte. Als die Knaben verlegen reagierten, weil sie nicht wussten, wie sie mit dem einen Shirt verfahren sollten, übergab der Mann als Ausgleich eine Trillerpfeife. Die Knaben zogen sich zurück und begannen, sich heftig um die Pfeife zu streiten. Hier waren offensichtlich zwei Geschenke von unterschiedlichem Gebrauchs- und Prestigewert vergeben worden, wodurch mehr Konflikt gesät als Freude gestiftet worden war.

## Zum Feilschen

Einheimische profitieren am meisten vom Tourismus durch den Verkauf ihrer Produkte an Reisegruppen, besonders in abgelegenen Regionen, wo die Menschen aus Mangel an Infrastruktur und Transportmitteln keinen Anschluss an überregionale Märkte haben. Mit dem Fremdenverkehr kommt gleichsam der Markt zu ihnen. Dieser Chance der Teilhabe am Tourismus stehen häufig drei Probleme entgegen: der Mangel an Kleingeld seitens der Reisenden, die Übervorteilung unerfahrener Nomaden durch handelstüchtige Touristen und die Gefahr neuer Abhängigkeiten.

### Kleingeldmangel

Nomaden bieten interessante Produkte wie Ziegenkäse, Antiquitäten oder Pfeilspitzen zu günstigen Preisen an – doch häufig fehlt es den Reisenden an **Münzgeld als adäquatem Zahlungsmittel.** Und die Tuareg können in der Regel auf große Geldscheine nicht herausgeben. Auch in Banken wird häufig nur Papiergeld ausgegeben, weil es günstiger und daher in größeren Mengen herzustellen ist als Münzen. Dieses Problem erkannte auch schon *Heinrich Barth* vor 150 Jahren. Als Lösung soll er im Aïr „säckeweise Münzgeld" mit sich geführt haben, das er aus Libyen mitgebracht hatte.

Verfügen aber Touristen nicht über den genauen Kleingeldbetrag, um ein Produkt geringen Werts zu kaufen, dann pflegen sie meist ganz darauf zu verzichten. Dadurch geht jedoch die wesentliche „Wohltat" des Tourismus für die Bevölkerung verloren. Innerhalb einer Reisegruppe lässt sich das am besten umgehen, indem der Reiseleiter – ähnlich wie *Heinrich Barth* – bereits in der Hauptstadt größere Mengen an Kleingeld besorgt und während der Tour diese Ausgaben der Teilnehmer vorfinanziert.

### Feilschen um jeden Preis?

Manchmal wollen Reisende weder auf den Kauf eines entdeckten Produkts verzichten noch den geforderten Preis zahlen. Bereits *Mano Dayak* riet seinen touristischen Kunden davon ab, ihre Handelskünste bei Nomaden exzessiv einzusetzen und den Preis mit aller Gewalt zu drücken. Nach seiner Ansicht verkaufen Nomaden ihre Güter erst in finanziellen Notzei-

### Kunst und Zweck des Handelns

*Der Handel ist bei den Tuareg, den einstigen „Beherrschern" des Karawanenhandels, eine uralte Tradition. Bis heute wurde der Tauschhandel lediglich durch die Geldwirtschaft ersetzt. Handelstradition bedeutet jedoch nicht, dass es einen besonderen Brauch beim Handelsgespräch gibt. Im Gegensatz zum Orient, wo der Handel eine beinah schon kunstgerechte Kommunikationsform für sich darstellt, scheinen die Tuareg recht nüchtern mit Preisverhandlungen umzugehen.*

*Bei den Tuareg gibt es **zwei Arten von Preisen.***
- *Festpreise gelten für Waren in den „Boutiquen", jenen winzigen „Supermärkten" in kleinen Siedlungen, oder in städtischen Geschäften.*
- *Alle anderen Waren haben einen Preis, der erst zwischen Händler und Kunden einvernehmlich festzulegen ist. Dies gilt besonders für die gängigen Kunsthandwerksprodukte wie Schmuck und Lederwaren.*

*Normalerweise nennt der Schmied oder „chasse-touriste" einen Preis, worauf man mit einem niedrigeren Gegenpreis antwortet - dieses Spiel geht so lange hin und her, bis man sich irgendwo in der Mitte trifft. In der Regel wird dies bei 50 bis 70 % des erstgenannten Preises liegen. Rabatte werden üblicherweise - wie bei uns auch - beim Kauf größerer Mengen gewährt. Ist einem ein Stück nur einen bestimmten Preis wert und will man das Feilschen zur Gänze umgehen, dann nennt man diesen konkreten Preis. Lehnt der Händler das Angebot ab, dann bedankt man sich und geht. Manchmal überlegt es sich dann der Händler noch anders, läuft hinterher und schlägt ein …*

*Legt man Wert auf sein Ansehen als Kunde, so sollte man **keinesfalls den erstgenannten Preis akzeptieren.** Auf diese Weise verfahren üblicherweise amerikanische Touristen, die das Handeln nicht gewohnt sind. Solch ein Vorgehen stößt bei den Tuareg auf Verachtung. Dies mag vordergründig gesehen erstaunen, erzielen die Händler doch auf diese Weise höhere Preise. Aber genau genommen beweist ihr Kunde damit einen Man-*

ten, darum sollte man **beim Feilschen Zurückhaltung üben.** Zudem liegt der verlangte Betrag zumeist sowieso schon weit unter dem städtischen Marktpreis. Ältere *imajeghen* erliegen am leichtesten solchen touristischen „Dumping-Attacken", weil ihnen ihr Schamgefühl verbietet, sich auf eine lautstarke Auseinandersetzung einzulassen. Sie sind sehr autoritätsempfindlich und weder gewohnt Befehle zu erteilen, noch Streitgespräche zu

gel an Courage: Wer sich so einfach über den Tisch ziehen lässt, verdient nach Ansicht der Tuareg keinen Respekt.

Vor allem aber verweigert der Kunde dem Händler die Chance, im gemeinsamen Gespräch den für beide Seiten „passenden" Preis zu finden. Für den Händler ist das wichtig, weil nur dann die Zufriedenheit beider Parteien gewährleistet ist und damit die **Chance auf weitere Geschäfte** bestehen bleibt. Wer jedoch den erstgenannten Preis zahlt, weil er nichts zu erwidern wagt, ist in den Augen der Tuareg als Kunde verloren.

In einen regelrechten **Verkaufsrausch** verfallen übrigens die Schmiede und Händler, wenn das Ende des Ramadan oder ein anderer großer Festtag naht. In dem Drang, in allerletzter Minute noch möglichst viel Bargeld für den Kauf des obligaten Hammels zu erlangen, fallen die Preise in geradezu grotesker Weise. Ich kann da nur raten: Zuschlagen und kaufen, denn man kann nie genug Tuareg-Schmuck haben, den man daheim im Freundeskreis zu jeder Gelegenheit als Mitbringsel verschenken kann.

Manche Händler glauben ihren Erfolg durch **Aufdringlichkeit** steigern zu können. Besonders ausdauernd sind die „chasses-touristes" in Agadez, die ihre potenziellen Opfer bis ins „Hotel de l'Aïr" verfolgen, wo sie unermüdlich ihre Schätze neben dem kühlen Bier ausbreiten. Auch wenn ich großes Verständnis für die schwierige Lage dieser Menschen habe, die kaum alternative Einnahmequellen finden, so bleibt es doch das gute Recht eines Reisenden, „Nein" zu sagen.

Hier hilft **viel Humor,** eine Prise Ironie und breites Lächeln. Höfliche Hinweise auf mangelndes Kaufinteresse sind meist erfolglos. Reagiert man hingegen auf Preisangebote wiederholt mit amüsiertem Lachen, erkennt auch der penetranteste der Händler irgendwann die Vergeblichkeit seiner Liebesmüh'.

Auf gar keinen Fall sollte man bei diesem Spiel in eine **Preisverhandlung ohne echte Kaufabsicht** einsteigen. Mag das eigene Angebot auch noch so lächerlich sein, sobald es angenommen wird, muss Wort gehalten und gezahlt werden. Alles andere wäre ein inakzeptabler Mangel an Respekt, auf den selbst ein aufdringlicher Touristenjäger Anspruch hat.

führen. Dadurch befinden sie sich gegenüber dreisten „Preiskämpfern" deutlich im Nachteil.

Im Aïr besuchte ich mit meiner Reisegruppe eine „Boutique", um Tee und Zucker als Gastgeschenke für Nomadenbesuche zu kaufen. Ich hatte auf die hier geltenden Fixpreise und das Kleingeldproblem hingewiesen. Eine Reiseteilnehmerin wollte dennoch den Preis von 650 FCFA (ein Euro) für ein Handwerksprodukt mit einem 10.000 FCFA-Schein (15 Euro) begleichen. Auf das Bedauern des Händlers, kein Wechselgeld zu haben, entgegnete die Kundin, in deutschen Supermärkten sei dies kein Problem, legte einen 500-FCFA-Schein auf den Tisch und ließ den überrumpelten Verkäufer stehen. Für die fehlenden 150 FCFA (ca. 23 Eurocent) sprang ich ein. Derartige Vorfälle werden jedoch seltener, da sich die Nomaden zunehmend an den Umgang mit Touristen gewöhnen und selbst ein gewisses Handelsgeschick entwickeln. So hat der allgemeine Wertewandel bei den Tuareg wenigstens einen Vorteil.

### Strukturelle Abhängigkeit

Jede neue Einnahmequelle führt zu gesellschaftlichen Veränderungen und ist zwangsläufig auch mit neuen Abhängigkeiten verbunden. So führt ein spürbar **wachsendes Tourismusaufkommen** in einer abgelegenen Region häufig dazu, dass sich entlang der Reiserouten immer mehr Tuareg ansiedeln, weil sie von den Urlaubern mehr zu profitieren meinen als von ihrem traditionellen Beruf. Wenn aber die Besucherzahlen plötzlich zurückgehen, etwa wegen einer Terrorismuswarnung, dann drohen diese Menschen zu verarmen, weil sich durch den Tourismus ihre gesamte Lebensweise verändert hat. Eine „Rückkehr" in eine rentable Nomadenwirtschaft ist dann äußerst schwierig. Soweit die Theorie der Tourismuskritik.

Tatsächlich schätzen die meisten Tuareg ihre Chancen durch Tourismus eher realistisch ein. Sie wissen um die damit einhergehenden Probleme, wie die starken Schwankungen des Tourismusaufkommens oder die kurze Saison. Die Landbevölkerung sieht darum im Fremdenverkehr **keine ernsthafte Alternative** zu ihrer traditionellen Beschäftigung. Schon allein aus ökologischen Gründen wäre es völlig unmöglich, die nomadische Bevölkerung einer ganzen Region am Tourismus spürbar partizipieren zu lassen. In Südalgerien wäre dafür ein jährliches Aufkommen von 80.000 Besuchern nötig. Doch schon die zeitweise erreichten Spitzenwerte von 15.000 Touristen pro Saison führten zu spürbaren Umweltbelastungen. Die ökologischen Grenzen des Tourismuswachstums sind auch den Nomaden klar, weshalb sie lieber in ihre traditionelle Wirtschaft investieren: den Gartenbau und die Viehzucht.

Jüngere Tuareg hingegen begeistern sich schon eher für ein Engagement im Tourismus. Doch auch sie nehmen den harten Job des Schmuckhandels in abgelegenen Dünenfeldern nur dann in Kauf, wenn die Verdienstchancen im eigenen Dorf eindeutig schlechter sind. Oft stehen sie vor der Wahl zwischen der Abhängigkeit vom Tourismus, der Suche nach Arbeit im Ausland oder der Arbeitslosigkeit.

## Mündigkeit der Tuareg

Diese drei „Gefahren" des Handels lassen sich auch anders betrachten: In unserer Liebe zu exotischen und traditionellen Kulturen neigen wir Europäer dazu, die Tuareg als unerfahrene und wehrlose Opfer abzustufen und glauben, sie vor touristischer Gier und modernisierenden Einflüssen schützen zu müssen. Auch ich achtete während meiner ersten Touren als Reiseleiter in übervorsichtiger Weise darauf, dass meine Kunden beim Handeln mit Nomaden nicht zu „brutal" die Preise drückten.

Diese Haltung übersieht allerdings die **Lernfähigkeit der Menschen** entlang der Touristenrouten. Die Nomaden erkennen sehr wohl die Schwächen der Touristen und wie sie persönlich davon profitieren können. Sie verkaufen Produkte wie Pfeilspitzen oder „antike" Ledergegenstände, für die es ohne den Tourismus keine Nachfrage gäbe, zu attraktiven Preisen. Auf diese Weise entwickelt sich der Kontakt in Richtung einer Kommerzialisierung der Gastfreundschaft. Den Tuareg gelingt es, ihren wachsenden Wissensvorsprung auszunutzen – wogegen die Handelskompetenz von uns Europäern wohl eher auf Selbstüberschätzung beruht.

Auch Tuareg-Frauen sind „stark" genug, selbst entscheiden zu können, ob sie ein persönliches Schmuckstück verkaufen wollen oder nicht. Dabei werden viele Nomadinnen bei ihren **Forderungen nach Gegenleistungen** zunehmend dreister. Sie verlieren allmählich ihre (Ehr-)Furcht vor uns Fremden und ihr Bild vom ökonomischen und technischen Genie aus Europa weicht dem von einem einfachen Menschen mit geringen Saharakompetenzen, aber mit naiver Bewunderung für die Tuareg.

Wer angesichts dieses Lerneffekts den Tourismus als Kulturzerstörer anprangert, macht sich einer kolonialistischen Sichtweise von Menschen schuldig, in der die Einheimischen dazu degradiert werden, eine ihnen zugeschriebene, traditionalistisch-brave Rolle zu spielen.

# ANHANG

Hirtin mit umgebundenem Baby auf dem Weg zum Brunnen

# Glossar

arab.: Arabisch
syn.: Synonym
tam.: Tamaschek

- **aghiwan** – tam.: Lager von bis zu 20 Zelten, gesellschaftliche Grundeinheit der Nomaden, Familienlinie; syn. für Zuhause, Wohnsitz
- **ahal** – tam.: geregeltes amouröses Treffen, in dessen Verlauf Tuareg-Männer mittels eines poetischen Wettstreits um Frauen werben
- **akafar** (pl.: *ikufar*) – tam.: Ungläubiger, Fremder
- **akli** (pl.: *iklan*) – tam. sing.: Sklave
- **Allah** – arab.: von *al-ilah*, „der alleinige Gott"
- **amenokal** – tam.: Führer der Trommlergruppe *(ettebel)* und der Konföderation *(teschehe)*
- **ashahi** – tam.: grüner Tee bzw. Teeritual
- **asshak** – tam.: Ehre
- **baraka** – arab.: Heil, Segen, heilsame Wirkung
- **Bilma** – Oase am Ostrand der Ténéré, Niger; wichtigster Lieferant von Viehsalz für die Salzkarawane der Tuareg.
- **chasse-touriste** – sing., frz.: „Touristenjäger", irregulärer Ortsführer und Händler
- **eghale** – tam.: „Hirtenmüsli" (im Norden *areschira* genannt), aus Hirse, Käse, Datteln und Wasser
- **ehan n ma** – tam.: Mutterzelt, soziale Kerneinheit der Nomaden
- **enad** (pl.: *enaden*) – tam.: soziale Gruppe der Tuareg-Handwerker
- **Endogamie** – Wahl des Ehepartners ausschließlich innerhalb derselben sozialen Bezugsgruppe (Stamm)
- **essuf** – tam.: Wildnis, Busch, Gebiet ohne menschliche Ansiedlung
- **ettebel** – tam.: Kriegstrommel, syn. für „Trommlergruppe", der politischen Vereinigung mehrerer Lagerverbände *(tawshit)* unter einem gewählten *amenokal;* syn. für die politische Beziehung zwischen *imajeghen* und *imghad*
- **ikufar** (sing.: *akafar*) – tam.: Ungläubige, Fremde, Europäer
- **ilugan** – tam.: Hirtenreitspiel auf Kamelen
- **imajeghen** (sing.: *amajegh*) – tam.: Angehörige eines noblen Krieger-Stammes
- **imghad** (sing.: *ameghid*) – tam.: Angehörige eines Vasallenstammes
- **imzad** – tam.: einsaitige Geige der Tuareg
- **ineslemen** – tam.: „Leute des Islam", Personen mit besonderer muslimischer Bildung, die ähnlich den *imajeghen* über eine besondere soziale,

politisch unabhängige Stellung verfügen *(marabouts)*. Als *ineslemen* können auch ganze Stämme, etwa wie die *ifoghas*, eine Gruppe der *kel ajjer*, auftreten, die sich nach außen durch ihre besondere Religiosität definieren.

- **ischomar** – nigrische und malische Tuareg-Migranten, vom französischen *chômeur* (Arbeitslose) abgeleitet, weil sie infolge der Dürren ihre traditionelle Lebensweise aufgeben mussten. Die *ischomar* waren zwar die Hauptakteure der Rebellion, dennoch ist *ischomar* kein Synonym für Tuareg-Rebell.
- **kantu** – tam.: Salz aus der Oase Bilma in Form eines Kegelstumpfes
- **kel** – tam.: Leute; dem Wort folgt meist eine Ortsbezeichnung als Hinweis, woher eine bestimmte Personengruppe stammt, zum Beispiel die *kel ahaggar*
- **kel essuf** – tam.: Leute der Wildnis, Geister
- **madugu** – tam.: Karawanenführer
- **marabout** – arab.: islamischer Heiliger bzw. dessen Grabstelle
- **mehari** – tam.: großes weißes Kamel
- **rezzu** – tam.: berittener Raubüberfall nach klaren Regeln mit dem Zweck, die Not des eigenen Stammes zu lindern, Wurzel unseres Begriffs Razzia
- **Senussi** – islamische Bruderschaft, im frühen 20. Jahrhundert treibende Kraft des antikolonialen Widerstands, angeführt von dem Tuareg *Kaosen*; stellten im unabhängigen Libyen die Königsdynastie
- **tabaski** – tam.: Opferfest bei den Tuareg, vergleichbar mit dem jüdischen Paschafest
- **tagelmust** – tam.: ursprünglich indigofarbener Gesichtsschleier der männlichen Tuareg
- **tam-tam** – tam.: Fest, Party
- **tekarakit** – tam.: Scham, Anstand, Zurückhaltung; Verhaltensweise, die Respekt und Ehre verleiht
- **tende** – tam.: Holzmörser, der mit Leder bespannt zu einer Trommel umfunktioniert wird; syn. für ein Fest mit Kameltänzen *(ilugan)*
- **ténéré** – tam.: lebensfeindliches Land, Wüste; geografischer Name für die vegetationslose, völlig ebene Region zwischen Aïr und Djado-Plateau
- **tifinagh** – tam.: Schrift der Tuareg, entwickelte sich aus dem Altlybischen
- **Wadi** – arab.: Flusstal, das nur nach Regenfällen für kurze Zeit Wasser führt

# Literaturtipps

- al-Koni, Ibrahim: **Goldstaub.** Basel 1999. Legendärer Roman des bekannten Tuareg-Autors über die leidenschaftliche Beziehung der Nomaden zu ihren Kamelen.
- Bagley, Desmond: **Atemlos.** Goldmann Verlag 2003. Spannendes Abenteuer in der Zentralsahara mit detailreichen Schilderungen des modernen Tuareg-Alltags.
- Ball, David: **Ikufar. Sohn der Wüste.** Dtv 2001. Gut geschriebener Roman über den Sohn einer *kel ahaggar* und eines französischen Grafen, der das Massaker an der Flatters-Mission miterlebt.
- Barth, Heinrich: **Die Große Reise.** Forschungen und Abenteuer in Nord- und Zentralafrika 1849–1855. Berlin1986. Gekürztes, gut lesbares Reisetagebuch des berühmten Afrika- und Tuareg-Forschers.
- Cussler, Clive: **Operation Sahara.** Goldmann 1994. Spannender Sahara-Thriller im Umfeld der Tuareg-Rebellion.
- Dayak, Mano: **Die Tuareg-Tragödie.** Horlemann Verlag 1998. Das Schicksal der Tuareg aus Sicht eines Tuareg sehr reißerisch und pathetisch geschildert.
- Dayak, Mano: **Geboren mit Sand in den Augen.** Zürich 1998. Die Autobiografie des charismatischen Tuareg aus dem Aïr.
- DeCesco, Federica: **Im Herzen der Sahara.** Heyne Verlag 2005. Einer von zahlreichen romantischen Tuareg-Liebesromanen der Schweizer Erfolgsautorin.
- Donath, Frank: **Tamaschek (Tuareg) Wort für Wort.** Kauderwelsch Band 167. REISE KNOW-HOW Verlag 2003. Ein empfehlenswerter Sprachführer.
- Fleming, Fergus: **Trikolore über der Sahara.** Der Traum vom Wüstenreich. Hamburg 2004. Faszinierend geschriebene Kolonialgeschichte Frankreichs mit besonderer Betonung der Tuareg-Geschichte.
- Friedl, Harald A.: **Reisen zu den „Wüstenrittern".** Ethno-Tourismus bei den Tuareg aus Sicht der angewandten Tourismus-Ethik. Traugott Bautz Verlag 2008. Untersuchung der Auswirkungen des Tourismus auf die Aïr-Tuareg.
- Friedl, Harald A.: **Respektvoll reisen.** REISE KNOW-HOW Verlag 2005. Praxisbezogener Travelguide für umwelt- und sozialverträgliches Reisen, speziell für Tuareg-Regionen.
- Gartung, Werner: **Die Salzkarawane.** Mit den Tuareg durch die Ténéré. Markgröningen 2000. Packender Bericht vom Marsch durch die Wüste.
- Göttler, Gerhard: **Die Tuareg.** Kulturelle Einheit und regionale Vielfalt eines Hirtenvolkes. Köln 1989. Umfangreiche Darstellung der Tuareg-Kultur.

- Hureiki, Jacques: **Tuareg.** Heilkunst und spirituelles Gleichgewicht. Schülper 2004. Darstellung der traditionellen Medizin und Weltanschauung der Tuareg.
- Keenan, Jeremy: **The Lesser Gods of the Sahara:** Social Change and Contested Terrain Amongst the Tuareg of Algeria. London 2004. Englischsprachige Schilderung des sozialen Wandels bei den algerischen Tuareg.
- Klute, Georg: **Die schwerste Arbeit der Welt.** Alltag von Tuareg-Nomaden. München 1992. Detailreiche Beschreibung des Nomadenlebens in Mali.
- Kohl, Ines: **Tuareg in Libyen.** Identitäten zwischen Grenzen. Berlin 2007. Beschreibung der *kel ajjer* in Ghat aus Sicht einer Ethnologin.
- Müller, Gert (Hg.): **Wie Sand im Licht des Mondes.** Dichtung der Tuareg. Innsbruck 1997. Sammlung alter und neuer Tuareg-Lyrik.
- Sommer, Edgar: **Tafassasset – Regentier und Zauberbilder.** Felsbilder der Sahara und Spurensuche nach dem afrikanischen Geist. Schwülper 2002. Philosophisch-spekulative Schilderung der Sahara-Felsbilder.
- Sommer, Edgar: **Kel Tamashek.** Die Tuareg. Schwülper 2006. Darstellung verschiedener Aspekte der Tuareg-Kultur. Mit der detaillierten Schilderung einer Hochzeit von Harald A. Friedl.

- Spittler, Gerd: **Hirtenarbeit.** Köln 1998. Die Lebensweise der Hirten im Aïr wird anschaulich dargestellt.
- Vázquez-Figueroa, Alberto: **Tuareg.** München 1986. Pathetischer, spannender Roman über den Kampf zwischen Tradition und Moderne.
- von Throta, Desiree: **Die Enkel der Echse.** Lebensbilder aus dem Land der Tuareg. Hamburg 2007. Erzählungen aus Agadez.

## Internettipps

- **www.wuestenschiff.de** – Saharaforum mit aktuellen Top-Informationen
- **www.auswaertiges-amt.de/diplo/de/Laenderinformationen/ Sicherheitshinweise-Laenderauswahlseite.jsp** – Seite des deutschen Auswärtigen Amts mit Reise- und Sicherheitsinfos über einzelne Staaten
- **www.inst.at/trans/15Nr/09_1/friedl15.htm** – illustrierte Studie von H. A. Friedl über nachhaltige Tourismusentwicklung bei den *kel aïr*
- **www.inst.at/trans/16Nr/06_8/friedl16.htm** – Untersuchung von Harald A. Friedl über Wahrnehmungsunterschiede bei Tuareg und Touristen sowie zur Frage der Völkerverständigung im Tourismus
- **www.moula-moula.de** – reiche Sammlung an Infos, Fotos und Tuareg-Blues
- **www.tuareg-info.de** – Infos über die Kampagne des Cargo-Verlags zur Verbreitung von Tamaschek-Schulunterricht für Nomaden
- **www.tuareghelp.ch** – Seite des Schweizer Hilfsprojekts ENMIGRAW mit Details über die Entwicklungszusammenarbeit bei den Tuareg
- **www.lesamisdetimia.org** – Homepage der französischen Hilfsorganisation „Les Amis de Timia" mit zahlreichen Infos und Bildern von dem Dorf im Aïr und über aktuelle Projekte
- **koumama.2page.de/index.html** – Seite der Schmiedefamilie *Koumama* in Agadez, die für die Qualität ihres Silberschmucks international bekannt ist
- **www.temoust.org** – französische und englische Seite der von *Mano Dayak* gegründeten Organisation mit aktuellen, aber einseitigen Infos über die Lage und den Kampf der Tuareg
- **m-n-j-deutsch.blogspot.com** – Blog der neuen Rebellenbewegung über ihre Motive und Erfolge in höchst subjektiver Darstellung
- **www.kamelkarawanen.ch** – Seite der von *Marianne Roth* gegründeten Stiftung „Bildungs- und Kulturzentrum Iferouane" zur Förderung der Tuareg-Kultur
- **www.art.e-agadez.org** – Homepage des von *Eva Gretzmacher* gegründeten Kulturhauses „ART.E" in Agadez

# Die Reiseführer von REISE

## Reisehandbücher
## Urlaubshandbücher
## Reisesachbücher
## PANORAMA
## Edition RKH, Praxis

# Know-How auf einen Blick

## PANORAMA

Australien
Cuba
Kambodscha
Mundo Maya
Rajasthans Palasthotels
Südafrika
Thailand
Thailands Bergvölker
   und Seenomaden
Tibet
Vietnam

## Edition RKH

Abenteuer Anden
Auf Heiligen Spuren
Durchgedreht –
   Sieben Jahre im Sattel
Inder, Leben und Riten
Mona und Lisa
Myanmar – Land
   der Pagoden
Please wait to be seated
Rad ab!
Salzkarawane
Südwärts durch
   Lateinamerika
Suerte – 8 Monate
   durch Südamerika
Taiga Tour
USA – Unlimited
   Mileage

## Praxis

Aktiv Marokko
All inclusive?
Australien: Outback/Bush
Australien: Reisen/Jobben

Auto durch Südamerika
Ayurveda erleben
Buddhismus erleben
Canyoning
Clever buchen/fliegen
Daoismus erleben
Essbare Früchte Asiens
Expeditionsmobil
Fernreisen, Fahrzeug
Fliegen ohne Angst
Frau allein unterwegs
Früchte Asiens
Fun u. Sport im Schnee
Geolog. Erscheinungen
GPS f. Auto, Motorrad
Handy global
Hinduismus erleben
Höhlen erkunden
Hund, Verreisen mit
Indien und Nepal,
   Wohnmobil
Japan: Reisen
   und Jobben
Kartenlesen
Konfuzianismus erleben
Kreuzfahrt-Handbuch
Küstensegeln
Langzeitreisen
Maya-Kultur erleben
Mountainbiking
Mushing/Hundeschlitten
Neuseeland: Reisen
   und Jobben
Nordkap Routenbuch
Orientierung mit
   Kompass und GPS
Panamericana
Paragliding-Handbuch
Pferdetrekking
Radreisen

Reisefotografie
Reisefotografie digital
Reisekochbuch
Reiserecht
Respektvoll reisen
Safari-Handbuch Afrika
Selbstdiagnose
   unterwegs
Shopping Guide USA
Sicherheit am Meer
Sonne, Wind,
   Reisewetter
Sprachen lernen
Südamerika, Auto
Survival-Handbuch
   Naturkatastrophen
Tango in Buenos Aires
Tauchen Kaltwasser
Tauchen Warmwasser
Transsib – Moskau-Peking
Trekking-Handbuch
Trekking/Amerika
Trekking/Asien
   Afrika, Neuseeland
Tropenreisen
Unterkunft/Mietwagen
USA Shopping Guide
Verreisen mit Hund
Volunteering
Vulkane besteigen
Wann wohin reisen?
Was kriecht u. krabbelt
   in den Tropen?
Wildnis-Ausrüstung
Wildnis-Backpacking
Wildnis-Küche
Winterwandern
Wohnmobil-Ausrüstung
Wohnmobil-Reisen
Wracktauchen
Wüstenfahren

## KulturSchock

Afghanistan
Ägypten
Argentinien
Australien
Brasilien
China, Taiwan
Cuba
Ecuador
Familienmanagement
   im Ausland
Kl. Golfstaaten, Oman
Indien
Iran
Japan
Jemen
Kambodscha
Laos
Leben in fremden Kulturen
Marokko
Mexiko
Mumbai (Bombay)
Pakistan
Peru
Russland
Thailand
Thailands Bergvölker
   und Seenomaden
Türkei
USA
Vietnam
Vorderer Orient

**Wo man unsere Reiseliteratur bekommt:**
**Jede Buchhandlung** Deutschlands, der Schweiz, Österreichs und der
Benelux-Staaten kann unsere Bücher beziehen. Wer sie dort nicht findet,
kann alle Bücher über unsere **Internet-Shops** bestellen.
Auf den Homepages gibt es **Informationen** zu allen Titeln:

**www.reise-know-how.de** oder **www.reisebuch.de**

# Afrika

Kaum eine andere Region der Welt fasziniert so sehr wie Afrika. Geheimnisvoll und mysteriös wirken ganz besonders die Wüstengegenden. Die Reiseführer-Reihe **REISE KNOW-HOW** bietet aktuelle und komplette *Reiseführer für jedes Land der Region:*

Gerhard Göttler, Thomas Baur, Erika Därr (Hg.)
### Sahel-Länder Westafrikas
**Der komplette Reiseführer für individuelles Reisen und Entdecken**
Mauretanien, Mali, Niger, Burkina Faso, Senegal und Gambia,
828 Seiten, 41 Karten und Stadtpläne, über 200 Fotos

Gerhard Göttler
### Libyen
**Der komplette Reiseführer für individuelles Reisen und Entdecken**
mit Rundgang durch die Altstadt von Tripolis, 624 Seiten, ca. 39 Ortspläne und Karten, alle Routen mit GPS-Daten, über 160 Fotos,

Werner Gartung
### Die Salzkarawane
**1000 Wüstenkilometer
mit der Tuareg-Salzkarawane**
Mit einer Gruppe von Tuareg und 49 Kamelen durchquerte der Fotograf und Afrika-Journalist Werner Gartung in der Republik Niger eine der feindlichsten Wüsten dieser Erde, die Tenéré. In packendem Stil beschreibt der Autor die entbehrungsreichen Wochen seiner Extremtour bis Bilma.
288 Seiten, ca. 90 Fotos und Abbildungen

REISE KNOW-HOW Verlag, Bielefeld

343

# Kauderwelsch?
# **Kauderwelsch!**

Die **Sprachführer der Reihe Kauder-welsch** helfen dem Reisenden, wirklich zu sprechen und die Leute zu verstehen. Wie wird das gemacht?

● Die **Grammatik** wird in einfacher Sprache so weit erklärt, dass es möglich wird, ohne viel Paukerei mit dem Sprechen zu beginnen, wenn auch nicht gerade druckreif.

● Alle Beispielsätze werden doppelt ins Deutsche übertragen: zum einen **Wort-für-Wort,** zum anderen in „ordentliches" Hochdeutsch. So wird das fremde Sprachsystem sehr gut durchschaubar. Ohne eine Wort-für-Wort-Übersetzung ist es so gut wie unmöglich, einzelne Wörter in einem Satz auszutauschen.

● Die **Autorinnen und Autoren** der Reihe sind Globetrotter, die die Sprache im Lande gelernt haben. Sie wissen daher genau, wie und was die Leute auf der Straße sprechen. Deren Ausdrucksweise ist häufig viel einfacher und direkter als z.B. die Sprache der Literatur. Außer der Sprache vermitteln die Autoren Verhaltenstipps und erklären Besonderheiten des Landes.

● **Jeder Band** hat 96 bis 160 Seiten. Zu jedem Titel ist ein begleitendes **Tonmaterial** erhältlich.

● **Kauderwelsch-Sprachführer** gibt es für rund 100 Sprachen in **mehr als 200 Bänden,** z.B.:

Tamaschek (Tuareg) – Wort für Wort

Hausa für Nigeria – Wort für Wort

Hocharabisch – Wort für Wort

Französisch – Wort für Wort

REISE KNOW-HOW Verlag, Bielefeld

345

# Register

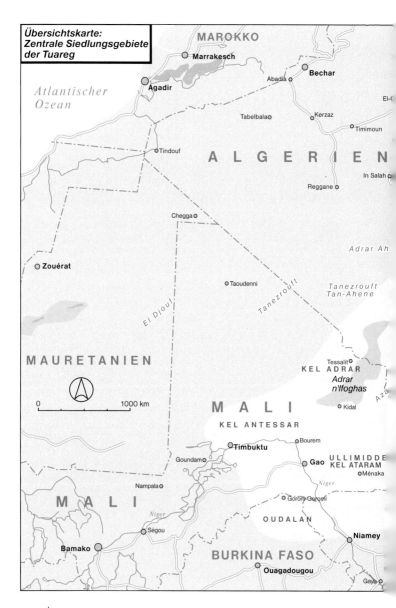

Übersichtskarte:
Zentrale Siedlungsgebiete
der Tuareg

MAROKKO

Marrakesch

Bechar

Abadia

Atlantischer
Ozean

Agadir

El-(

Tabelbala

Kerzaz

Timimoun

A L G E R I E N

Tindouf

In Salah

Reggane

Chegga

Adrar Ah

Zouérat

Taoudenni

Tanezrouft
Tan-Ahene

El Djoul

Tanezrouft

MAURETANIEN

0          1000 km

Tessalit
KEL ADRAR
Adrar
n'Ifoghas

Aza

M A L I

Kidal

KEL ANTESSAR

Bourem

M A L I

Goundam

Timbuktu

Gao

ULLIMIDDE
KEL ATARAM

Ménaka

Niger

Nampala

Gorom-Gorom

OUDALAN

Niger

Ségou

Niamey

Bamako

BURKINA FASO

Ouagadougou

Gaya